本書爲國家社科基金重大項目
『天一閣所藏文獻分類整理與研究』成果之一

天一閣藏明人文集善本書錄

饒國慶　屠建達　劉曉峰　烏瑩君　著

國家圖書館出版社

圖書在版編目（CIP）數據

天一閣藏明人文集善本書録 / 饒國慶等著. — 北京:
國家圖書館出版社, 2022.5
ISBN 978-7-5013-6902-7

Ⅰ. ①天… Ⅱ. ①饒… Ⅲ. ①天一閣—古籍—善本—
圖書目録—明代 Ⅳ. ①Z838

中國版本圖書館CIP數據核字（2019）第255292號

書　　名　天一閣藏明人文集善本書録

著　　者　饒國慶　屠建達　劉曉峰　烏瑩君　著
責任編輯　趙　媛
助理編輯　閆　悦
特約編輯　向　輝
責任校對　霍　瑋　宋丹丹
封面設計　文化・邱特聰

出版發行　國家圖書館出版社（北京市西城區文津街7號　100034）
（原書目文獻出版社　北京圖書館出版社）
010-66114536　63802249　nlcpress@nlc.cn（郵購）
網　　址　http://www.nlcpress.com
排　　版　愛圖工作室
印　　裝　北京雅圖新世紀印刷科技有限公司
版次印次　2022年5月第1版　2022年5月第1次印刷

開　　本　787×1092　1/16
印　　張　24
書　　號　ISBN 978-7-5013-6902-7
定　　價　320.00圓

序　言

天一閣是我國乃至亞洲現存最古老的私家藏書樓。這座建于明嘉靖年間的藏書樓，距今已有四百五十多年的歷史，余秋雨先生在《風雨天一閣》一文中稱它的存世是“一種極端艱難，又極其悲愴的文化奇迹”。著名版本目録學家趙萬里先生多次登樓觀書，他也盛贊“天一閣之所以偉大，就在于能保存朱明一代的直接史料”（《重整范氏天一閣藏書記略》）。著名明史專家、前明史學會會長商傳先生也多次來閣，生前曾與筆者言及“研究明史的同志必須，也非常有必要到天一閣來看一看”。鑒于社會各界對天一閣館藏明代文獻的關注，天一閣曾于20世紀60年代和90年代先後出版了《天一閣藏明代方志選刊》和《天一閣藏明代方志選刊續編》，共計二百十七種。21世紀初又影印出版了《天一閣藏明代科舉録選刊》（含鄉試、會試、進士登科録、武舉録等）三百七十一種，引起了社會的極大反響。寧波市政府與原中國社會科學院歷史研究所簽訂戰略合作協議，推動雙方合作進行關于明代文獻的專題研究工程。自合作以來，成果極爲豐碩，先後整理出版了《天一閣藏明鈔本天聖令校證》，影印出版了《天一閣藏〈明史稿〉》《范氏奇書》《天一閣藏明代政書珍本叢刊》等。2016年，天一閣與國家圖書館出版社合作，影印出版《天一閣藏歷代方志彙刊》，收録閣藏方志五百十五種，其中明代方志二百八十九種。然而，以上僅是天一閣藏書中比較具有特色的部分文獻，此外還有很多極具價值的文獻，有待進一步梳理研究。比如閣藏明人文集，文獻與史料價值兼具，却因種種原因深藏閨中，一直没有得到足够的關注與研究。

明人文集是一個大寶庫。《明史·藝文志》著録明代作者九百多人，文集一千餘部。《千頃堂書目》則著録四千九百多位明人的别集。此外，《四庫全書》收録明人文集二百六十餘種，《四庫全書存目叢書》收録近六百種，《續修四庫全書》收録一百五十餘種。沈乃文先生以北京大學圖書館、復旦大學圖書館收藏而主編的《明别集叢刊》收録明代詩文集達一千八百種，且在序言中稱占現存全部明代作者及别集的三分之二强。然而明人文集存世究竟有多少，衆説紛紜，一直没有確切的統計。

在范欽時期，天一閣原藏有多少種明人文集，目前已很難有一個準確的數字。范欽自編的《四明范氏天一閣藏書目録》早已失傳。明焦竑《國史經籍志》著録的《四明范氏書目》二卷、祁承爜《澹生堂藏書目》著録的《四明范氏天一閣書目》四卷，也皆已不存。清初黄宗羲登閣後雖編有一部《范氏天一閣書目》，但此目并未將天一閣藏書全部羅列，衹是“取其流通未廣者抄爲書目，凡經、史、地志、類書、坊間易得者及時人之集、三式之書，皆不在此列”。因此，目前我們衹能結合清乾隆時期的《天一閣進呈書目》、乾隆之後阮元主持編纂的《天一閣書目》、民國馮貞群編的《鄞范氏天一閣書目内編》等歷代目録史料，作一個粗略的估計，天一閣原藏明人文集總數大約爲五百部。

這五百部左右范欽原藏的明人文集，目前大部分已經散佚。據1996年駱兆平先生《新編天一閣書目》統計，歷經重重劫難後，如今僅殘存七十五部。要瞭解天一閣原藏明人文集的特點，我們衹能藉助書目資料與《天一閣文集》，通過其中范欽與兩百多人的交游情況，來作進一步的推論。通過這一方式，我們可以大概得知，范欽原藏的明人文集主要包括五類：同年之集、同僚之集、同人之集、同鄉之集以及父母官之集。

同年方面。范欽分别中嘉靖七年（1528）浙江鄉試、嘉靖十一年（1532）

會試及同年殿試。鄉試同年包括“嘉靖八才子”之一陳束，與范欽頗有交情。天一閣内即藏有陳束的《后岡詩集》《后岡文集》。會試同年方面，從《天一閣文集》中可以看出，范欽與俞咨伯、蔡汝楠、張謙、吕本、王廷幹、許應元、吴岳等幾十位文人交情深厚，互通文書或有詩歌往來。天一閣收藏的明人文集中有很多源于此。如王廷幹的《王巖潭詩集》、許應元的《陭堂摘稿》、蔡汝楠的《自知堂集》《白石山人詩選後編》、吕本的《期齋集》、吕光洵的《皆山堂稿》、孔天胤的《文穀漁嬉稿》等，天一閣皆有收藏，部分至今仍存。范欽與人稱“皇甫四杰”之一的皇甫汸爲同年進士，皇甫家族的著述，天一閣收藏很多，如皇甫汸《三州集》《南中集》《嶽游漫稿》《還山詩》《皇甫司勳集》、皇甫冲的《枕戈雜言》等。

同僚方面。范欽入仕三十餘年，歷經十一個省，有過往來的官員同僚無數。如嘉靖十一年范欽剛考上進士，入京城，結識禮部尚書方獻夫及巡撫都御史韓邦奇。方獻夫遺著《方文襄公遺稿》就是范欽作的序。韓邦奇的著作《見聞隨録》及其弟邦靖《韓五泉詩集》，天一閣有藏。范欽出知隨州知州時，與朱廷立相識，互有詩文，閣藏《兩崖詩集》爲朱氏遺著。范欽在江西任職很長，與權貴嚴嵩、夏言、尹臺等一批江西籍人士也有詩信往來。范欽由袁州轉任九江時，時任禮部尚書的嚴嵩爲賦《袁守范君擢憲副九江贈以是詩》一首。范欽在當地抵制了嚴嵩之子嚴世蕃搶奪公産的事，嚴嵩亦不予追究。嘉靖四十年（1561），嚴嵩之妻去世，范欽作《祭歐陽氏夫人文》。嚴嵩所撰《鈐山堂集》《鈐山堂詩鈔》《南還稿》《振秀集》，天一閣均有收藏。夏言罷官後，范欽寫有《聞夏閣老下吏作》一詩贈别。夏言所著《夏桂洲先生文集》，天一閣有藏。此外，范欽在任職廣西、福建、河南、陝西、雲南等地時，也與當時同僚相處較好，天一閣收藏中多有他們的文集。

同人方面。同人，即志趣相投的同道中人。如嘉靖七年浙江鄉試主考官陸粲，范欽贈其《寄陸給事貞山》一詩。其所著《陸子餘集》，天一閣有藏。另如江西皇室後人朱拱梃、朱拱樋、朱拱榣等人，他們與范欽亦互有詩文往來，朱氏後人所著的《瑞鶴堂近稿》《匡南詩集》《豫章既白詩稿》《樵雲詩集》等，天一閣中有收藏。《樵雲詩集》中還發現了兩首與范欽有關的詩。朱拱樋刊刻的《編苕集》《移虔集》等，天一閣皆曾有過收藏。范欽還與同人刊刻書籍，在隨州時，他主持刻印了《王彭衙詩》，到袁州後他刊刻了《熊士選集》，并在袁州與同人陳德文刊刻了《海叟集》。嘉靖期間"後七子"中多有與范欽交往者，如謝榛，與范欽交游極善，往來詩文極多。謝榛的《四溟詩集》《四溟全集》《游燕集》《適晋稿》等文稿，天一閣皆有收藏。范欽在河南時，與皇明宗室中的朱睦㮮相交。朱睦㮮爲皇室後人，封鎮國中尉，好刻書，其所刻所著書多有入天一閣書架者。天一閣藏書中有"朱氏萬卷家藏"印的，皆是朱氏遺物。范欽被劾歸里後，因藏書、刻書、抄書結交不少同道中人，如無錫顧起經、太倉王世貞、秀水沈啓原等。王世貞作爲嘉靖"後七子"領袖、著名藏書家，與范欽定有抄書之約。王世貞所著《弇州山人四部稿》《弇州山人續稿》《入魏稿入浙稿入晋稿入楚稿》《陽羨諸游稿》等，及其弟王世懋所著《紀游稿》《白門稿略》《西征集》等，天一閣皆有入藏。無錫藏書大家顧起經亦與范欽定有抄書之約。顧晚年患病在床，猶與范欽討論抄書及藏書的問題，請求互惠。顧起經的《九霞山人集》，顧起經及其弟顧起綸刻印的文集，天一閣亦有收藏。范欽的同人中有很多在文學方面有突出造詣的名人大家、藏書家，大家互通有無，取長補短。范欽與他們相交，不僅收藏了時人文集一類的書籍，還補充了藏書的品種。范欽晚年定居寧波月湖，之所以能够刻印《范氏奇書》，與這些交往是有很大關係的。

同鄉方面。藏書家萬卷樓主豐坊，與范欽相交甚深。范欽爲官時，豐坊還寫過草書《砥柱行》，盛贊范欽的德行和功績。豐坊晚年，萬卷樓因故失火，殘餘藏書均售與范欽，以致史家一度認爲這就是天一閣藏書的重要來源，惜今皆不存。除書籍外，其他如萬卷樓舊藏的神龍本《蘭亭序》帖石等，目前仍藏于閣中，爲閣中至寶。范欽歸里後，與張時徹、屠大山關係密切，并稱“東海三司馬”，張、屠二人的文集閣中多有收藏。據柯亞莉考證，范欽回甬後并未閑居，除參與地方政務、關心教育外，還與當時不少文人墨客創建各類詩社，互相唱和，互贈詩文集。如東山詩社，社主張時徹，主要參加者有范欽、屠大山、周相、全元立等；十洲閣詩社，社主范欽，參加者有沈明臣、余寅、葉太叔、李生寅、沈九疇等；范欽與其姑表黄氏兄弟也結成詩社，社主黄宗欽，參加者爲范欽及黄氏後人；范欽、袁大誠、張淵等人也曾結詩社。這些人的詩文集，天一閣皆有藏。此外如王陽明及世襲寧波衛指揮僉事的萬表等，雖然與范欽没有直接的淵源，但作爲同鄉，其文集入藏天一閣也自是順理成章。王陽明的《王文成公手書》《陽明先生文録》《陽明先生文集》，與萬氏的文集《山中集》《玩鹿亭稿》等，閣中皆有收藏。

父母官即指寧波的地方官。這方面，與范欽相交者主要有隆慶時期知府王原相、萬曆時期知府游應乾及同知段孟賢、通判黄應麟、推官趙奮和鄞縣令楊芳等。王原相，字召之，廣東人，隆慶三年（1569）出守寧波。范欽稱他“志行清澈”“善良樂業”，有古風。兩人很投緣，《天一閣集》有一些兩人交往的記載。天一閣如今雖没有王原相的文集入藏，但“寶書樓”的匾額却是隆慶五年（1571）王原相題寫的。范欽與其他人的交往不一一論述，他們的文集天一閣均曾有收藏。

由上可知，范欽所藏明人文集，絶不限于一地一域，在地域與文人群體上具有廣泛的代表性。且范欽藏書之際，正值嘉靖、隆慶年間明代政壇、文壇最活躍的時候，文集中豐富的詩文、奏議、家譜、墓志、塔銘、鑄鐘文、碣銘、題跋等内容，保留了這一時期社會生活最真實的多種面向，對研究明代歷史彌足珍貴。

遺憾的是，范欽之後，明人文集和其他藏書一樣開始流散，上文提及的部分文集，目前就有不少已不存于天壤間。馮貞群先生總結過天一閣藏書的“五難”，首難始于明末清初，那時散失的大部分爲《明實録》一類的文獻，這類書後被沈氏抱經樓、杭州丁氏八千卷樓收藏。明人文集的散佚主要始于第二難“乾隆徵書”。乾隆修《四庫全書》，向天下徵書，范氏天一閣被乾隆點名要求進呈書籍。作爲范氏第五代傳人的范懋柱迫于壓力，向清廷進呈六百三十八種（一説六百四十一種）珍貴典籍，其中明人文集約爲三十八種，收入《四庫全書》的有《白雲樵唱集》《揚州瓊華集》兩種，另有《漫叟拾遺》《草廬吴先生輯粹》《明宣宗詩文》等入存目。這些書連同閣中其他進呈書籍，最終并未如乾隆承諾的那樣返回閣中。其後，天一閣的藏書陸續散出，這可以從阮元、薛福成以及馮貞群先生爲天一閣所編的目録中看出。最嚴重的一次爲民國三年（1914），即大盗薛繼渭入閣，按目竊書。此次爲天一閣藏書史上最大劫難，馮貞群先生稱之爲第五劫。閣書經此役僅存五分之一，明人文集亦損失慘重。至馮貞群先生編録《鄞范氏天一閣書目内編》時，在閣的明人文集僅存七十二部（其中含複本五部）。

天一閣流散出去的明人文集究竟去了何方？這方面，前人也有過一些考述。如進呈書在四庫館散之後，放置于翰林院中，部分被翰林院學士携出，落入私囊，有的則流到京津書肆。如傳世的天一閣進呈本《句漏集》等書中鈐有法式善私印“詩龕書畫印”，可知此書當是法式善從翰林院竊出者。這些書後輾轉入藏中國國家圖書館、上海圖書館、浙江圖書館、臺北漢學研究中心、臺北“中央研究院”傅斯年圖書館及美國哈佛大學哈佛燕京圖書館、日本大倉集古館等收藏機構。清末民初失竊的閣書，其大宗經滬上舊書商之手，風流雲散，入藏涵芬樓的在抗戰期間隨樓中大量珍籍遭焚毁，殘餘者寥寥。

部分閣書流出後，落入寧波當地藏書家囊中。如李氏之萱蔭樓，曾藏有《盛明百家詩》等，後隨樓中藏書一齊歸浙江圖書館及北京圖書館（今中國國家圖書館）；張壽鏞之約園，曾藏有《胡仲子集》等，其書後歸中國國家圖書館；慈溪沈德壽曾藏有《鄞征集》等，其書又分散流入寧波及各地藏家之手，部分回流到天一閣。寧波書商林集虛所得更多，如《在野集》《叠山集》《石陽山人病詩》等，後經其手售出。其餘流入外地藏書家如傅增湘、黄裳、蔣如藻、羅振常、劉承幹等人的書籍，有的入公藏，有的仍在其後人手中。

2009年，浙江大學柯亞莉博士曾在其博士論文《天一閣藏明代文獻研究》中作過統計，天一閣藏書流入中國國家圖書館有八十三部，其中明人文集三十九部；北京大學圖書館十六部，其中明人文集五部；清華大學圖書館明人文集一部；中國科學院文獻情報中心明人文集兩部；上海圖書館五十部，其中明人文集十二部；南京圖書館八部，其中明人文集六部；浙江圖書館四部，其中明人文集兩部；浙江大學圖書館明人文集一部；遼寧省圖書館四部，其中明人文集一部；臺北漢學研究中心和臺北故宫博物院圖書館三百六部，其中明人文集一百五十六部；香港中文大學圖書館明人文集一部；美國國會圖書館兩部，其中明人文集一部；等等。這一份統計當然不可能囊括所有天一閣流散書，但據此可以一窺閣藏明人文集流散的大致情况。

閣藏明人文集失而復得的也不是没有。寧波本地藏家如蝸寄廬孫氏、伏跗室馮氏、清防閣楊氏、别宥齋朱氏、樵齋張氏等，都曾零星得到部分天一閣舊藏。有賴于這些藏家化私爲公的義舉，這些書最終同他們的其他藏書一齊，以捐贈的形式回到了閣内。如范欽後人刻印的《天一閣集》爲孫氏所得，1979年與明刻本《莆田集》一起捐贈國家，回到天一閣。又如明刻本《皇明蕭山詩選》，與其他藏書一并由朱氏别宥齋捐贈回歸閣中。失而復得的另一種形式是訪歸。從1954年開始，天一閣陸續通過各種途徑訪歸30餘部流散古籍，其中包括1961年購回的明范欽校刻本《熊士選集》《内臺集》、1987年從廢紙堆中找到的《桂洲詩集》等。

截至目前，范氏天一閣原藏明人文集共計七十五部。天一閣藏書從民國的一萬三千餘卷，經過當代藏家捐贈和工作人員的努力增至三十萬卷，明人文集的數量也有四百部之多。此次研究以范氏天一閣原藏明人文集爲依托，結合《中國古籍善本書目》中天一閣入選的珍貴文獻，增加各藏家捐贈的以初刻本、明代版本爲主的明人文集，共計一百四十部。

參與編寫本書的人員，除本人外，成員尚有屠建達、劉曉峰、烏瑩君三人，另趙旭騰、王艷明曾協助劉曉峰整理了部分文稿。諸君多年來的辛勞付出，方有此書的完稿。

本書的編撰采用沈津先生的哈佛書志模式。沈津先生曾來閣傳授書志編寫事宜，使我等獲益匪淺。書稿完成後，沈津先生頗爲關愛，還親自爲本書題寫書名。此書完成還得益于寧波大學龔纓晏老師和天一閣博物館莊立臻館長的大力支持。浙江大學柯亞莉博士、復旦大學吴格老師，也給予本書很多指導和幫助。在此，一并向他們表示衷心的感謝！

因編者學識有限，編纂中如有紕漏，懇請方家指正。

饒國慶

2021 年 4 月

編纂説明

一、本書爲天一閣所藏部分善本明人文集的書録，所録之書以保存較爲完善、文獻價值較高的明刻明印本爲主，也包括部分稿抄本及明末清初刻本。

二、所收之書，以别集爲主，然亦有少量總集及叢書之零種，今依天一閣傳統一并著録，分别編入“總集”類及“附編”類，附于别集之後。

三、各書之排序，大體依《中國古籍總目》，若干《中國古籍總目》未收録者，以撰者生年先後并參酌科第、主要活動時間排定。

四、每篇書録基本包含以下内容：第一部分著録題名、卷數、撰者、版本、册數、行格、尺寸、卷端題署、序跋者等，如實反映此書物理狀況；第二部分介紹撰者小傳、分卷内容、序跋等，藉以反映此書基本内容；第三部分考訂刊刻源流、刻工、題跋、書目著録、傳世收藏及鈐印等，盡力揭示此書文獻價值。

五、著録之書名，以首卷卷端題名爲準；首卷殘損，則依所存第一卷卷端題名著録。若各卷卷端題名不一或内封、目録、版心題名與首卷卷端題名出入較大，則參酌《中國古籍善本書目》及天一閣傳統著録確定。

六、撰者之小傳，以簡明扼要爲宗旨，主要包括生卒年、字號、籍貫、科第及撰述，并標示徵引出處，以便讀者進一步考訂。同一撰者所撰諸書，小傳僅出現于第一種書下，後此從略。

七、凡一書殘損者，如實著録殘存情况。全書内容與序跋等情况如有傳世全本可考者，則盡力予以補足，否則從略。

八、文中所引文字，除書名外，錯訛、古今字、异體字等基本依標準繁體字著録，不再出注。凡缺損難辨字迹，以“□”代替。

九、所録之文集，每種皆選用一幀或一幀以上書影，力求如實反應該書狀況。

十、文中各書存世收藏情况描述，乃參酌《中國古籍總目》、臺北漢學研究中心之“中文古籍聯合目録”及依近年“全國古籍普查登記”項目完成的“中華古籍書目數據庫”相關數據而成，僅供讀者就近參考查檢，不能全面反映該書存世狀况，望讀者留意。

十一、各書版本後之號碼，爲閣藏善本索書號。

十二、書末附有《天一閣藏明人文集善本簡目》，乃據《天一閣博物館藏古籍善本書目》删削而成，除對較明顯的錯誤略作更正外，基本不作其他修改。此簡目衹爲反映現存收藏狀况，與歷代天一閣書目著録或有不符，尚祈讀者留意。《簡目》共收録五百四十部古籍，依作者姓名音序編排，望有助于讀者檢索使用。

目　録

總　集

附　編

翠屏集

明成化刻清乾隆補刻本　善 3655

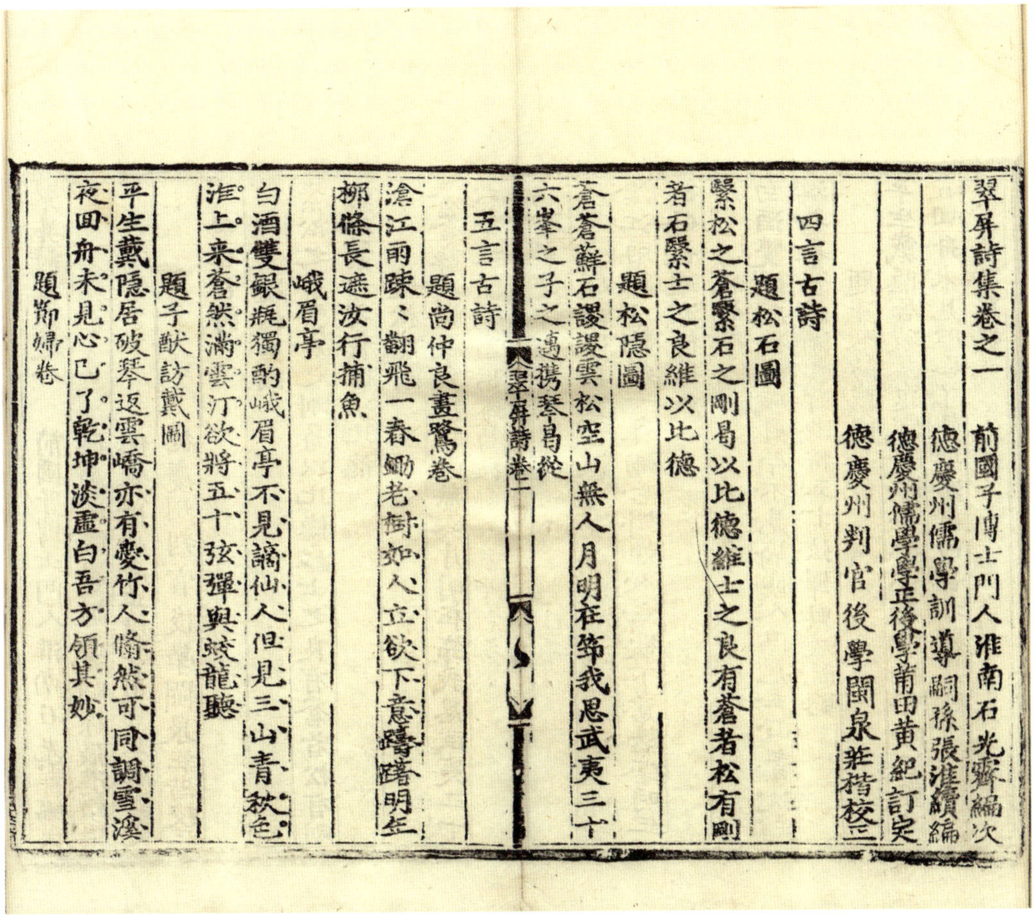

翠屏詩集卷之一　前國子博士門人淮南石光霽編次
德慶州儒學訓導嗣孫張淮續編
德慶州儒學學正後學莆田黃紀訂定
德慶州判官後學閩泉莊揩校正
四言古詩
題松石圖
檗松之蒼檗石之剛曷以比德維士之良有蒼者松有剛
者石檗士之良維以比德
題松隱圖
蒼蒼蘚石謖謖雲松空山無人月明在節我思武夷三十
六峯之子之邁携琴曷從

翠屏詩卷一

五言古詩
題尚仲良畫鷺卷
滄江雨踈〻翩飛一舂鋤老樹如人立欲下意躊躇明在
柳條長遠汝行捕魚
峨眉亭
勻酒雙銀瓶獨酌峨眉亭不見謫仙人但見三山青秋色
淮上來蒼然滿雲汀欲將五十弦彈與蛟龍聽
題子猷訪戴圖
平生戴隱居破琴返雲嶠亦有愛竹人翛然可同調雪溪
夜回舟未見心已了乾坤淡盡白吾方領其妙
題鄭婦卷

《翠屏集》卷一卷端

《翠屏集》四卷，明張以寧撰。明成化十六年（1480）張淮刻清乾隆三十九年（1774）補刻本。四册。半葉十一行，行二十二字，四周雙邊，上下黑口，三黑魚尾。框高 27.0 厘米，寬 14.5 厘米。卷一卷端題“前國子博士門人淮南石光霽編次，德慶州儒學訓導嗣孫張淮續編，德慶州儒學學正後學莆田黄紀訂定，德慶州判官後學閩泉莊楷校正”；卷二卷端題“德慶州儒學訓導後學華亭金聲訂定”；卷三至四卷端題“德慶州儒學訓導後學廬陵王思訂定”。前有弘治元年（1488）楊澤序、《明史·文苑傳》張氏傳記（附石光霽、秦裕伯）、洪武三年（1370）宋濂序、洪武二十七年（1394）劉三吾序、宣德三年（1428）陳璉序及洪武二十二年（1389）陳南賓序。

張以寧（1301—1370），字志道，福建古田人。元泰定四年（1327）進士，纍官翰林學士。以博學强記、貫通經史擅名于時，人呼“小張學士”。明師取元都，以寧與危素等皆遣送京師，復得授翰林侍講學士。洪武二年（1369）出使安南，封其主陳日煃爲國王，歸途卒于道中。爲人潔清，不營財産。撰有《翠屏集》《淮南稿》《安南紀行集》等。《明史》卷二百八十五、《國朝列卿紀》卷十九、《［崇禎］閩書》卷七十六有傳。

此書凡四卷，卷一至二題“翠屏詩集”，卷三至四題“翠屏張先生文集”。卷一四言古詩、五言古詩、七言古詩，卷二五言律詩、五言長律、七言律詩、七言長律、五言絶句、七言絶句、詞，卷三序，卷四説、贊、銘、跋、記、墓志銘。

陳璉序稱：“先生平昔著述甚富，後多散佚。文則其子孟晦彙次，太史宋公景濂序之。詩則其門人國子博士石仲濂編次，學士劉公三吾、長史陳公南賓序之。今諸孫南雄教官隆復以《使安南稿》續板行世，先生著述至是始克全見，文采爛然，足以垂後著世。”宋濂序云：“今觀先生之文，非漢非秦周之書不讀，用力之久，超然有所悟，入豐腴而不流于叢冗，雄峭而不失于粗厲，清圓而不涉于浮巧，委蛇而不病于細碎，誠可謂一代之奇作矣。先生雖亡，其絢爛若星斗，流峙如河岳者，固未始亡也。信諸今而垂于後者，豈不有在乎？”陳南賓序云：“其長篇浩汗雄豪似李，其五七言律渾厚老成似杜，其五言選優柔和緩似韋，兼衆體而具之，信乎名下無虚士。”《四庫全書總目》卷一百六十九稱：“其文神鋒雋利，稍乏渾涵深厚之氣；其詩五言古體意境清逸，七言古體亦遒警，惟《倦綉篇》《洗衣曲》等數章，稍未脱元季綺縟之習，近體皆清新，間有涉于纖仄者。”

是集最初由石光霽編訂。劉三吾序云：“今年春，其子炬以歲貢上庠，攜其詩若文全集，過乃翁高第弟子、春秋博士石仲濂所……仲濂以予知先生之素，俾其子獻，請序其首，而壽諸棗。”可知洪武間嘗刻行于世，然此本未傳于後。今所見最早傳本爲宣德三年刻本，藏南京圖書館。其後又有成化十六年德慶府儒學刻本，題作“翠屏詩集二卷文集二卷”，臺北漢學研究中心及日本内閣文庫有藏。

卷首有牌記云：“詩文一依監本，博士石仲濂先生批點，中間漏板不復刊行。今將家本增于後。成化十六年庚子歲孟冬吉旦，嗣孫張淮捐俸重刊。”可知爲成化十六年張淮據石氏編訂本續編重刻本。扉頁題“乾隆甲午春壬正月補刻/翠屏全集/板藏縣庫”，可知爲乾隆三十九年補刻本。凡乾隆補刻版心下鎸“補”字，版式改爲半葉十一行，行二十二字，四周雙邊，白口，雙黑魚尾，“弘”字皆避諱缺末筆。

《四庫全書總目》收録。《中國古籍善本書目》（集部六三七九條）、《中國古籍總目》（集 20205842 條）著録。除天一閣外，中國科學院文獻情報中心、福建省圖書館、臺北“中央研究院”傅斯年圖書館等機構亦有入藏。天一閣另有複本一部。

（饒）

春草齋文集

明抄本　善 3662

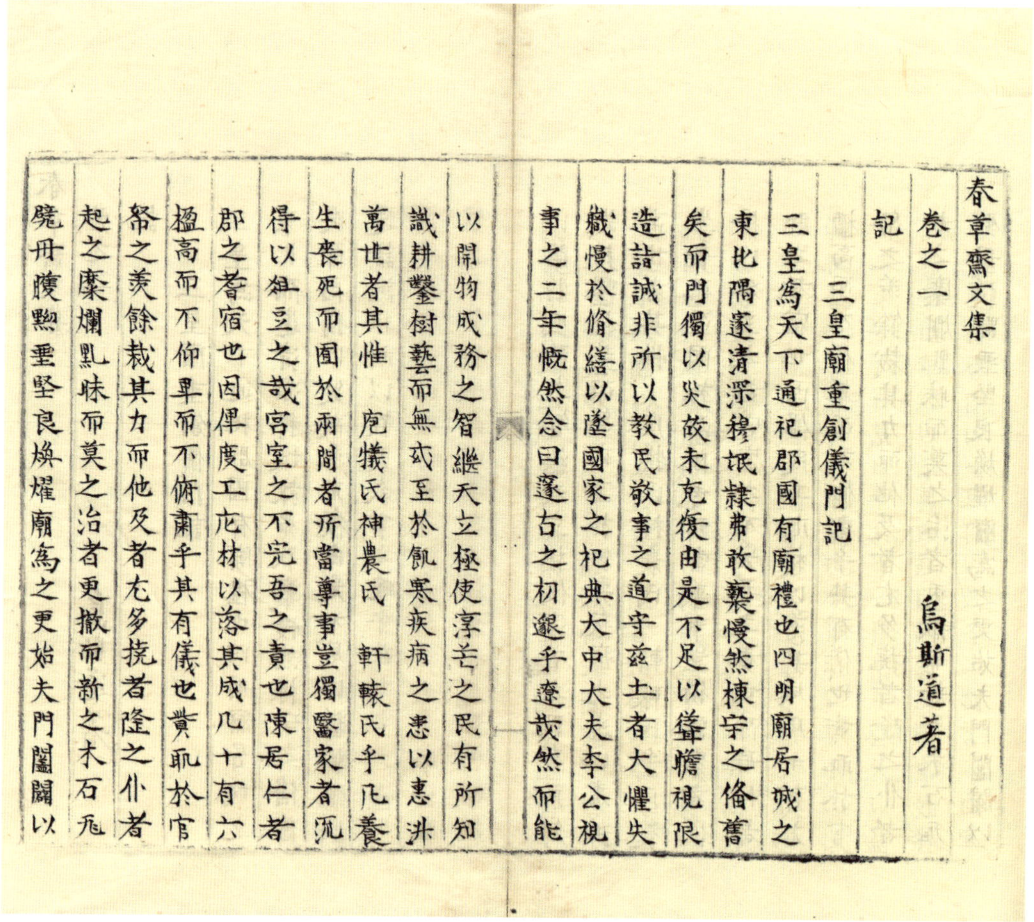
春草齋文集
卷之一　　烏斯道著
記
三皇廟重創儀門記
三皇爲天下通祀郡國有廟禮也四明廟居城之
東北隅邃清深穆祗隷弗敢褻慢然棟宇之脩舊
矣而門獨以災故未克復由是不足以聳瞻視限
造詣誠非所以教民敬事之道守茲土者大懼失
職慢於脩繕以墜國家之祀典大中大夫李公視
事之二年慨然念曰邃古之初邈乎遼哉然而能
以開物成務之智繼天立極使渾噩之民有所知
識耕鑿樹藝而無或至於飢寒疾病之患以惠洪
萬世者其惟　庖犧氏神農氏　軒轅氏乎凡養
生喪死而囿於兩間者所當尊事豈獨醫家者流
得以俎豆之哉宮室之不完吾之責也陳居仁者
郡之耆宿也因俾度工庀材以落其成凡十有六
楹高而不仰卑而不俯肅乎其有儀也費取於官
帑之羨餘裁其力而他及者尤多撓者隆之仆者
起之糜爛亂昧而莫之治者更撤而新之木石瓦
甓丹雘黝堊堅良煥燿廟爲之更始夫門闔闢以

《春草齋文集》卷一卷端

《春草齋文集》十卷，明烏斯道撰。明抄本。二册。半葉十行，行二十字，四周單邊，白口，單藍魚尾。藍格。框高 19.8 厘米，寬 13.9 厘米。卷一卷端題“烏斯道著”。

烏斯道（1314—約 1390），字繼善，號春草，又號四明山人，浙江慈溪人。幼年喪父，貧而好學。及長，得楊簡所著書，學業精進，妙悟心契，以雄文懿行楷模後進。洪武二年（1369），召修《元史》。曾任化州石龍知縣、永新知縣等。善琴弈，精書畫，尤工山水寫竹，書法小楷、行草各臻精妙。亦工詩文，文尚體要，詩寄興高遠，與兄烏本良并擅時名，有“江浙文章數二烏”之稱。撰有《春草齋文集》《春草齋詩集》《秋吟稿》等。《明史》卷二百八十五、《［光緒］慈溪縣志》卷二十六有傳。

是書凡十卷，僅存卷一至二、六至七，計四卷。卷一記三十九篇，卷二記三十篇，卷六序三十五篇，卷七序二十四篇。

烏氏文集除是刻之外，尚有崇禎二年（1629）蕭基刻本“春草齋詩集五卷文集六卷附名公贊春草集歌咏一卷”傳世，北京大學圖書館、上海圖書館、天津圖書館、蘇州市圖書館、臺北漢學研究中心等多家機構有藏。又有清康熙烏震刻本“春草齋文集選六卷詩集選一卷詩集選附録一卷”傳世，流傳較夥，各大收藏機構多有入藏。

《四庫全書總目》收録“春草齋集十卷附録一卷”，其中文集五卷、詩集五卷，與此本多有不同。《中國古籍善本書目》（集部六五六四條）著録天一閣藏崇禎二年蕭基刻本“春草齋詩集五卷文集六卷附名公贊春草集歌咏一卷”，然未著録此本。《中國古籍總目》（集20205963條）亦同。除天一閣外，明抄本僅見臺北漢學研究中心有藏，即天一閣舊藏藍格抄本之殘本，存三卷（卷三至五），當即閣藏是本所佚去之卷。

鈐印：“范氏天一閣藏書”。

（饒）

陶學士先生文集、陶學士先生事迹

明弘治刻本　善 3650

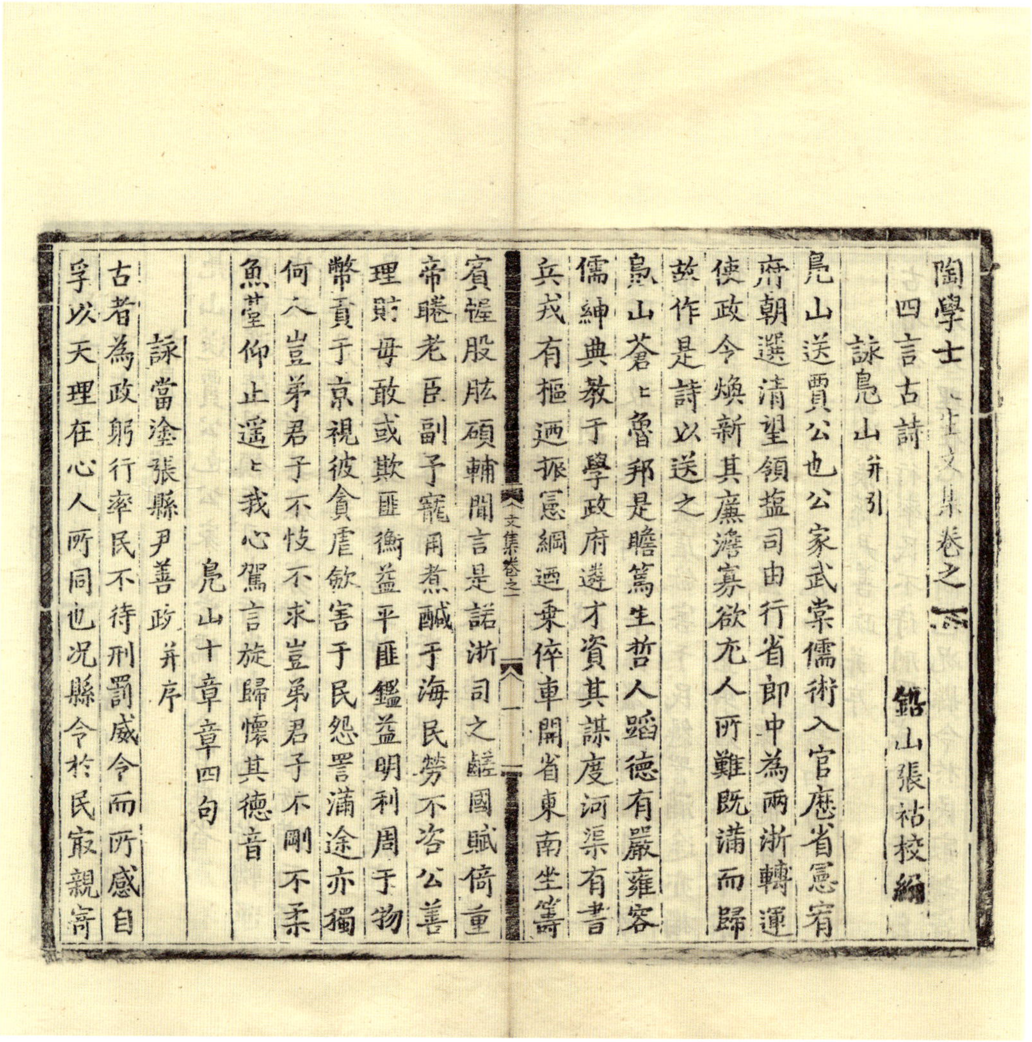
陶學士先生文集卷之一

四言古詩

詠皋山并引　　　鉛山張祐校編

皋山送賈公也公家武崇儒術入官歷省憲宥府朝選清望領鹽司由行省郎中為兩浙轉運使政令煥新其廉潔寡欲尤人所難既滿而歸故作是詩以送之

皋山蒼蒼魯邦是瞻篤生哲人蹈德有嚴雍容儒紳典教于學政府遴才資其謀度河渠有書兵戎有樞迺振憲綱迺秉倅車開省東南坐籌賓幄股肱碩輔聞言是諾浙司之鹾國賦倚重帝睠老臣副予寵用煮鹹于海民勞不咨公善理財毋敢或欺匪衡益平匪鑑益明利周于物弊革于京視彼貪虐斂害于民怨詈滿途亦獨何人豈弟君子不忮不求豈弟君子不剛不柔魚臺仰止遥遥我心駕言旋歸懷其德音

皋山十章章四句

詠當塗張縣尹善政并序

古者為政躬行率民不待刑罰威令而所感自孚以天理在心人所同也況縣令於民最親寄

陶學士文集卷之一　一

《陶學士先生文集》卷一卷端

《陶學士先生文集》二十卷，明陶安撰；卷首附《陶學士先生事迹》一卷，明費宏撰。明弘治十三年（1500）嘉興項經刻本。六册。半葉十行，行十八字，四周雙邊，上下黑口，雙黑魚尾。框高 20.0 厘米，寬 13.0 厘米。卷端題“鉛山張祐校編”。前有弘治十二年（1499）費宏序，末有弘治十三年張祐跋。

陶安（1310—1368），字主敬，南直隸當塗人。六歲喪父，矢志讀書，日記千言，敏悟异常。博覽群書，尤精于《易》。元至正初，舉江浙鄉試，授明道書院山長。明太祖朱元璋取太平時，率父老出迎，自是追隨十餘年，後升江西行省參政。卒，太祖親爲文以祭，追封姑孰郡公。撰有《陶學士先生文集》《周易集粹》等。《明史》卷一百三十六、《國朝列卿紀》卷十九、《［弘治］黄州府志》卷五有傳。

費宏（1468—1535），字子充，江西鉛山人。成化二十三年（1487）進士第一，授翰林院修撰，正德時纍遷禮部尚書、户部尚書等職，參預機務。時錢寧、寧藩宸濠等皆欲交歡宏，皆爲其峻却之，遭御史余珊所攻，致仕歸。嘉靖初復起，入輔政，繼楊廷和爲首輔，後爲張璁、桂萼所惡，乃致仕歸。十四年（1535）萼死，璁亦去，乃起官如故，未幾卒。謚文憲。撰有《湖東集》《鵝湖摘録》等。《明史》卷一百九十三、《［乾隆］鉛山縣志》卷七有傳。

此集凡二十卷。卷一四言古詩、五言古詩，卷二七言古詩，卷三五言律詩，卷四五言律詩、五言長律，卷五至七七言律詩，卷八至九七言絶句，卷十歌、賦、詞，卷十一至十四序，卷十五引，卷十六至十七記，卷十八説，卷十九墓銘、行狀、哀辭、壙志、文，卷二十雜文。卷首《陶學士先生事迹》一卷，乃費宏據國史館資料及其所知陶安事迹編撰而成。

是集編纂及刊刻之由，費宏序云：“（陶安）所爲詩文甚富，其存者，在元有《辭達類鈔》，在中書有《知新近稿》，赴武昌有《江行雜咏》，守黄州有《黄岡寓稿》，在桐城有《鶴沙小紀》，總若干卷。今刻置太平郡齋，則前守嚴陵徐公時中圖其始，今守嘉興項公誠之成其終，當塗學諭鉛山張君天益校其訛、次其類，而郡倅董君德美、張君瑞夫、辛君公應、李君宗漢、守儀皆與聞其事焉。蓋距先生之卒已百三十餘年矣。”張祐後跋云：“祐署教來姑孰之明年丁巳，郡侯嚴陵徐公，以所得學士陶先生《辭達類鈔》詩文三卷，督命校刊。因詢先生之孫致政貳尹廷玉、庠生曰華、曰端，始得其所藏全集外，即曰《知新近稿》《江行雜咏》《黄岡寓稿》《鶴沙小紀》，總二十餘卷，謹并摭其類而次之。未幾，徐公秩滿北上，刊而未能。值今侯嘉興項公下車之初，祐以是集呈覽，請梓傳之以畢徐公之志。公遂欣聽，復命重加校編，毋怠厥事。”

《四庫全書總目》收録，作“陶學士集二十卷”。《中國古籍善本書目》（集部六二六四條）著録。《中國古籍總目》（集 20205978 條）著録，題作“陶學士先生文集二十卷附陶學士事迹一卷陶學士年譜一卷”。除天一閣外，中國國家圖書館、北京大學圖書館、上海圖書館、天津圖書館、南京圖書館、浙江圖書館、美國國會圖書館、美國哈佛大學哈佛燕京圖書館等多家機構有藏。天一閣另有複本二部。

鈐印：“朱別宥收藏記”。

（饒）

海叟集

明萬曆刻本　善 3677

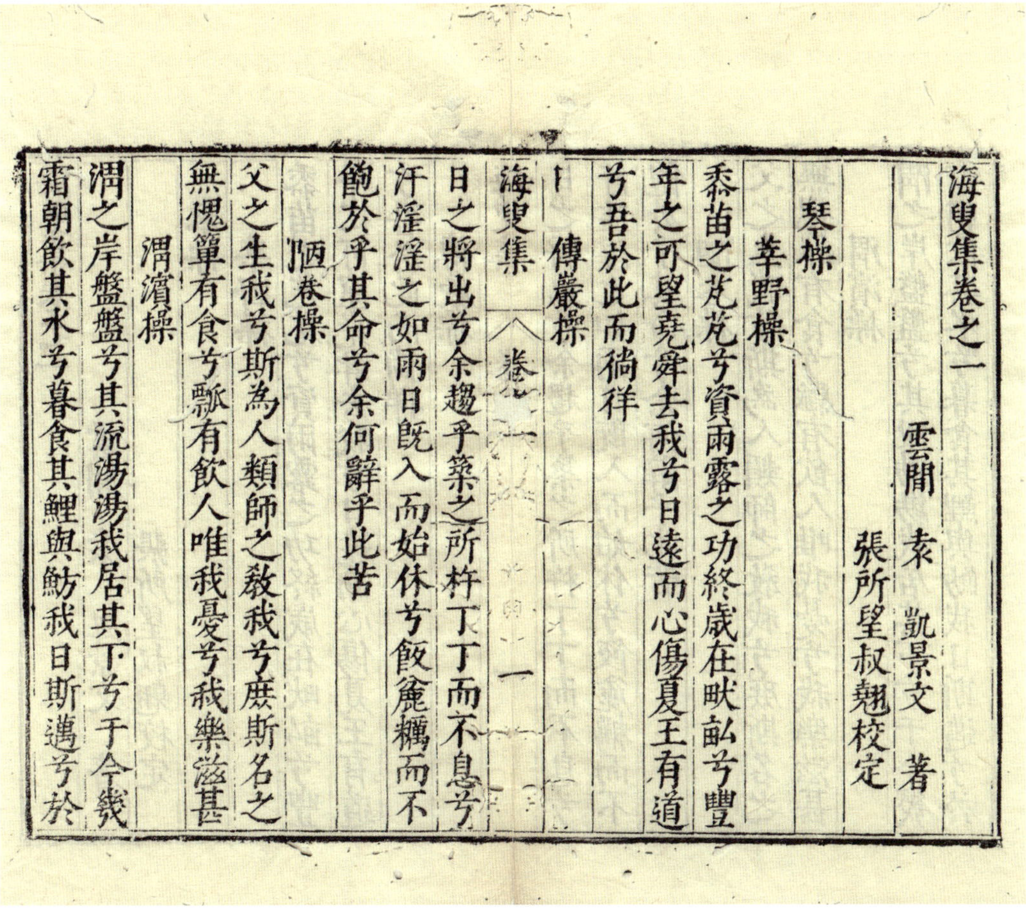
海叟集卷之一

雲間　袁　凱景文　著

張所望叔翹校定

琴操

莘野操

黍苗之芃芃兮資雨露之功終歲在畎畝兮豐年之可望堯舜去我兮日遠而心傷夏王有道兮吾於此而徜徉

傅巖操

日之將出兮余趨乎築之所杵丁丁而不息兮汗淫淫之如雨日既入而始休兮飯麄糲而不飽於乎其命兮余何辭乎此苦

陋巷操

父之生我兮斯為人類師之敎我兮庶斯名之無愧簞有食兮瓢有飲人唯我憂兮我樂滋甚

渭濱操

渭之岸盤盤兮其流湯湯我居其下兮于今幾霜朝飲其水兮暮食其鯉與魴我日斯邁兮於

海叟集　卷一　一

《海叟集》卷一卷端

《海叟集》四卷，明袁凱撰。明萬曆三十七年（1609）刻本。一册。半葉九行，行十八字，四周雙邊，白口，單白魚尾。框高 27.0 厘米，寬 14.1 厘米。卷一卷端題“雲間袁凱景文著，張所望叔翹校定”。前有正德三年（1508）何景明序，末有陸深跋、嘉靖四十三年（1564）董宜陽跋。另有萬曆三十七年鄭懷魁、萬曆三十七年張所望序，今已佚。

袁凱（1310—1404），字景文，號海叟，南直隸華亭人。元末爲府吏，洪武三年（1370）薦授御史。後因事爲明太祖所惡，佯狂告歸。博學有辯才，工于詩，少時即以《白燕》詩得名，人稱“袁白燕”。撰有《海叟集》《在野集》等。《明史》卷二百八十五、《列朝詩集小傳》甲集、《［乾隆］華亭縣志》卷十二有傳。

是集都四卷。卷一琴操、樂府、四言古詩，卷二五言古詩、七言古詩，卷三五言律詩、五言排律、七言律詩，卷四五言絶句、六言絶句、七言絶句。

是集編次之由，陸深跋云：“《海叟集》舊有刻，又别有選行《在野集》者。暇日因與李獻吉員外共讀之，又删次爲今集云。先生多權奇，有才辨，雅善談謔，卒亦以此自免于難。顧其詩乃雅重悲壯，渾雄沉鬱，殊不類，豈先生别出其餘以應世，而中之所有固自不可測耶？”董宜陽跋云：“是編爲海叟手定全集，國初刻于張氏者久毁，陸公儼山因編次爲别本，蓋急于流布也。世所傳《在野集》者，中多朱張二公以己意更竄，如‘烟樹微茫獨倚闌’改爲‘烟樹微茫夢裏山’，‘故國飄零事已非’改爲‘老去悲秋不自知’，蓋淺淺知叟者矣。然郡中作者代起，而鮮知叟何耶。其富有力者又多纖嗇，無暇爲前輩表章風雅。每與西谷張君論及，深有感焉。因出視此編，漫識其實如此。”

其刊刻之由，據中國國家圖書館所藏此刻全本，張所望序云：“叟以時政孔棘，務自韜晦，故其名不甚著，而詩亦稍稍散逸。陸文裕公始購得寫本，刻之京師。其後，拓林何氏復得祥澤舊刻，以活字板印行焉，顧傳布猶未廣也。余守衢，偶携二刻，退食之暇，恒自披覽。陸本頗多殘闕，何本稍完，而字畫不甚整暢，中亦間有异同者。輒手爲校定，更授剞劂。”

袁氏此集除是刻外，今傳世有正德刻本“海叟集三卷”、隆慶四年（1570）何玄之活字印本“海叟集四卷”，當即張所望序中所云陸深刻本及何氏據祥澤舊刻擺印之活字本。天一閣主范欽等亦嘗刻“海叟詩三卷”，今藏臺北漢學研究中心。入清後，又有清康熙六十一年（1722）曹炳曾城書室刻本“海叟詩集四卷集外詩一卷附録一卷”、清抄本“海叟集四卷”等行世。

《四庫全書總目》收録。《中國古籍善本書目》（集部六六四三條）、《中國古籍總目》（集 20205994 條）著録。除天一閣外，中國國家圖書館、南京圖書館等機構亦有入藏。臺北漢學研究中心有清桐鄉汪氏裘抒樓傳抄本。

（饒）

劉職方詩

明刻本　善 3648

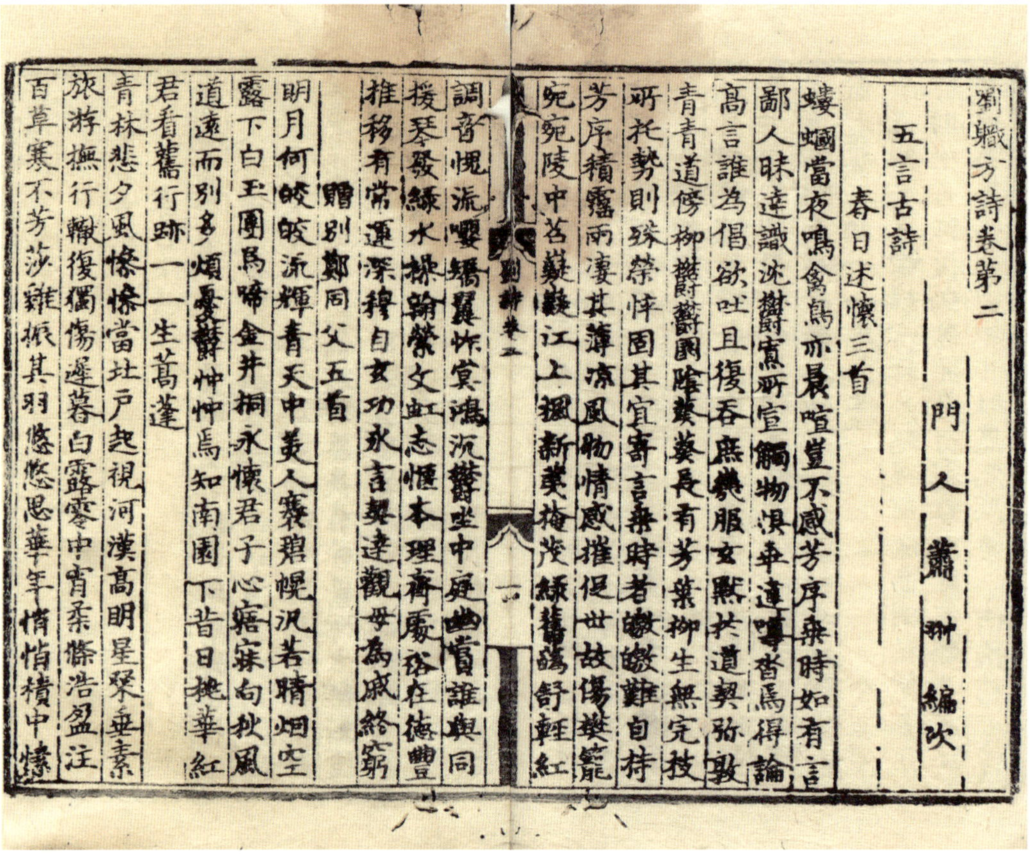
劉職方詩卷第二
門人蕭翀編次
五言古詩
春日述懷三首
螻蟈當夜鳴禽鳥亦晨喧豈不感芳序乘時如有言
鄙人昧達識沈鬱寔所宣觸物俱乖違嘆昔焉得論
高言誰為倡欲吐且復吞庶幾服玄默共遺契弥敦
青青道傍柳鬱鬱園陰葵葵長有芳葉柳生無完枝
所托勢則殊榮悴固其宜寄言乘時者皦皦難自持
芳序積靈雨淒其薄涼風物情感摧促世故傷樊籠
宛宛陵中苕嶷嶷江上楓新荑掩茂綠舊蘤舒輕紅
劉詩卷二　一
調音愧流嚶矯翼怍冥鴻沉鬱坐中庭幽賞誰與同
援琴發綠水操翰縈文虹志愜本理齊履豫在德豐
推移有常運深穆自玄功永言契達觀毋為戚終窮
贈别鄭同父五首
明月何皎皎流輝青天中美人褰碧幌況若精烟空
露下白玉團烏啼金井桐永懷君子心寤寐向秋風
道遠而别多煩憂鬱忡忡焉知南園下昔日桃華紅
君看舊行跡一一生蒿蓬
青林悲夕風慘慘當壯戶起視河漢高明星粲垂素
旅游撫行轍復獨傷遲暮白露零中宵柔條浩盈注
百草寒不芳莎雞振其羽悠悠思華年悄悄積中愫

《劉職方詩》卷二卷端

《劉職方詩》八卷，明劉崧撰。明刻本。一册。半葉十一行，行二十字，四周雙邊，上下黑口，雙黑魚尾。框高 18.1 厘米，寬 12.8 厘米。卷端題“門人蕭翀編次”。

劉崧（1321—1381），字子高，號槎翁，江西泰和人。原名楚，元季鄉舉人，洪武三年（1370）舉經明行修，改今名。召兵部職方司郎中，遷北平按察司副使，有异政，後纍遷至禮部侍郎。博學有志行，性廉潔，以道德爲人所稱。豫章人宗其詩爲“西江派”。撰有《劉職方詩》《槎翁文集》《槎翁詩集》《北平八府志》《北平事迹》等，多散佚。《明史》卷一百三十七、《國朝列卿紀》卷二十三、《［同治］泰和縣志》卷十六有傳。

是集計八卷。卷一四言古詩，卷二五言古詩，卷三古樂府，卷四七言古詩，卷五五言律詩、五言排律，卷六七言律詩，卷七五言絶句，卷八七言絶句。

劉崧詩除是集外，尚有萬曆二十五年（1597）張應泰刻本“劉槎翁先生詩選十二卷”、萬曆三十八年（1610）真如齋刻本“槎翁詩八卷”兩種明刻傳世。前者中國國家圖書館、首都圖書館、北京大學圖書館、南京圖書館等多家機構有藏，後者首都圖書館、山東省圖書館、南京圖書館等機構有藏。

《四庫全書總目》收録劉崧“槎翁詩集八卷”。《中國古籍善本書目》（集部六四一六條）、《中國古籍總目》（集 20206037 條）著録。除天一閣外，未見其他機構入藏。

（饒）

重刻楊孟載眉菴集、補遺

明萬曆刻本　馮 2250

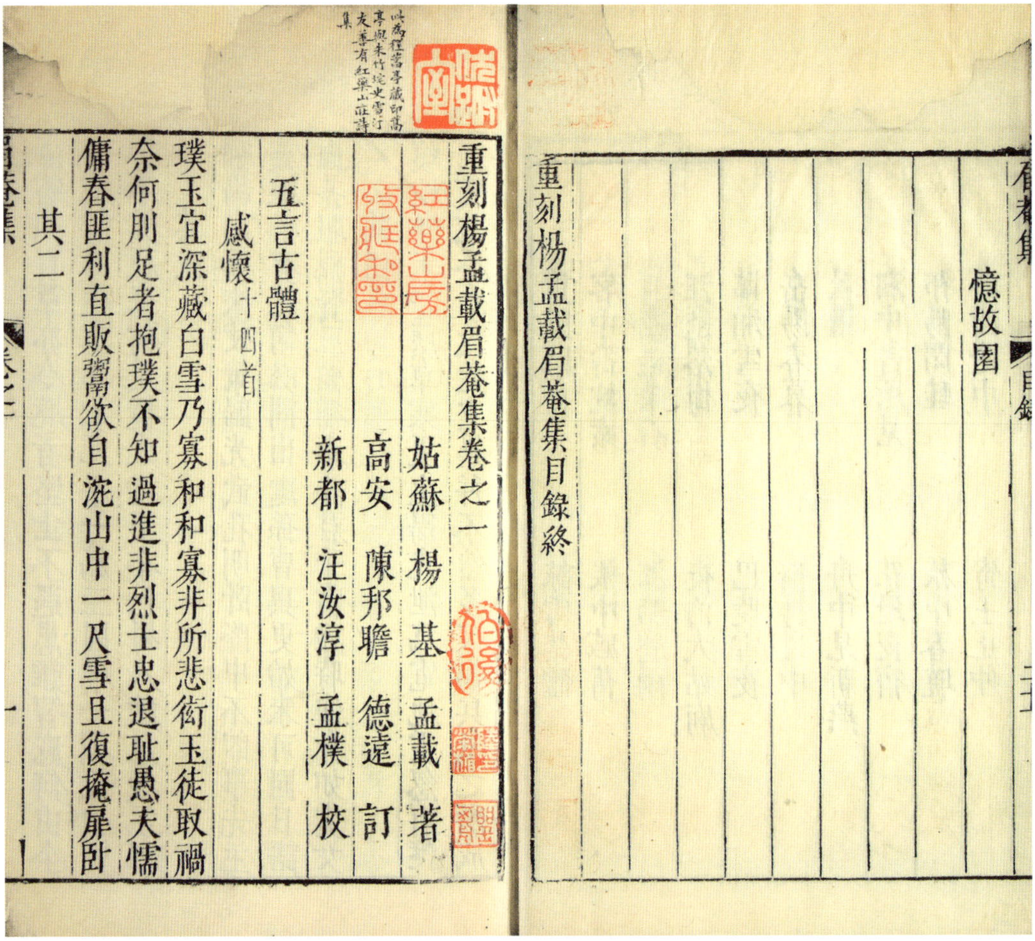

《重刻楊孟載眉菴集》卷一卷端

《重刻楊孟載眉菴集》十二卷《補遺》一卷，明楊基撰。明萬曆三十七年（1609）汪汝淳刻本。二册。半葉十行，行二十字，四周單邊，白口，單黑魚尾。框高 21.3 厘米，寬 14.3 厘米。卷一卷端題“姑蘇楊基孟載著，高安陳邦瞻德遠訂，新都汪汝淳孟樸校”。前有成化二十年（1484）江朝宗序，末有成化二十一年（1485）張習跋。

楊基（1326—1378），字孟載，號眉菴，其先四川嘉州人，祖宦吴中，生基，遂家焉。少有才名，遭亂避居吴之赤山。張士誠時辟爲丞相府記室，後辭去。洪武初，起爲滎陽縣知縣，屢起屢伏，纍官山西按察使，尋以事奪官輸作，卒于工所。撰有《眉菴集》。《明史》卷二百八十五、《皇明開國臣傳》卷十、《［崇禎］吴縣志》卷四十七有傳。

是書凡十二卷，大致以體編次。卷一五言古體，卷二七言古體，卷三七言古體，卷四歌行，卷五長短句體，卷六五言律，卷七五言律、五言排律，卷八至九七言律，卷十五言絶句、六言絶句，卷十一七言絶句，卷十二詞曲、補遺詩。

江朝宗序："先生所著《眉菴集》，有五七言古體、五七言律詩及歌行、排律、絶句、詞曲，總若干篇，教授鄭鋼編集，已板行矣。字多訛謬，先後失序，而缺略尤甚，識者惜焉。吴中張公企翱，以名進士纍官廣東僉憲，素重先生之詩，每遇公暇輒研究之，補其缺略，次其先後履歷之序，字之訛謬者悉考正之，厘爲十二卷，綉梓以廣其傳。其用心亦厚矣。"

是書爲《明初四家詩》零種。前序有缺葉，部分補抄。卷六至十二、補遺、後志均爲抄配。

《眉菴集》今傳者先此有成化二年（1466）吴中張氏刻本，作"眉菴集十二卷"，北京大學圖書館有藏；又有成化二十一年張習刻本，作"眉菴集十二卷補遺一卷"，中國國家圖書館藏有黄丕烈跋本。此本即據張習刻本翻刻，故云重刻。

《四庫全書總目》收録，作"眉菴集十二卷"。提要云："史稱基少以《鐵笛歌》爲楊維楨所稱，與高啓、張羽、徐賁號'明初四杰'。其詩頗沿元季穠纖之習。……王世貞《藝苑卮言》謂其'情至之語，風雅掃地'。朱彝尊《静志居詩話》亦摘其詩語類詞者至數十聯，而獨推重其五言古體。然近體之佳者，亦自清俊流逸，雖不能方駕青邱，要非餘子所及也。集初爲鄭鋼版行，成化中吴人張習重刻，嘉州江朝宗爲之序，習爲後志云。"

《中國古籍善本書目》（集部一六五八七條）著録“明初四家詩四十卷”，入集部總集類，此刻爲其一種。《中國古籍總目》（集 20206076 條）著録。除天一閣外，福建省圖書館、重慶圖書館、美國哈佛大學哈佛燕京圖書館等機構亦有入藏。

鈐印：“陸榮楣印”“伯後”“伏跗室”“紅藥山房收藏私印”等。馮貞群眉題“紅藥山房收藏私印”稱：“此爲程蒿亭藏印，蒿亭與朱竹垞、史雪汀友善，有《紅藥山莊詩集》。”

（饒）

清江貝先生集、續集

明萬曆刻本　善 3658

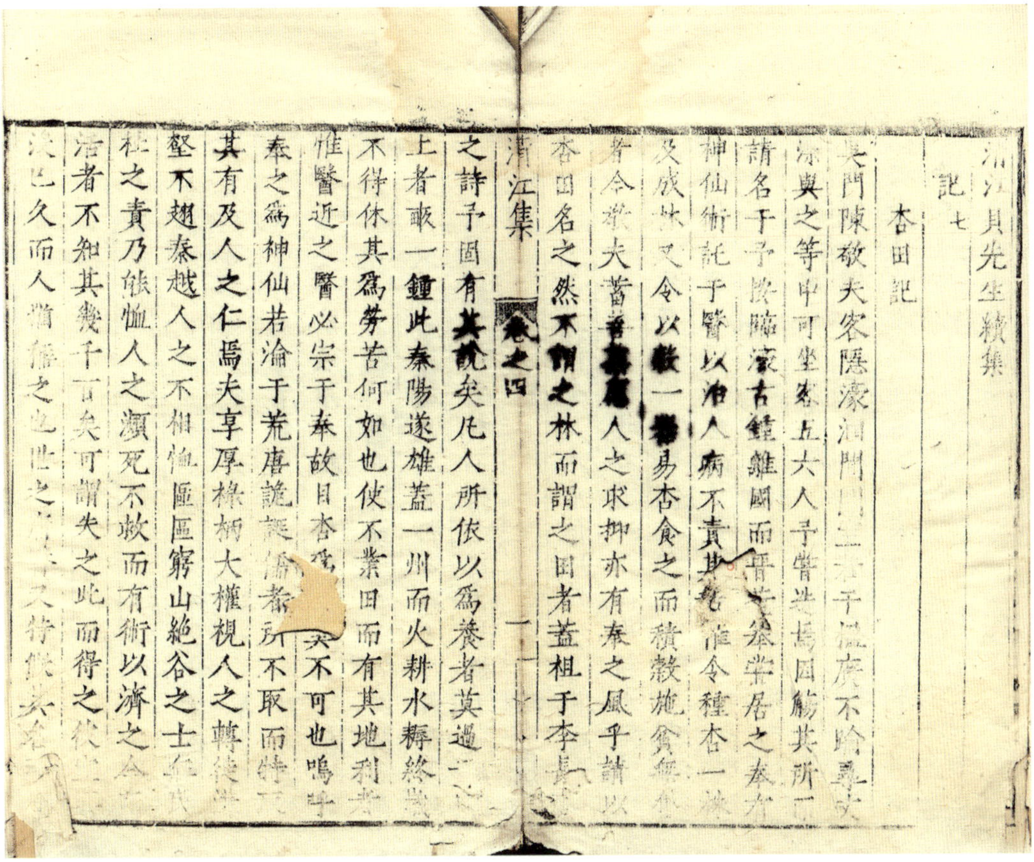

《清江貝先生續集》卷端

《清江貝先生集》三卷《續集》一卷，明貝瓊撰。明萬曆三年（1575）李詩刻本。三册。半葉十行，行二十字，左右雙邊，白口，單黑魚尾。框高 20.7 厘米，寬 15.3 厘米。序跋有殘缺，《續集》後殘存萬曆三年方義壯後序、李詩後序。

貝瓊（1315—1379），初名闕，字廷臣，一字廷琚、仲琚，又字廷珍，别號清江，浙江崇德人。年四十八，始領鄉薦。洪武初，召修《元史》，六年（1373）以儒士舉，授國子助教。時與張美和、聶鉉齊名，人稱“成均三助”。篤志好學，博通經史百家之言，善爲文，尤工于詩。撰有《清江貝先生集》《中星考》《雲間集》等。《明史》卷一百三十七、《國朝獻徵録》卷七十三、《［乾隆］金山縣志》卷十三有傳。

是書凡四卷，卷一已佚，存卷二至三及《續集》一卷，計三卷。卷二詩、跋、叙、序、傳、賦，卷三説、對、志、銘、箴、墓志銘、誄、哀辭、碣銘、塔銘、雜著、賦。《續集》記、序、解、説、志、傳、文、辯等各式文體。據中國國家圖書館所藏全本，卷首原有萬曆三年蔡時鼎序，卷一收記類文字，《續集》後序佚去葉四後半葉，實爲李詩撰。

是集編纂之由，方義壯後序云：“予諸生時，好讀古先文字，見清江先生《土偶對》《西翠樓記》諸篇，心悦之。比司教來桐，諗先生後于邑人。邑人言先生没今二百年，子孫遺文澌盡矣。嗟乎，貝先生何淪落至此乎。越明年，同寅海虞志齋李君謂先生邑之聞人也，遺文闕佚，無以表先，聞風多士。于是旁搜手録，删其亡謂者若干篇，存可傳者若干篇，刻之學宫，以廣其傳。于是工告成矣，屬予叙述先生之行，嗣刻焉。”李詩後序則云：“清江先生之文，聞見于《皇明文衡》及《文章辨體》諸集中，而未見其全也。求之再期，胥以淪缺報委，晚乃得之玉川顔君。蓋顔君敦厚好古，故能藏其遺編，然亦幾于昏腐矣。余既得而讀之，則手自讎録，稍加删正。”又云：“然《石經》《大韶》二賦，不見于本集，而見于《皇明文衡》，則知先生之文，其流布四方而散逸失紀者蓋亦多矣。”

貝瓊之文，先是有洪武刻本“清江貝先生文集三十卷詩集十卷詩餘一卷”遺世，而方氏不及見也。此刻今尚存，上海圖書館、南京圖書館、復旦大學圖書館及重慶圖書館等多家機構皆有入藏。李詩所刻本行世後，流傳亦罕，故清康熙五十八年（1719）又有據洪武本重刻之桐鄉金檀燕翼堂刻本。乾隆二十四年（1759）又有據康熙刻本重修刊印本，傳世較夥。

《四庫全書總目》收録“清江詩集十卷文集三十一卷”。《中國古籍善本書目》（集部六四六〇條）、《中國古籍總目》（集 20206127 條）著録。除天一閣外，中國國家圖書館、北京大學圖書館亦有入藏。另浙江圖書館有民國張宗祥抄本一部入藏。

鈐印："蕭山朱鼎煦收藏書籍"。

（饒）

方正學先生遜志齋集、外紀

明萬曆刻本　馮善 2261

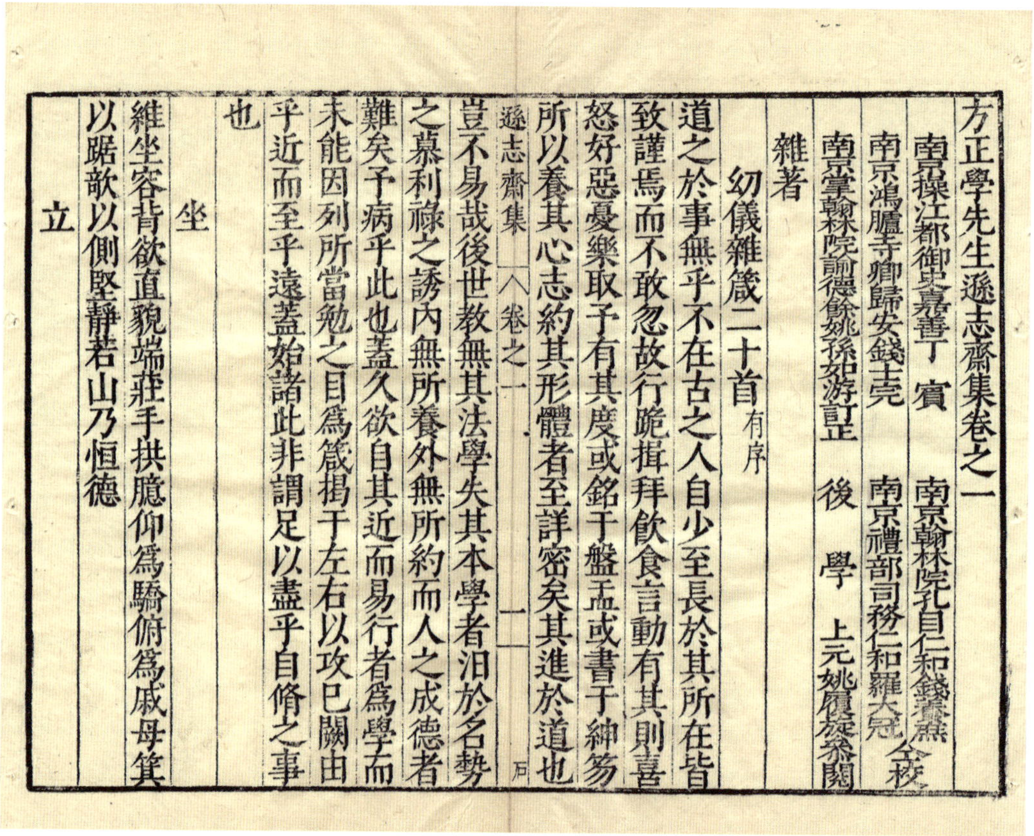
方正學先生遜志齋集卷之一
南京操江都御史嘉善丁　賓　南京翰林院孔目仁和錢養庶
南京鴻臚寺卿歸安錢士完　南京禮部司務仁和羅大冠　仝校
南京掌翰林院諭德餘姚孫如游訂正　後　學　上元姚履旋恭閱
雜著
幼儀雜箴二十首有序
道之於事無乎不在古之人自少至長於其所在皆
致謹焉而不敢忽故行跪揖拜飲食言動有其則喜
怒好惡憂樂取予有其度或銘于盤盂或書于紳笏
所以養其心志約其形體者至詳密矣其進於道也
遜志齋集　卷之一　一
豈不易哉後世教無其法學失其本學者汩於名勢
之慕利祿之誘內無所養外無所約而人之成德者
難矣予病乎此也蓋久欲自其近而易行者爲學而
未能因列所當勉之目爲箴揭于左右以攻巳闕由
乎近而至乎遠蓋始諸此非謂足以盡乎自脩之事
也
坐
維坐容背欲直貌端莊手拱臆仰爲驕俯爲戚毋箕
以踞欹以側堅靜若山乃恒德
立

《方正學先生遜志齋集》卷一卷端

《方正學先生遜志齋集》二十四卷《外紀》二卷，明方孝孺撰。明萬曆四十年（1612）丁賓等刻本。十六册。半葉十行，行二十字，四周單邊，白口，單白魚尾。框高 27.0 厘米，寬 17.0 厘米。版心下題刻工。卷一卷端題“南京操江都御史嘉善丁賓、南京翰林院孔目仁和錢養庶、南京鴻臚寺卿歸安錢士完、南京禮部司務仁和羅大冠仝校，南京掌翰林院諭德餘姚孫如游訂正，後學上元姚履旋參閱”。《外紀》卷端題署同，惟改“姚履旋參閱”爲“姚履旋編輯”。前有萬曆四十年孫如游序、萬曆四年（1576）徐階序、嘉靖四十年（1561）范惟一序、天順七年（1463）趙洪序、天順七年唐堯臣叙、洪武三十年（1397）林右序、洪武三十年王紳序，及凡例十一則、助刻各衙門姓氏名單二葉。目録後有《正學先生小像》《蜀王賜方教授像贊》《方正學先生外紀小引》，末有成化十五年（1479）謝鐸序、成化十六年（1480）黄孔昭後序、成化十八年（1482）張弼跋、正德十五年（1520）顧璘跋。

方孝孺（1357—1402），字希直，一字希古，號遜志，浙江寧海人。父克勤，洪武中循吏。幼警敏，鄉人目爲“小韓子”。長從宋濂學，恒以明王道、致太平爲己任。洪武二十五年（1392）以薦起，除漢中教授，蜀獻王聘爲世子師，名其讀書之廬曰“正學”。建文時官至文學博士，主修《太祖實録》《類要》諸書。靖難後，以抗節不屈，爲永樂帝誅十族。南明福王時追謚“文正”。工文章，醇深雄邁，撰有《方正學先生遜志齋集》《周禮考次》《大易枝辭》等。《明史》卷一百四十一、《國朝獻徵録》卷二十、《［嘉靖］浙江通志》卷四十六有傳。

是集二十四卷，《外紀》二卷，凡二十六卷。卷一至八雜著，卷九表、箋、啓、書，卷十至十一書，卷十二至十四序，卷十五至十七記，卷十八題跋，卷十九贊，卷二十祭文、誄、哀辭，卷二十一行狀、傳，卷二十二碑、表、志，卷二十三古詩，卷二十四律詩、絶句。《外紀》分上、下二卷，上卷表揚、像贊、傳銘、記狀、賜言、贈遺、碑記，下卷祭吊、復姓、祠典。

是集編輯，凡例有云：“是集，先生歿後六十年，臨海趙學諭始得散落詩文三百一十四篇，梓于蜀者，爲蜀本；又二十年，太平謝文肅公、黄巖黄文毅公遍輯四方所藏，得四十卷，郭令尹梓于寧海者，爲邑本；又四十年，郡守姑蘇顧公梓于郡齋者，爲郡本。今據三本而參酌之。”又云：“集中諸論舊多遺闕，近時丘文莊公稍加補正，名爲《論淵》，梓行于世。今據《論淵》以補其闕。”又云：“《附録》原止録蜀獻王及同時名公贈遺諸作，今以傳狀、祠記及吊祭詩文而續附者，存始末也。若愚庵公墓文、孝聞孝友二先生暨二烈女詩傳，此先生一門道德節義不容泯者，亦并附焉。”小注又云：“今因又有復姓、祠墓等事，益以吊祭者詩文益多，不能悉附，將《附録》分出，并新增者改爲《外紀》。”

是書重刻之由，孫如游序云：“庸夫竪子聞先生節烈，靡弗神竦色勃，咨嗟悲咽。嗚呼，殺身成仁，從容就義，若先生亦足死矣。獨其遺文散逸，幸而存者僅十之六七。而邇時操觚自好者，目道德爲迂論，猷馴雅爲無奇，往往掉臂弗顧，尤可惋嘆。維時大中丞丁公、大鴻臚錢公暨余協謀重梓，稽衆僉同，爰發公帑羨金俾授剞劂。而先生裔孫諸生道行出家藏舊本，屬翰林孔目錢君、禮部司務羅君讎校之，訂訛補闕。凡四閲月而梓成，丁公、錢公以序見屬。”

刻工：李堯、宋敖、陳天貞、李才、萬林、薛洪、邢立、邢繼昱、陳倫、洪其、茹松、朱迅、胡正、潘、池、石松、陶文、陶山、張忠、井南、孫見、陳宗、云、戴文、文、葛、張文、芮奇、王秀、梅洪、愛發、丙、玉、王朝、李明、潘明、柏龙、李英、林竹、陳云、戴礼、井、陳文焕、胡振、陳天、張玉、朱梁、林七、陳孛、載文、王玉、梅奉、孫德、王章、張濟、邢、胡、忠、林、吴太、葛象、朱通、陳西、陳大、陳文英、孫、楊、奚、朱玉、張承印、小、張承祖、瑞大、張大、業愛。

此本卷二十一至二十四以清康熙三十七年（1698）刻“方正學先生遜志齋集二十四卷拾補一卷首一卷外紀一卷方正學先生年譜一卷附辯證一卷”本補配。

《四庫全書總目》收録，作“遜志齋集二十四卷”。《中國古籍善本書目》（集部六七六九條）、《中國古籍總目》（集20206377條）著録。除天一閣外，中國國家圖書館、遼寧省圖書館、南京圖書館等機構亦有入藏，浙江圖書館有此刻清方忠祁重修本入藏。

鈐印：“小閑山房藏書記”。

（饒）

符臺外集

清抄本　馮善 2264

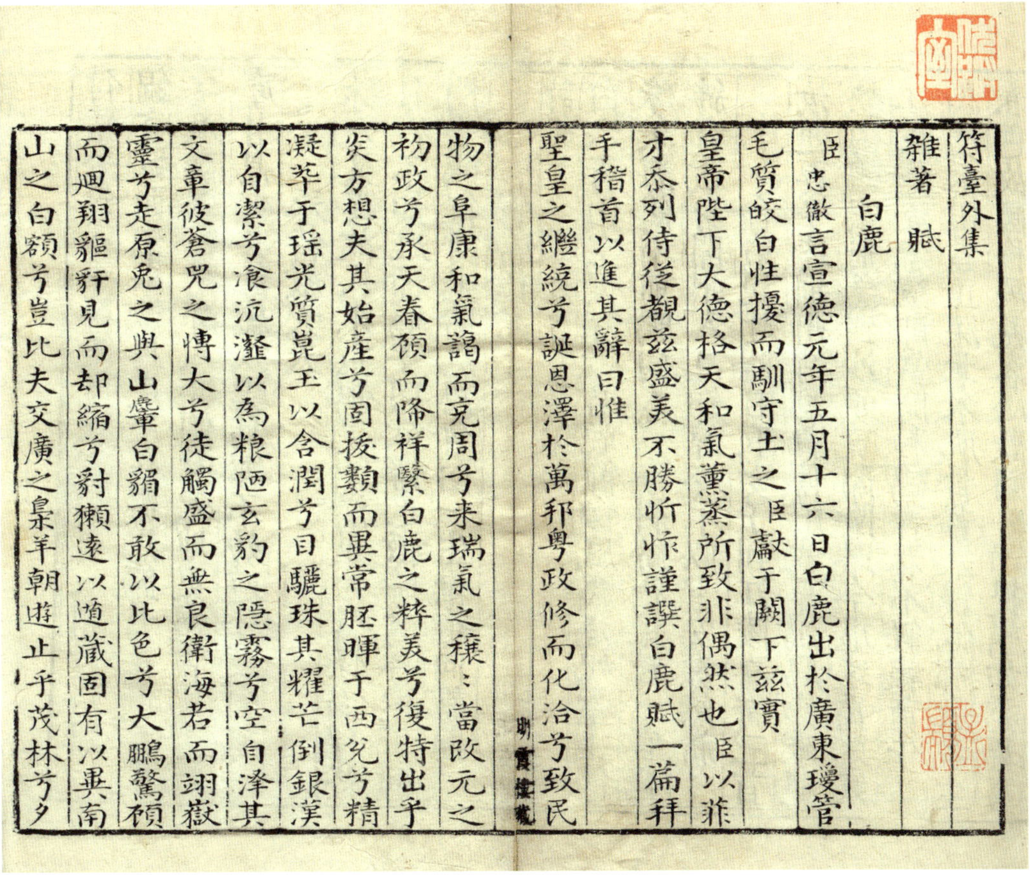
符臺外集
雜著　賦
白鹿
臣忠徹言宣德元年五月十六日白鹿出於廣東瓊管
毛質皎白性擾而馴守土之臣獻于闕下茲實
皇帝陛下大德格天和氣薰蒸所致非偶然也臣以菲
才忝列侍從覩茲盛美不勝忻忭謹譔白鹿賦一篇拜
手稽首以進其辭曰惟
聖皇之繼統兮誕恩澤於萬邦粵政修而化洽兮致民

明霞樓藏

物之阜康和氣藹而充周兮來瑞氣之穰穰當改元之
初政兮承天眷顧而降祥繄白鹿之粹美兮復特出乎
炎方想夫其始產兮固拔類而異常胚暉于西兌兮精
凝萃于瑤光質崑玉以含潤兮目驪珠其耀芒倒銀漢
以自潔兮飡沆瀣以為粮陋玄豹之隱霧兮空自澤其
文章彼蒼兕之愽大兮徒觸盛而無良衛海若而翊嶽
靈兮走原兔之與山麞白貊不敢以比色兮大鵬驚頳
而廻翔軀豣見而卻縮兮豻獺遠以遁藏固有以異南
山之白額兮豈比夫交廣之梟羊朝遊止乎茂林兮夕

《符臺外集》卷二卷端

《符臺外集》二卷，明袁忠徹撰。清明霞樓抄本。二册。半葉九行，行二十一字，四周單邊，白口，無魚尾。黑色套格紙，版心下題“明霞樓藏”。框高 21.8 厘米，寬 14.0 厘米。前有正統二年（1437）陳敬宗序及《鄞藝文志》《明史・方伎傳》《［光緒］鄞縣志》袁氏傳記。

袁忠徹（1376—1458），字靜思，一字公達，浙江鄞縣人。元末明初相士袁珙之子，幼傳父術，相人福禍多驗。與燕王相識于藩邸，永樂初召授鴻臚寺序班，遷尚寶司少卿，正統中坐矜傲休致，年八十三卒。性好學，博涉多聞，詩有奇氣。撰有《符臺外集》《人相大成》《鳳池吟稿》《古今識鑒》等。《明史》卷二百九十九、《［雍正］浙江通志》卷一百九十六有傳。

是書凡二卷。卷一長短句、五言絶句、七言絶句，卷二雜著，含賦、贊、序、傳、跋、祭文。

陳敬宗序云："《符臺外稿》五七言、歌行、雜詩凡若干首，尚寶少卿袁公忠徹作也。……公閥閲名門，詩禮大家，自其先祖菊村先生、尊甫太常少卿柳莊先生并以詩鳴于時。公既得于家庭諷咏朝夕濡染之益，而又能博觀古人，翱翔于盛唐諸君子之間，則其資于學問也爲可徵。"

扉頁有民國馮貞群題記。卷一卷首序跋皆爲補抄，黑框無欄，半葉九行，行二十一字，字迹與卷内不同。卷一及卷二目録亦爲補抄，藍色套格紙，半葉十行，行二十六字，四周雙邊，單藍魚尾，版心下題"四明蘧廬山房"，字迹别爲一種。

《四庫全書總目》未收。《中國古籍善本書目》（集部六九七七條）、《中國古籍總目》（集 20206569 條）著録。除天一閣外，僅見上海圖書館藏明刻本"符臺外集不分卷"，别未見其他機構入藏。

鈐印："伏跗室""孟顒""馮貞群印"。

（饒）

文清公薛先生文集

明萬曆刻本　善 3682

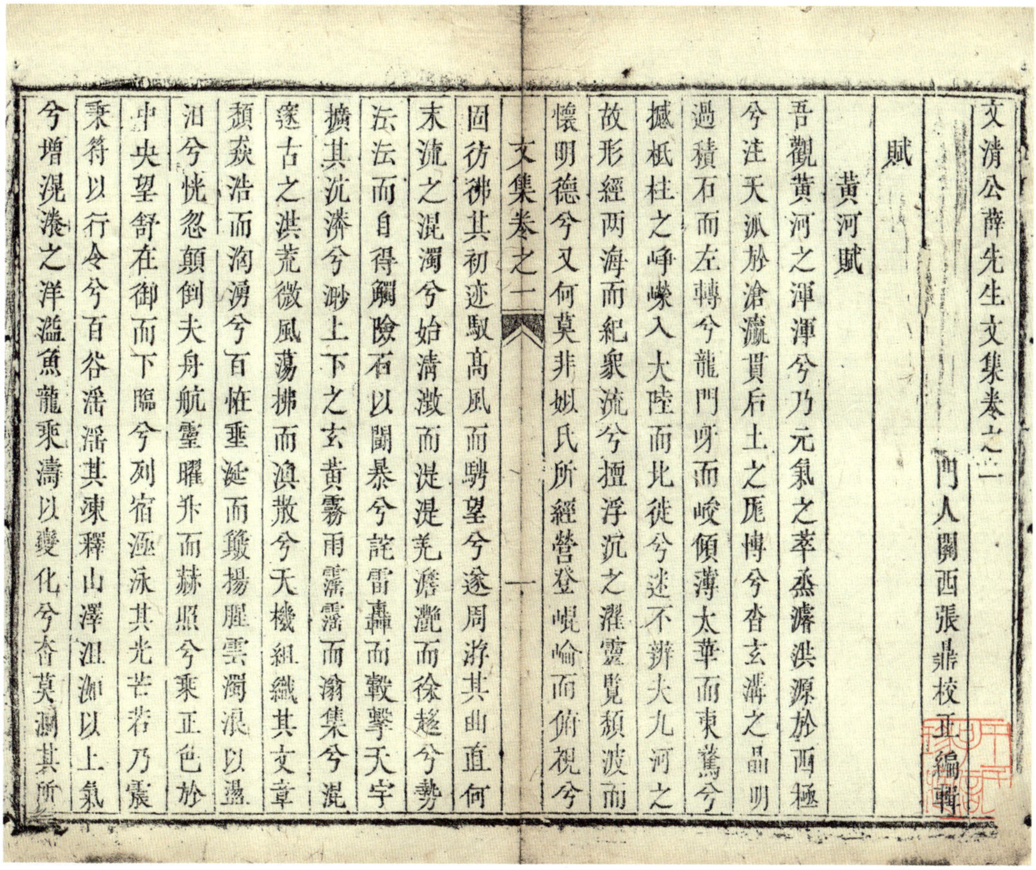
文清公薛先生文集卷之一

門人關西張鼎校正編輯

賦

黄河賦

吾觀黄河之渾渾兮乃元氣之萃烝濬洪源於西極兮注天派於滄瀛貫后土之厖博兮沓玄溝之晶明過積石而左轉兮龍門劈而峻傾薄太華而東騖兮撼柢柱之崢嶸入大陸而北徙兮迷不辨夫九河之故形經兩海而紀衆流兮揔浮沉之灌靈覽頹波而懷明德兮又何莫非姒氏所經營登崐崘而俯視兮

文集卷之一　一

囘彷彿其初迹馭高風而騁望兮遂周游其曲直何末流之混濁兮始清澂而混混羌瀰灑而徐趨兮勢浤浤而自得觸險石以鬬暴兮詫雷轟而轂擊天宇擴其沆漭兮渺上下之玄黄霧雨霈霈而瀚集兮混邃古之洪荒微風蕩拂而渙散兮天機組織其文章頹焱浩而洶湧兮百怪垂涎而皷揚腥雲濁浪以盪汨兮恍忽顛倒夫舟航靈曜兆而赫照兮秉正色於中央望舒在御而下臨兮列宿涵泳其光芒若乃震乘符以行令兮百谷潘潘其凍釋山澤沮洳以上氣兮增混漾之洋溢魚龍乘濤以變化兮杳莫測其所

《文清公薛先生文集》卷一卷端

《文清公薛先生文集》二十四卷《目録》一卷，明薛瑄撰。明萬曆四十二年（1614）薛士弘刻本。十二册。半葉十行，行二十字，四周雙邊，白口，單黑魚尾。框高 20.0 厘米，寬 13.8 厘米。卷一卷端題“門人關西張鼎校正編輯”。前有弘治二年（1489）張鼎序。

薛瑄（1389—1464），字德温，號敬軒，山西河津人。永樂十九年（1421）

進士，天順初纍官至禮部左侍郎兼翰林學士，入閣預機務。謚文清。自幼篤信好古，博學善記。以理學名家，爲河東學派創始人。隆慶六年（1572），從祀孔廟。撰有《文清公薛先生文集》《讀書録》《續讀書録》《河汾詩集》等。《明史》卷二百八十二、《［萬曆］開封府志》卷二十五有傳。

是書二十四卷，《目録》一卷，凡二十五卷。卷一賦、古詩，卷二古詩、歌，卷三歌行，卷四至五絶句，卷六至十律詩，卷十一雜著，卷十二書，卷十三至十七序，卷十八至十九記，卷二十哀辭、祭文，卷二十一碑，卷二十二墓志銘，卷二十三墓表，卷二十四箴、銘、贊、章奏。《目録》卷二十一至二十三統一題作“碑志”，與内文不盡相符。

是書刊刻之由，張鼎序云：“（瑄）所著有《讀書録》《續讀書録》《河汾詩集》行于世，惟《文集》則先生孫前刑部員外郎禨曾托前常州同知謝庭桂板刊未就。今年夏四月，前監察御史暢亨先生同鄉謫官陝右，道過鎮陽，予因訪前集。暢曰：某于毗陵朱氏得之矣。予喜而閲之，但舛訛非原本矣。因訪唐《昌黎集》，校正編輯，總千七百篇，分爲二十四卷。凡三易稿，始克成編。於戲！先生文集流落江南二十餘年，今傳于世，豈非其數有所待與？”

《四庫全書總目》收録，作“薛文清集二十四卷”。提要稱：“明代醇儒，瑄爲第一。而其文章雅正，具有典型，絶不以俚詞破格。其詩如《玩一齋》之類，亦間涉理路。而大致冲澹高秀，吐言天拔，往往有陶、韋之風。蓋有德有言，瑄足當之。然後知‘徒以明理載道爲詞，常談鄙語，無不可以入文者。究爲以大言，文固陋’，非篤論也。”

《中國古籍善本書目》（集部六九四〇條）、《中國古籍總目》（集20206656條）著録。除天一閣外，南開大學圖書館、山西省圖書館、吉林市圖書館、山東省圖書館等多家機構亦有入藏，美國普林斯頓大學圖書館有萬曆四十二年刻清雍正十二年（1734）修補印本。天一閣另有複本二部。

鈐印：“王氏子信珍藏”。

（饒）

康齋先生文集

明嘉靖刻本　善 3697

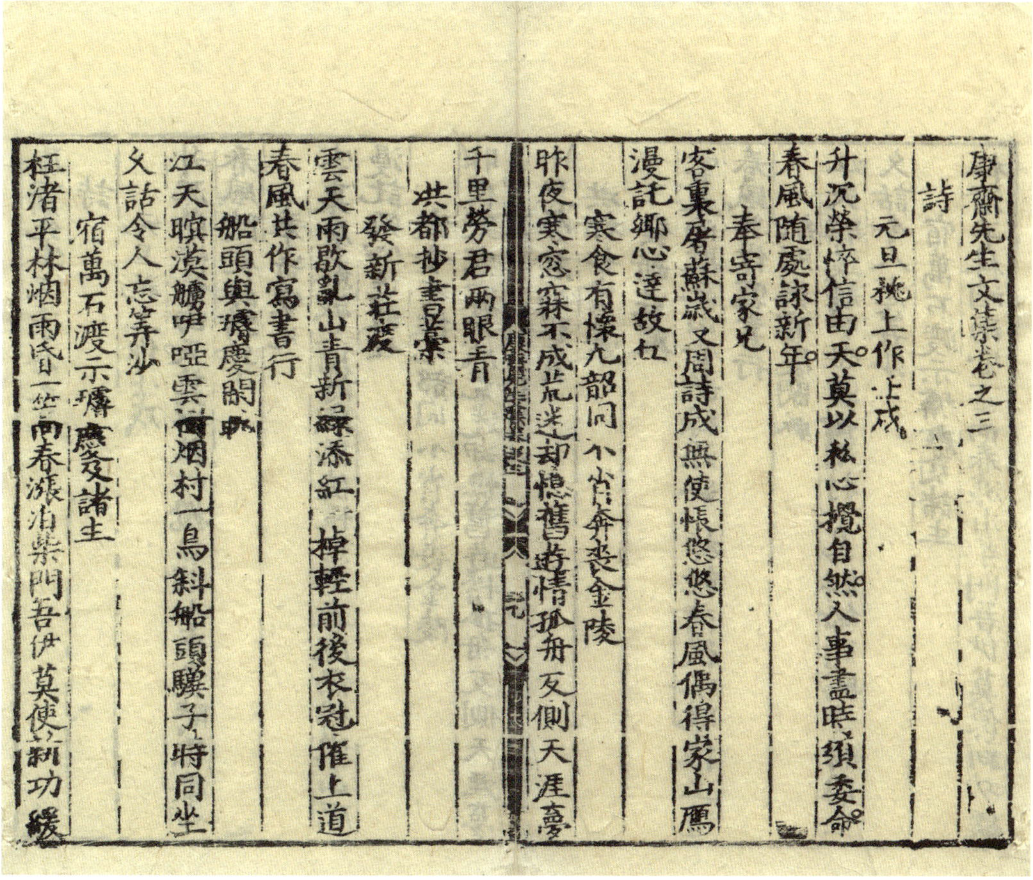
康齋先生文集卷之三
詩
元旦枕上作 壬戌
升沉榮悴信由天莫以私心攪自然人事盡時須委命
春風隨處詠新年
奉寄家兄
客裏屠蘇歲又周詩成無使悵悠悠春風偶得家山雁
漫託鄉心達故丘
寒食有懷九韶同[illegible]弁喪金陵
昨夜寒窗寐不成荒迷却憶舊遊情孤舟反側天涯夢
千里勞君兩眼青
洪都抄書[illegible]
發新莊渡
雲天雨歇亂山青新綠添紅一棹輕前後衣冠催上道
春風共作寫書行
船頭與璿慶聯句
江天暝漠艣伊啞雲濕烟村一鳥斜船頭驟子特同坐
久話令人忘筭沙
宿萬石渡示璿慶諸生
柱渚平林烟雨昏一竿雨春漲泊柴門吾伊莫使[illegible]功緩

《康齋先生文集》卷三卷端

《康齋先生文集》十二卷《附録》一卷，明吴與弼撰。明嘉靖五年（1526）林維德刻本。一册。半葉十行，行二十一字，四周單邊，上下黑口，雙黑魚尾。版心下間有刻工。框高 27.0 厘米，寬 16.2 厘米。

吴與弼（1392—1469），初名夢祥，字子傳，號康齋，江西崇仁人。年十九，見《伊洛淵源圖》，慨然嚮慕，遂罷舉子業，盡讀《四子》《五經》、洛閩諸録，不下樓者數年。四方來學者日衆，教誨不倦。正統、景泰間，屢徵不起。天順元年（1457）徵至京，授左春坊左諭德，上疏請辭，與英宗對于文華殿而歸。從學者衆，而最著者有胡居仁、陳獻章、婁諒等。撰有《康齋先生文集》等。《明史》卷二百八十二、《明儒學案》卷一、《［嘉靖］江西通志》卷二十一有傳。

是書原十三卷，此本殘存卷二至五，計四卷。卷二卷端已佚，存詩二百二十餘首；卷三詩一百五十餘首；卷四詩二百二十餘首；卷五亦殘，存詩一百十餘首。

刻工：付、山七、昆、山三、千、廣。

是集除此刻外，前有正德十年（1515）彭傑刻本，南京圖書館、天津圖書館等有藏；後又有嘉靖五年林維德刻遞修本，中國國家圖書館有藏；崇禎五年（1632）陳懋德刻本，南通市圖書館有藏。正德十年刻本版式爲十行二十字，四周單邊，白口；嘉靖五年刻本及崇禎五年刻本版式則皆爲十行二十一字，四周單邊，黑口。

《四庫全書總目》收録，作"康齋文集十二卷"，然祖出崇禎五年陳懋德刻本，提要稱："其集初刻于撫州，凡四卷，歲久漫漶。此本乃崇禎壬申江南提學副使陳維新所刻。分爲詩七卷，奏疏、書、雜著一卷，序一卷，記一卷，目録一卷，跋、贊、銘、啓、墓志、墓表、祭文一卷。其詩自永樂庚寅至正統辛酉，皆編年。"《中國古籍善本書目》（集部七一五一條）、《中國古籍總目》（集 20206668 條）著録。除天一閣外，中國國家圖書館、上海圖書館及臺北漢學研究中心等機構亦有入藏。

（饒）

于忠肅公集

明隆慶刻清修本　善 3685

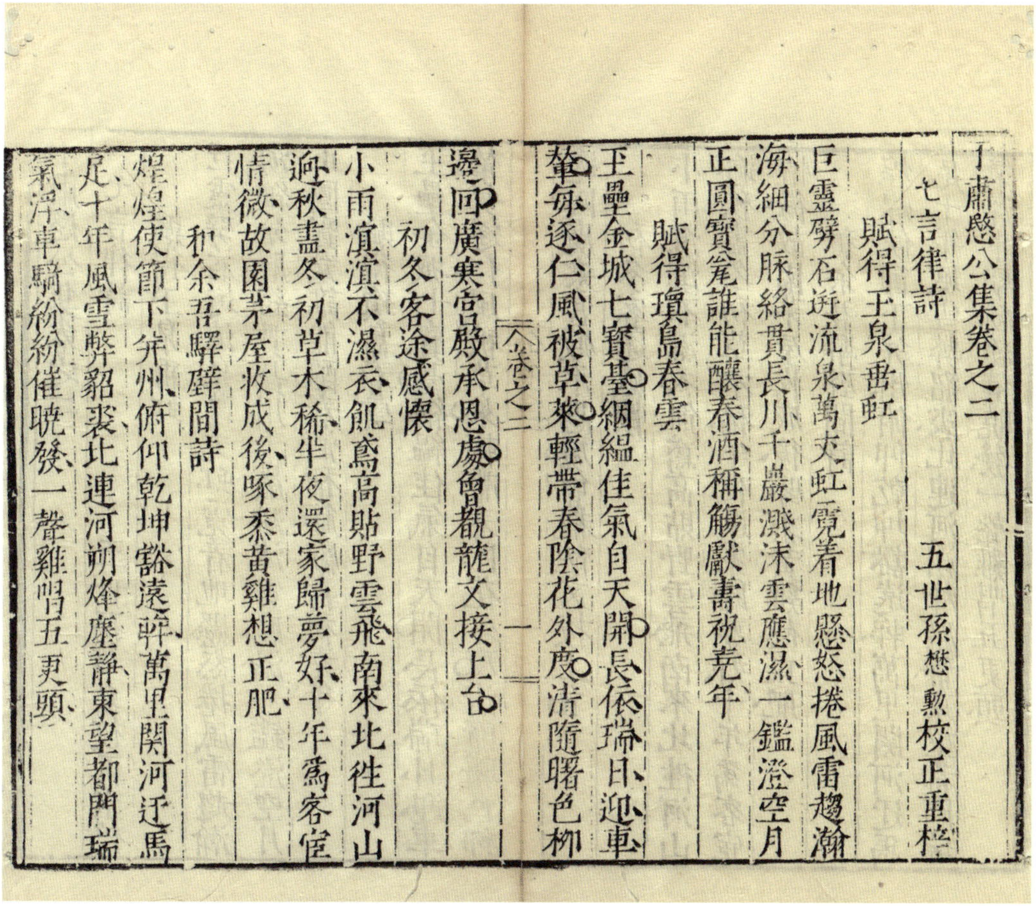

《于忠肅公集》卷二卷端

《于忠肅公集》五卷《附録》一卷，明于謙撰。明隆慶于懋勛刻清修本。一册。半葉九行，行二十字，左右雙邊，白口，單白魚尾。框高 18.6 厘米，寬 13.0 厘米。封面題“于忠肅公文集”。卷端題“五世孫懋勛校正重刊”。《附録》後有隆慶元年（1567）王燭跋。

于謙（1398—1457），字廷益，號節庵，浙江錢塘人。永樂十九年（1421）進士，纍官至兵部尚書。正統十四年（1449），土木之變起，京師震恐，有倡議南遷者，謙時任兵部左侍郎，力主固守，上下皆倚重之，京師卒定。景泰年間，上頗倚重，及英宗復辟，爲徐有貞、石亨等誣陷弃市。成化初，追復原官。弘治初，贈特進光禄大夫、柱國、太傅。初謚肅愍，萬曆中改謚忠肅。平生著述甚多，撰有《于忠肅公集》《于肅愍公集》《節庵存稿》等。《明史》卷一百七十、《皇明獻實》卷十九、《［嘉靖］浙江通志》卷四十六有傳。

是書爲于謙詩文集，都五卷，《附録》一卷。卷一賦、雜體，卷二七言律詩，卷三五言絶句，卷四序、記，卷五贊、銘、祭文、表。《附録》佚去葉一至九，僅存葉十至十一，又補遺葉一至二，後附王燭高祖王來與于謙贈詩兩首及王燭跋一篇。

于謙之集，除是刻外明刻本存世尚夥，有：嘉靖六年（1527）大梁書院刻本“于肅愍公集八卷附録一卷”，上海圖書館、復旦大學圖書館等有藏；嘉靖刻本“于忠肅公集十二卷附録四卷”，日本尊經閣文庫有藏；天啓元年（1621）孫昌裔刻本“于忠肅公集十二卷附録四卷”，上海圖書館、天津圖書館及南京圖書館等有藏；成化十二年（1476）錢塘于冕刻本“節庵存稿不分卷”，上海圖書館有藏；明末刻本“徐文長評于節闇奏疏四卷詩集三卷”，吉林大學圖書館有藏；等等。

《四庫全書總目》收録“于忠肅集十三卷”。《中國古籍善本書目》（集部六九五三條）、《中國古籍總目》（集 20206707 條）著録。是刻除天一閣外，未見其他機構入藏。

（饒）

瓊臺會稿

明萬曆刻本　善 3694

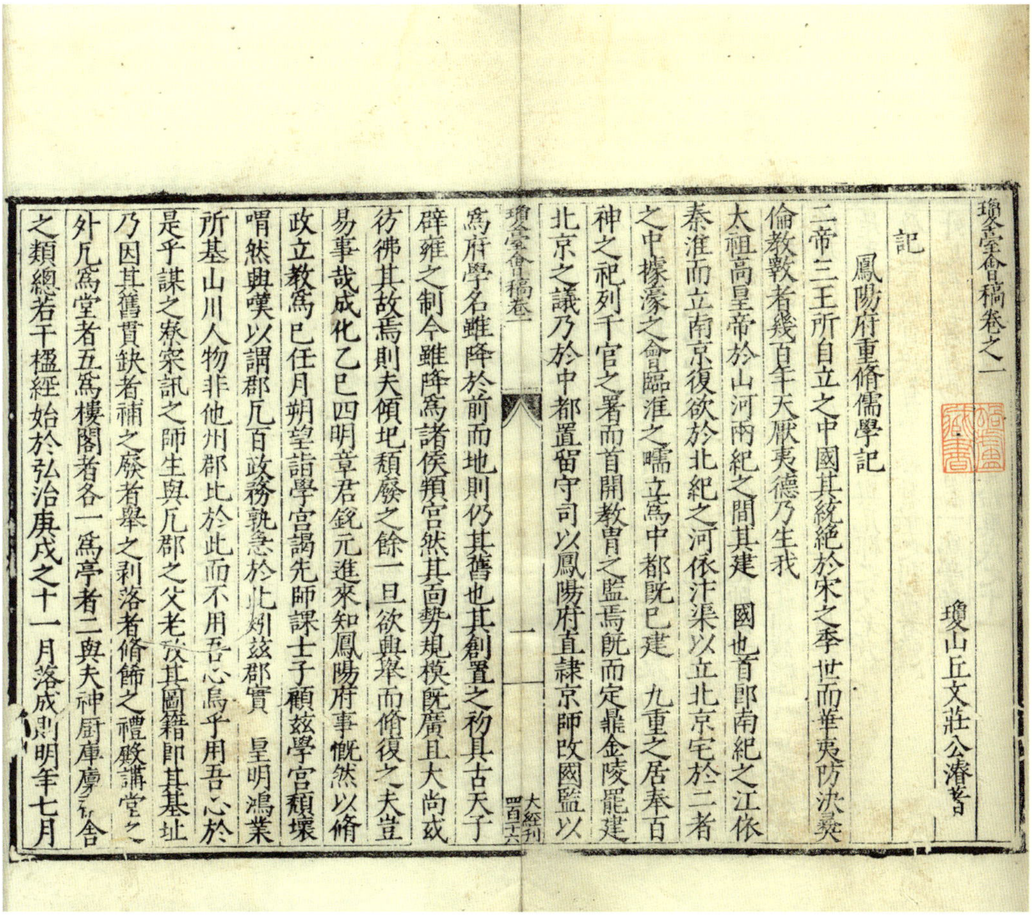
瓊臺會稿卷之一

瓊山丘文莊公濬著

記

鳳陽府重脩儒學記

二帝三王所自立之中國其統絕於宋之季世而華夷防決彝
倫教斁者幾百年天厭夷德乃生我
太祖高皇帝於山河兩紀之間其建　國也首即南紀之江依
泰淮而立南京復欲於北紀之河依汴渠以立北京宅於二者
之中據濠之會臨淮之壖立為中都既已建　九重之居奉百
神之祀列千官之署而首開教胄之監焉既而定鼎金陵罷建
北京之議乃於中都置留守司以鳳陽府直隷京師改國監以

瓊臺會稿卷一　一　大經刊　四百十六

為府學名雖降於前而地則仍其舊也其創置之初具古天子
辟雍之制今雖降為諸侯頖宮然其面勢規模既廣且大尚或
彷彿其故焉則夫傾圮頹廢之餘一旦欲與舉而脩復之夫豈
易事哉成化乙巳四明章君銳元進來知鳳陽府事慨然以脩
政立教為已任月朔望詣學宮謁先師課士子覩茲學宮頹壞
喟然興嘆以謂郡凡百政務孰急於此矧茲郡實　皇明鴻業
所基山川人物非他州郡比於此而不用吾心烏乎用吾心於
是乎謀之寮寀訊之師生與凡郡之父老稽其圖籍即其基址
乃因其舊貫缺者補之廢者舉之剥落者脩飾之禮殿講堂之
外凡為堂者五為樓閣者各一為亭者二與夫神厨庫庾齋舍
之類總若干楹經始於弘治庚戌之十一月落成則明年七月

《瓊臺會稿》卷一卷端

《瓊臺會稿》十二卷，明丘濬撰。明萬曆八年（1580）劉倬、馬千乘刻本。四册。半葉十一行，行二十四字，四周雙邊，白口，單黑魚尾，版心下鐫刻工、字數。框高 20.0 厘米，寬 15.3 厘米。卷一卷端題“瓊山丘文莊公濬著”，卷三末署“新建縣學戴士民校正”。前有嘉靖三十一年（1552）黄佐序。

丘濬（1421—1495），字仲深，廣東瓊山人。景泰五年（1454）進士，以博極群書稱于時，尤熟國家典故，亦以經濟自負，嘗與修《英宗實録》《憲宗實録》《續通鑑綱目》等。以真德秀《大學衍義》于治國平天下條目未具，乃博采群書補之，表上其書，帝稱善，命所司刊行，特進禮部尚書，掌詹事府事。弘治四年（1491），兼文淵閣大學士參預機務，尚書入閣乃自此始。謚文莊。撰有《瓊臺會稿》《大學衍義補》《世史正綱》等。《明史》卷一百八十一、《國朝獻徵録》卷十四、《［萬曆］瓊州府志》卷九有傳。

是書凡十二卷，此本缺卷十一至十二，殘存十卷。卷一至二記，卷三記、序，卷四至六序，卷七論、表、章奏，卷八章奏、題跋、説、録、雜著、贊、哀辭、祭文，卷九傳、神道碑，卷十神道碑、墓志銘、墓表、銘、箴、賦。

黄佐序云：“公著述最富，掌國學文教最久，《朱子學的》《家禮儀節》先行于世。及受知孝廟，晚登政府，取其所著書于大内，用以權衡百度，則《大學衍義補》經進者也。又有《世史正綱》以紀世變，明正統。二書論議多前所未發，皆别行之，故集中弗采焉。”

丘氏著作，原有弘治五年（1492）蔣雲漢刻本“瓊臺吟稿十卷”，又有弘治刻本“瓊臺類稿七十卷”。嘉靖三十二年（1553），鄭廷鵠據二稿所載，益以所得寫本，厘爲十二卷，名《瓊臺會稿》，刊刻行世。此本即萬曆八年劉倬、馬千乘據嘉靖本重刻。萬曆四十一年（1613）丘氏裔孫爾穀又重刻《瓊臺會稿》十二卷，天啓初復合《類稿》《會稿》《吟稿》重編爲二十四卷，是爲《瓊臺詩文會稿重編》。

刻工：王廷升、世明、梁應堯、文興、余林、信伯、魏元貴、大經、江文諒、詹文興、汝倫、尚行、李亮、茂聯、余七、茂伯、江觀爵、魏子安、君衣冋、應期、大儒、江紹元、蔣茂能、康瑞禎、余茂恭、王朝興、君、元傑、瑞貞、徐大儒、茂工。

《四庫全書總目》收録“瓊臺詩文會稿重編二十四卷”，題作“重編瓊臺會稿”。《中國古籍善本書目》（集部七〇八七條）、《中國古籍總目》

（集 20206833 條）著録。除天一閣外，浙江圖書館有藏。另，中國國家圖書館、浙江圖書館入藏嘉靖鄭廷鵠刻本，北京大學圖書館入藏萬曆丘爾穀刻本，祁縣圖書館入藏明藍格抄本。

鈐印："蝸廬藏書"。

（饒）

徐氏海隅集詩編、文編、外編、續

明萬曆刻本　善 0265

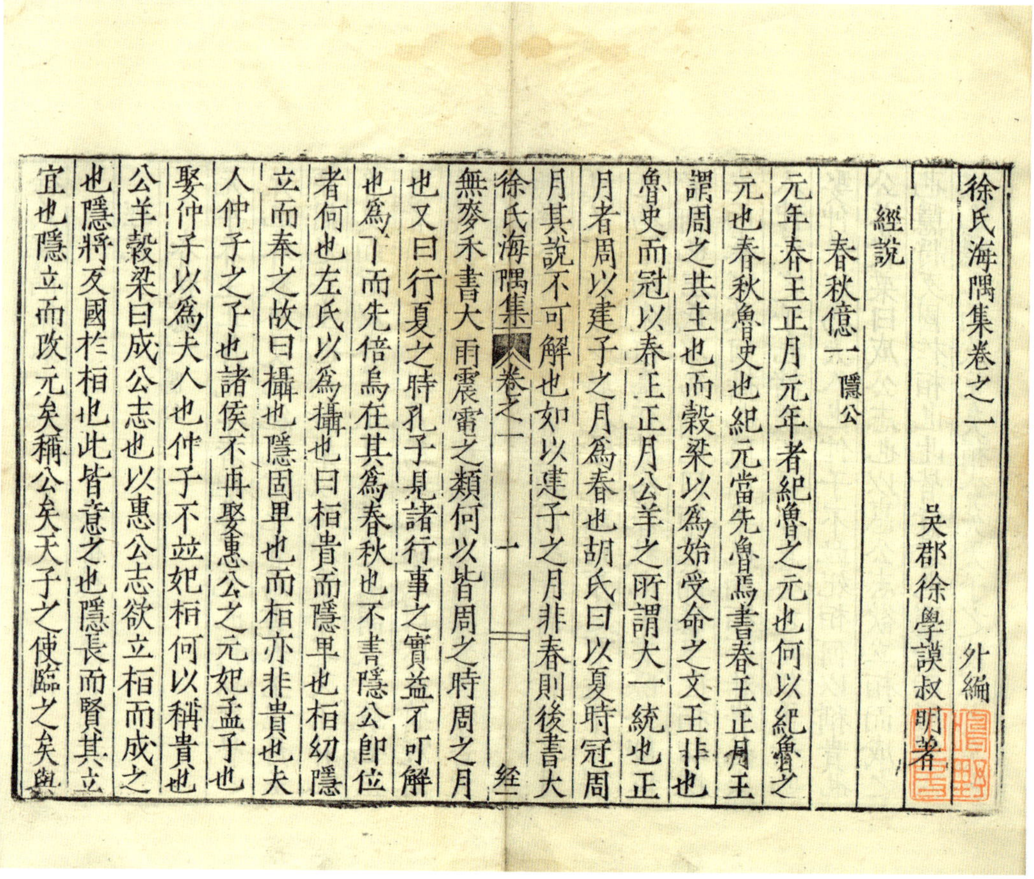
徐氏海隅集卷之一　外編
吴郡徐學謨叔明著
經說
春秋億一　隱公
元年春王正月元年者紀魯之元也何以紀魯之
元也春秋魯史也紀元當先魯爲書春王正月王
謂周之共主也而穀梁以爲始受命之文王非也
魯史而冠以春王正月公羊之所謂大一統也正
月者周以建子之月爲春也胡氏曰以夏時冠周
月其說不可解也如以建子之月非春則後書大
徐氏海隅集　卷之一　一　經
無麥禾書大雨震雷之類何以皆周之時周之月
也又曰行夏之時孔子見諸行事之實益不可解
也爲丁而先倍烏在其爲春秋也不書隱公卽位
者何也左氏以爲攝也曰桓貴而隱卑也桓幼隱
立而奉之故曰攝也隱固卑也而桓亦非貴也夫
人仲子之子也諸侯不再娶惠公之元妃孟子也
娶仲子以爲夫人也仲子不竝妃桓何以稱貴也
公羊穀梁曰成公志也以惠公志欲立桓而成之
也隱將反國於桓也此皆意之也隱長而賢其立
宜也隱立而改元矣稱公矣天子之使臨之矣與

《徐氏海隅集外編》卷一卷端

《徐氏海隅集詩編》二十二卷《文編》四十三卷《外編》十四卷《續》三卷，明徐學謨撰。明萬曆五年（1577）刻四十年（1612）重修本。一册。半葉十行，行十九字，左右雙邊，白口，單黑魚尾。框高 18.5 厘米，寬 13.8 厘米。卷一卷端題“吴郡徐學謨叔明著”。前有萬曆五年徐學謨自序。

徐學謨（1522—1594），字叔明，一字子言，號太室山人，南直隸嘉定人。嘉靖二十九年（1550）進士，授兵部主事，歷湖廣布政使，纍官禮部尚書。擅詩文，時譽爲“著作巨手”。撰有《徐氏海隅集》《世廟識餘録》《春明稿》《［萬曆］湖廣總志》等。《明史》卷二百四十三有傳（附鄒元標後），《名山藏》卷四十、《［萬曆］嘉定縣志》卷十一有傳。

是本殘佚頗多，僅存《外編》卷一至六，計六卷，録《經説》“春秋億”十二篇，釋《春秋》之義，卷一隱公、桓公，卷二莊公、閔公，卷三僖公，卷四文公、宣公，卷五成公、襄公，卷六昭公、定公、哀公。

是編纂集之由，徐學謨自序云：“愚故以《易》起家，少不自揆，間嘗旁窺是經，輒苦其難通，迄今三十餘年，髮鬖鬖短矣。兹以填鄖之隙，因感杜征南在襄陽時箋釋《左氏》，乃重掇三氏并范、楊、何、孔諸家疏解與胡氏之傳，猥加裒輯，稍略其正變之例，黜其有無疑似之文，祇采其説之不詭于理者，以符會孔氏竊取之義，而彙爲一書，名之曰《春秋億》，凡如干卷。”

《四庫全書總目》收録“徐氏海隅集四十卷”，提要稱：“《明史·藝文志》載學謨《文集》四十三卷，《千頃堂書目》亦載學謨《海隅集》四十三卷，此本僅四十卷，前無序、目，蓋奸黠書賈以殘闕之本割去序目，冒爲完書也。”又收録“《春秋億》六卷”，提要云：“是編序題《春秋億》，而卷首題曰《徐氏海隅集》，目録又題曰《外編》，蓋其全集之一種。十二公各爲一篇，不載經文，而一一排比年月，隨經詮義。”蓋此書入清已罕有全帙流傳，故分別著録也。

《中國古籍善本書目》（集部八六二三條）、《中國古籍總目》（集20206847條）著録。除天一閣外，上海圖書館、南京圖書館、浙江圖書館等機構有藏，另北京大學圖書館亦有殘本入藏，缺《外編》十四卷《續》三卷。

鈐印：“鳴野山房”。

（饒）

畏齋存藁

明萬曆刻本　善 3714

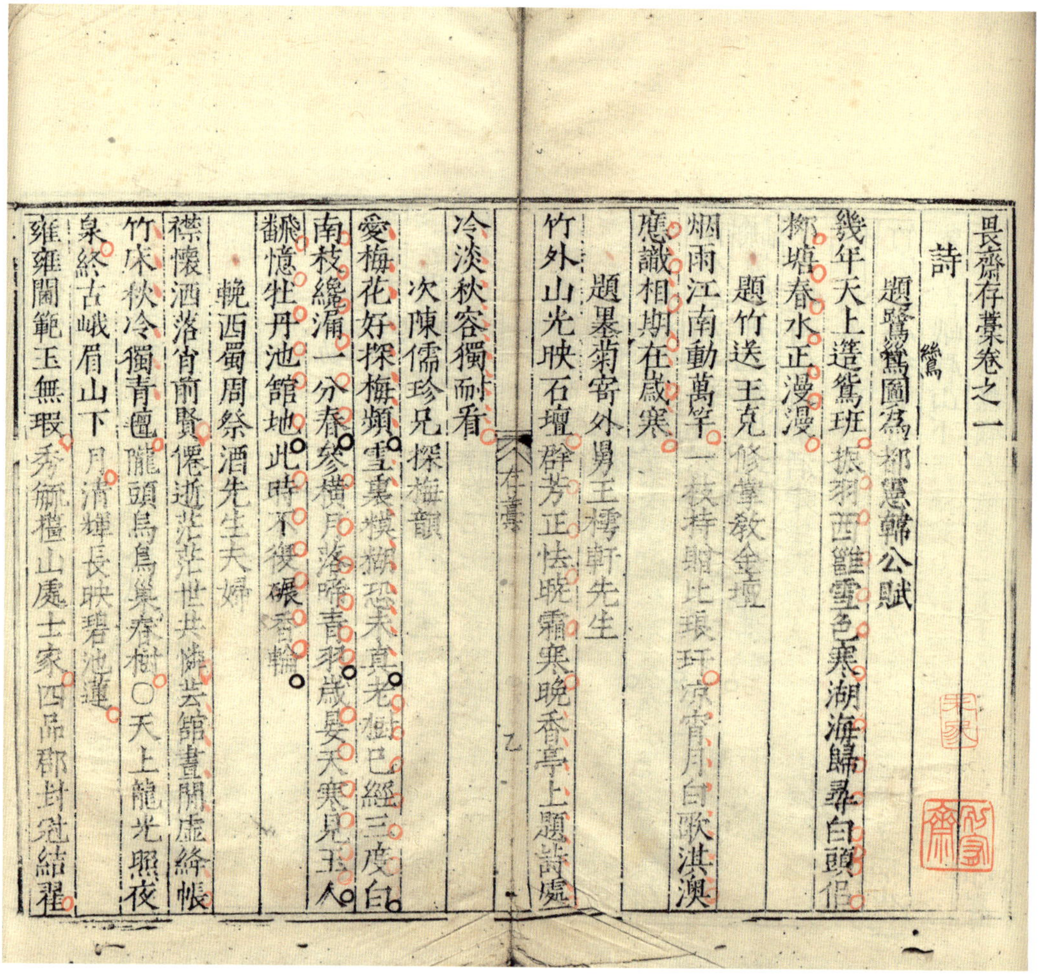

《畏齋存藁》卷一卷端

《畏齋存藁》二卷，明林鶚撰。明萬曆五年（1577）林元楝刻本。一册。半葉十行，行二十一字，四周雙邊，白口，單黑魚尾。框高 18.7 厘米，寬 13.0 厘米。前有正德八年（1513）林俊序、宸翰、諭祭、請謚奏議、嘉靖四十二年（1563）林元棟跋、正德八年林薇序、九年（1514）林薇又序、像、謝鐸及王守仁像贊。

林鶚（1423—1476），字一鶚，號畏齋，浙江太平人。景泰二年（1451）進士。授御史，監京畿鄉試，遭誣考訊。英宗復辟，出知鎮江，有治聲，後纍官刑部右侍郎。爲人以孝稱，不妄交結，有廉聲。撰有《畏齋存藁》。《明史》卷一百五十七、《［嘉靖］浙江通志》卷四十七有傳。

是書共二卷，卷一詩一百十四首，卷二文三篇、書三十四通。

正德九年林薇序云："先人舊遺墨迹一帙，大司成方石謝先生嘗爲訂其訛，而題曰'畏齋存稿'，然其散失亦多矣。訪之數年，又得若干篇者，乃請于大都憲莆陽見素宗丈及太史渼陂王先生，爲之叙其顛末，而又別其名曰《續集》。薇竊禄于壽之三年，藉其餘而相繼綉諸梓，俾永其傳。"序末題署"志于壽春官署"，鎸印"黄堂清暇"。

是刻序後有木記，云："曾大父存稿，先子刻于壽春，藏板于家，嘉靖戊午爲寇火毁。曾孫元棟教授湖州時，取原本節省其繁，分别内外集，捐餐錢梓之，以遺後之人，時萬曆丁丑秋七月也。"

此集另有正德八年林薇刻本，題作"畏齋存藁一卷附録五卷"，中國國家圖書館有藏。正德刻本"畏齋存藁續集一卷遺稿不分卷"，臺北漢學研究中心有藏。嘉靖刻本"畏齋存藁十卷"，殘存卷一，中國國家圖書館有藏。

《四庫全書總目》未收。《中國古籍善本書目》（集部七〇六八條）、《中國古籍總目》（集 20206856 條）著録。除天一閣外，未見其他機構入藏。

鈐印："蕭山朱鼎煦收藏書籍""朱家""别宥齋"。

（烏）

椒丘文集、外集

明嘉靖刻本　善 3696

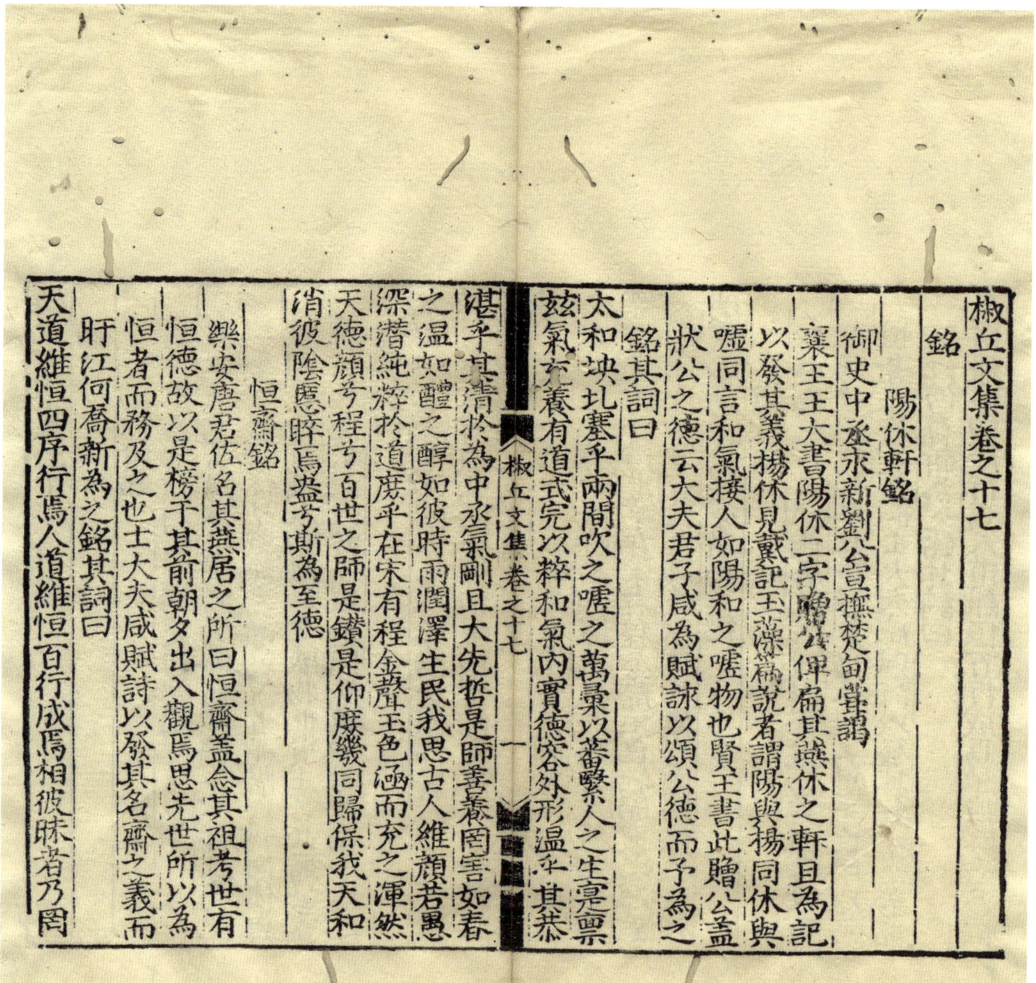
椒丘文集卷之十七
銘
陽休軒銘
御史中丞永新劉公宣撫楚甸嘗謂
襄王王大書陽休二字贈公俾扁其燕休之軒且為記
以發其義揚休見戴記玉藻篇說者謂陽與揚同休與
嘘同言和氣接人如陽和之嘘物也賢王書此贈公蓋
狀公之德云大夫君子咸為賦詠以頌公德而予為之
銘其詞曰
太和坱圠塞乎兩間吹之嘘之萬彙以蕃繄人之生寔稟
玆氣於養有道式完以粹和氣內實德容外形溫乎其恭
《椒丘文集》卷之十七　一
湛乎其清於為中丞氣剛且大先哲是師善養罔害如春
之溫如醴之醇如彼時雨潤澤生民我思古人維顏若愚
深潛純粹於道庶乎在宋有程金聲玉色涵而充之渾然
天德顏兮程兮百世之師是鑽是仰庶幾同歸保我天和
消彼陰慝睟焉盎兮斯為至德
恒齋銘
樂安詹君佐名其燕居之所曰恒齋蓋念其祖考世有
恒德故以是榜于其前朝夕出入覩焉思先世所以為
恒者而務及之也士大夫咸賦詩以發其名齋之義而
盱江何喬新為之銘其詞曰
天道維恒四序行焉人道維恒百行成焉相彼昧者乃罔

《椒丘文集》卷十七卷端

《椒丘文集》三十四卷《外集》一卷，明何喬新撰。明嘉靖元年（1522）余罃刻本。一册。半葉十一行，行二十二字，四周單邊，上下黑口，雙黑魚尾。框高 17.2 厘米，寬 12.8 厘米。卷十六卷端題“後學南城圭峰羅玘校正，知廣昌縣婺源余鍪訂刊，後學同邑黄選、李喬編輯”。

何喬新（1427—1502），字廷秀，號椒丘，又號天苗，江西廣昌人。景泰五年（1454）進士，官至刑部尚書，爲官以剛正清嚴稱。弘治四年（1491）辭官歸里，杜門著述。正德年間追贈太子太保，謚文肅。性嗜學，博綜群籍，聞异書即借而抄之，聚書三萬餘帙。撰有《椒丘文集》《椒丘稿》《周禮集注》《宋元史臆見》等。《明史》卷一百八十三、《國朝列卿紀》卷五十六、《［嘉靖］江西通志》卷十七有傳。

是集三十四卷，《外集》一卷，凡三十五卷，今僅殘存五卷，爲卷十六至二十。卷十六書，卷十七銘、贊，卷十八題跋，卷十九雜著，卷二十傳（附行狀）。據沈乃文先生主編《明别集叢刊・第一輯》所收全本，其餘各卷爲：卷一至三策府十科摘要，卷四至八史論，卷九至十二序，卷十三至十四記，卷十五賦，卷二十一至二十五詩，卷二十六哀辭（附誄），卷二十七祭文，卷二十八廟碑，卷二十九神道碑，卷三十墓志銘，卷三十一墓表，卷三十二至三十四奏議集略。《外集》一卷爲余鍪、李喬等編輯之傳、贊、碑文、奏章等。又，是書前有嘉靖元年舒芬序，後有嘉靖元年余鍪後序。

卷十六卷首有民國馮貞群題記：“庚寅六月初二日收。”

《四庫全書總目》收録，題作“椒邱文集四十四卷”，析卷與此刻有异。《中國古籍善本書目》（集部七〇九六條）、《中國古籍總目》（集 20206897 條）著録。除天一閣外，北京大學圖書館、上海圖書館、南京圖書館、湖北省圖書館及臺北漢學研究中心、美國國會圖書館等多家機構亦有入藏，中國國家圖書館藏有殘本，卷一至七以明書林劉氏慎獨齋刻本補配。

（饒）

白沙先生詩教解

明隆慶刻本　善 3831

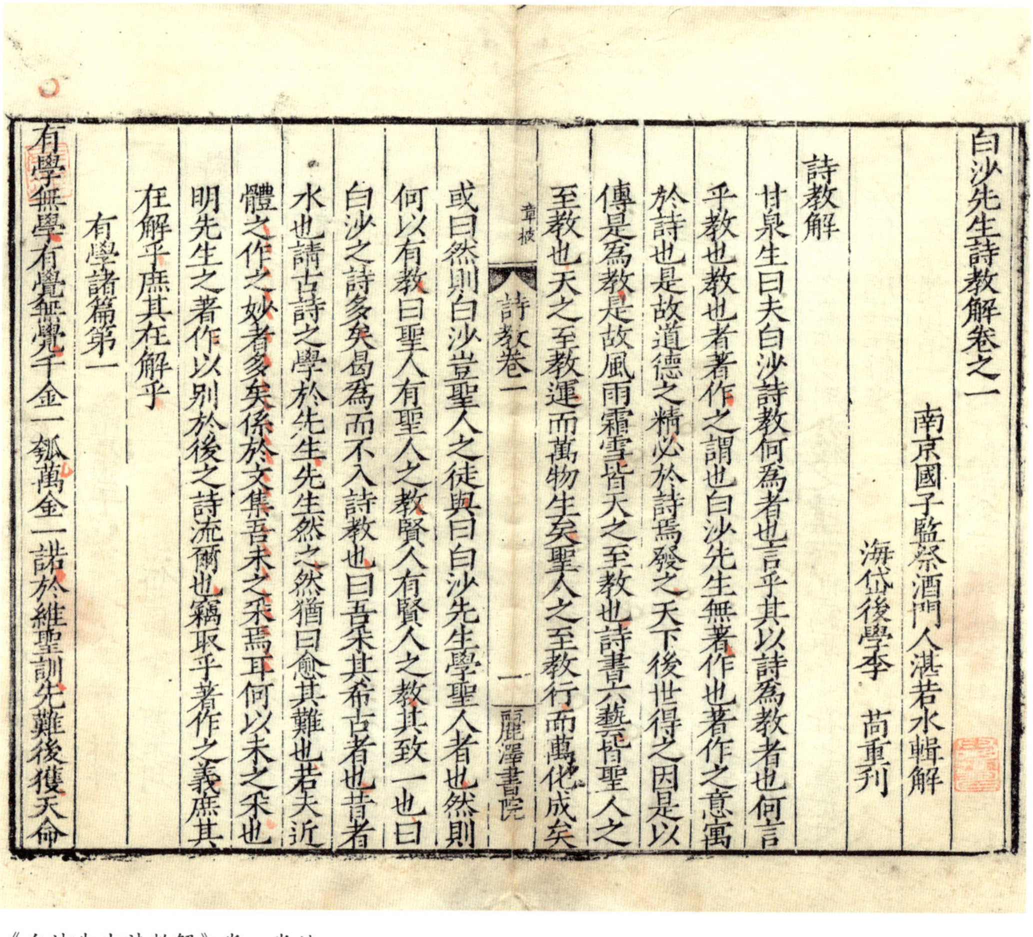

白沙先生詩教解卷之一
南京國子監祭酒門人湛若水輯解
海岱後學李　茼重刊
詩教解
甘泉生曰夫白沙詩教何爲者也言乎其以詩爲教者也何言
乎教也教也者著作之謂也白沙先生無著作也著作之意寓
於詩也是故道德之精必於詩焉發之天下後世得之因是以
傳是爲教是故風雨霜雪皆天之至教也詩書六藝皆聖人之
至教也天之至教運而萬物生矣聖人之至教行而萬化成矣
章拔　詩教卷一　一　麗澤書院
或曰然則白沙豈聖人之徒與曰白沙先生學聖人者也然則
何以有教曰聖人有聖人之教賢人有賢人之教其致一也曰
白沙之詩多矣曷爲而不入詩教也曰吾采其希古者也昔者
水也請古詩之學於先生先生然之然猶曰愈其難也若夫近
體之作之妙者多矣係於文集吾未之采焉耳何以未之采也
明先生之著作以別於後之詩流爾也竊取乎著作之義庶其
在解乎庶其在解乎
有學諸篇第一
有學無學有覺無覺千金一瓠萬金一諾於維聖訓先難後獲天命

《白沙先生詩教解》卷一卷端

《白沙先生詩教解》十卷，明陳獻章撰，明湛若水輯解。明隆慶元年（1567）李茼刻本。一册。半葉九行，行二十六字，左右雙邊，白口，單黑魚尾。版心上鎸刻工、字數，下鎸“麗澤書院”。框高 20.0 厘米，寬 13.4 厘米。卷一卷端題“南京國子監祭酒門人湛若水輯解，海岱後學李茼重刊”。前有隆慶元年顧存仁序。有佚名朱批圈點。

陳獻章（1428—1500），字公甫，號白沙子，廣東新會人。正統十二年（1447）舉鄉試，春闈不第，從吴與弼講學。後歸鄉，閉户苦讀數載，出則以學名，人以爲真儒，從之學者甚衆。成化十九年（1483）以薦授翰林院檢討而歸，後纍薦不起，居鄉講學而終。萬曆初從祀孔廟，追謚文恭。撰有《白沙先生詩教解》《白沙先生全集》等。《明史》卷二百八十三、《明儒學案》卷八、《［嘉靖］廣東通志初稿》卷十四有傳。

湛若水，字元明，廣東增城人。詳參"甘泉先生文集"條。

是書凡十卷，收湛若水輯注陳獻章所撰古體詩作。獻章好以詩論道，蔚爲詩教。湛若水于卷首篇端《詩教解》云："白沙先生無著作也，著作之意寓于詩也。是故道德之精必于詩焉發之，天下後世得之，因是以傳是爲教。"

顧存仁序云："《白沙先生詩教》成，甘泉先生且爲之輯解，刻之南雍矣。我郡博環洲李先生重刻之吴宫。"

刻工：章披。

此書另有嘉靖馬崧刻本，十行二十字，左右雙邊，白口。中國國家圖書館、天津圖書館有藏。又有嘉靖四年（1525）刻本，臺灣大學圖書館有藏；萬曆刻本，日本尊經閣文庫有藏。

《四庫全書總目》收録，作"白沙詩教解十卷附詩教外傳五卷"。《中國古籍善本書目》（集部七〇五三條）著録，題作"白沙先生詩教解十卷"。《中國古籍總目》（集 20206949 條）著録，然題作"白沙先生詩教解十五卷"，又稱"明陳獻章撰，明湛若水輯解，明林時嘉編校"，福建省圖書館、中山大學圖書館有藏。然檢兩館目録，實爲十卷，與天一閣爲同版。

鈐印："萬壽""左沖"。

（烏）

繼軒集

明刻本　善 3998

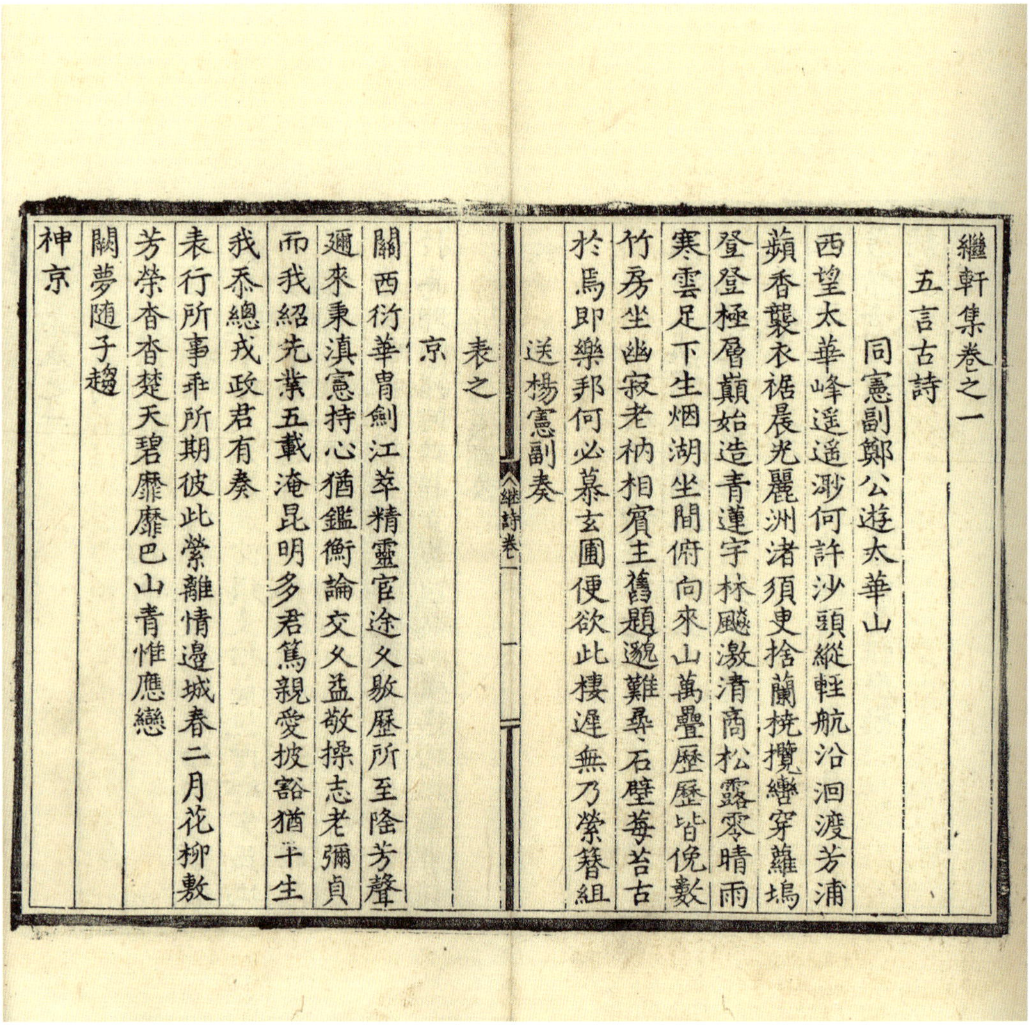
繼軒集卷之一
五言古詩
同憲副鄭公遊太華山
西望太華峰遥遥渺何許沙頭縱輕航沿洄渡芳浦
蘋香襲衣裾晨光麗洲渚須臾捨蘭橈攬轡穿蘿塢
登登極層巔始造青蓮宇林飈激清商松露零晴雨
寒雲足下生烟湖坐間俯向來山萬疊歷歷皆俛數
竹房坐幽寂老衲相賓主舊題邈難尋石壁莓苔古
於焉即樂邦何必慕玄圃便欲此棲遲無乃縈簪組
送楊憲副奏
繼詩卷一　一
表之
京
關西衍華胄劍江萃精靈宦途久驅歷所至隆芳聲
邇來秉滇憲持心猶鑑衡論交久益敬操志老彌貞
而我紹先業五載淹昆明多君篤親愛披豁猶平生
我忝總戎政君有奏
表行所事乖所期彼此縈離情邊城春二月花柳敷
芳榮杳杳楚天碧靡靡巴山青惟應戀
闕夢隨子趨
神京

《繼軒集》卷一卷端

《繼軒集》十二卷，明沐璘撰。明刻本。一册。半葉十行，行二十字，四周雙邊，上下黑口，單黑魚尾。框高 21.4 厘米，寬 14.7 厘米。

是書首尾皆不見撰者題名，然據卷七《過楚雄硪碌驛奉懷伯祖定遠忠敬王》《蒙恩升右都督》等諸詩，可知當爲明沐璘所撰。

沐璘（1431—1458），字廷章，號繼軒，雲南昆明人。明初黔寧王沐英曾孫，景泰初以都督同知鎮雲南，天順元年（1457）進右都督，二年（1458）卒。爲人以儒雅稱，工詩，兼擅書畫。撰有《繼軒集》。《明史》卷一百二十六有傳（附沐英後），《［康熙］雲南府志》卷十四有傳，明李賢《古穰集》卷十一有其神道碑銘，述生平甚詳。

是書凡十二卷，此本卷首佚去序文，僅存目次，存卷一至五，凡五卷。據目次可知，各卷依類編次，先詩後詞，繼之以文。卷一至二五言古詩，卷三至四七言古詩，卷五五言律詩，卷六至七七言律詩，卷八五言絶句、七言絶句，卷九七言絶句、六言絶句，卷十詞，卷十一賦、辭，卷十二記、序、跋、贊、聯句。

集中所收，多爲沐璘題畫、唱和、感懷之作，尤以題畫詩居多，可證其善畫洵非虚名。沐璘僻居雲南，詩名不彰，然明楊慎《升庵詩話》卷四對其評價甚高，云："雲南都督繼軒沐璘，字學皇象，畫學米元章，詩學六朝盛唐，以僻遠，人罕知之。"清陳田《明詩紀事》亦云："沐氏自黔寧以來，世有傳詩，繼軒詩極有風韵。"

是刻版心狹細，上下粗黑口，單魚尾下刻"繼詩"及卷數、頁數，有明前中期風格。

《四庫全書總目》未收。《中國古籍善本書目》《中國古籍總目》皆未著録，流傳甚罕。除天一閣外，未見其他機構入藏，僅有民間藏家蘇春宇曾入藏殘本一册，存卷六至八，凡三卷[1]。

（屠）

［1］詳見蘇春宇：《我的四本藏書》，載《藏書家》第9輯，齊魯書社，2004年8月。

一峰先生文集

明嘉靖刻本　善 3698

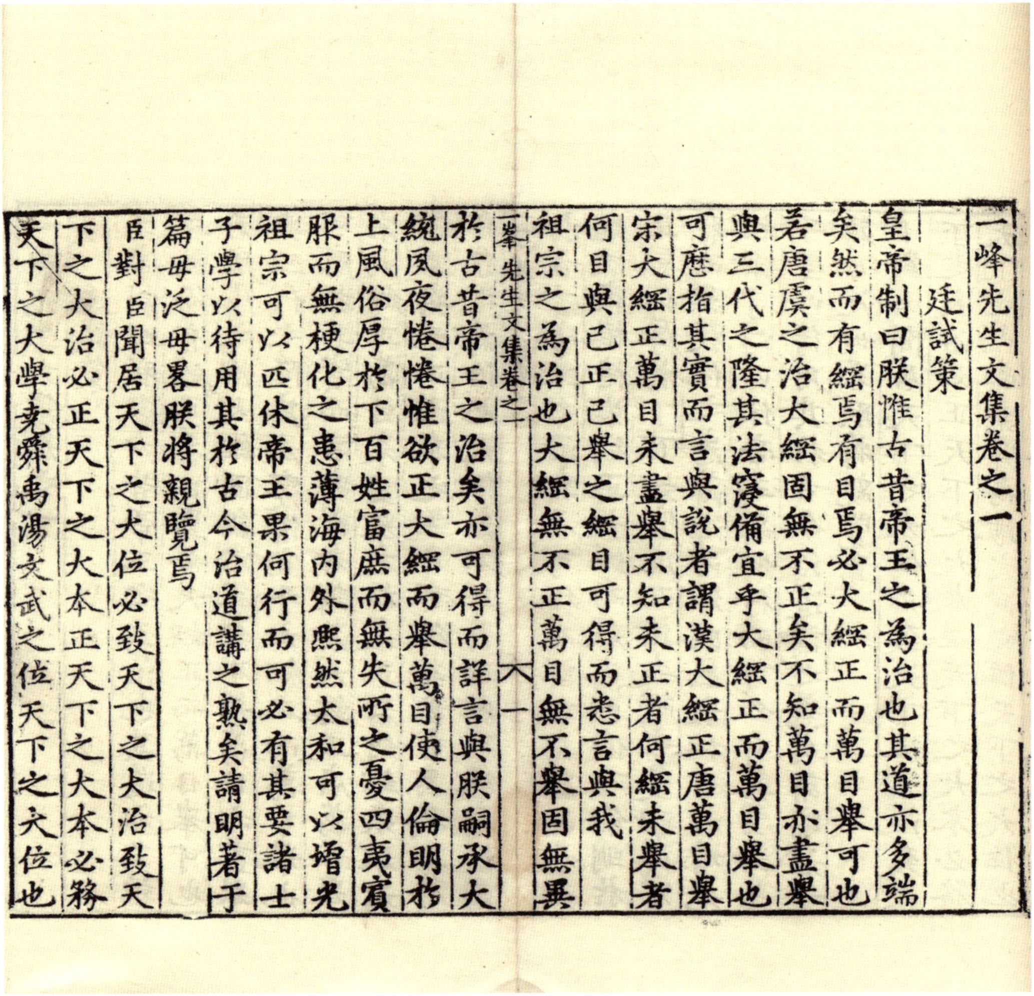
一峰先生文集卷之一
廷試策
皇帝制曰朕惟古昔帝王之為治也其道亦多端
矣然而有綱焉有目焉必大綱正而萬目舉可也
若唐虞之治大綱固無不正矣不知萬目亦盡舉
與三代之隆其法寖備宜乎大綱正而萬目舉也
可歷指其實而言與說者謂漢大綱正唐萬目舉
宋大綱正萬目未盡舉不知未正者何綱未舉者
何目與已正已舉之綱目可得而悉言與我
祖宗之為治也大綱無不正萬目無不舉固無異
一峰先生文集卷之一　一
於古昔帝王之治矣亦可得而詳言與朕嗣承大
統夙夜惓惓惟欲正大綱而舉萬目使人倫明於
上風俗厚於下百姓富庶而無失所之憂四夷賓
服而無梗化之患薄海內外熙然太和可以增光
祖宗可以匹休帝王果何行而可必有其要諸士
子學以待用其於古今治道講之熟矣請明著于
篇毋泛毋畧朕將親覽焉
臣對臣聞居天下之大位必致天下之大治致天
下之大治必正天下之大本正天下之大本必務
天下之大學堯舜禹湯文武之位天下之大位也

《一峰先生文集》卷一卷端

《一峰先生文集》十四卷，明羅倫撰。明嘉靖二十八年（1549）張言刻本。四册。半葉十行，行十九字，四周單邊，白口，單白魚尾。框高 28.0 厘米，寬 16.5 厘米。前有嘉靖二十八年聶豹序、嘉靖二十八年羅洪先序、《文毅羅一峰先生遺像》、《一峰先生傳》，末有嘉靖二十八年張言跋、嘉靖二十八年林應芳跋。

羅倫（1431—1478），字彝正，一字應魁，號一峰，江西永豐人。成化二年（1466）狀元，授翰林院修撰。以疏劾大學士李賢，謫泉州市舶副提舉，明年召復原職，改南京。居二年，以疾辭歸，不復出。正德中謚文毅。性剛正，嚴于律己，安貧樂道，里居倡行鄉約。築室山中著書，四方從學者甚衆。撰有《一峰先生文集》《五經疏義》等。《明史》卷一百七十九、《明名臣言行録》卷三十八、《［嘉靖］江西通志》卷二十九有傳。

是書十四卷。卷一策文、疏、狀，卷二至三序，卷四至六記，卷七傳、跋、墓志、吁嗟美、文、哀辭、説、銘、祭文，卷八至九書，卷十至十三詩，卷十四歌。

是書編刊之由，聶豹序云："先生文集，弘治初年邑令揭陽王公嘗刻之，毁于火。正德丙子，先生仲子榦署江陰教，復刻于江陰。至是則江陰板訛矣，乃臨桂張進士來令予邑，屬教諭林君應芳搜前集所遺詩文，得若干首，捐俸重梓，稱全集云。"

羅洪先序云："桂林張君思默以進士來令永豐，首考文獻，風勵諸生。聞公之文有遺刻者，請于雙江聶君，搜緝編次，俾爲全集以傳。"

張言跋云："《一峰先生文集》，正德初先生之嗣邑博君嘗刻于江陰，逮今已字刻訛舛矣。予以政暇課諸生一峰書院，先生之孫庠生邴携先生手筆遺稿相示。予讀之，視舊刻加多，而青天白日之心、壁立萬仞之節，宛然想見。欲取而增之，因以質諸雙江先生。先生乃出其家藏弘治年間王尹抑之所嘗刻者而示之，與今手書相符。蓋王尹所刻已爲兵火煨盡，而江陰之刻則邑博君宦邸所僅存者，故篇次有多寡之异耳。予不敏，亦知一峰先生非徒以文章重天下者，第恐簡册湮没，而沿流溯源者無所適從，是故兹刻之不可已也。遂謀之學諭林君，分類校正，翻刻于書院。"

林應芳跋云："歲已酉，龍田張侯至，敦慕古雅，式新書院，用淑多士，仍謀梓公全集以傳。芳不揣，爲之搜輯讎校。凡舊本遺逸者多公親稿，敢僭彙次，粗若明備，序諸雙翁師者詳矣。刻成，敬附諸末簡。”

倫之集，除是刻外，前有正德十一年羅榦刻本“一峰先生文集十一卷”，上海圖書館、吉林省圖書館等機構有藏；後有明萬卷樓刻本“一峰先生文集十四卷”，北京大學圖書館、山東省圖書館等機構有藏；萬曆十八年（1590）吴期炤刻本“重校一峰先生集十卷”，北京大學圖書館、南京圖書館等機構有藏，又有明活字印本“重校一峰先生集十卷”，中國社會科學院文學研究所有藏。

《四庫全書總目》收録“一峰集十卷”，提要稱：“後載《夢稿》二卷，記夢之詞至三百餘首，隱約幻渺，幾莫測其用意所在，亦文集中罕見之體。以其人足重，故得附本集以傳。今亦故仍舊本録之焉。”可知與此集多有不同。《中國古籍善本書目》（集部七一六二條）、《中國古籍總目》（集20206976 條）著録。除天一閣外，中國科學院文獻情報中心、上海圖書館、南京圖書館、浙江圖書館及臺北故宫博物院圖書館等多家機構亦有入藏。

鈐印：“居易書屋珍藏之印”。

（饒）

祁閶雜詠、續

明正德刻本　善 1981

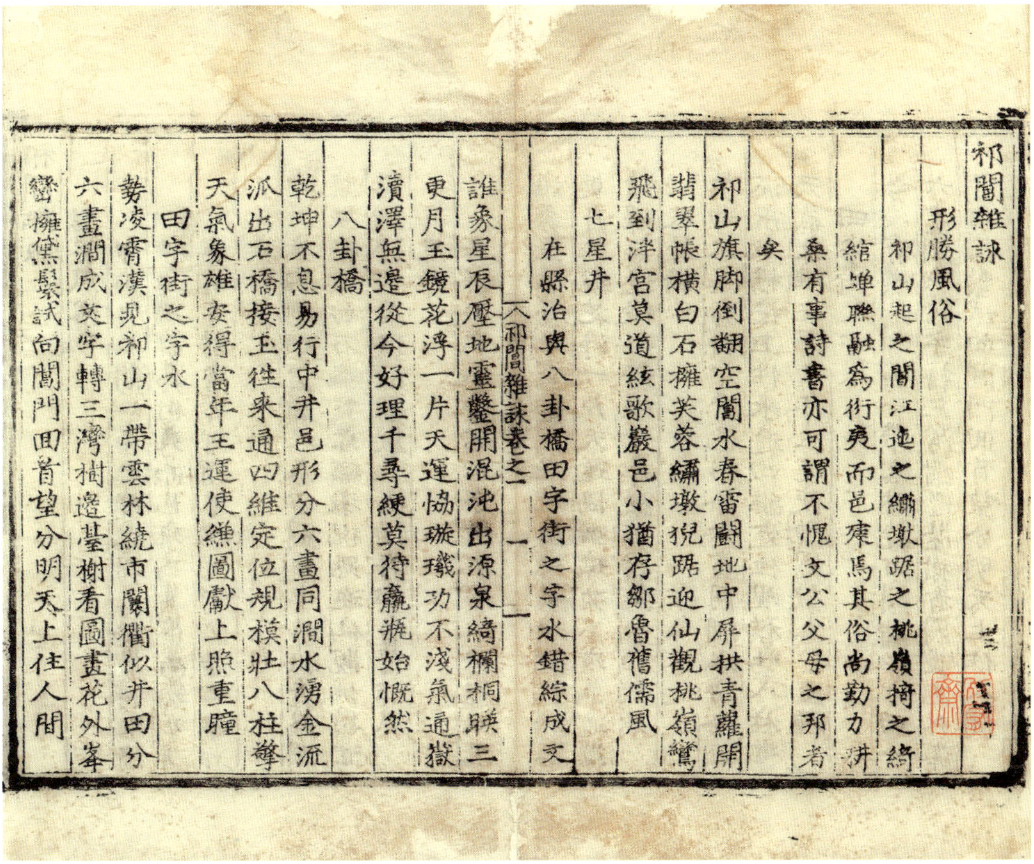

祁閶雜詠

形勝風俗

祁山起之閶江迤之繡墩踞之桃嶺倚之綺綰綽聯融爲衍奧而邑庶焉其俗尚勤力耕桑有事詩書亦可謂不愧文公父母之邦者矣

祁山旗脚倒翻空閶水春雷闢地中屏拱青龍開翡翠帳橫白石擁芙蓉繡墩猊踞迎仙觀桃嶺鸞飛到泮宮莫道絃歌巖邑小猶存鄒魯舊儒風

七星井

在縣治與八卦橋田字街之字水錯綜成文

誰象星辰壓地靈鑿開混沌出源泉綺欄桐聯三更月玉鏡花浮一片天運協璇璣功不淺氣通嶽瀆澤無邊從今好理千尋綆莫待羸瓶始慨然

八卦橋

乾坤不息易行中井邑形分六畫同澗水滂金流派出石橋接玉往來通四維定位規模壯八柱擎天氣象雄安得當年王運使繪圖獻上照重瞳

田字街之字水

勢凌霄漢見祁山一帶雲林繞市闤衢似井田分六畫澗成爻字轉三灣樹邊臺榭看圖畫花外峯巒擁繡簾試向閶門回首望分明天上住人間

祁閶雜詠卷之一　一

《祁閶雜詠》卷一卷端

《祁閶雜詠》一卷，明汪敬撰；《續》一卷，明汪璪撰。明正德元年（1506）汪衍刻本。一册。半葉十一行，行二十字，四周雙邊，白口，單白魚尾。框高 19.2 厘米，寬 15.0 厘米。前有天順五年（1461）汪敬自序，末有正德元年汪璪跋。

汪敬（生卒年不詳），字思敬，以字行，南直隸祁門人。幼孤，事母孝，母歿，哀毁骨立，以不得禄養，遂無仕進意。潛心學問，工詩文，江西巡撫楊寧薦于朝，屢徵不起。撰有《祁閶雜詠》《易學象數舉隅》《周易傳通釋》《文學管見》《養浩齋集》等。《明詩紀事》乙籤卷二十二、《［弘治］徽州府志》卷九有傳。

汪璪（生卒年不詳），字文亮，敬之子。刻意學問，有績學之稱。弘治初受徵修《憲宗實録》，十五年（1502）與修郡志。撰有《祁閶雜詠續》《梅花百咏》《春雨軒稿》《大學復古録》等。《［康熙］徽州府志》卷十五有傳。

是書凡二卷，《祁閶雜詠》録詩八十四首，《續》録詩二十二首。

此書編撰之由，卷末汪璪跋云："先君賦《祁閶雜詠》并《新安勝覽》，共詩八十四首。其未賦者，璪暇日補續之。先君平生鋭意立言，雖祈寒暑，未嘗一日廢其業，故簡編日富。若詩文則先君末技，未足以見其所蘊。璪中年兩罹回禄，遺稿頗失，而所存者尚多。今春男衍以《祁閶雜詠》綉諸梓，餘皆卷帙浩夥，未刊，力所不逮故也。然亦不能無俟之意焉。於戲！先君詩氣豪語雄，傳世必矣。若璪之續貂，衍取刻附于後，非惟人笑而亦自笑，衍爲我删之。"

《四庫全書總目》未收。《中國古籍善本書目》（集部六九七四條）著録。《中國古籍總目》作兩種著録，分别題作"祁閶雜詠一卷"（集20207028條）、"祁閶雜詠續一卷"（集20207029條）。除天一閣外，中國國家圖書館亦有入藏。天一閣另有複本二部。

鈐印："蕭山朱鼎煦收藏書籍""别宥""别宥齋"。

（饒）

碧川文選、詩選、別録、補遺

明崇禎刻本　馮善 2269

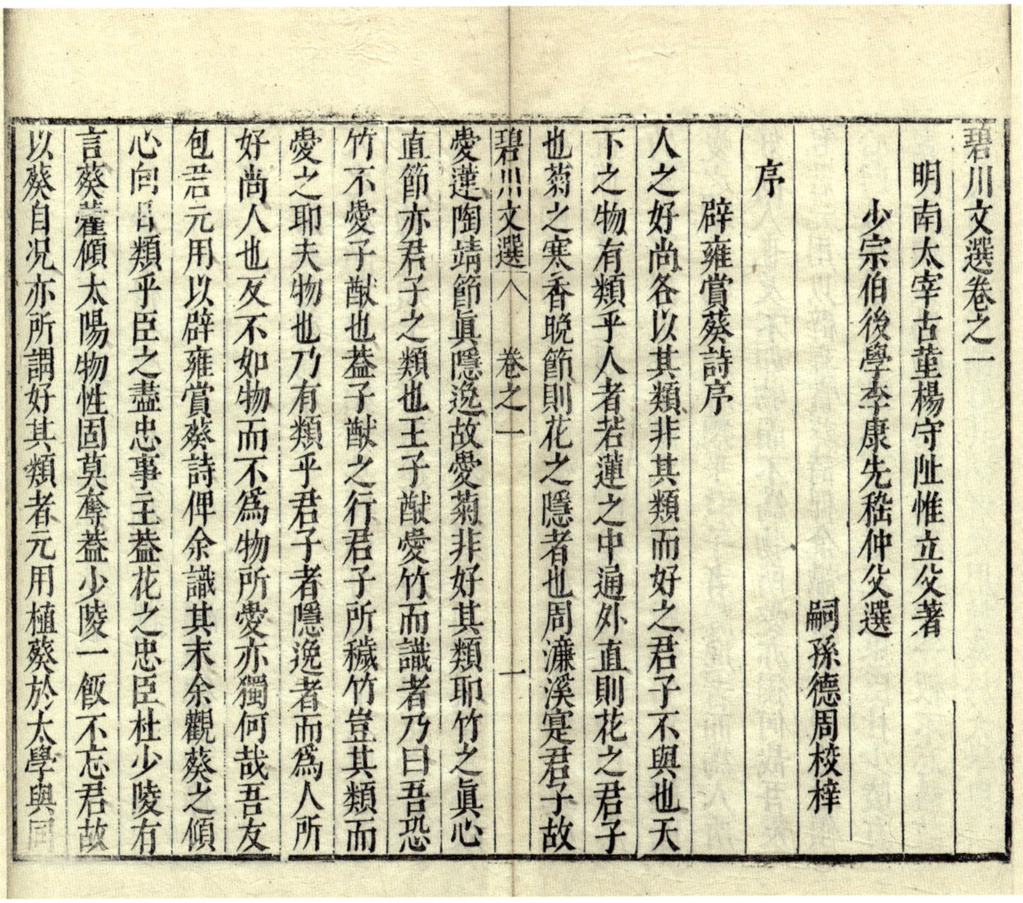
碧川文選卷之一
明南太宰古董楊守阯惟立父著
少宗伯後學李康先嵇仲父選
嗣孫德周校梓

碧川文選　卷之一　一

序
辟雍賞葵詩序
人之好尚各以其類非其類而好之君子不與也天下之物有類乎人者若蓮之中通外直則花之君子也菊之寒香晚節則花之隱者也周濂溪寔君子故愛蓮陶靖節真隱逸故愛菊非好其類耶竹之真心直節亦君子之類也王子猷愛竹而識者乃曰吾恐竹不愛子猷也蓋子猷之行君子所穢竹豈其類而愛之耶夫物也乃有類乎君子者隱逸者而爲人所好尚人也反不如物而不爲物所愛亦獨何哉吾友包君元用以辟雍賞葵詩俾余識其末余觀葵之傾心向日類乎臣之盡忠事主蓋花之忠臣杜少陵有言葵藿傾太陽物性固莫奪蓋少陵一飯不忘君故以葵自況亦所謂好其類者元用植葵於太學與同

《碧川文選》卷一卷端

《碧川文選》八卷《詩選》八卷《別録》一卷《補遺》一卷，明楊守阯撰。明崇禎四年（1631）楊德周刻本。五册。半葉九行，行二十字，四周單邊，白口，單白魚尾。框高 21.3 厘米，寬 14.4 厘米。卷一卷端題“明南太宰古董楊守阯惟立父著，少宗伯後學李康先嵇仲父選，嗣孫德周校梓”。前有崇禎四年鄭以偉序、崇禎元年（1628）莊學魯序、崇禎三年（1630）李康先序、陳琳序、正德三年（1508）楊守阯自序、嘉靖四年（1525）陸釴跋。

楊守阯（1436—1512），字惟立，號碧川，晚號蹇翁，浙江鄞縣人。成化十四年（1478）進士，授翰林院編修，纍遷至吏部尚書，曾任《大明會典》副總裁。謚文肅。師事兄守陳，學行相埒，其爲解元、學士、侍郎，皆與兄同，又對掌兩京翰林院，人艷稱之。撰有《碧川文選》《碧川詩選》《四明群雅》等。《明史》卷一百八十四有傳（附楊守陳後），《［嘉靖］寧波府志》卷二十六有傳。

是書凡十八卷，今殘存《文選》《詩選》，計十六卷，《别録》《補遺》均已佚。《文選》卷一至四序，卷五至六記，卷七墓志銘，卷八碑銘、文、辭、詞、賦、題跋；《詩選》所録皆曾各自結集，卷一《觳音小稿》《鹿鳴後稿》，卷二至三《玉署初稿》，卷四《玉署初稿》《華省南稿》，卷五《華省北稿》《東寮退稿》，卷六《北門私稿》，卷七至八《南銓逸稿》。

是書編集，楊守阯自序云："吾兄文懿公既號鏡川，而命守阯爲碧川。文懿所著有《鏡川稿》，守阯學文于鏡川，有《碧川小稿》，蓋少作也。自入翰林，以文字爲職業，應世之作，多不存稿。其僅存者，爲編修時有《玉署初稿》，爲兩京侍讀時有《華省南北稿》，爲諭德時有《東寮拙稿》，爲學士時有《北門漫稿》。年六十餘，遷職南京吏侍，恐衰年怠于進修，扁其齋居曰'乾乾'以自勵。比兩考，以足疾再疏乞骸，蒙恩升尚書，致仕歸老日湖，作'蹇蹇庵'以自命，取'見險能止，反身修德'之義也。故晚年二稿以'齋庵'之名名之。予老矣，道德日負乎初心，功業不見于當世，雖文藝之末，猶不能自力，而技止于此，良可愧也。病間檢閲舊稿，因叙其所以名集與諸稿之所以名書于首簡，藏之家塾，以示子孫，庶幾手澤之存焉。"

陸釴跋云："公原集諸稿總一千四百餘篇，梓者一百五十三篇，皆公晚年手選，蓋十之一也，故名曰《碧川文選》。而以舊序冠于首，俾讀者尚有望焉。"

是書刊刻之由，鄭以偉序云："崇禎辛未，公之玄孫南仲計偕至都，携公手摘稿重梓之。"

守阯集除是刻外，前有嘉靖四年陸釴刻本"碧川文選四卷"傳世，南京圖書館、中國科學院文獻情報中心、臺北故宫博物院圖書館及臺北漢學研究中心等多家機構有藏，又有嘉靖間刻本“碧川文選四卷”，日本内閣文庫、日本尊經閣文庫有藏。崇禎間亦有“碧川文選八卷詩選八卷别録三卷附集二卷”之刻，日本内閣文庫有藏。

《四庫全書總目》收録嘉靖陸鈳刻本“碧川文選四卷”，入集部别集類存目。《中國古籍善本書目》（集部七二七三條）、《中國古籍總目》（集 20207041 條）著録。除天一閣外，中國科學院文獻情報中心亦有藏。天一閣另有清抄本一部。

鈐印：“伏跗室藏書印”。

（饒）

醫閭先生集

明嘉靖刻本　善 3705

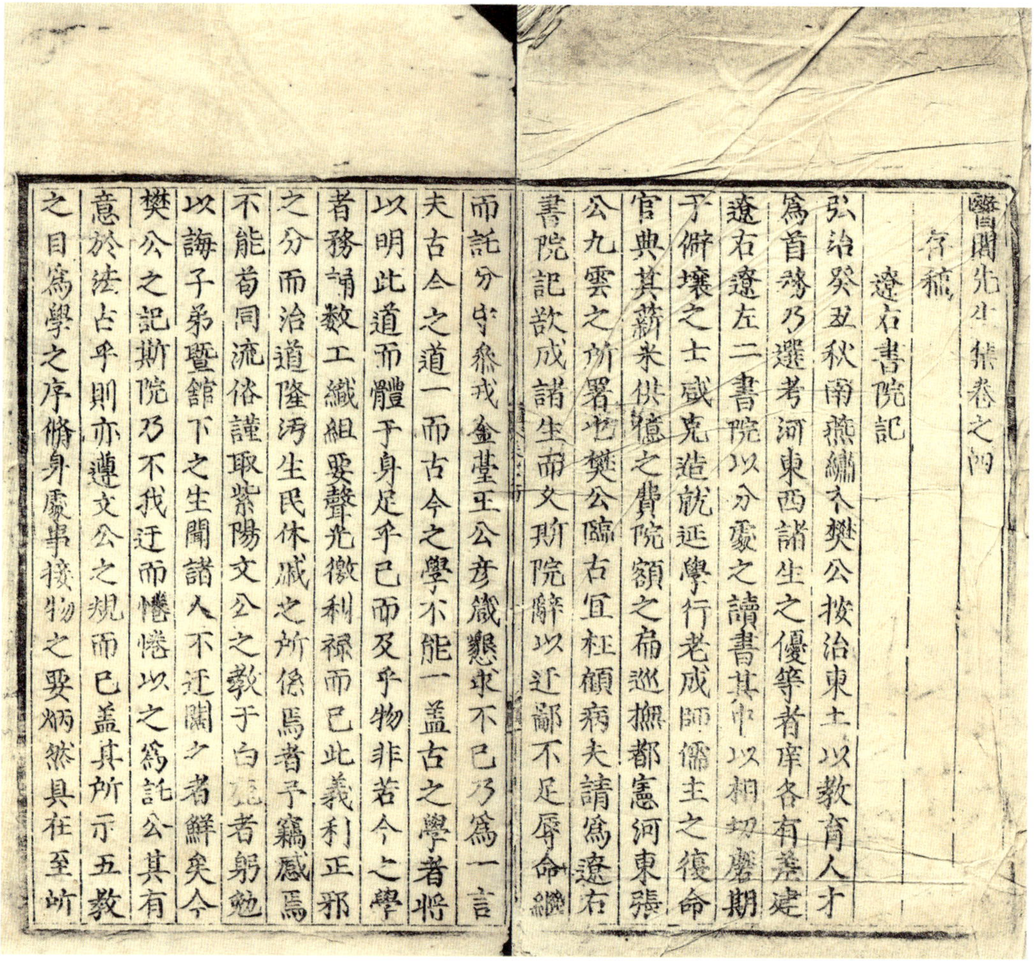
醫閭先生集卷之四
存稿
遼右書院記
弘治癸丑秋南燕繡衣樊公按治東土以教育人才
為首務乃選考河東西諸生之優等者庠各有差建
遼右遼左二書院以分處之讀書其中以相切磨期
于衞壞之士咸克造就延學行老成師儒主之復命
官典其薪米供饋之費院額之扁巡撫都憲河東張
公九雲之所署也樊公臨古宜杜顧病夫請為遼右
書院記欲成諸生而文斯院辭以迂鄙不足辱命繼
而託分守參戎金臺王公彥識懇求不已乃為一言
夫古今之道一而古今之學不能一蓋古之學者將
以明此道而體于身足乎已而及乎物非若今之學
者務誦數工織組要聲光徼利祿而已此義利正邪
之分而治道隆汚生民休戚之所係焉者予竊感焉
不能苟同流俗謹取紫陽文公之教于白鹿者躬勉
以誨子弟暨館下之生聞諸人不迂闊之者鮮矣今
樊公之記斯院乃不我迂而惓惓以之為託公其有
意於法古乎則亦遵文公之規而已蓋其所示五教
之目為學之序脩身處事接物之要炳然具在至近

《醫閭先生集》卷四卷端

《醫閭先生集》九卷，明賀欽撰。明嘉靖九年（1530）陰成文刻本。二册。半葉十行，行二十字，四周雙邊，上下黑口，雙黑魚尾。框高 20.5 厘米，寬 13.8 厘米。

賀欽（1437—1511），字克恭，自號醫閭，其先浙江定海人，以戍籍隸遼東義州衛。成化二年（1466）進士，授户科給事中，師事陳獻章。後辭歸，鄉居講學，十餘年不出户庭。弘治初薦爲陝西右參議，以母喪辭之。初謚恭定，後改謚恭靖。爲學倡閉門静坐，主静以收放心。撰有《醫閭先生集》。《明史》卷二百八十三、《［光緒］鎮海縣志》卷二十一有傳。

是集凡九卷，此本殘存卷四至七，每卷卷端題“存稿”，卷中雜收記、序、墓志銘、字説、書簡、漫記、勸文、祭文、策問等各體文字。據《明别集叢刊·第一輯》所收全本，此集前有嘉靖八年（1529）李承勛序，後附録《醫閭先生墓志銘》、嘉靖九年陰成文後序。卷一卷端題“後學兵部主事海鹽鄭曉恭參定，後學兵部主事常郡唐順之重校”。卷一至三言行録，卷四至七存稿，卷八奏稿，卷九詩稿。

賀欽之集，除是刻外，尚有嘉靖二十三年（1544）齊宗道刻本“醫閭先生集九卷附録一卷”，九行十八字，左右雙邊，白口，中國國家圖書館、中國科學院文獻情報中心、遼寧省圖書館、臺北漢學研究中心等多家機構有藏。

《四庫全書總目》收録，作“醫閭集九卷”，提要稱：“以欽常讀書醫無閭山，自號醫閭山人，因以名集。欽之學出于陳獻章，然獻章之學主静悟，欽之學則期于反身實踐，能補苴其師之所偏。嘗言：‘爲學不在求之高遠，在主静以收放心而已’。故集中所録言行，皆平易真樸，非高談性命者可比。而所上諸奏疏，亦無不通達治理，確然可見諸施行。在講學諸人之中，獨爲篤實而純正。文章雖多信筆揮灑，不甚修詞，而仁義之言，藹然可見，固不必以工拙論也。”

《中國古籍善本書目》（集部七一八五條）、《中國古籍總目》（集20207055條）著録。除天一閣外，北京大學圖書館亦有入藏。上海圖書館有明朱格抄本入藏，南京圖書館有清抄本入藏。

（饒）

張文僖公和唐詩

明正德刻本　善 3684

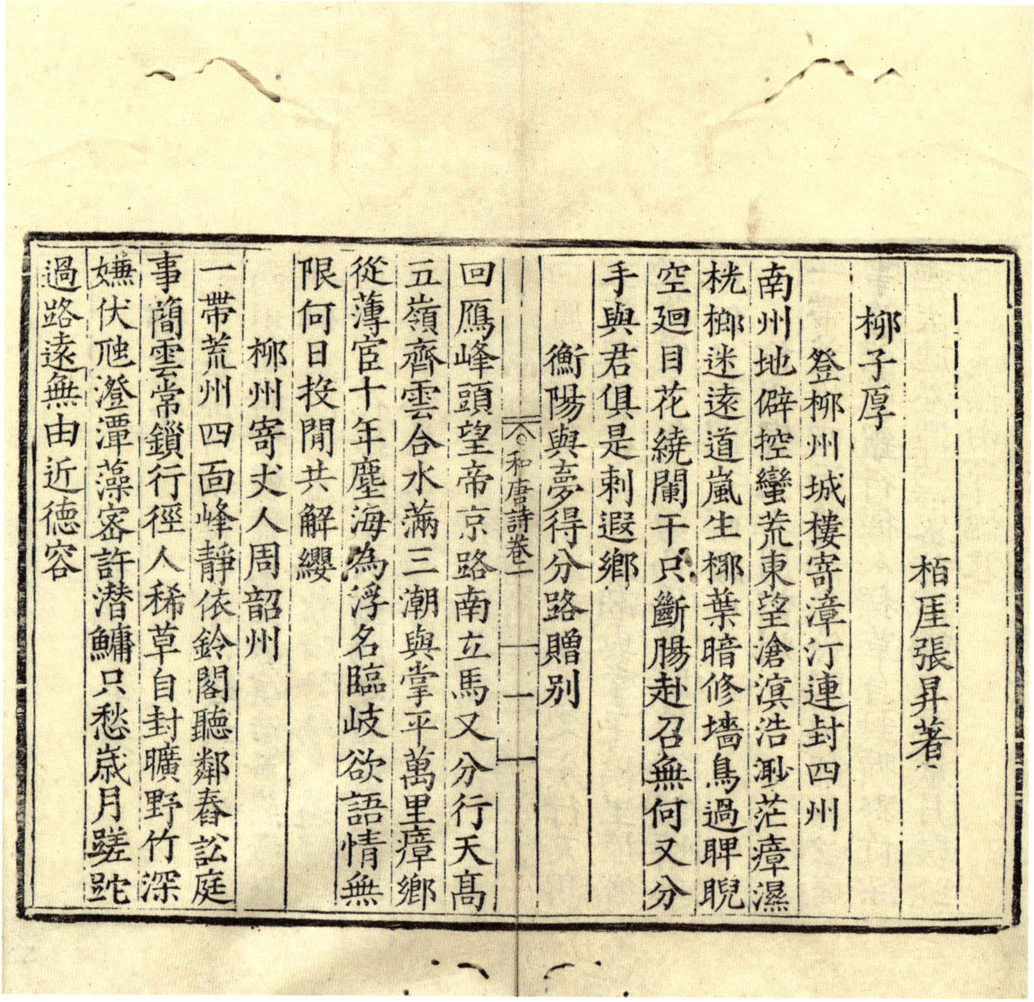

栢厓張昇著

柳子厚

登柳州城樓寄漳汀連封四州

南州地僻控蠻荒東望滄溟浩渺茫瘴濕梹榔迷遠道嵐生椰葉暗修墻鳥過睥睨空迴目花繞闌干只斷腸赴召無何又分手與君俱是刺遐鄉

衡陽與夢得分路贈別

和唐詩卷一　一

回鴈峰頭望帝京路南立馬又分行天高五嶺齊雲合水滿三潮與掌平萬里瘴鄉從薄宦十年塵海為浮名臨岐欲語情無限何日投閒共解纓

柳州寄丈人周韶州

一帶荒州四面峰靜依鈴閣聽鄰春訟庭事簡雲常鎖行徑人稀草自封曠野竹深嫌伏虺澄潭藻密許潛鱅只愁歲月蹉跎過路遠無由近德容

《張文僖公和唐詩》卷一卷端

《張文僖公和唐詩》十卷，明張昇撰。明正德十六年（1521）刻本。一册。半葉九行，行十六字，四周雙邊，白口，單白魚尾。框高 26.9 厘米，寬 15.4 厘米。

卷一卷端題“柏崖張昇著”。前有正德十六年楊一清序。

張昇（1442—1517），字啓昭，號柏崖，江西南城人。成化五年（1469）狀元，授翰林院修撰。歷左贊善、左諭德等，纍官至禮部尚書。謚文僖。撰有《張文僖公和唐詩》《柏崖集》等。《明史》卷一百八十四、《［嘉靖］江西通志》卷十七有傳。

此集凡十卷，此本殘存五卷，爲卷一至五，録詩三百六首。

是書編纂之由，楊一清序云：“南城柏崖先生張公，作詩務學唐，得其肯棨。嘗取近代所編《唐詩鼓吹》七言律詩，次第屬和之，隨題步韵，以當時之故實，發今日之性情。久之，彙得五百八十七首，藏于家。其聲律興象，雖不必一一類唐，而皆冲澹平實，無雕鎪刻削之陋，無叫呼叱咤之豪，不規規于法律，而亦不出乎法律之外，可謂善學唐者哉。”

是書刊刻之由，楊一清序云：“先生既捐館舍，其伯子今浙江左布政使張君元錫將入梓以傳，屬余序。”

《四庫全書總目》未收。《中國古籍善本書目》（集部七二二〇條）、《中國古籍總目》（集 20207094 條）著録。除天一閣外，未見其他機構入藏。

（饒）

篁墩程先生文粹

明正德刻本　善 3716

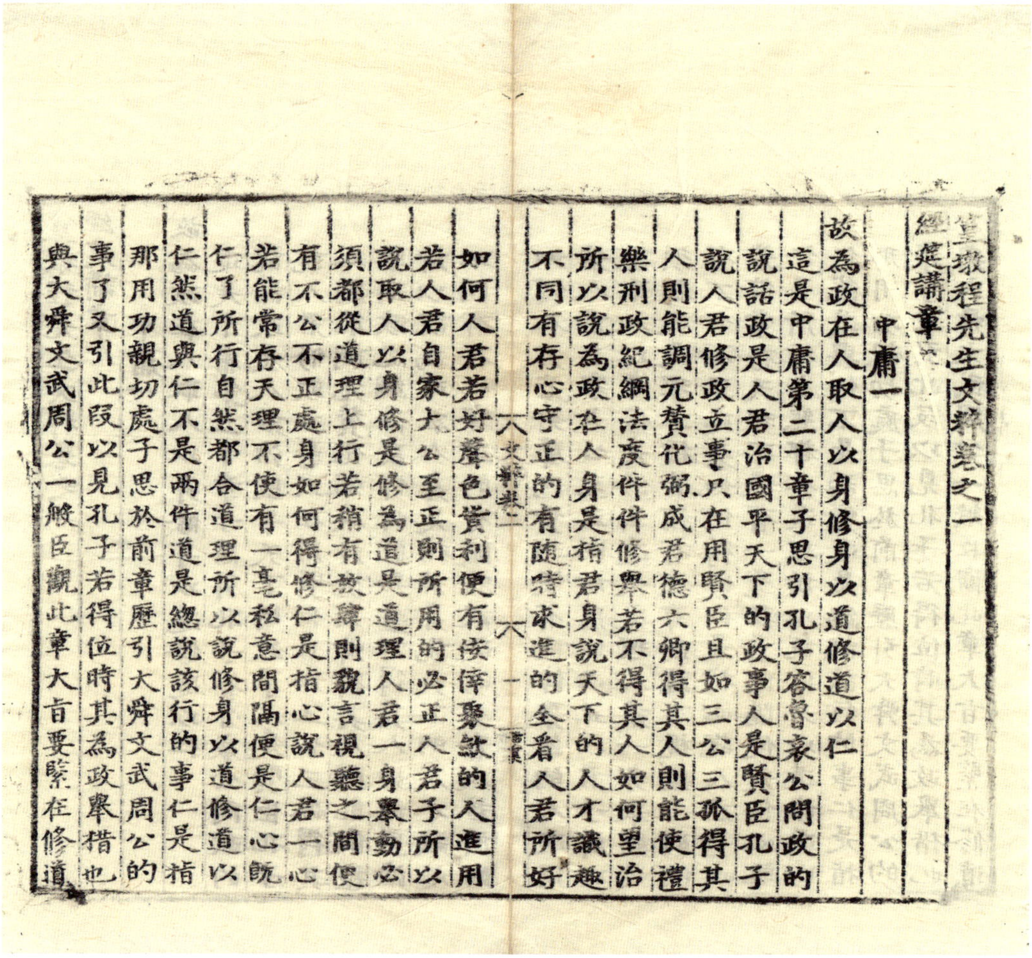
篁墩程先生文粹卷之一
經筵講章
中庸一
故為政在人取人以身修身以道修道以仁
這是中庸第二十章子思引孔子答魯哀公問政的
說話政是人君治國平天下的政事人是賢臣孔子
說人君修政立事只在用賢臣且如三公三孤得其
人則能調元贊化弼成君德六卿得其人則能使禮
樂刑政紀綱法度件件修舉若不得其人如何望治
所以說為政在人身是指君身說天下的人才識趣
不同有存心守正的有隨時求進的全看人君所好
文粹卷一　一
如何人君若好聲色貨利便有佞倖聚斂的人進用
若人君自家大公至正則所用的必正人君子所以
說取人以身修是修為道是道理人君一身舉動必
須都從道理上行若稍有放肆則親言視聽之間便
有不公不正處身如何得修仁是指心說人君一心
若能常存天理不使有一毫私意間隔便是仁心既
仁了所行自然都合道理所以說修身以道修道以
仁然道與仁不是兩件道是總說該行的事仁是指
那用功親切處子思於前章歷引大舜文武周公的
事了又引此段以見孔子若得位時其為政舉措也
與大舜文武周公一般臣觀此章大旨要緊在修道

《篁墩程先生文粹》卷一卷端

《篁墩程先生文粹》二十五卷，明程敏政撰，明程曾、明戴銑輯。明正德元年（1506）張九逵刻本。一册。半葉十一行，行二十一字，四周單邊，白口，雙白魚尾。版心下間有刻工。框高 19.0 厘米，寬 12.9 厘米。前有正德元年林瀚序、弘治十二年（1499）誥命、程敏政像、像記、傳，傳後有張九逵識語。

程敏政（1446—1499），字克勤，南直隸休寧人。十歲侍父官四川，巡撫羅綺以神童薦之。英宗召試，詔讀書翰林院。成化二年（1466）進士，歷左諭德，侍講東宫。孝宗時，官至禮部右侍郎。弘治十二年奉詔典會試，被誣劾鬻題下獄。出獄後，憤恚發癰而卒。文與李東陽齊名，撰有《篁墩程先生文粹》《明文衡》《新安文獻志》《休寧志》《宋遺民録》等。《明史》卷二百八十六、《［弘治］徽州府志》卷七有傳。

程曾（生卒年不詳），字師魯，南直隸休寧人。曾從程敏政問學，七舉不售，杜門編輯《朱楓林五經四書旁訓》《宋遺民録》等。撰有《確齋稿》。《［康熙］休寧縣志》卷六有傳。

戴銑（？—1508），字寶之，南直隸婺源人。弘治九年（1496）進士，選翰林院庶吉士，改給事中，以敢言稱，上《保治綱目》。正德初，劉瑾用事，疏留謝遷、劉健且劾中官高鳳，遂逮詔獄，廷杖除名，復列之奸黨。嘉靖時贈光禄少卿，予祭。撰有《朱子實紀》《成是録》等。《明史》卷一百八十八、《［康熙］徽州府志》卷十三有傳。

是集原二十五卷，此本已殘，僅存卷一至三，計三卷。由目録可知，此集以類編次，卷一經筵講章，卷二奏議、表、策，卷三考、論、辨、説，卷四雜著，卷五至九記，卷十至十四序，卷十五至十七題跋，卷十八行狀，卷十九碑志，卷二十碑志表碣，卷二十一傳，卷二十二祭告文，卷二十三書、簡，卷二十四箴、銘、贊，卷二十五致語、障詞。

林瀚序云："（公）所著舊稿甚富，其孤錦衣千兵壎與公從子塏、族子曾類編之，襲藏于家，無慮百餘卷，欲壽諸梓，未之能。適大庾張君天衢來尹休寧，乃公春闈所取名士，顧盡刻卒難爲工，復慮或散逸也，因屬曾摘其粹者爲二十五卷。而公門人戴給事中寶之，重加詮次。既成，張君遂捐俸刻之以傳，誠盛舉耳。"

敏政之集，另有"篁墩程先生文集九十三卷附拾遺一卷"，正德二年（1507）何歆刻本，天一閣亦有殘本入藏，存卷六至十一。又有九十四卷本，嘉靖十二年（1533）書林宗文堂刻本，中國國家圖書館有全帙。又六十卷本，明刻本僅見日本宫内省圖書寮有藏。

刻工：黄杲、黄勗、黄昱、黄旻、仇忠、進仁、黄龍、黄瓊、黄清、仇永、仇海、仇才、仇方、黄文迪、黄青、黄永扃、黄晨、仇淳、廷實、仇以順、仇以淳。

《四庫全書總目》收録"篁墩集九十三卷"。《中國古籍善本書目》（集部七一七一條）、《中國古籍總目》（集 20207118 條）著録。除天一閣外，中國國家圖書館、北京大學圖書館、上海圖書館、南京圖書館、臺北漢學研究中心、美國哈佛大學哈佛燕京圖書館等多家機構亦有入藏。别有嘉靖十一年（1532）鄭氏宗文堂刻本，山東文登縣圖書館有殘帙入藏。

（烏）

翰林羅圭峯先生文集、續集

明嘉靖刻本　善 3724

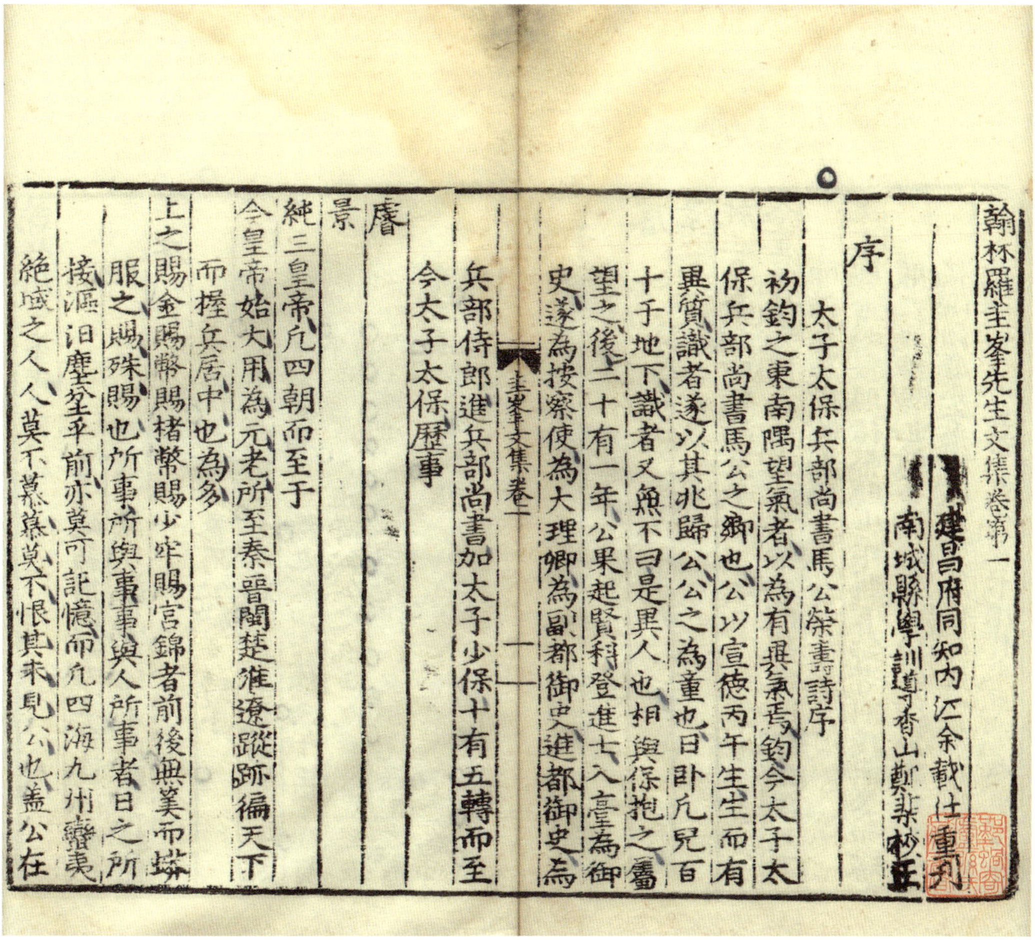

《翰林羅圭峯先生文集》卷一卷端

《翰林羅圭峯先生文集》十八卷《續集》十五卷，明羅玘撰。明嘉靖五年（1526）陳洪謨、余載仕刻本。八册。半葉十一行，行二十二字，四周單邊，白口，單黑魚尾。框高 19.5 厘米，寬 13.7 厘米。卷一卷端題“建昌府同知内江余載仕重刊，南城縣學訓導香山鄭棐校正”。前有嘉靖五年陳洪謨序，後有嘉靖五年夏良勝後序。

羅玘（1447—1519），字景鳴，江西南城人。成化二十三年（1487）進士，選翰林院庶吉士，授編修。正德初遷南京太常寺少卿，官至南京吏部右侍郎，正德七年（1512）告病歸里。嘉靖初，賜謚文肅。博學好古，爲文務爲奇奥。其文規模韓愈，多抑掩其意，迂折其詞，使人思之于言外。學者稱“圭峰先生”。撰有《翰林羅圭峯先生文集》等。《明史》卷二百八十六、《［嘉靖］江西通志》卷十七有傳。

《文集》卷一至八序，卷九記，卷十志銘，卷十一行狀，卷十二祭文，卷十三雜著，卷十四墓表，卷十五碑，卷十六賦，卷十七詩，卷十八調。《續集》卷一序，卷二記，卷三跋，卷四傳，卷五書啓，卷六札，卷七論，卷八雜著，卷九贊，卷十志銘，卷十一墓表，卷十二碑，卷十三祭文，卷十四詩；卷十五已佚，原爲奏議。

陳洪謨序云：“聞先生爲文，必嘔心積慮至扃户牖，或踞木石，隱度逾旬日，或遲歲時，神生境具，而後命筆。稍涉于萎陋詘誕之微，雖數易稿不憚。人知先生之文之奇，而不知由苦心中來也，又可以易視乎哉？舊刻本凡六卷，予以爲當存梓里，日按盱，方知爲荆本也。本且遺佚，鄉士夫家亦罕有存焉者。噫，先生之文可俾其湮淪若此哉？乃命郡官從其子姓復得《續集》二卷、《奏議》一卷，并挽諸梓以傳。”

羅氏文集另有“文肅公圭峰羅先生文集三十七卷附録一卷”，崇禎七年（1634）盱江羅氏代文堂刻本，中國國家圖書館、天津圖書館等機構有藏；“羅圭峰先生文集三十卷首一卷”，崇禎七年黄端伯、吴兆刻本，湖北省圖書館有藏。

《四庫全書總目》收録“羅圭峯文集三十卷”，所據爲清康熙二十九年（1690）玘八世從孫美才所編次刊刻本。《中國古籍善本書目》（集部七三三一條）、《中國古籍總目》（集20207150條）著録。除天一閣外，中國國家圖書館、上海圖書館、山東省圖書館、南京圖書館等多家機構亦有藏。此集又有隆慶五年（1571）南豐邵廉校刻本，臺北漢學研究中心、日本内閣文庫有藏。

鈐印：“鄞蝸寄廬孫氏藏書”。

（烏）

石谷達意稿

明正德刻本　善 3703

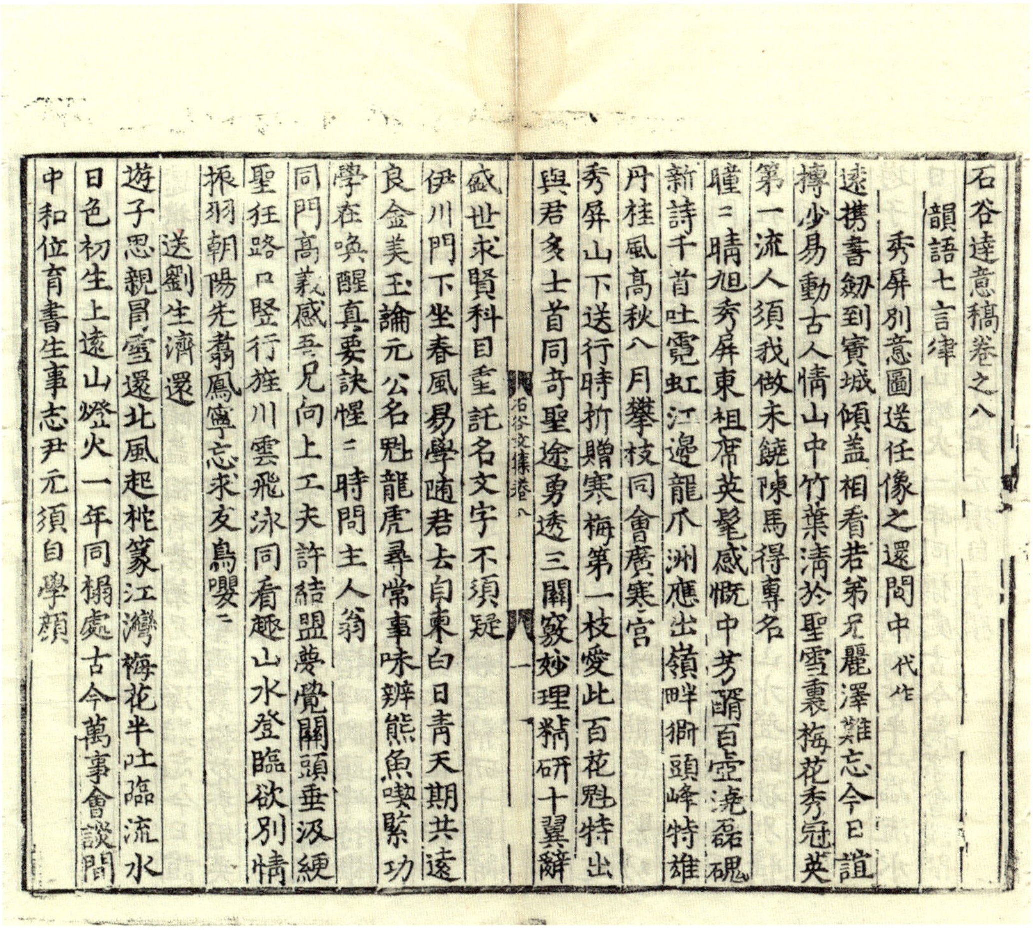

石谷達意稿卷之八
韻語七言律
秀屛別意圖送任像之還閩中 代作
遠攜書劍到賓城傾蓋相看若弟兄麗澤難忘今日誼
搏少易動古人情山中竹葉清於聖雪裏梅花秀冠英
第一流人須我做未饒陳馬得尊名
曈々晴旭秀屛東祖席英髦感慨中芳醑百壺澆磊磈
新詩千首吐霓虹江邊龍爪洲應出嶺畔獅頭峰特雄
丹桂風高秋八月攀枝同會廣寒宮
秀屛山下送行時折贈寒梅第一枝愛此百花魁特出
與君多士首同奇聖途勇透三關竅妙理精研十翼辭

石谷達意稿卷八　一

盛世求賢科目重託名文字不須疑
伊川門下坐春風易學隨君去自東白日青天期共遠
良金美玉論元公名魁龍虎尋常事味辨熊魚嗜緊功
學在喚醒真要訣惺々時問主人翁
同門高義感吾兄向上工夫許結盟夢覺關頭垂汲綆
聖狂路口竪行旌川雲飛泳同看趣山水登臨欲別情
振羽朝陽先翥鳳寧忘求友鳥嚶々
送劉生濟還
遊子思親冒雪還北風起桃篆江灣梅花半吐臨流水
日色初生上遠山燈火一年同榻處古今萬事會談間
中和位育書生事志尹元須自學顔

《石谷達意稿》卷八卷端

《石谷達意稿》三十四卷，明吴伯通撰。明正德十一年（1516）汪城刻本。三册。半葉十一行，行二十一字，左右雙邊，白口，雙黑魚尾。框高 26.8 厘米，寬 15.2 厘米。卷十二末署“弘治十四年正月男薦編録于甘棠書院”，卷二十三、二十六末署“弘治十七年甲子春正月男薦編録于甘棠書院”。

吴伯通（1441—1502），字原明，號石谷，四川廣安人。天順八年（1464）進士，曾任河南提學副使、浙江提學副使、貴州按察使等職，所至皆大興書院，從學者兩千餘人。撰有《石谷達意稿》《石谷韵語》等。《［萬曆］杭州府志》卷六十二有傳。

是集原三十四卷，此本殘存十七卷，存卷七至十二、十九至二十九。卷七詩（缺葉一至二），卷八至十一韵語七言律，卷十二韵語七言律、五言排律、七言排律，卷十九至二十序，卷二十一至二十三記，卷二十四碑記、墓表，卷二十五墓志銘，卷二十六字説，卷二十七銘、贊、引，卷二十八祭文，卷二十九題跋。

《四庫全書總目》未收。《中國古籍善本書目》（集部七一四七條）、《中國古籍總目》（集 20207188 條）著録。除天一閣外，中國國家圖書館亦有入藏。

鈐印："古董月州東舍張氏藏書之印""四明范光年家藏書"。

（饒）

石淙詩稿

明嘉靖刻本　善 3760

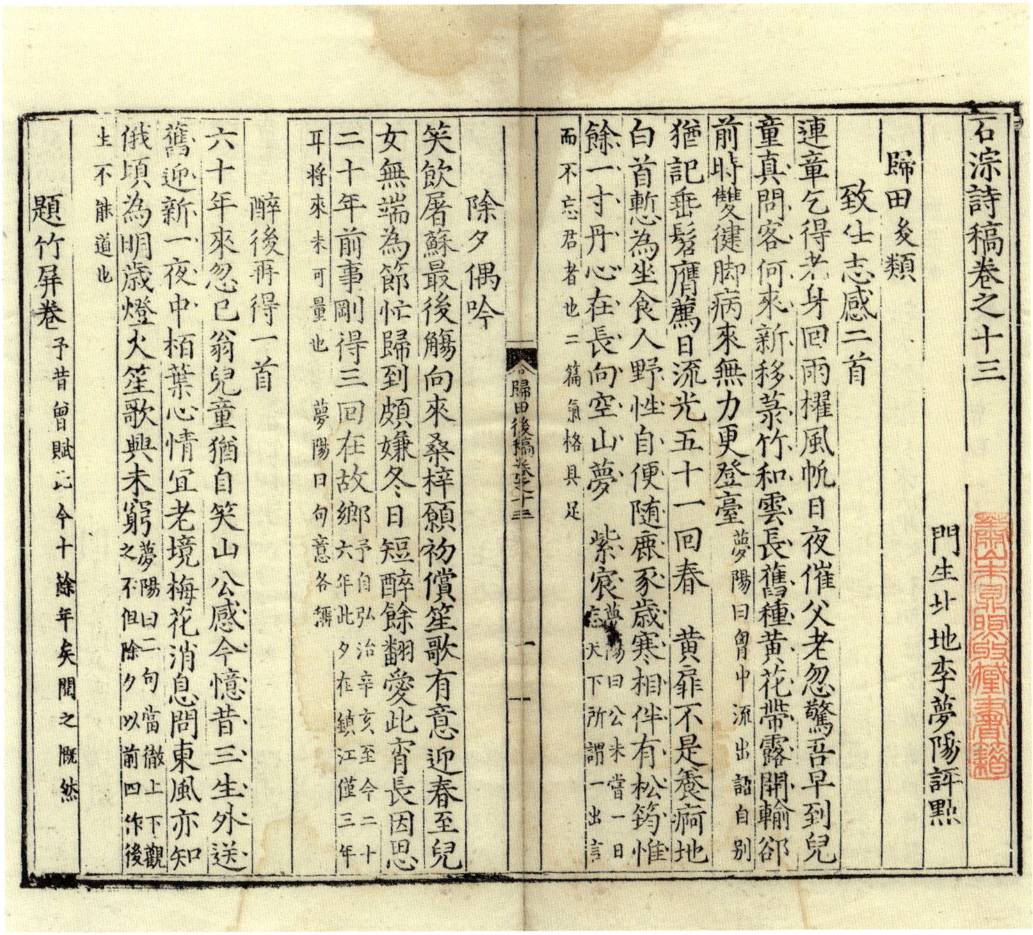

《石淙詩稿》卷十三卷端

《石淙詩稿》十九卷，明楊一清撰，明李夢陽評點。明嘉靖刻本。二册。半葉十一行，行二十二字，四周雙邊，白口，單黑魚尾。框高 21.6 厘米，寬 14.0 厘米。卷十三卷端題“門生北地李夢陽評點”。

楊一清（1454—1530），字應寧，號邃庵，别號石淙，其先雲南安寧人，後隨父居巴陵，父喪家丹徒。成化八年（1472）進士，歷成化、弘治、正德、嘉靖四朝，仕至内閣首輔，時稱“出將入相，文德武功”。謚文襄。撰有《石淙詩稿》《關中奏議全集》等。《明史》卷一百九十八、《［隆慶］岳州府志》卷十四有傳。

李夢陽，字獻吉，號空同子，陝西慶陽衛人。詳參“空同集”條。

此本凡十九卷，今僅殘存卷十三至十六，共四卷，所收均爲楊一清歸田後所撰各體詩。

《四庫全書總目》收録，題作“石淙稿十九卷”，提要云：“此本有詩無文，首《鳳池稿》，次《省墓稿》，次《禫後稿》，次《西巡稿》，次《北行稿》，次《容臺稿》，次《行臺稿》，次《歸田前稿》，次《自訟稿》，次《制府稿》，次《吏部稿》，次《玉堂稿》，次《歸田後稿》，次《督府稿》，次《玉堂後稿》。各以類分，止十九卷。”據此，則卷十三至十六當爲《歸田後稿》。

《中國古籍善本書目》（集部七二四六條）、《中國古籍總目》（集20207213條）著録。除天一閣外，中國國家圖書館、天津圖書館、南京圖書館、臺北漢學研究中心等多家機構亦有藏。是集又有清抄本，上海圖書館有藏。

鈐印：“蕭山朱鼎煦收藏書籍”。

（烏）

容春堂前集、後集、續集、別集

明正德嘉靖間刻本　善 3733

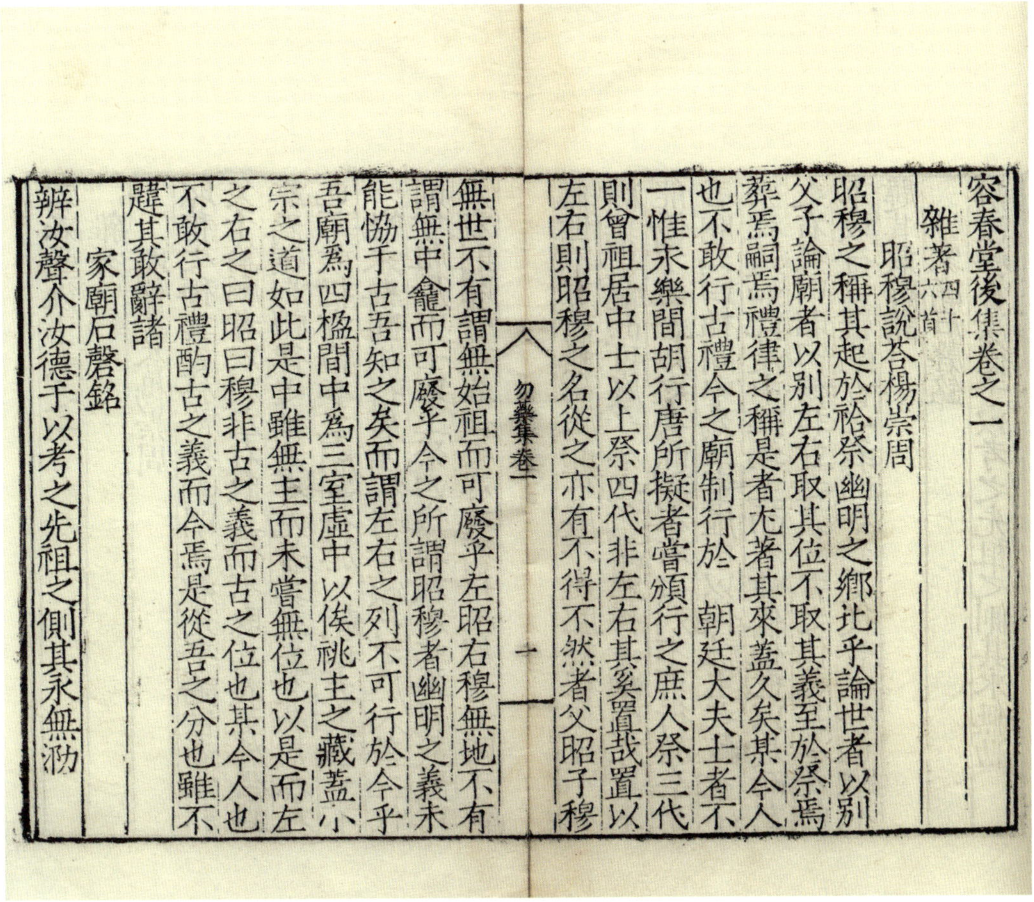
容春堂後集卷之一
雜著四十六首
昭穆說答楊崇周
昭穆之稱其起於祫祭幽明之鄉比乎論世者以別
父子論廟者以別左右取其位不取其義至於祭焉
葬焉嗣焉禮律之稱是者尤著其來蓋久矣其今人
也不敢行古禮今之廟制行於　朝廷大夫士者不
一惟永樂間胡行唐所擬者嘗頒行之庶人祭三代
則曾祖居中士以上祭四代非左右其奚置哉置以
左右則昭穆之名從之亦有不得不然者父昭子穆

勿藥集卷一　一

無世不有謂無始祖而可廢乎左昭右穆無地不有
謂無中龕而可廢乎今之所謂昭穆者幽明之義未
能恊于古吾知之矣而謂左右之列不可行於今乎
吾廟爲四楹間中爲三室虛中以俟祧主之藏蓋小
宗之道如此是中雖無主而未嘗無位也以是而左
之右之曰昭曰穆非古之義而古之位也其今人也
不敢行古禮酌古之義而今焉是從吾之分也雖不
踰其敢辭諸
家廟石磬銘
辨汝聲介汝德于以考之先祖之側其永無沕

《容春堂後集》卷一卷端

《容春堂前集》二十卷《後集》十四卷《續集》十八卷《別集》九卷，明邵寶撰。明正德嘉靖間刻本。四册。半葉十行，行二十字，左右雙邊，白口，單白魚尾。框高 18.7 厘米，寬 13.9 厘米。

邵寶（1460—1527），字國賢，號泉齋，南直隸無錫人。成化二十年

（1484）舉進士，授許州知州。正德四年（1509）以都察院右副都御史銜總督漕運，因忤劉瑾，勒令致仕。瑾誅，起巡撫貴州，纍遷至户部左侍郎兼左僉都御史。謚文莊。性端雅貞介，爲時人所重，學者稱“二泉先生”。文以李東陽爲宗，典重和雅，詩清和淡泊，尤能抒寫性靈。著作甚豐，撰有《容春堂前集》《學史》《泉齋簡端録》等。《明史》卷二百八十二、《本朝分省人物考》卷二十七、《［嘉靖］浙江通志》卷三十五有傳。

此集凡六十一卷。據中國國家圖書館藏本，是集前有李東陽序、正德十二年（1517）王鏊序、正德九年（1514）浦瑾序。《前集》卷一辭賦，卷二至三古詩，卷四五言律詩，卷五五言絶句，卷六至七七言律詩，卷八七言絶句，卷九至十雜著，卷十一至十二記，卷十三至十四序，卷十五表傳，卷十六碑，卷十七至十八墓志銘，卷十九書簡，卷二十祭文；《後集》卷一雜著，卷二記，卷三序，卷四至五墓志銘，卷六碣、石表、俟歸銘、塔銘、墓碣銘，卷七神道碑銘、墓碑銘、墓表、傳，卷八祝文、祭文，卷九辭、古樂府、古詩、歌、行、禽言，卷十五言絶、五言律、五言排律，卷十一七言絶句，卷十二七言律，卷十三七言律、七言排律，卷十四書簡；《續集》卷一辭賦、古詩、歌行，卷二五言律、五言排律、五言絶句，卷三至四七言律，卷五七言絶句，卷六奏議，卷七奏疏，卷八至九雜著，卷十至十一記，卷十二序，卷十三墓表，卷十四傳、狀、碑，卷十五至十六墓志銘，卷十七書簡，卷十八祭文；《别集》卷一辭、古詩，卷二古詩，卷三五言律、五言排律、詞，卷四七言絶、七言律，卷五序，卷六記，卷七墓志銘、壙銘，卷八墓表、碣銘、傳、行狀，卷九雜著。天一閣藏本殘損較嚴重，僅存《後集》十四卷、《别集》九卷，計二十三卷。

是集重刻、翻刻極夥，有正德十三年（1518）刻本、正德十三年至嘉靖元年（1522）内江張偉武林遞修本、嘉靖間刻本、明秦榛刻本、明秦榛刻清雍正十年（1732）華希閎重修本等，今皆有傳世。

《四庫全書總目》收録。《中國古籍善本書目》（集部七三〇二條）、《中國古籍總目》（集 20207279 條）著録。除天一閣外，中國國家圖書館、北京大學圖書館等機構亦有入藏。

鈐印：“曾在李鹿山處”“閩中蔣氏三徑藏書”。

（烏）

甘泉先生文集内編、外編

明嘉靖刻本　善 3828

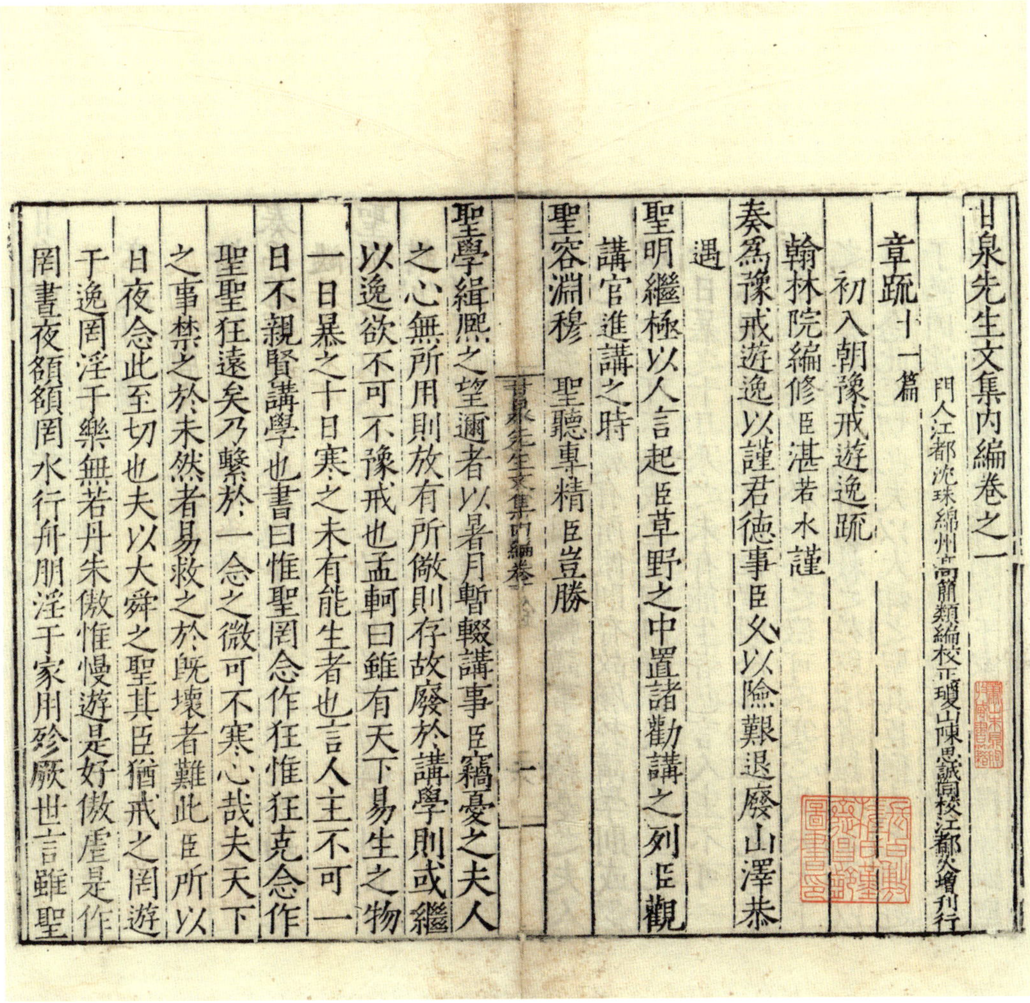

《甘泉先生文集内編》卷一卷端

《甘泉先生文集内編》二十八卷《外編》十二卷，明湛若水撰。明嘉靖十五年（1536）火增刻本。二十册。半葉十行，行二十一字，左右雙邊，白口，無魚尾。框高 21.2 厘米，寬 14.1 厘米。《内編》卷一卷端題“門人江都沈珠、綿州高簡類編校正，瓊山陳思誠同校，江都火增刊行”。前有嘉靖十五年聞人詮序。

湛若水（1466—1560），字元明，廣東增城人。弘治五年（1492）舉鄉試，從陳獻章游，不樂仕進。後奉母命出，舉弘治十八年（1505）進士。歷南京吏、禮、兵三部尚書，致仕歸。初，與王守仁同講學，後各立宗旨，并稱于時。守仁以致良知爲宗，若水以隨處體驗天理爲宗，一時學者遂分王、湛之學。撰有《春秋正傳》《甘泉先生文集》《湛甘泉文集》等。《明史》卷二百八十三、《［萬曆］粤大記》卷十四有傳。

是書都四十卷，《内編》二十八卷，卷一至二章疏，卷三賦頌，卷四至五雜著，卷六至十二序，卷十三至十四記，卷十五記、傳，卷十六至十七書，卷十八文，卷十九論策，卷二十至二十二碑志表，卷二十三碑碣表，卷二十四四言詩、辭賦，卷二十五至二十七五言古詩，卷二十八五言古詩、七言古詩、歌；《外編》十二卷，卷一章疏、雜著，卷二至五序，卷六記、傳，卷七書，卷八文、墓志銘，卷九至十碑志表，卷十一五言絶句、五言律詩、五言排律、六言詩，卷十二七言絶句、七言律詩、七言排律。

聞人詮序云：“有刻《甘泉先生文録》于維揚者，間嘗取而閲之，淵淵乎，至理之言也，道德顯矣，而輯之者若漫而無紀也。有刻《樵風》于嘉禾者，渢渢乎，樂進之言也，情性順矣，而輯之者若舉而未備也。有刻《兩都風咏》于吴門者，便便乎，時出之言也，感應通矣，而輯之者若偏而匪全也……詮竊憂之，乃命揚郡博士高子簡、鄉進士沈子珠博采精較，彙類編摹，去分部之煩，合詩文之粹，定爲《内》《外》兩編。會同統异，若網在綱；以帙叙年，如魚在貫。先生身體力行之實，立言垂訓之意，燦然明白。詮舉而伏讀之，乃知古今聖愚本同一性，隨處體認天理之外，真無餘學。《内編》所載，説理爲詳，而子臣弟友之道無不盡；《外編》所載，紀事爲悉，而鳥獸草木之類無不該……讀之餘月，肉味俱忘，猶懼所傳之不廣也，仍命江都學火生增刻梓，置諸新泉精舍，俾來學者咸得有所宗云。”

《四庫全書總目》收録“甘泉集三十二卷”。《中國古籍善本書目》（集部七六一八條）、《中國古籍總目》（集 20207375 條）著録。除天一閣外，中國國家圖書館、北京大學圖書館、上海圖書館、浙江圖書館等機構亦有入藏。

鈐印："長白敷槎氏堇齋昌齡圖書印""蕭山朱鼎煦收藏書籍""朱别宥收藏記"。

（烏）

渼陂集、續集

明嘉靖刻本　善 3783

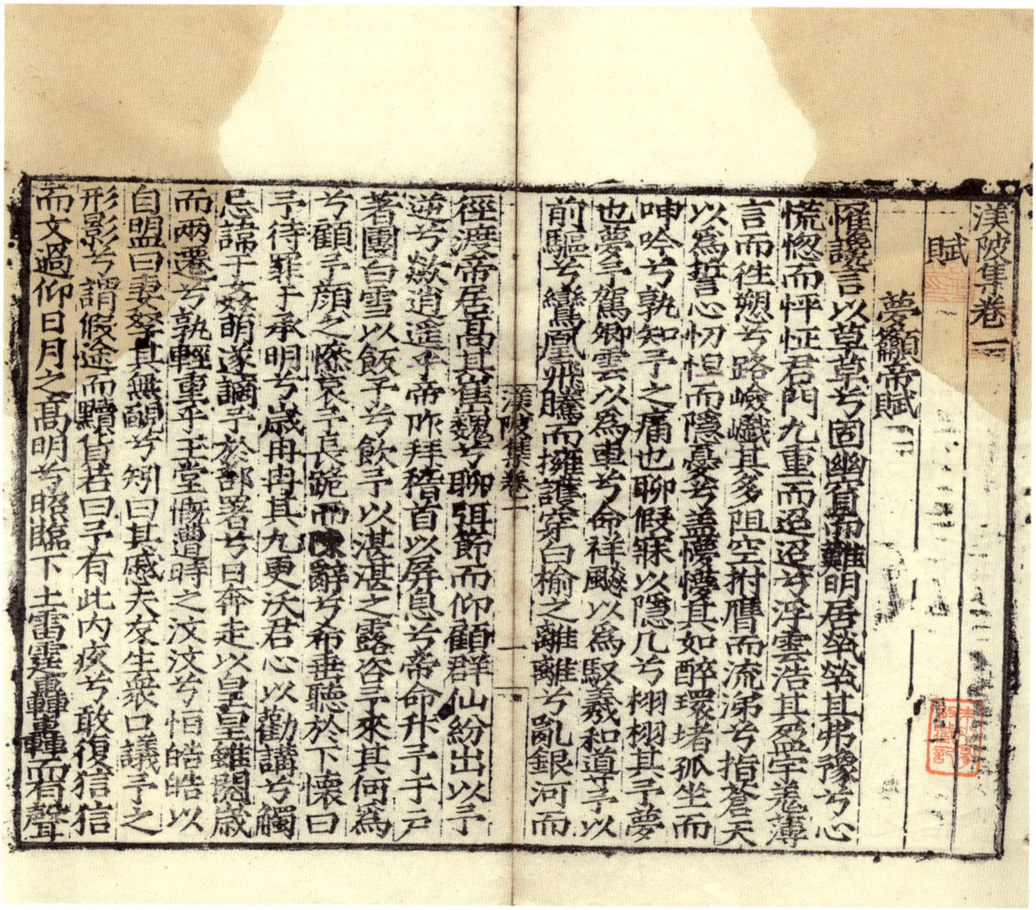

渼陂集卷一

賦

夢籲帝賦

罹讒言以草草兮固幽昏而難明居䍃䍃其弗豫兮心
慌惚而怦怔君門九重而迢迢兮浮雲浩其冥冥羌薄
言而往愬兮路嶮巇其多阻空拊膺而流涕兮指蒼天
以爲誓心怊怛而隱憂兮羌𢠸𢠸其如醉環堵孤坐而
呻吟兮孰知予之痛也聊假寐以隱几兮栩栩其予夢
也夢予駕卿雲以爲車兮命祥飈以爲馭羲和導予以
前驅兮鸞凰飛騰而擁護穿白榆之離離兮亂銀河而

渼陂集卷一　一

徑渡帝居高其崔巍兮聊徂節而仰顧群仙紛出以予
逆兮欵道逢乎帝所拜稽首以屏息兮帝命升予于戶
著圃白雪以飯予兮飲予以湛湛之露咨予來其何爲
兮顧予顏之慼慼予長跪而陳辭兮希垂聽於下懷曰
予待罪于承明兮歲冉冉其九更沃君心以勸講兮觸
忌諱于奸萌遂謫予於部署兮日奔走以皇皇雖鬼蜮
而兩遷兮孰輕重乎玉堂慨遭時之汶汶兮恒皓皓以
自盟曰妾容其無醜兮矧曰其感夫交生衆口議予之
形影兮謂假途而贖貨君曰予有此內疚兮敢復信信
而文過仰日月之高明兮照臨下土雷霆轟轟而看聲

《渼陂集》卷一卷端

《渼陂集》十六卷《續集》三卷，明王九思撰。明嘉靖十二年（1533）王獻等刻二十五年（1546）翁萬達續刻本。六册。半葉十行，行二十一字，四周單邊，白口，無魚尾。框高 18.0 厘米，寬 13.4 厘米。前有嘉靖十年（1531）王九思自序、嘉靖十一年（1532）康海序，後有嘉靖十二年王獻跋。《續集》

前有嘉靖二十五年翁萬達序、嘉靖二十四年（1545）張治道序。

王九思（1468—1551），字敬夫，號渼陂，别署紫閣山人，陝西鄠縣人。弘治九年（1496）進士，歷任吏部主事、吏部郎中等。因與劉瑾、康海同鄉，名列瑾黨，後罷職還鄉。九思以文名著稱于時，與李夢陽、何景明、徐禎卿、邊貢、康海、王廷相等于弘治、正德間同倡復古，并稱“前七子”。撰有《渼陂集》《沽酒游春》《中山狼》《碧山樂府》等。《明史》卷二百八十六、《國朝獻徵録》卷二十二、《［嘉靖］壽州志》卷五有傳。

是書都十九卷。《渼陂集》卷一賦、詩，卷二至六詩，卷七雜著，卷八至九序，卷十記，卷十一碑，卷十二至十四志銘，卷十五志銘、表，卷十六傳、狀；《續集》爲九思晚年之作，分上、中、下三卷，此本存上、中二卷，卷上諸體詩、賦，卷中墓志銘、書、傳、墓表、碑等。據《明别集叢刊·第一輯》本，卷下亦雜收序、墓志銘、碑、記、傳等各體文，卷末署“門生王九澤、劉思慧、焦心逸、王渡、閻性校正，咸寧种賦輯録”。

九思自序云：“予始爲翰林時，詩學靡麗，文體萎弱。其後德涵、獻吉導予易其習焉。獻吉改正予詩者，稿今尚在也。而文由德涵改正者尤多。”

王獻跋云：“是集思遠調高，音節爾雅，蓋炎漢之博綜、曹魏之雋求、皇明之巨翰、李何之并彦也。壬辰之歲，按使西晋，時分巡上谷張子濂見之，深用賞焉，爰謀葛守覃，命工梓刻之河左。”

翁萬達序云：“予不學，得先生是集，敬爲梓之。”

《四庫全書總目》收録。提要云：“其平生相砥礪者，在李夢陽、康海二人，故其詩體文格與二人相似。而詩之富健不及夢陽，文之粗率尤甚于海。蓋樂府是其長技，他皆未稱其名也。”

《中國古籍善本書目》（集部七四七七條）、《中國古籍總目》（集20207396條）著録。除天一閣外，中國國家圖書館、北京大學圖書館、上海圖書館等機構亦有入藏。

鈐印：“王璋之印”“朱别宥收藏記”。

（烏）

袁中郎先生批評唐伯虎彙集、唐六如先生畫譜、外集、傳贊、紀事

明萬曆刻本　善 3739

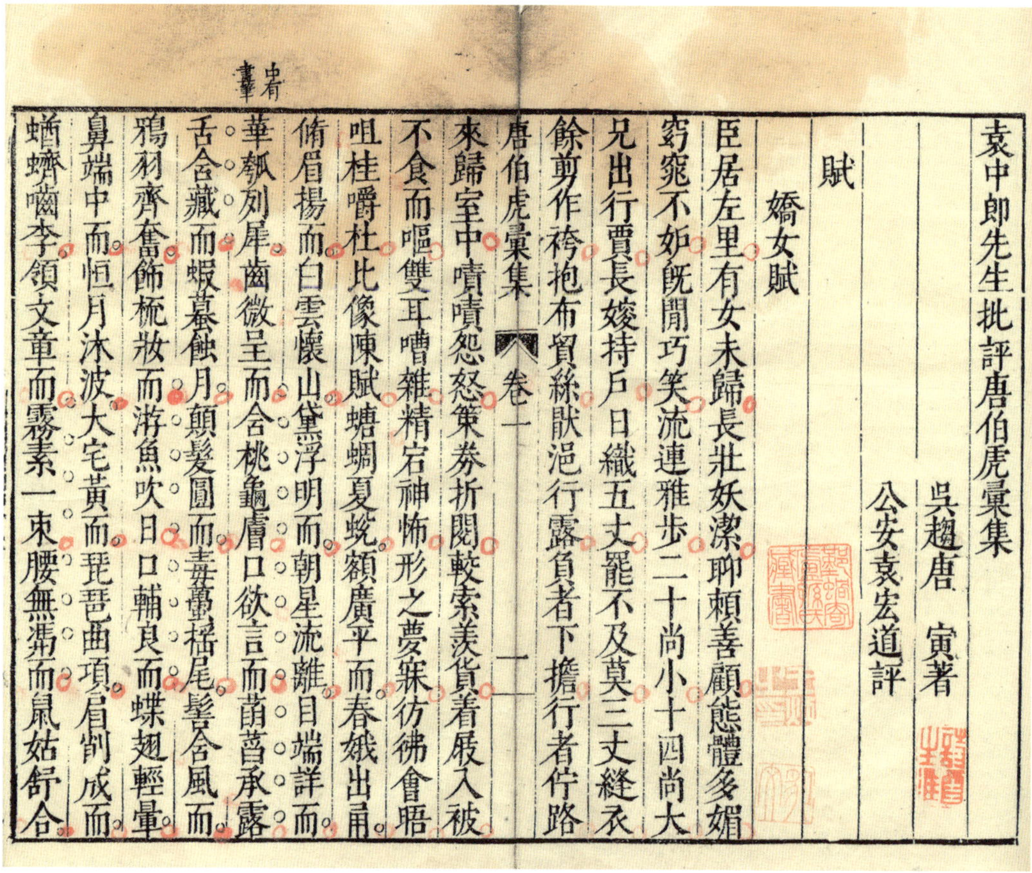

袁中郎先生批評唐伯虎彙集
吳趨唐　寅著
公安袁宏道評
賦
嬌女賦
臣居左里有女未歸長壯妖潔聊賴善顧態體多媚
窈窕不妒既閒巧笑流連雅步二十尚小十四尚大
兄出行賈長嫂持戶日織五丈罷不及莫三丈縫衣
餘剪作袴袍布貿絲貯浥行露負者下擔行者佇路
唐伯虎彙集　卷一　一
來歸室中嘖嘖怨怒策券折閱較索羨貨着屐入被
不食而嘔雙耳嘈雜精宕神怖形之夢寐彷彿會晤
咀桂嚼杜比像陳賦螬蜩夏蛻額廣平而春娥出角
脩眉揚而白雲懷山黛浮明而朝星流離目端詳而
華瓠列犀齒微呈而含桃龜唇口欲言而菌萏承露
舌含藏而蝦蟇蝕月顛髮圓而毒蠆搖尾鬢含風而
鴉羽齊奮飾梳妝而游魚吹日口輔良而蝶翅輕暈
鼻端中而恒月沐波大宅黃而琵琶曲項肩削成而
蝤蠐嚙李領文章而霧素一束腰無馮而鼠姑舒合

《袁中郎先生批評唐伯虎彙集》卷一卷端

《袁中郎先生批評唐伯虎彙集》四卷，明唐寅撰，明袁宏道評；《唐六如先生畫譜》三卷，明唐寅輯；《外集》一卷、《傳贊》一卷，明祝允明輯；《紀事》一卷，明祝允明撰。明萬曆刻本。二册。半葉九行，行二十字，四周單邊，白口，

單黑魚尾。書眉上刻評點，夾行鎸圈點、句讀。框高 20.6 厘米，寬 14.0 厘米。卷一卷端題“吴趨唐寅著，公安袁宏道評”。前有袁宏道序、總評。

唐寅（1470—1524），初字伯虎，更字子畏，號六如居士、桃花庵主，江蘇吴縣人。弘治十一年（1498）舉鄉試第一，坐事免。有俊才，善屬文，爲人曠達不羈，磊落自异，奇趣時發，或寄于畫，下筆輒追宋、元，與沈周、文徵明、仇英合稱“明四家”。撰有《六如居士全集》《唐伯虎集》等。《明史》卷二百八十六、《［崇禎］吴縣志》卷四十七有傳。

袁宏道（1568—1610），字中郎，號石公，湖廣公安縣人。萬曆二十年（1592）進士，初不仕，還里閑居，二十三年（1595）始謁選，爲吴縣令，纍遷順天教授、國子助教、禮部主事、吏部稽勛郎中等，後謝病歸，尋卒。撰有《敝篋集》《錦帆集》《解脱集》等。《明史》卷二百八十八、《［同治］公安縣志》卷六有傳。

祝允明（1461—1526），字希哲，號枝山，又稱枝指生，南直隸長洲人。弘治五年（1492）舉人，謁選興寧令，有政聲，遷京兆通判，遂乞歸。書法入神，好獎借後進，終身不言人過。撰有《祝氏小集》《枝山文集》《祝氏集略》《祝子罪知録》等。《明史》卷二百八十六有傳（附徐禎卿後），《［乾隆］長洲縣志》卷二十四有傳。

卷一賦、樂府、五言古詩、七言雜詩，卷二五言近體、五言排律、七言近體、五言絶句、七言絶句、詞，卷三書、序、記，卷四碑銘、墓志銘、墓碣、墓表、祭文、疏文、啓、論、表、贊、聯句。據卷首目録，附刻《外集》一卷，内含墓志銘、傳贊、紀事三部分，然據卷内所録，則《外集》《傳贊》《紀事》皆各自爲卷，傳統著録亦據内文分别著録，今從之。《外集》爲祝允明所撰唐子畏墓志銘，《傳贊》爲閻秀卿、徐禎卿、顧璘、王世貞所撰傳贊，《紀事》收唐寅事迹二十條。原有《唐六如先生畫譜》三卷，此本已佚。

袁宏道序云：“吴人有唐子畏者，才子也，以文名，亦不專以文名。余爲吴令，雖不同時，是亦當寫治生帖子者矣。余昔未治其人，而今治其文。大都子畏詩文不足以盡子畏，而可以見子畏。故余之評騭，亦不爲子畏掩其短，政以子畏不專以詩文重也。子畏有知，其不以我爲俗吏乎？”

總評云：“子畏之文，以六朝爲宗，故不甚慊作者之意。子畏之詩，有佳句，亦有累句，妙在不沾沾以此爲事，遂加人數等。子畏小辭直入畫境，人謂子畏畫筆之妙，余謂子畏詩詞中有幾十軸也，特少徐吴輩鑒賞之耳。”

《四庫全書總目》未收。《中國古籍善本書目》（集部七五四八條）、《中國古籍總目》（集 20207431 條）著録。除天一閣外，上海圖書館、浙江圖書館、美國國會圖書館、美國哈佛大學哈佛燕京圖書館等多家機構亦有入藏。

鈐印："鍾情""王炳之印""豹文""詩酒生涯""鄞蝸寄廬孫氏藏書"。

（烏）

甫田集

明嘉靖刻清修本　善 3821

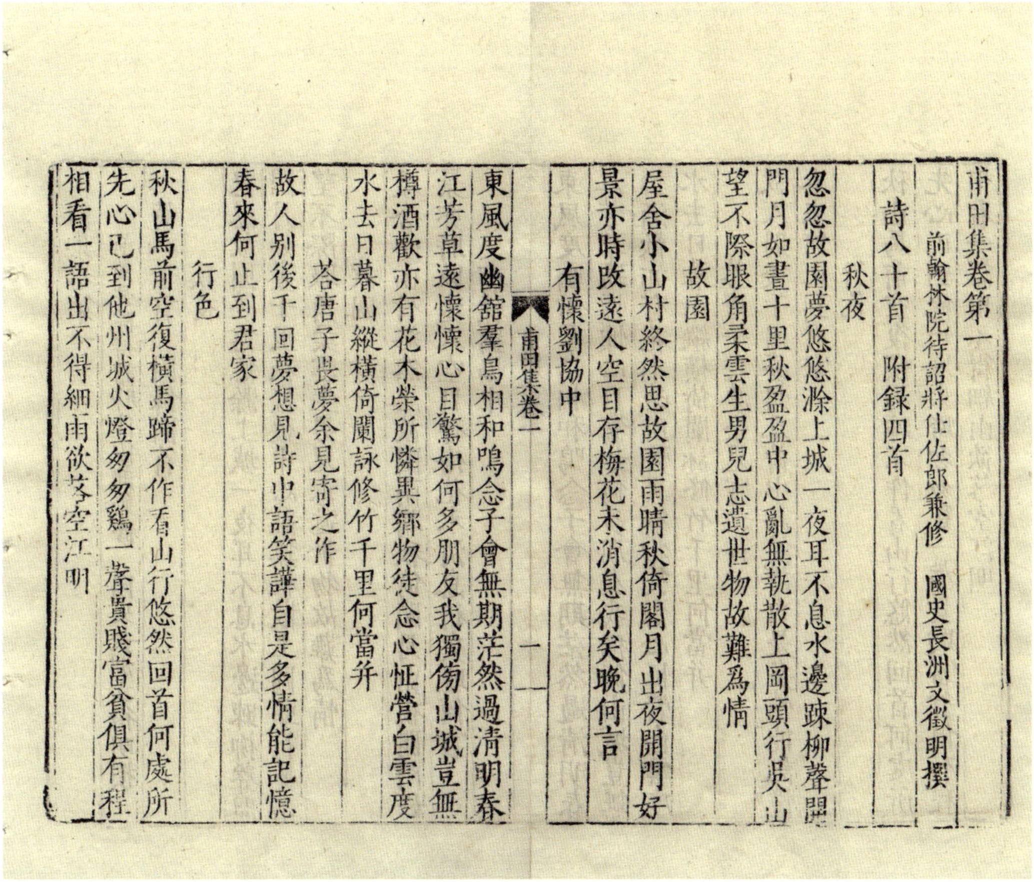
甫田集卷第一
前翰林院待詔將仕佐郎兼修　國史長洲文徵明撰
詩八十首　附録四首
秋夜
忽忽故園夢悠悠滁上城一夜耳不息水邊踈柳聲開
門月如晝十里秋盈盈中心亂無執散上岡頭行吳山
望不際眼角柔雲生男兒志遺世物故難爲情
故園
屋舍小山村終然思故園雨晴秋倚閣月出夜開門好
景亦時改遠人空目存梅花未消息行矣晚何言
有懷劉協中
甫田集卷一　一
東風度幽館羣鳥相和鳴念子會無期茫然過清明春
江芳草遠懷懷心目驚如何多朋友我獨傷山城豈無
樽酒歡亦有花木榮所憐異鄉物徒念心怔營白雲度
水去日暮山縱橫倚闌詠修竹千里何當并
荅唐子畏夢余見寄之作
故人別後千回夢想見詩中語笑譁自是多情能記憶
春來何止到君家
行色
秋山馬前空復橫馬蹄不作看山行悠然回首何處所
先心已到他州城火燈匆匆鷄一聲貴賤富貧俱有程
相看一語出不得細雨欲荅空江明

《甫田集》卷一卷端

《甫田集》三十六卷，明文徵明撰。明嘉靖刻清修本。六册。半葉十一行，行二十一字，左右雙邊，白口，單黑魚尾。框高 19.1 厘米，寬 13.5 厘米。卷一卷端題“前翰林院待詔將仕佐郎兼修國史長洲文徵明撰”。前有王世貞《文先生傳》。

文徵明（1470—1559），初名璧，後以字行，更字徵仲，號衡山居士，南直隸長洲人。正德末年以歲貢生薦試吏部，任翰林院待詔，後辭官歸。徵明幼不慧，稍長，穎异挺發，詩、書、文、畫皆工，而畫尤爲推重，與沈周、唐寅、仇英并稱“明四家”。撰有《甫田集》《文翰林甫田詩選》《甫田别集》等。《明史》卷二百八十七、《［隆慶］長洲縣志》卷十四有傳。

此集所録皆詩文，按年編次。卷一至十五詩，卷十六至十七叙，卷十八至十九記，卷二十贊、字辭、頌，卷二十一至二十三題跋，卷二十四祭文，卷二十五至二十六書、行狀，卷二十七至二十八傳，卷二十九至三十三墓志銘，卷三十四墓表，卷三十五墓碑、阡碑、碑，卷三十六附録文嘉所撰《先君行略》。

此本斷版、補版甚多，爲明刻清修版印本。卷首王世貞《文先生傳》，末署“曾孫震孟謹録，六世孫然重梓”，當爲補版時刻入者。

是集又有清康熙長洲文氏刻本、清宣統二年（1910）鉛印本、清宣統三年（1911）千頃堂書莊上海鉛印本等版本行世。

《四庫全書總目》收録，作“甫田集三十五卷附録一卷”。《中國古籍善本書目》（集部七九七八條）著録，《中國古籍總目》（集20207455條）著録，作“甫田集三十五卷附録一卷”。除天一閣外，中國國家圖書館、上海圖書館、復旦大學圖書館、浙江圖書館等多家機構亦有入藏。

（烏）

甫田集

明刻本　善 3820

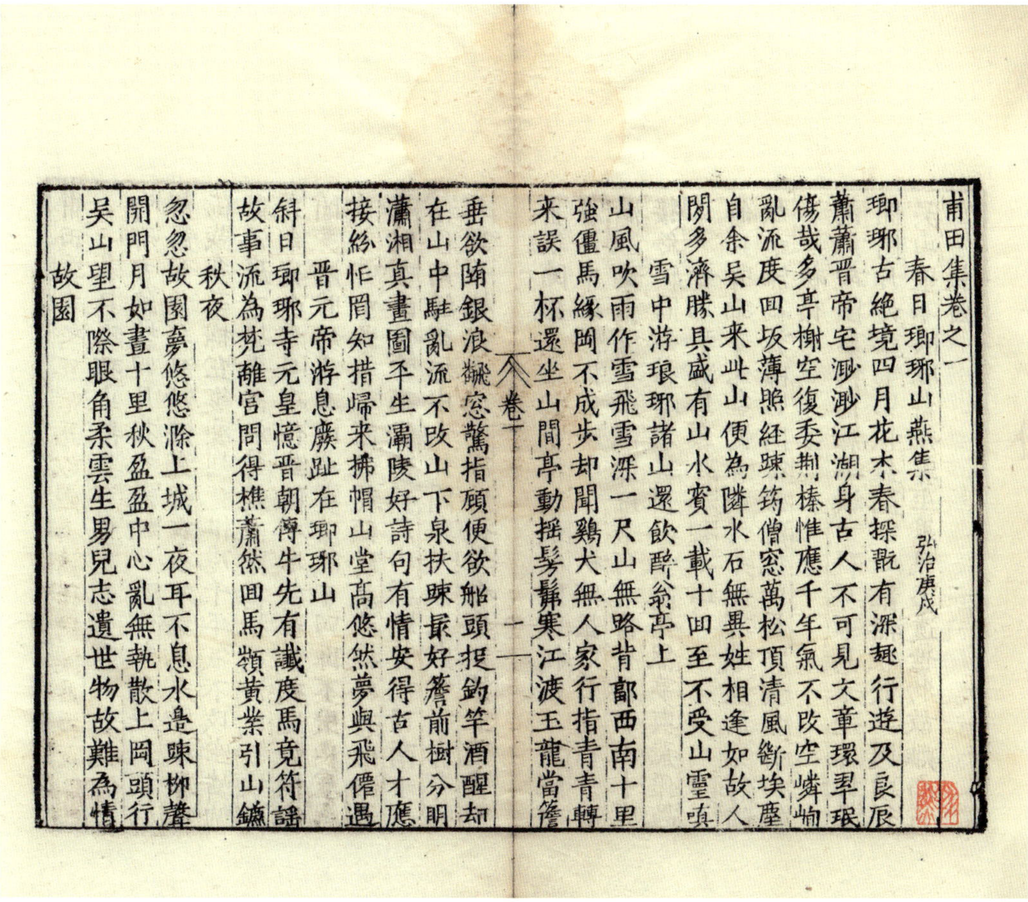
甫田集卷之一
春日瑯琊山燕集　弘治庚戌
瑯琊古絶境四月花木春探歷有深趣行遊及良辰
蕭蕭晉帝宅渺渺江湖身古人不可見文章環翠珉
傷哉多亭榭空復委荆榛惟應千年氣不改空嶙峋
亂流度回坂薄照經疏筠僧窓萬松頂清風斷埃塵
自余吳山来此山便為隣水石無異姓相逢如故人
閲多濟勝具感有山水賓一載十回至不受山靈嗔
雪中游琅琊諸山還飲醉翁亭上
山風吹雨作雪飛雪深一尺山無路背郭西南十里
強僵馬緣岡不成步却聞鷄犬無人家行指青青轉
来誤一杯還坐山間亭動揺髩鬢寒江渡玉龍當簷
垂欲隨銀浪飜窓驚指顧便欲船頭捉釣竿酒醒却
在山中駐亂流不改山下泉扶疎最好簷前樹分明
瀟湘真畫圖平生灞陵好詩句有情安得古人才應
接紛忙悶知措帰来拂帽山堂高悠然夢與飛僊遇
晉元帝游息廢趾在瑯琊山
斜日瑯琊寺元皇憶晉朝齊牛先有讖度馬竟符謡
故事流為梵離宮問得樵蕭然回馬嶺黄葉引山鐃
秋夜
忽忽故園夢悠悠滁上城一夜耳不息水邊疎柳聲
開門月如晝十里秋盈盈中心亂無執散上岡頭行
吳山望不際眼角柔雲生男兒志遺世物故難為情
故園

《甫田集》卷一卷端

《甫田集》四卷，明文徵明撰。明刻本。四册。半葉十二行，行二十字，左右雙邊，白口，單白魚尾。框高 18.7 厘米，寬 13.5 厘米。封面題“文徵仲詩殘帙”。各卷卷前有目録，題“翰林待詔文徵明字徵仲”。

是書共録其詩六百餘首，主要爲其弘治三年至正德九年（1490—1514）

間作品。各題下間標注年月，蓋依吟咏年月編次而成。卷一始弘治三年，終十六年（1503）；卷二始弘治十七年（1504），終正德三年（1508）；卷三始正德四年（1509），終六年（1511）；卷四始正德七年（1512），終九年。是集前後序跋均已佚去。

《甫田集》卷數不一，版本衆多。《四庫全書總目》所録“文氏五家詩十四卷”提要云：“其孫徵明，著《甫田集》詩四卷……徵明《甫田集》，已著録，然卷帙相連，無容割裂。且除此一集，與五家之目亦不合，尤無容改其舊名以五爲四。故仍并録之，而附著其互見之故焉。”然《四庫全書總目》所收録實爲“甫田集三十五卷附録一卷”，非四卷本。且四卷本與“文氏五家集”中所録四卷徵明詩編排頗有不同，疑館臣亦未親見此本。

《中國古籍善本書目》（集部七九八二條）、《中國古籍總目》（集20207458條）著録。除天一閣外，上海圖書館、臺北漢學研究中心等機構亦有入藏。

鈐印：“范氏子受”“清寧宇宙中人”“翔熊”。

（烏）

顧文康公文草、詩草、續稿、三集

明崇禎至清順治刻本　善 3768

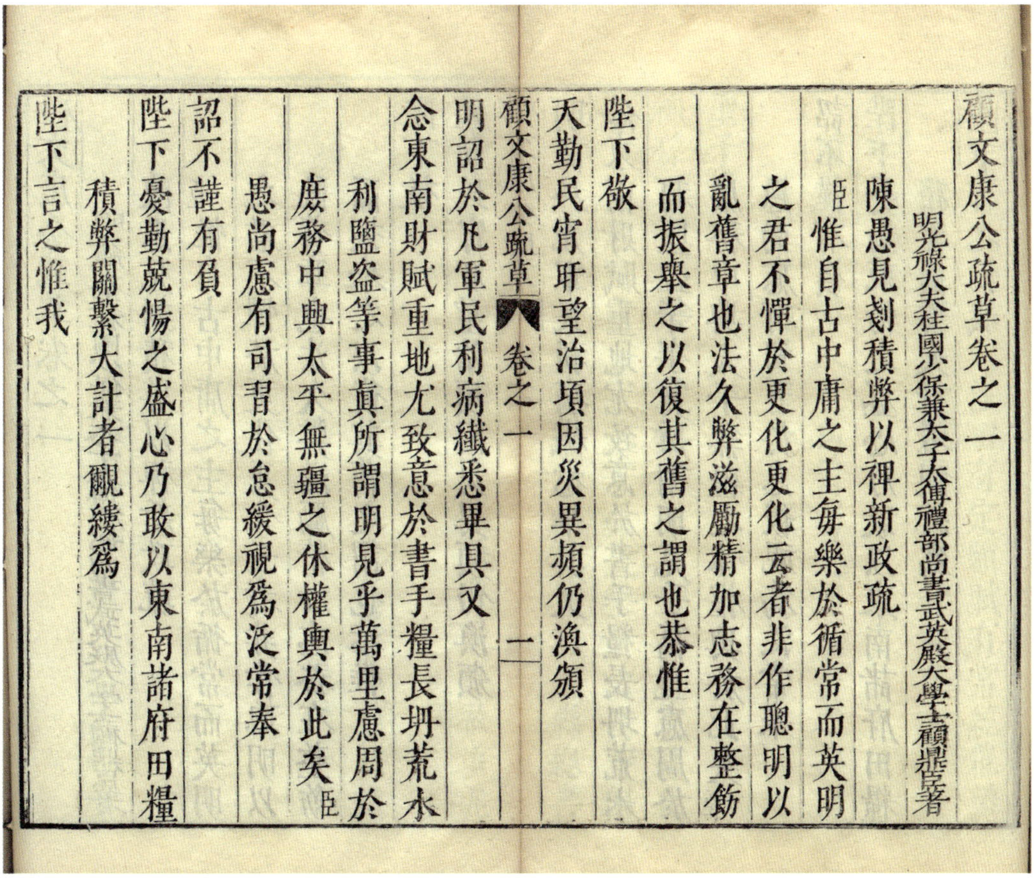
顧文康公疏草卷之一
明光祿大夫柱國少保兼太子太傅禮部尚書武英殿大學士顧鼎臣著
陳愚見剗積弊以裨新政疏
臣惟自古中庸之主毎樂於循常而英明
之君不憚於更化更化云者非作聰明以
亂舊章也法久弊滋勵精加志務在整飭
而振舉之以復其舊之謂也恭惟
陛下敬
天勤民宵旰望治頃因災異頻仍渙頒
顧文康公疏草　卷之一　一
明詔於凡軍民利病纖悉畢具又
念東南財賦重地尤致意於書手糧長坍荒水
利鹽盜等事眞所謂明見乎萬里慮周於
庶務中興太平無疆之休權輿於此矣臣
愚尚慮有司胥於怠緩視爲泛常奉
詔不謹有負
陛下憂勤兢惕之盛心乃敢以東南諸府田糧
積弊關繫大計者覼縷爲
陛下言之惟我

《顧文康公文草》卷一卷端

《顧文康公文草》十卷《詩草》六卷《續稿》六卷《三集》四卷，明顧鼎臣撰；《首》一卷。明崇禎十三年（1640）昆山顧氏桂雲堂刻十六年至清順治二年（1643—1645）續刻本。七册。半葉九行，行十八字，左右雙邊，白口，單黑或單白魚尾相雜。框高 21.8 厘米，寬 13.9 厘米。《文草》卷端題“明光禄大夫柱國少保兼太子太傅禮部尚書武英殿大學士顧鼎臣著”，《詩草》卷端題“東吴顧鼎臣九和著”。卷首前有王世貞《像贊》，蔣德璟、吴邦臣、公鼐、顧天埈序、崇禎十三年顧天叙序。《文草》後有崇禎三年（1630）顧謙服跋、崇禎十一年（1638）顧咸建跋、崇禎十二年（1639）顧咸建跋。《詩草》後有崇禎十二年顧咸建跋。《續稿》前有顧錫疇跋，後有崇禎十六年顧晋璠跋、顧咸建跋、顧晋璠又跋。

顧鼎臣（1473—1540），字九和，號未齋，南直隸昆山人。弘治十八年（1505）進士第一，授翰林院修撰，歷官左諭德、禮部右侍郎，仕至禮部尚書兼文淵閣大學士入參機務。謚文康。工書法，似趙孟頫。撰有《顧文康公文草》《未齋集》《明狀元圖考》《醫眼方論》等。《明史》卷一百九十三、《［乾隆］江南通志》卷一百四十有傳。

此書存《顧文康公文草》十卷《詩草》六卷《續稿》六卷《首》一卷。《文草》卷一至二卷端題“顧文康公疏草”，卷三至十均題“顧文康公文草”。《文草》：首卷詔、御表、制諭、誥敕，卷一至二奏疏，卷三表，卷四試録，卷五序，卷六墓表，卷七墓志銘，卷八記、傳、賦，卷九雜著，卷十書牘、家報；《詩草》卷一五言古，卷二七言古，卷三七言絶句，卷四五言律詩，卷五七言律詩，卷六排律、詩餘；《續稿》卷一廷試策，卷二經筵講章，卷三樂章，卷四誥敕、賦、頌，卷五表、致語、記、墓志、銘、像贊、跋、書牘，卷六詩、詞。

蔣德璟序云：“公遺集凡數十卷，散軼不傳。至公之孫昌化先生，苦志搜緝二十年，漸次成帙。昌化公病，庚命其伯子端木、仲子漢石訪求未備，又十年乃成書。”

顧天叙序云：“我高叔祖文康府君……平生著述甚富，當時以邸第未遑授梓，而後乃多散佚。叙方垂髫，從大父寅齊府君侍曾從祖志霖公，每相會晤，輒嘆先集未傳，後人之責。鋭意采集，矢不欲有片言遺落人間，乃不輕付剞劂。迨鍾濤、了素兩從祖繼之，欲成此志，而并有所奪。季從祖兩如公尤抱深心，多方訪求，不以簿書疾病而少懈。比積漸成集，又復即世。未竟之業，萃于端木、漢石、幼疏、品之四從叔。廣搜博采，功倍于昔。政綉梓間，而三叔同上公車，較刻之事屬譽徵、品之兩叔暨長佩侄，并殫勤勩，而功乃竣。”

《四庫全書總目》收録顧氏“未齋集二十二卷”。《中國古籍善本書目》（集部七五九九條）著録，作“明崇禎十三年、清順治二年顧晉璠等刻本”。《中國古籍總目》（集20207543條）著録。除天一閣外，中國國家圖書館、北京大學圖書館、上海圖書館、南京圖書館等多家機構亦有入藏。

（烏）

空同集

明嘉靖刻本　善 3762

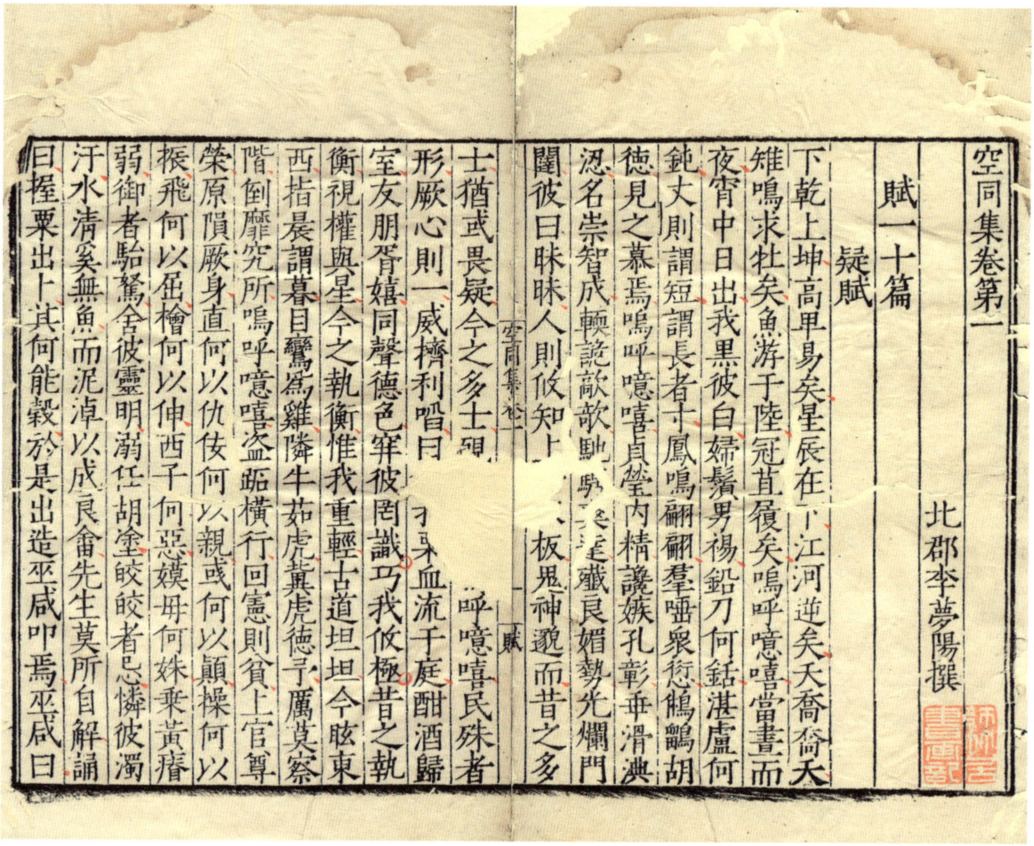

《空同集》卷一卷端

《空同集》六十三卷，明李夢陽撰。明嘉靖十一年（1532）曹嘉刻本。二十册。半葉十一行，行二十字，左右雙邊，白口，無魚尾。框高 18.6 厘米，寬 14.0 厘米。卷端題“北郡李夢陽撰”。前有嘉靖十年（1531）王廷相序、嘉靖九年（1530）黄省曾序。末有牌記“隆慶戊辰歲克勤齋重刊”。

李夢陽（1473—1529），字獻吉，號空同子，陝西慶陽衛人。弘治六年（1493）

進士，授户部主事，官至江西提學副使。工詩文，尤長七古，才思雄鷙，卓然以復古爲命，曾倡言“文必秦漢，詩必盛唐，非是者弗道”。與何景明、徐禎卿、邊貢、朱應登、顧璘、陳沂、鄭善夫、康海、王九思等并號“弘治十才子”，又名列“前七子”。撰有《空同集》《空同詩集》《空同詩鈔》等。《明史》卷二百八十六、《［嘉靖］慶陽府志》卷十四有傳。

卷一至三賦，卷四古詩，卷五琴操、古調歌、楚調歌，卷六樂府雜調，卷七至八樂府雜調曲，卷九至十六五言古詩，卷十七至二十一七言歌行，卷二十二散篇，卷二十三至二十七五言律詩，卷二十八五言律詩、排律，卷二十九至三十二七言律詩，卷三十三七言律詩、排律，卷三十四至三十五七言絶句，卷三十六六言、五言絶句、雜言，卷三十七族譜，卷三十八上書，卷三十九狀疏，卷四十至四十二碑文，卷四十三至四十六墓志，卷四十七至四十八記，卷四十九至五十六序，卷五十七傳、行實，卷五十八至六十雜文，卷六十一至六十二書，卷六十三祭文。

是書又有嘉靖十一年曹嘉刻三十一年（1552）朱睦㮮增修本、嘉靖十二年（1533）京兆慎獨齋刻本、萬曆六年（1578）高文薦刻本、萬曆十五年（1587）李四維刻本等。

卷六十一至六十三以隆慶二年（1568）克勤齋刻本《空同先生集》補配，半葉十一行，行二十二字，左右單邊，白口，單黑魚尾。

《四庫全書總目》收録“空同集六十六卷”。《中國古籍善本書目》（集部七四三二條）、《中國古籍總目》（集 20207561 條）著録。除天一閣外，中國國家圖書館、北京大學圖書館、中國科學院文獻情報中心、上海圖書館等多家機構亦有入藏。

鈐印：“師竹居書畫記”“映紅樓珍藏”。

（烏）

空同精華集

明嘉靖刻本　善 3765

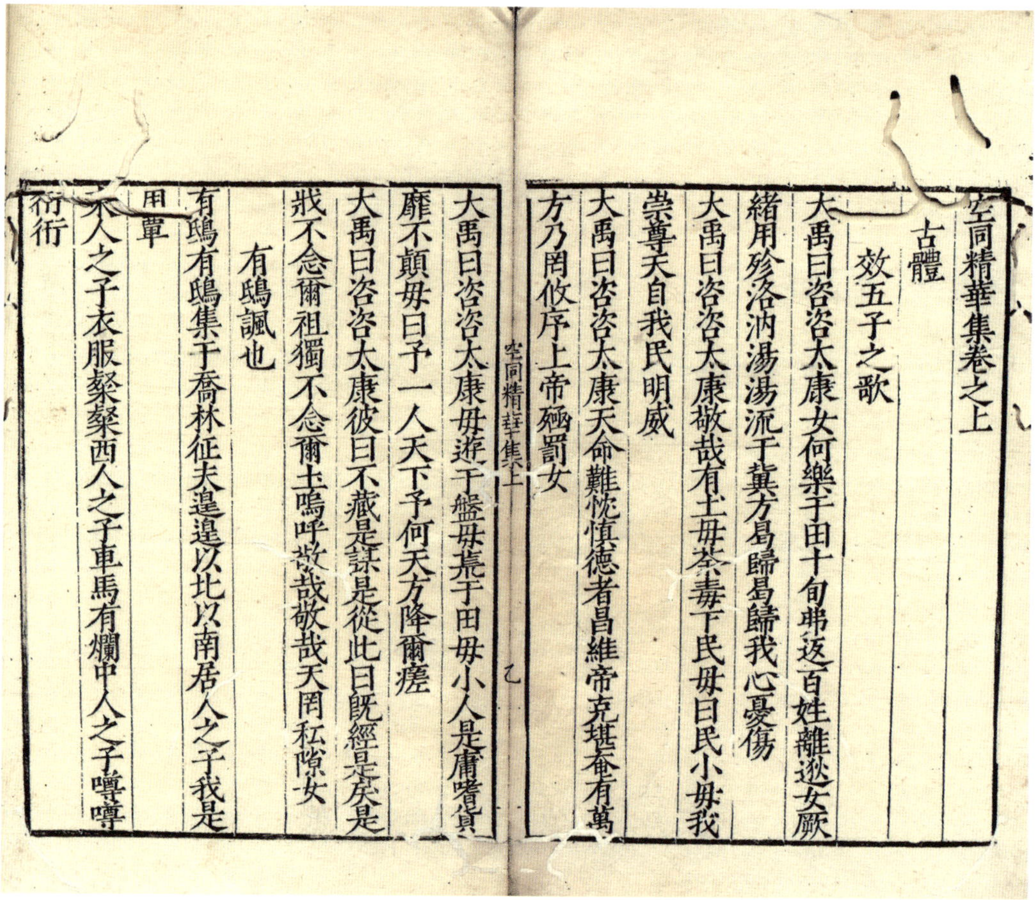

《空同精華集》卷上卷端

《空同精華集》三卷，明李夢陽撰，明豐坊輯。明嘉靖四十四年（1565）屠本畯刻本。二册。半葉九行，行二十二字，四周單邊，白口，無魚尾。框高 18.2 厘米，寬 13.4 厘米。前有嘉靖四十四年沈明臣序、嘉靖四十四年倪珣序。

豐坊（1494—1569），字存禮，又字存叔，後改名道生，號南禺外史，浙江鄞縣人。嘉靖二年（1523）進士，授禮部主事，後調任南京吏部考功司主事，尋謫通州同知，免歸。博學工文，兼通書法，而性狂誕，著述宏富，撰有《古易世學》《古書世學》《易辯》《書訣》等。《明史》卷一百九十一有傳（附豐熙後），《［萬曆］通州志》卷六有傳。

是書分上、中、下三卷。卷上古體詩，卷中五言古詩、五言律詩、五言排律、五言絶句，卷下七言古詩、七言律詩、七言排律、七言絶句。

沈明臣序云："余始讀張含、李何《詩選》，曰'嗟乎，何其言之肖杜也，無乃甚已'。而讀《空同全集》，乃曰'真挽古而標之趁哉'。乃今讀豐吏部南禺先生《李空同精華集》，使人讀而忘倦，恒懼其集之易盡也。何以哉！何以哉！是集得之李賓父生寅，屠田叔本畯刻以傳。"

《四庫全書總目》未收。《中國古籍善本書目》（集部七四五四條）、《中國古籍總目》（集20207571條）著録。除天一閣外，中國國家圖書館亦有入藏。

鈐印："蕭山朱鼎煦收藏書籍"。

（烏）

邊華泉集

明嘉靖刻本　善 5041

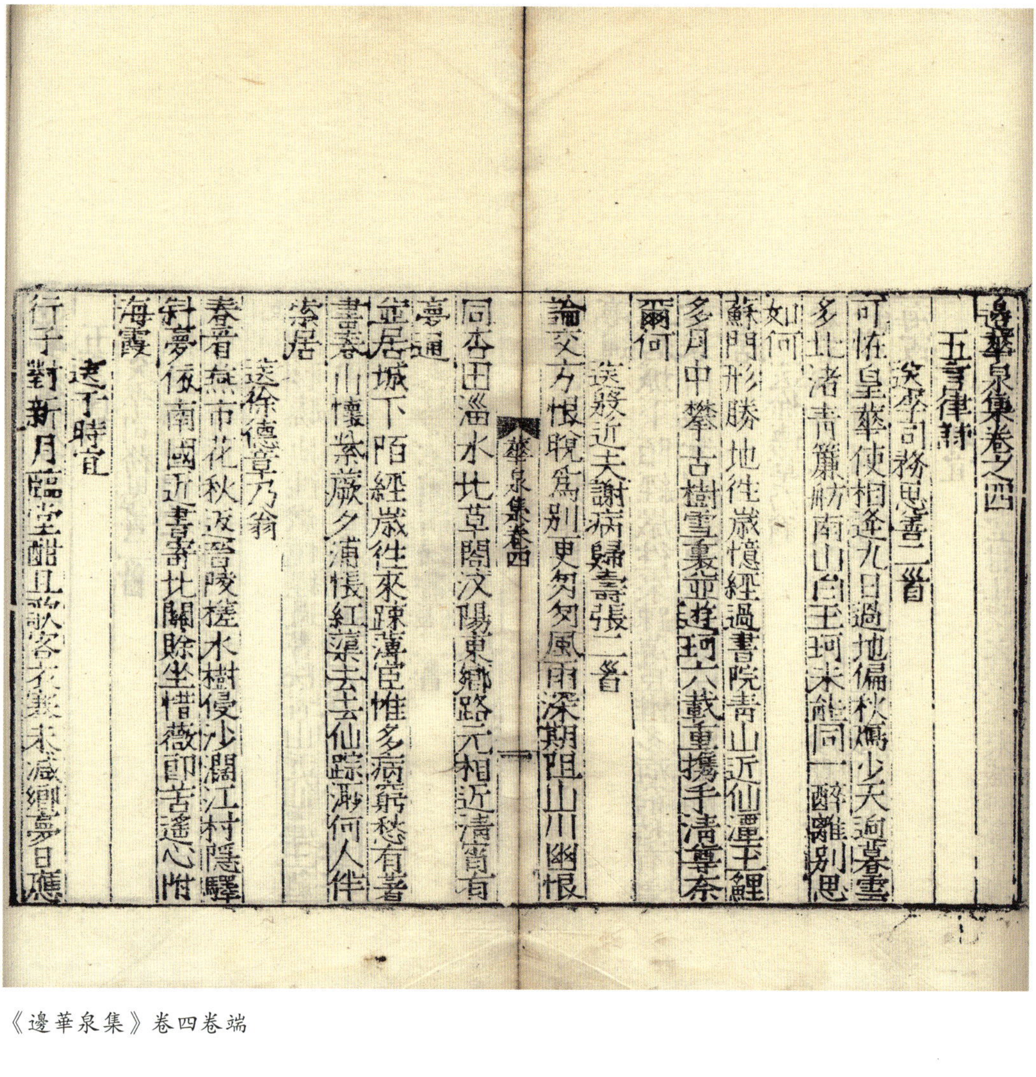
邊華泉集卷之四
五言律詩
送李司務思善二首
可佐皇華使相逢九日過地偏秋燕少天迥暮雲
多比渚青簾舫南山白玉珂未能同一醉離別思
如何
蘇門形勝地往歲憶經過書院青山近仙潭玉鯉
多月中攀古樹雪裏並遊珂六載重攜手清尊奈
爾何
送殷近夫謝病歸壽張二首
論交方恨晚為別更匆匆風雨深期阻山川幽恨
華泉集卷四　一
同杏田淄水北草閣汶陽東鄉路元相近清宵有
夢通
並居城下陌經歲往來蹤漳官惟多病窮愁有著
書春山懷紫嶽夕浦悵紅蕖去去仙蹤渺何人伴
索居
送徐德章乃翁
春看燕市花秋返晉陵槎水樹侵吳闊江村隱驛
斜夢依南國近書寄北闕賒坐惜薇郎舌遙心附
海霞
送于時宜
行子對新月臨堂酣且歌客衣裝未減鄉夢日應

《邊華泉集》卷四卷端

《邊華泉集》八卷，明邊貢撰，明劉天民輯。明嘉靖十七年（1538）司馬魯瞻刻本。一册。半葉十一行，行十九字，左右雙邊，白口，單黑魚尾。框高 17.2 厘米，寬 14.0 厘米。卷三卷端題“郡人劉天民希尹彙次”，卷三至四末皆署“門人閻在邦達夫校勘”。

邊貢（1476—1532），字廷實，一作庭實，號華泉，山東歷城人。弘治九年（1496）進士，授兵科給事中，峻直敢言，仕至南京户部尚書。早負才名，美風姿，喜游覽江山，揮毫浮白，夜以繼日，以文名于時，名列“前七子”。後以縱酒廢職，遭御史劾罷。平生喜聚書，一夕毁于火，痛悔致疾而卒，時年五十七。撰有《邊華泉集》。《明史》卷二百八十六、《國朝列卿紀》卷三十四、《［道光］濟南府志》卷四十九有傳。

劉天民（1486—1541），字希尹，號函山，山東歷城人。正德九年（1514）進士，授户部主事，官至四川按察司副使。擅詩文，有名一時，晚爲詞曲，雜俗兼雅，亦爲人所稱。撰有《函山集》《游蜀吟》《南行稿》《草蟲吟》《愧庵集》《田間集》等。《國朝獻徵録》卷九十八、《［雍正］山東通志》卷二十八之三有傳。

是集凡八卷，依體編次。此本殘存卷三至五，計三卷。卷三五言律詩，卷四五言律詩，卷五七言律詩，葉二十以後已佚。

邊貢詩文集，嘉靖間凡經三刻：一即此本，一爲嘉靖十七年蘇祐刻“華泉詩集八卷”，一爲嘉靖間魏允孚刻“邊華泉集八卷邊華泉集稿六卷”（又作“邊華泉全集十四卷”）。《四庫全書總目》收録“華泉集十四卷”，凡詩八卷、文六卷，提要云：“今考其詩，才力雄健不及李夢陽、何景明善于用長，意境清遠不及徐禎卿、薛蕙善于用短，而夷猶于諸人之間，以不戰爲勝。無憑陵一世之名，而時過事移，日久論定，亦不甚受後人之排擊……昔薛蕙于嚴嵩爲同年，頗相倡和。及嵩柄國，蕙即謝絶往還，并削去舊作，不留一字，至今爲論者所稱。是集乃以送嵩之作列爲壓卷，不免見疑于清議。然詩集爲貢没之後其里人劉天民所編，時當嘉靖戊戌，正嵩權熾盛之日，或天民無識，趨附時局以爲榮，非貢本志歟？其文集亦大名魏允孚所續刊，自明以來，談藝家置而不論。今核其品格，實遠遜有韵之詞。”《四庫全書總目》另著録“華泉集選四卷”一種，爲王士禛據“邊華泉集十四卷”删削而成。

《中國古籍善本書目》（集部七四九四條）、《中國古籍總目》（集20207663條）著録。除天一閣外，山東省圖書館、湖北省圖書館、臺北“故宫博物院”圖書館、美國國會圖書館等多家機構亦有入藏，另有嘉靖二十三年（1544）序刻本，上海圖書館有藏。天一閣另有萬曆刻本“邊華泉集八卷集稿六卷”殘本一種，存《邊華泉集》卷一至二、五至六，計四卷。

鈐印：“范氏子受”“崐崘山人”。

（屠）

息園存藁

明刻本　善 3779

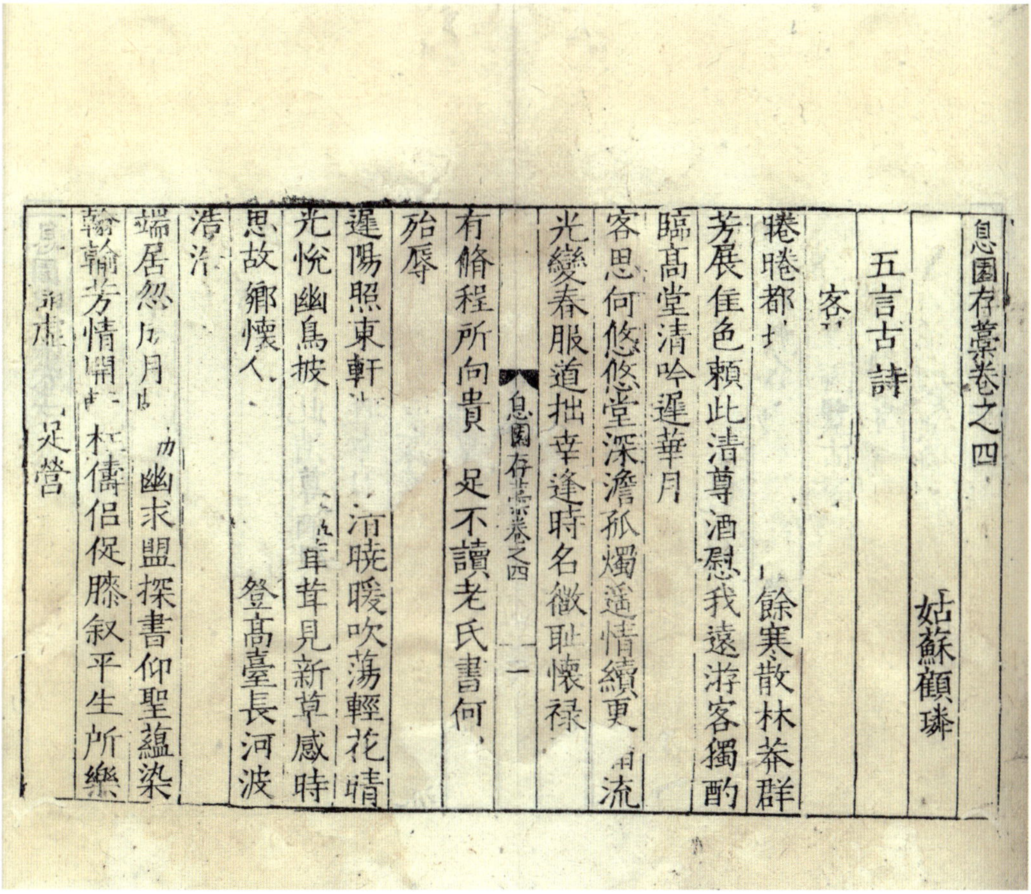
息園存藁卷之四

姑蘇顧璘

五言古詩

客[illegible]

睠睠都[illegible]　餘寒散林莽群

芳展佳色賴此清尊酒慰我遠游客獨酌

臨高堂清吟遲華月

客思何悠悠堂深澹孤燭遙情續更[illegible]流

光變春服道拙幸逢時名微耻懷禄

息園存藁卷之四　一

有脩程所向貴足不讀老氏書何[illegible]

殆辱

遲陽照東軒[illegible]　消晓暖吹蕩輕花晴

光悦幽鳥披[illegible]　葺見新草感時

思故鄉懷人　登高臺長河波

浩汗

端居忽[illegible]月[illegible]　幽求盟探書仰聖蘊染

翰輸芳情開[illegible]杯儔侶促膝叙平生所樂

[illegible]足營

《息園存藁》卷四卷端

《息園存藁》十四卷又九卷，明顧璘撰。明刻本。四册。半葉九行，行十六字，四周單邊，白口，單黑魚尾。框高 17.1 厘米，寬 14.2 厘米。卷端題“姑蘇顧璘”。

顧璘（1476—1545），字華玉，號東橋，南直隸上元人。弘治九年（1496）進士，授廣平知縣，擢南京吏部主事，晋郎中。正德四年（1509）爲開封知府，數與鎮守太監廖堂、王宏忤，逮下錦衣獄，謫全州知州。秩滿，遷台州知府。歷仕三朝，纍遷至南京刑部尚書。少有才名，以詩著稱，與同里陳沂、王韋號稱“金陵三俊”，後朱應登繼起，并稱“四大家”。撰有《息園存藁》《浮湘稿》《山中集》《國寶新編》《近言》《顧氏七記》等。《明史》卷二百八十六、《［康熙］吴縣志》卷四十五有傳。

此書收詩十四卷文九卷，皆題“息園存藁”而各標卷次。據中國國家圖書館藏本，詩前有嘉靖十七年（1538）陳大壯序，卷一賦，卷二樂府雜詩，卷三至五五言古詩，卷六至七七言古詩，卷八至九五言律詩，卷十五言排律、七言排律，卷十一至十三七言律詩，卷十四五言絶句、七言絶句、六言。文前有嘉靖十七年鄧繼曾序，卷一至三序，卷四記，卷五墓銘，卷六墓碑、碑、墓表、行狀、傳、祭文，卷七雜銘、贊、説、解、辯、對、述、問、篇、引，卷八書啓，卷九書啓、策問、連珠、跋題。此本文已佚，僅存詩卷三至十、十三至十四，且書葉殘損嚴重，多有修補痕迹。

《四庫全書總目》收録顧璘“浮湘集四卷山中集四卷憑几集五卷續集二卷息園存稿詩十四卷文九卷緩慟集一卷”，疑即其中之一也。《中國古籍善本書目》（集部七四八四條）著録嘉靖間吴郡沈氏繁露堂刻本“浮湘稿四卷山中集四卷憑几集五卷續集二卷息園存稿十四卷又九卷緩慟集一卷國寶新編一卷近言一卷”一種，《中國古籍總目》（集 20207676 條）著録此本，然題作“顧華玉集四十一卷”。除天一閣外，中國國家圖書館、中國科學院文獻情報中心、上海圖書館等機構有藏。

（烏）

儼山文集、外集、續集

明嘉靖刻本　善 3778

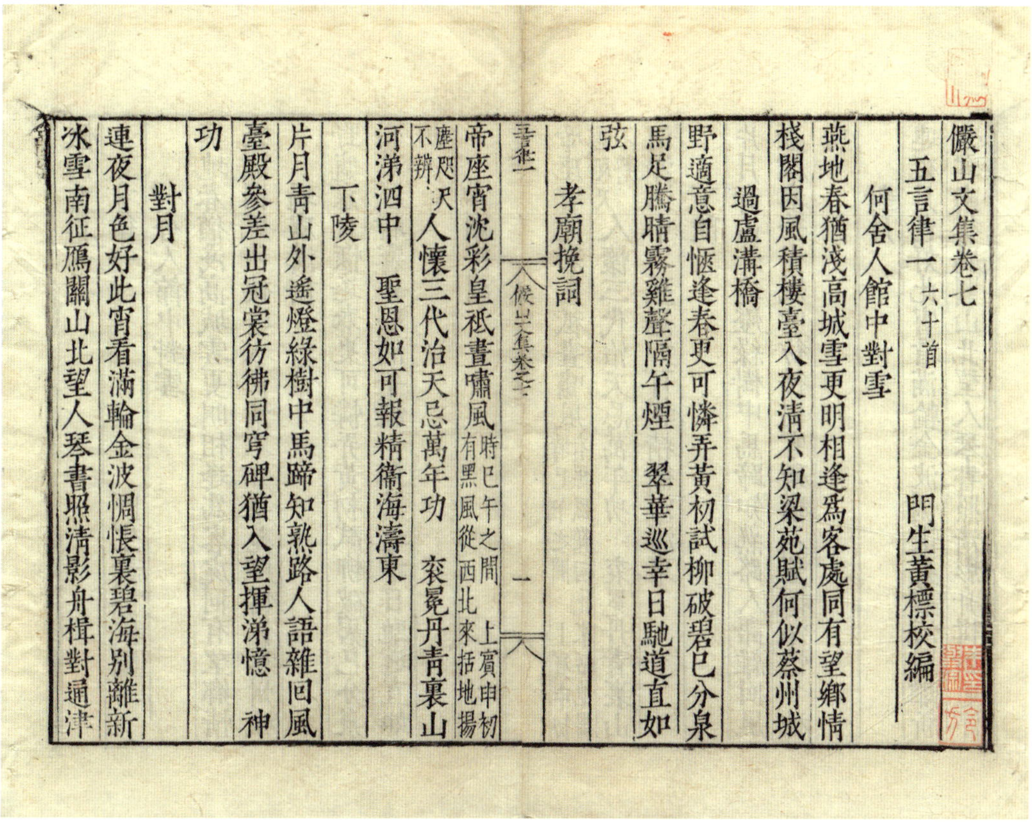
儼山文集卷七
五言律一 六十首　門生黃標校編
何舍人館中對雪
燕地春猶淺高城雪更明相逢爲客處同有望鄉情
棧閣因風積樓臺入夜清不知梁苑賦何似蔡州城
過盧溝橋
野適意自愜逢春更可憐弄黃初試柳破碧巳分泉
馬足騰晴霧雞聲隔午煙　翠華巡幸日馳道直如
弦
孝廟挽詞
帝座宵沈彩皇祇晝嘯風時巳午之間上賓申初有黑風從西北來括地揚
塵咫尺不辨人懷三代治天忌萬年功　衮冕丹青裏山
河涕泗中　聖恩如可報精衛海濤東
下陵
片月青山外遙燈綠樹中馬蹄知熟路人語雜回風
臺殿參差出冠裳彷彿同穹碑猶入望揮涕憶　神
功
對月
連夜月色好此宵看滿輪金波惆悵裏碧海別離新
冰雪南征鴈關山北望人琴書照清影舟楫對通津

《儼山文集》卷七卷端

《儼山文集》一百卷《目録》二卷《外集》四十卷《續集》十卷，明陸深撰。明嘉靖二十五年至三十年（1546—1551）陸楫刻本。十册。半葉十行，行二十字，左右雙邊，白口，雙白魚尾。框高 19.0 厘米，寬 14.1 厘米。卷七卷端題“門生黃標校編”。前有費寀序、嘉靖二十五年徐階序。

陸深（1477—1544），字子淵，號儼山，南直隸上海人。弘治十八年（1505）

進士，二甲第一，選翰林院庶吉士，授編修，官至詹事府詹事兼翰林院學士。師從茶陵派領袖李東陽，少與徐禎卿相切磨，爲文章有名，兼工書法，真草行書頗得李邕、趙孟頫筆意，時稱一代名手。著述甚富，賞鑒博雅，爲詞林冠。撰有《儼山文集》《陸文裕公行遠集》等。《明史》卷二百八十六、《［萬曆］杭州府志》卷六十二有傳。

是集詩文合編，是本有殘缺，卷首存序跋、總目及卷二十五之前細目，内文存卷七至三十、三十七至六十一、六十七至八十一、八十六至九十，目録亦有缺損。卷一賦，卷二至三歌，卷四謡、辭、行、四言古詩，卷五五言古詩，卷六五言古詩、七言古詩，卷七至八五言律詩，卷九至十四七言律詩，卷十五七言律詩、五言絶句、六言絶句，卷十六至十七七言絶句，卷十八五言排律、七言排律、聯句、集句，卷十九雜體詩，卷二十至二十二樂府，卷二十三樂章，卷二十四詩餘，卷二十五詩話，卷二十六册文、表，卷二十七至二十八奏疏，卷二十九青詞、贊頌、贊饌文偈，卷三十頌、贊，卷三十一至三十二詩微，卷三十三講章、策問，卷三十四議、辯、解，卷三十五銘，卷三十六引，卷三十七至五十一序，卷五十二至五十六記，卷五十七至五十八史記，卷五十九至六十一傳，卷六十二至七十六墓志銘，卷七十七墓表，卷七十八至八十一行狀，卷八十二碑，卷八十三誄辭、哀辭、祭文，卷八十四雜文，卷八十五策，卷八十六至九十題跋，卷九十一至一百書。《外集》四十卷，乃其札記之文，含二十四種子目，所述頗雜，凡：《傳疑録》二卷、《河汾燕閑録》二卷、《春風堂隨筆》一卷、《聖駕南巡日録》一卷、《大駕北還録》一卷、《淮封日記》一卷、《南遷日記》一卷、《知命録》一卷、《金臺紀聞》二卷、《願豐堂漫書》一卷、《溪山餘話》一卷、《玉堂漫筆》三卷、《停驂録》一卷、《續停驂録》三卷、《科場條貫》一卷、《豫章漫抄》四卷、《中和堂隨筆》二卷、《史通會要》三卷、《平胡録》一卷、《春雨堂雜抄》一卷、《同异抄》二卷、《蜀都雜抄》一卷、《古奇器録》一卷、《書輯》三卷。《續集》十卷，卷一至七爲詩賦，卷八至九爲序，卷十爲記、跋、書合集。此本《外集》《續集》均已佚去。

卷首序跋、總目及細目皆爲抄配。

《四庫全書總目》收録“儼山集一百卷續集十卷”，提要評云：“大抵根柢學問，切近事理，非徒鬥靡誇多。當正、嘉之間，七子之派盛行，而獨以和平典雅爲宗，毅然不失其故步，抑亦可謂有守者矣。”

《中國古籍善本書目》（集部七六二七條）、《中國古籍總目》（集20207723條）著録。除天一閣外，北京大學圖書館、上海圖書館、復旦大學圖書館、南京圖書館、臺北漢學研究中心、美國國會圖書館等多家機構亦有入藏。

鈐印：“令方”“朱與琮印”“自携避俗”“別號雪巖”“白雲深處”“臣琮白事”“雪岩静者”“嘯閣”“別號虎梵”“臣本布衣”“雪岩”“東皋”“虎梵”“淞南埜史”“與琮之印”“淞南草堂”“朱氏伯子”“石帆山人”“江東曼士”“齊雲水隱”“淞南野史”“蕉窗夜雨”。

（烏）

艱征集

明抄本　善 3860

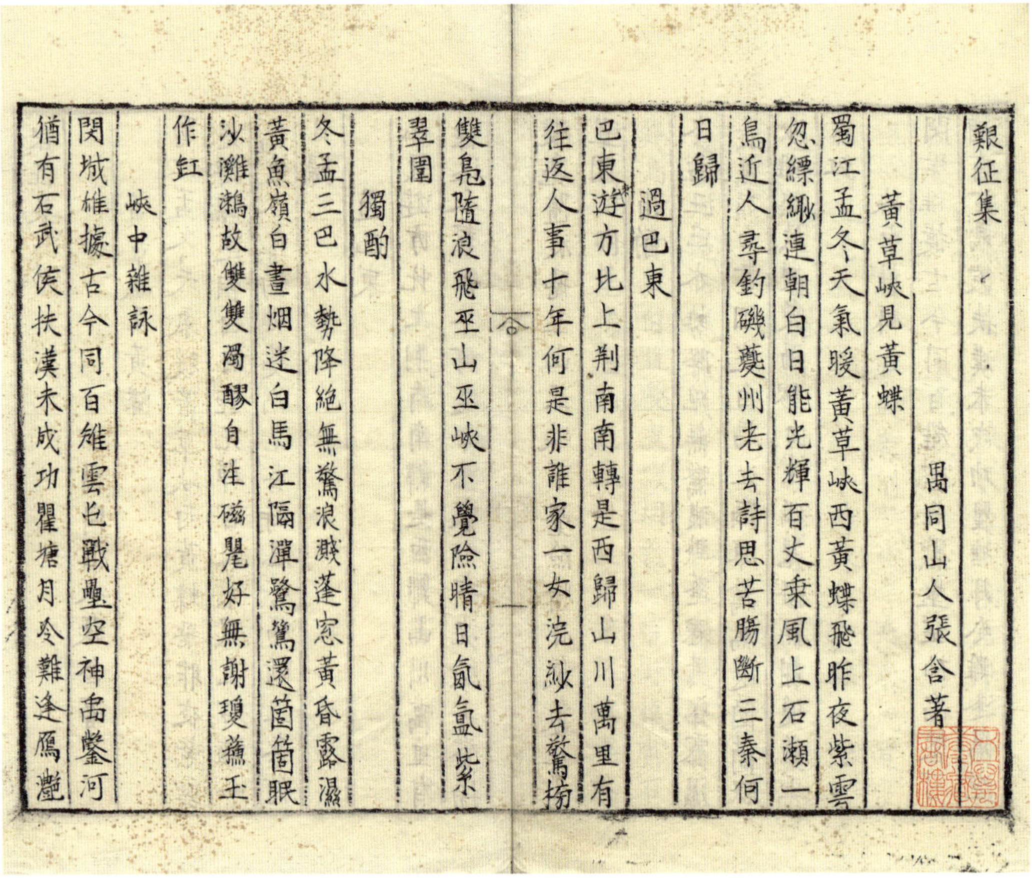
艱征集
禺同山人張含著
黃草峽見黃蝶
蜀江孟冬天氣暖黃草峽西黃蝶飛昨夜紫雲
忽縹緲連朝白日能光輝百丈乘風上石瀨一
鳥近人尋釣磯夔州老去詩思苦腸斷三秦何
日歸
過巴東
巴東遊方比上荊南南轉是西歸山川萬里有
往返人事十年何是非誰家一女浣紗去鶩掠
雙鳧隨浪飛巫山巫峽不覺險晴日氤氳紫
翠圍
獨酌
冬孟三巴水勢降絕無驚浪濺蓬窗黃昏露濕
黃魚嶺白晝烟迷白馬江偏彈鷺鶿還箇箇眠
沙灘鸂鶒故雙雙濁醪自注磁罌好無謝瓊漿玉
作缸
峽中雜詠
閟城雄據古今同百雉雲屯戰壘空神禹鑿河
猶有石武侯扶漢未成功瞿塘月冷難逢鴈灔

《艱征集》卷端

《艱征集》不分卷，明張含撰。明藍格抄本。一册。半葉十行，行十八字，四周單邊，白口，單白魚尾。框高 20.5 厘米，寬 14.2 厘米。卷端題“禺同山人張含著”。前有楊慎跋、嘉靖十六年（1537）湯世贒題詞。

張含（1479—1565），字愈光，號禺山，雲南金齒司人。正德二年（1507）

舉于鄉，自是不樂仕進。善爲詩，爲李夢陽、何景明所稱賞，與楊慎交，多有倡和。撰有《艱征集》《禺山集》等。《滇略》卷六、《［光緒］永昌府志》卷四十二有傳。

是集不分卷，共收詩百餘首，多爲嘉靖十五年（1536）赴京途中紀游之作。

楊慎跋云："昔盧子諒、傅長虞咸製《艱征賦》，予讀而慨之，傷二子之不遇也。乃兹禺山張子愈光，固今之子諒、長虞也，才章既同，困躓過之。丙申歲冬北上紀行，取二子賦名，名其詩集。予讀之而重慨焉。其凄惋而悲也，若洞庭春生，瀟湘日晚，聲與氣盡，色隨望遠；其激烈而壯，則又若游燕之市，遇荆卿、舞陽酒酣植髮，無人在傍。噫！何其齒宿而意新、身悴而才健若是。"

湯世贇題云："艱而征，身之困也；困而辱志餒氣者，士之恒也。禺山子則安則充，蓋其少而憤世抗節，發辭感慨，自謂'古抱才而憤者多不達，故忤時且畸于天。余固非才也，奚弗達其憤乎？'夫禺山子云然。……世贇不概[1]子之困其身，而幸子之昌其名，昌則道在矣。余得而梓之。"

有民國朱鼎煦題跋。

《四庫全書總目》未收。《中國古籍善本書目》（集部七七四八條）、《中國古籍總目》（集 20207808 條）著録。除天一閣外，未見其他機構入藏。

鈐印："壽""亞東沈氏授經樓鑒賞圖書印""授經樓藏書印""浙東沈德壽家藏之印""五萬卷藏書樓""一樂盦珍玩宋元秘本"。

（劉）

〔1〕按：原作"概"，蓋刻工之誤，當爲"慨"。

二谷山人近稿

明嘉靖刻本　馮善 2297

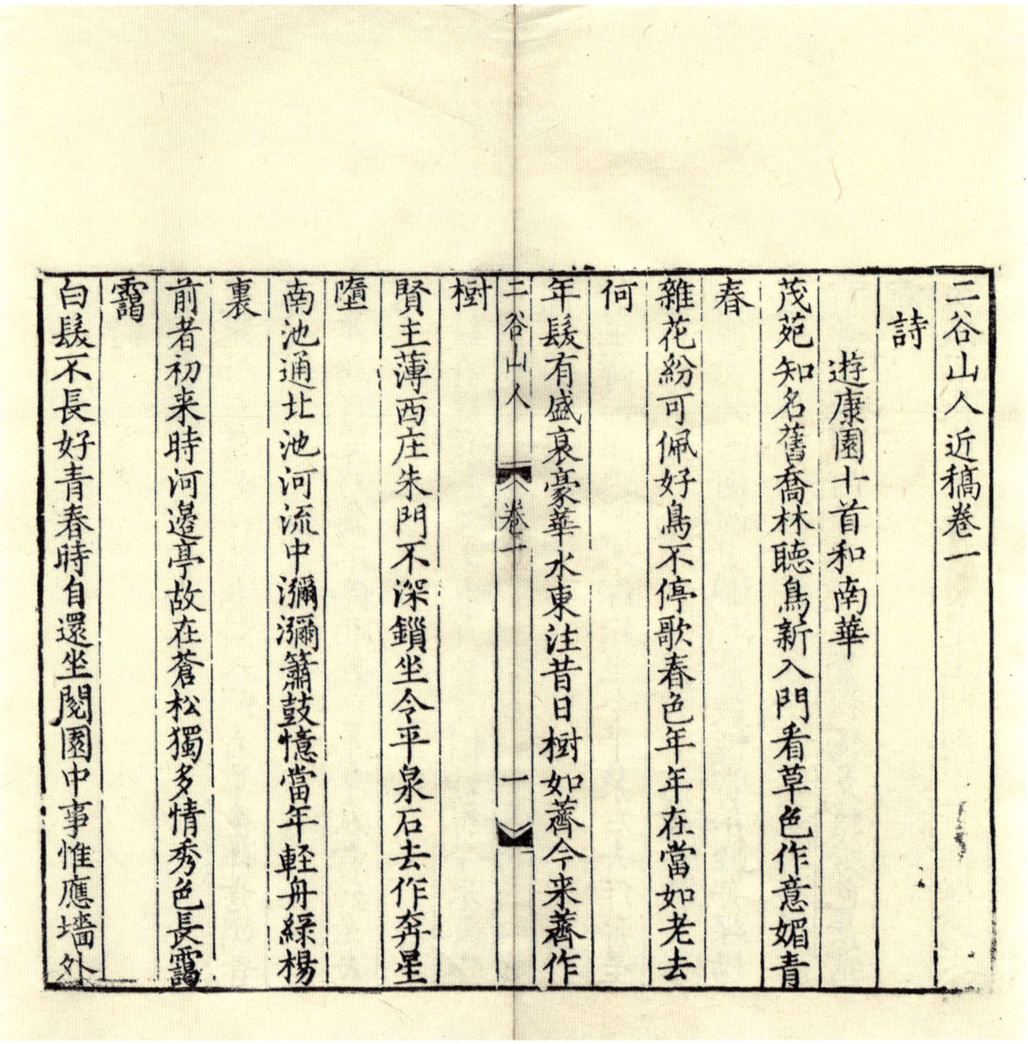
二谷山人近稿卷一
詩
遊康園十首和南華
茂苑知名舊喬林聽鳥新入門看草色作意媚青
春
雜花紛可佩好鳥不停歌春色年年在當如老去
何
年鬓有盛衰豪華水東注昔日樹如薺今来薺作
樹
二谷山人　卷一　一
賢主薄西庄朱門不深鎖坐令平泉石去作奔星
墮
南池通北池河流中瀰瀰簫鼓憶當年輕舟綠楊
裏
前者初来時河邊亭故在蒼松獨多情秀色長靄
靄
白鬓不長好青春時自還坐閲園中事惟應墻外

《二谷山人近稿》卷一卷端

《二谷山人近稿》十卷，明侯一元撰。明嘉靖刻本。六册。半葉八行，行十九字，四周單邊，白口，雙黑魚尾。框高 18.3 厘米，寬 12.1 厘米。版心下鎸刻工。

侯一元（1511—1585），字舜舉，號二谷，浙江樂清人。嘉靖十七年（1538）進士，授南京刑部主事，纍官至江西左布政使，所至皆有惠政。隆慶元年（1567）致仕，回鄉創書院，育人不已。撰有《二谷山人近稿》《二谷山人集》《二谷讀書筆記》等，并主修《樂清縣志》。《皇明詞林人物考》卷九、《明詩紀事》戊籤卷八、《［光緒］樂清縣志》卷八有傳。

是集十卷，此本首末序跋皆已佚去，殘存六卷，存卷一至六，且卷一存葉一至四十五，卷六存葉一至三。卷一至二詩，卷三至四書疏，卷五志、表、傳、文，卷六箴銘、頌贊、賦，僅存箴銘兩題，頌及贊各一題皆已佚去。

刻工：高、鎬、許等。

扉頁有民國馮貞群題記："《二谷山人近稿》，存六卷，明侯一元撰。一元，字舜舉，樂清人，嘉靖十七年戊戌科進士，官吏部郎中、河南布政使。考《千頃堂書目》，一元有《少谷集》十六卷；《傳是樓書目》，有《二谷山人集》十四本（未記卷數）；《培林堂書目》，有《二谷山人集》十卷。想其刻有先後，故多寡不同耳。此《近稿》當爲初刻本，魚尾下經人挖改卷次，以其希有，故雖奇零，亦收入插架。朱竹垞謂其詩'雖率易，然有真趣'，誠知言哉。民國二十年十月十二日，馮貞群記。"

侯氏之集，明刻傳世者另有嘉靖刻本"二谷山人集二十四卷附録一卷緱山侯氏譜二卷"一種，天津圖書館有藏；明刻本"二谷山人集十一卷附録一卷緱山侯氏譜二卷"，中國國家圖書館有藏；嘉靖間刻本"二谷山人集十卷"，天津圖書館及日本内閣文庫有藏。另，温州市圖書館有萬曆刻本"二谷山人集十卷"入藏。

《四庫全書總目》未收。《中國古籍善本書目》（集部八三八九條）著録，題作"明刻本"，且言存九卷（卷一至五、七至十）。《中國古籍總目》（集20207824條）著録。除天一閣外，僅見浙江圖書館有殘本入藏（缺卷六）。

（饒）

桂洲詩集

明嘉靖刻本　善 5042

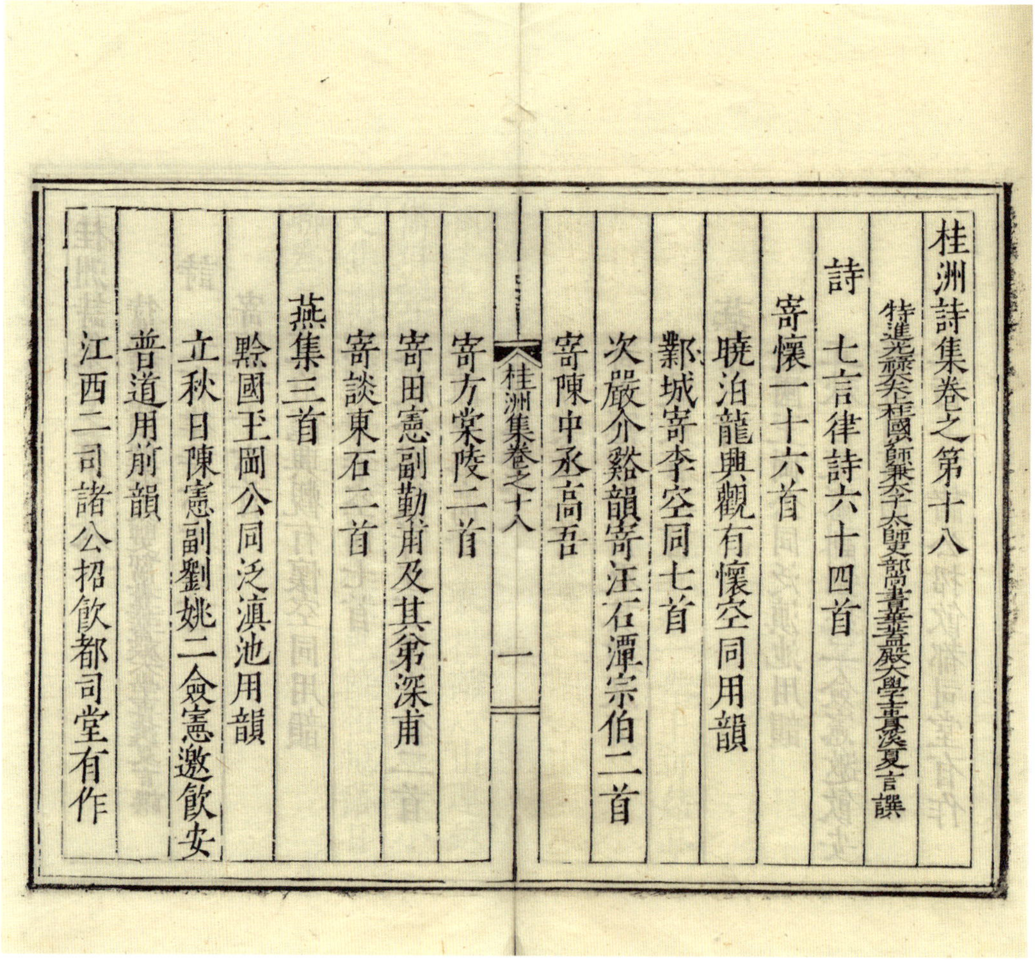

《桂洲詩集》卷十八卷端

《桂洲詩集》二十四卷，明夏言撰。明嘉靖二十五年（1546）曹忭、楊九澤刻本。三册。半葉八行，行十七字，四周雙邊，上下黑口，單黑魚尾。框高 20.2 厘米，寬 13.8 厘米。卷十八卷端題“特進光禄大夫上柱國少師兼太子太師吏部尚書華蓋殿大學士貴溪夏言撰”。

夏言（1482—1548），字公謹，號桂洲，江西貴溪人。正德十二年（1517）進士，世宗時爲兵科給事中，以强直開敏聞，建言分祀天地，大蒙帝眷，纍遷吏部尚書兼武英殿大學士，入參機務，居首輔。意頗驕滿，爲嚴嵩所攻。後以贊决陝西總督曾銑請復河套事，奪職放歸。復爲嵩構陷，坐受銑金交通爲奸利而弃市。及嵩敗，其家訟冤，得復官，追謚文愍。撰有《桂洲詩集》《夏桂洲先生文集》《賜閑堂稿》等。《明史》卷一百九十六、《國朝獻徵録》卷十六、《［同治］廣興府志》卷九有傳。

是集爲言之詩文集，凡二十四卷。此本殘存卷十七（首葉已佚去）至二十四。據《續修四庫全書》影印上海圖書館藏全本，此集卷首有曹忭序、嘉靖二十五年楊九澤序。目録置于每卷卷首，卷中依類編次，如“寄懷若干首”“燕集若干首”“時令若干首”等。卷一賦，卷二四言古詩、五言古詩，卷三至四五言古詩，卷五至七七言古詩，卷八五言律詩，卷九至十二五言律詩，卷十三五言排律、步虛詞，卷十四至十八七言律詩，卷十九七言律詩、七言排律、五言絶句，卷二十五言絶句、六言詩，卷二十一至二十四七言絶句。

卷二十四卷末鐫有“杭州府通判羅尚絅監刻”字樣。

《四庫全書總目》未收。《中國古籍善本書目》（集部七九〇九條）、《中國古籍總目》（集 20207904 條）著録。除天一閣外，上海圖書館、天津圖書館、臺北故宫博物院圖書館、日本内閣文庫等多家機構亦有入藏。

（屠）

夏桂洲先生文集、年譜

明崇禎刻本　善 3781

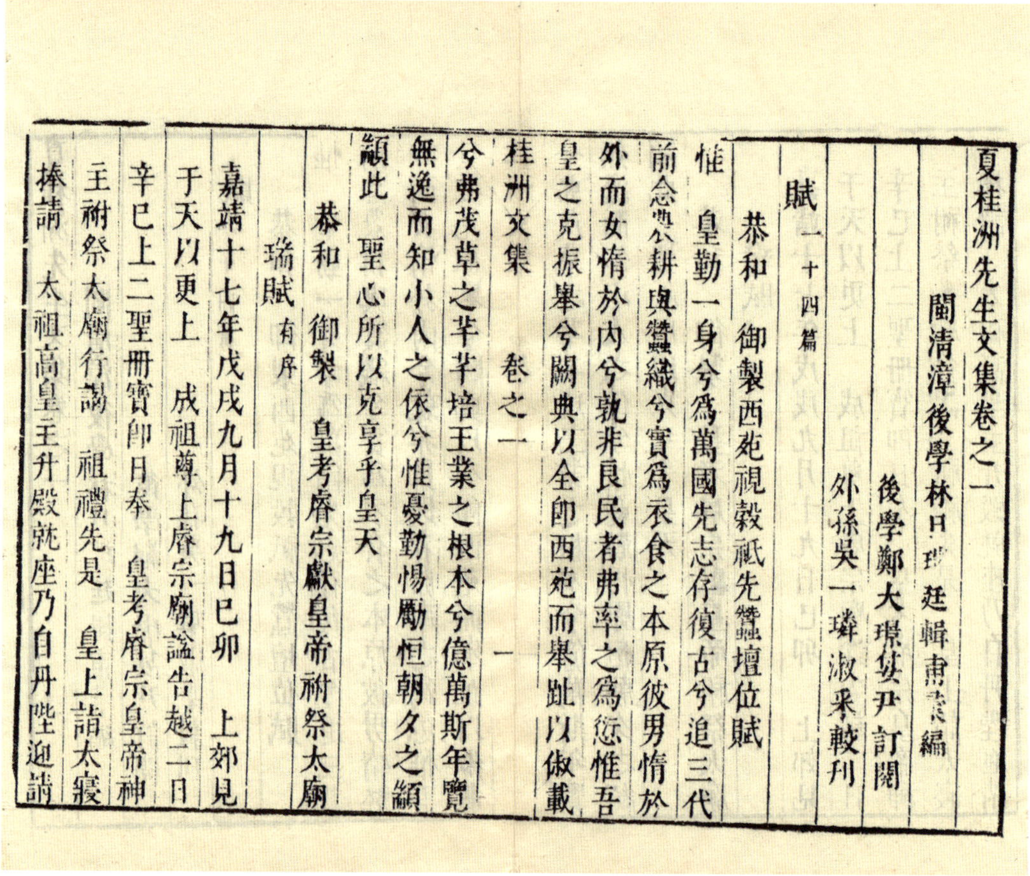
夏桂洲先生文集卷之一
閩清漳後學林日瑞廷輯甫彙編
後學鄭大環姕尹訂閲
外孫吴一璘淑采較刊
賦一十四篇
恭和 御製西苑視穀祇先蠶壇位賦
惟 皇勤一身兮爲萬國先志存復古兮追三代
前念典公耕與蠶織兮實爲衣食之本原彼男惰於
外而女惰於内兮孰非良民者弗率之爲愆惟吾
皇之克振舉兮闕典以全即西苑而舉趾以俶載
桂洲文集　卷之一　一
兮弗茂草之芊芊培王業之根本兮億萬斯年覽
無逸而知小人之依兮惟憂勤惕勵恒朝夕之纘
纘此 聖心所以克享乎皇天
恭和 御製 皇考睿宗獻皇帝祔祭太廟
瑞賦 有序
嘉靖十七年戊戌九月十九日巳卯 上郊見
于天以更上 成祖尊上睿宗廟謚告越二日
辛巳上二聖冊寶即日奉 皇考睿宗皇帝神
主祔祭太廟行謁 祖禮先是 皇上詣太寢
捧請 太祖高皇王升殿就座乃自丹陛迎請

《夏桂洲先生文集》卷一卷端

《夏桂洲先生文集》十八卷，明夏言撰；《年譜》一卷。明崇禎十一年（1638）吴一璘刻本。十二册。半葉十行，行十九字，四周單邊，白口，無魚尾。書口上刻“桂洲文集”。框高 20.0 厘米，寬 13.5 厘米。卷一卷端題“閩清漳後學林日瑞廷輯甫彙編，後學鄭大環姕尹訂閲，外孫吴一璘淑采較刊”。

前有崇禎十一年林日瑞序、萬曆三年（1575）楊時喬序、萬曆三年吴萊跋、崇禎十年（1637）吴一璘及吴宏跋，又有隆慶四年（1570）誥命。

此集計十九卷，首一卷爲年譜，首葉有像、像贊，卷一賦，卷二四言古詩、五言古詩，卷三七言古詩，卷四五言律詩、五言排律，卷五七言律詩、七言排律，卷六五言絶句、六言詩、三五七言、七言絶句，卷七詞、獄詞詩賦，卷八應制宴享樂章、應制事神樂章、應制五言步虚詞、應制七言步虚詞、應制享祭致詞、燕享致語，卷九册文、敕諭、遺旨、遺誥、策問，卷十表，卷十一至十四疏，卷十五奏札、謝疏，卷十六序、記、壙志、神道碑、墓表、墓志銘、頌、贊、銘、箴、跋、語、文、書，卷十七應制事神四六體文表、應制詞意、應制贊饌文偈，卷十八應制祭文、祭文。

楊時喬序云："公故有集，浙巡鹺察史全刻之，聞變鏟去。公婿憲副吴君春遵遺言，收存散亂，并著其譜，未竟。子大官君萊，今始鋟梓。"

吴一璘、吴宏跋云："先憲副、先别駕購求遺編，壽梓成集，灾于鬱攸。璘承藉薄而窶甚，殘帙雖存，徒望囊腹，安冀一點孤忠……又徵其集而剞劂之。"

此本有扉頁，刊"夏桂洲先生文集。清漳林廷楫先生訂。薌溪吴淑采較刊。斤桂草堂藏板"。

是書又有崇禎十一年吴一璘刻清康熙五十八年（1719）吴橋重修本，中國國家圖書館、南京圖書館、浙江圖書館等機構有藏。

《四庫全書總目》收録，題作"桂洲集十八卷"。《中國古籍善本書目》（集部七九一〇條）、《中國古籍總目》（集20207907條）著録。除天一閣外，北京大學圖書館、上海圖書館、復旦大學圖書館、湖北省圖書館等多家機構亦有入藏。

（烏）

何大復先生集

明萬曆刻本　善 3729

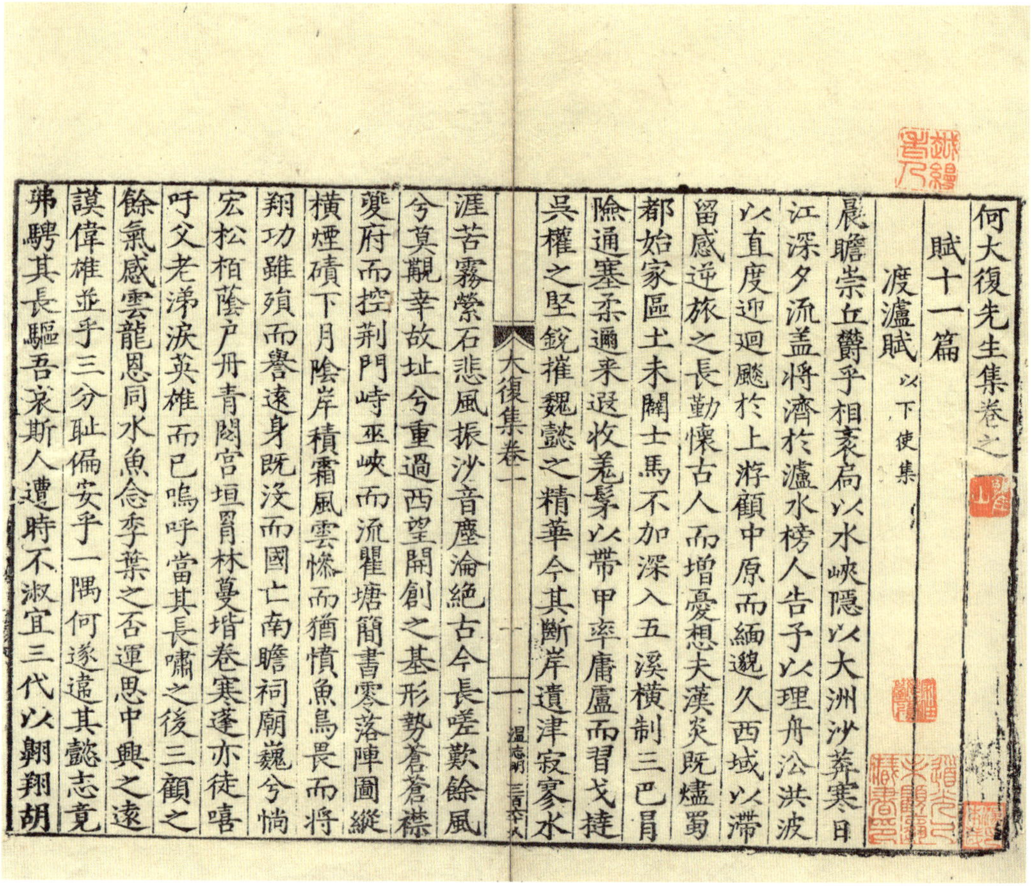

《何大復先生集》卷一卷端

《何大復先生集》三十八卷，明何景明撰；《附録》一卷。明萬曆五年（1577）陳堂、胡秉性刻本。十六册。半葉十行，行二十字，四周單邊，白口，單黑魚尾。版心下刻字數及刻工。框高 18.6 厘米，寬 13.4 厘米。前有嘉靖十年（1531）王廷相序、嘉靖三年（1524）康海序。

何景明（1483—1521），字仲默，號白坡，又號大復山人，河南信陽人。弘治十五年（1502）進士，授中書舍人，官至陝西提學副使。少有才名，以早慧稱。工詩古文，與李夢陽輩同倡復古。撰有《何大復先生集》《校漢魏詩》《雍大記》等。《明史》卷二百八十六、《［乾隆］信陽州志》卷八有傳。

卷一至二賦，卷三辭，卷四古詩，卷五至六樂府雜調，卷七至十五言古詩，卷十一至十四七言歌行，卷十五至二十二五言律詩，卷二十三五言排律，卷二十四至二十七七言律詩、七言排律，卷二十八五言絶句、六言律詩、六言絶句、七言絶句，卷二十九七言絶句，卷三十何子，卷三十一内篇，卷三十二疏書，卷三十三記問説序，卷三十四至三十五序，卷三十六碑文墓志，卷三十七行狀，卷三十八誄、祭文、雜著。附録爲佚名輯録，含本傳、祠記、墓碑、言行録、《陝西通志》本傳、《中州人物志》本傳、行狀、墓志等共八篇。

刻工：劉卞、郭奇、黄朝、黄幹、戴谷、郭才、易正文、蔣寅、劉義、吴科、吴廷、吴近、温志、胡存、鄧秦、温志明、裴龍、黄友仁、戴訓、王文、劉士、易銑、鄧漢、劉壽、晏述、楊玉、易玆、劉見、蔣應寅、王武、林時、李坤、戴二、羅六、李淮、劉達、楊育、馮玉、吴金、黄茂元、柴福、吴序、朱桂、易玄、付汝光、戴毬、方甫、黄昱、文訓、昱訓、郭叨、黄里、存武、大谷、付機、劉受、王東、付高、楊文炳、洪平、洪侖、朱貴。據《中國古籍版刻辭典（增訂本）》，黄朝、黄幹、温志明等爲萬曆間刻工。

卷四至十爲抄配。

景明文集，今存最早之本爲“何氏集二十六卷”，有嘉靖沈氏野竹齋刻本，又有嘉靖義陽書院刻本，中國國家圖書館、上海圖書館等機構均有入藏。此外又有嘉靖三十四年（1555）袁璨刻本，作“大復集三十七卷附録一卷”，天一閣、上海圖書館等機構有藏。《何大復先生集》除是刻外，又有嘉靖十年刻本、嘉靖十六年（1537）刻本、嘉靖三十七年（1558）刻本、明末抄本等傳世。

《四庫全書總目》收録，作“大復集三十八卷”。《中國古籍善本書目》（集部七五八三條）、《中國古籍總目》（集20207930條）著録。除天一閣外，中國國家圖書館、北京大學圖書館、上海圖書館、南京圖書館、美國哈佛大學哈佛燕京圖書館、美國柏克萊加州大學東亞圖書館等多家機構亦有入藏。

鈐印："家住姑蘇臺下""道光乙未顧瀛藏書印""越縵老人""瞿山""楊本茂印""陳昂之印""書崖""珠潭陳氏秘笈""承雅堂藏書""陶氏藏書子孫永寶""會稽月山陶氏珍藏""陳子書崖手閲善本"。

（烏）

莊渠先生遺書

明嘉靖刻本　善 3770

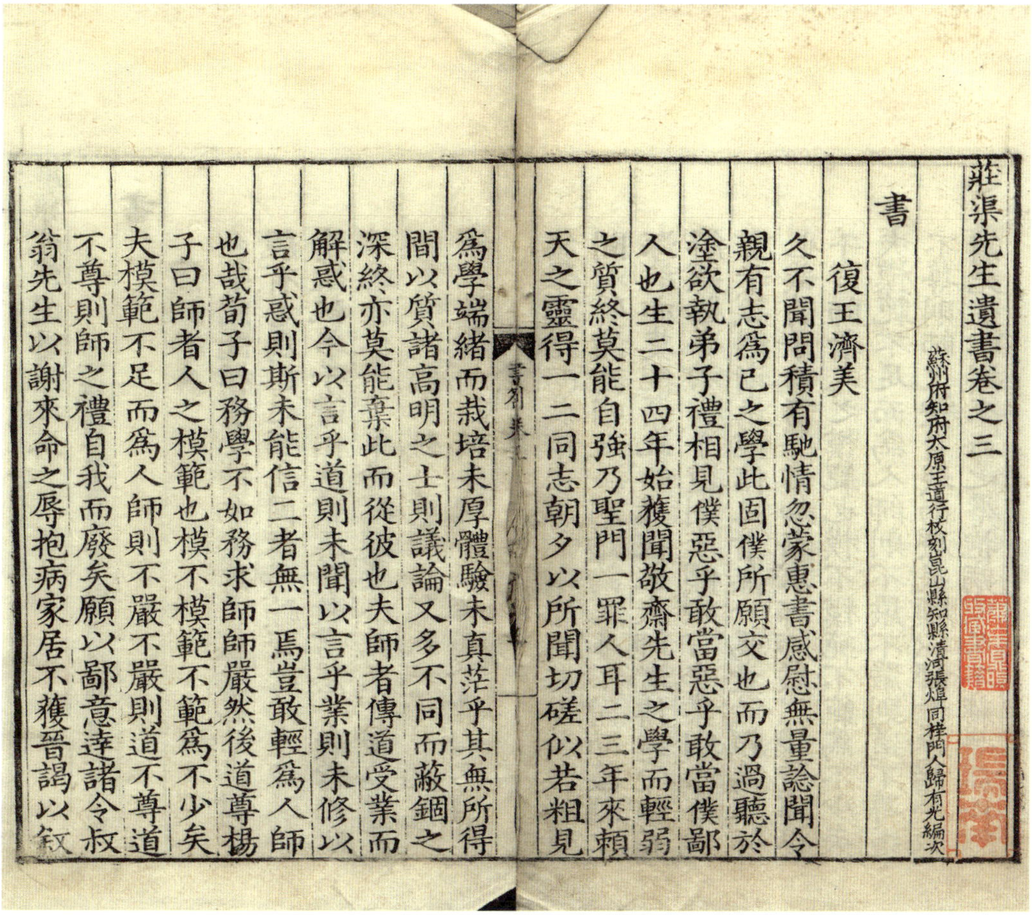

莊渠先生遺書卷之三

蘇州府知府太原王道行校刻崑山縣知縣清河張焯同梓門人歸有光編次

書

復王濟美

久不聞問積有馳情忽蒙惠書感慰無量諗聞令親有志爲己之學此固僕所願交也而乃過聽於塗欲執弟子禮相見僕惡乎敢當惡乎敢當僕鄙人也生二十四年始獲聞敬齋先生之學而輕弱之質終莫能自強乃聖門一罪人耳二三年來賴天之靈得一二同志朝夕以所聞切磋似若粗見爲學端緒而栽培未厚體驗未真茫乎其無所得間以質諸高明之士則議論又多不同而蔽錮之深終亦莫能棄此而從彼也夫師者傳道受業而解惑也今以言乎道則未聞以言乎業則未修以言乎惑則斯未能信二者無一焉豈敢輕爲人師也哉荀子曰務學不如務求師師嚴然後道尊揚子曰師者人之模範也模不模範不範爲不少矣夫模範不足而爲人師則不嚴不嚴則道不尊道不尊則師之禮自我而廢矣願以鄙意達諸令叔翁先生以謝來命之辱抱病家居不獲晉謁以敘

《莊渠先生遺書》卷三卷端

《莊渠先生遺書》十六卷，明魏校撰。明嘉靖四十年（1561）王道行、張焯刻本。三册。半葉十行，行二十一字，左右雙邊，白口，單黑魚尾。框高 18.6 厘米，寬 13.5 厘米。卷三卷端題“蘇州府知府太原王道行校刻，昆山縣知縣清河張焯同梓，門人歸有光編次”。

魏校（1483—1543），字子才，號莊渠，南直隸昆山人。本姓李，世居長洲之莊渠，其先鞠于真義魏氏，遂蒙其姓，爲昆山人。弘治十八年（1505）進士，授南京刑部主事，官至太常寺卿。謚恭簡。爲學私淑胡居仁，以“天根之學”爲宗，而貫通諸儒之説，擇執尤精。與李承勛、胡世寧、余祐并稱“南都四君子”。唐順之、王應電、王敬臣皆其弟子。撰有《莊渠先生遺書》《大學指歸》《六書精藴》等。《明史》卷二百八十二、《［乾隆］昆山新陽合志》卷二十有傳。

是書已殘，僅存卷三至六。據《明别集叢刊·第二輯》所收全本，是集前有嘉靖四十年胡松序。集中依文體編次，卷一奏疏、經筵講章，卷二講義，卷三至四書，卷五説，卷六序，卷七至八譜牒，卷九至十公移，卷十一至十六拾遺。

《四庫全書總目》收録“莊渠遺書十二卷”。《中國古籍善本書目》（集部七六三三條）著録，作明嘉靖四十年王道行、張焯刻本，誤。《中國古籍總目》（集20207951條）著録，作明嘉靖四十年王道行刻本，亦誤。除天一閣外，中國國家圖書館、上海圖書館、臺北漢學研究中心、臺北故宫博物院圖書館、美國普林斯頓大學東亞圖書館等多家機構亦有入藏。

鈐印：“瑞南”“蕭山朱鼎煦收藏書籍”。

（烏）

暘谷空音

明刻本　善 4076

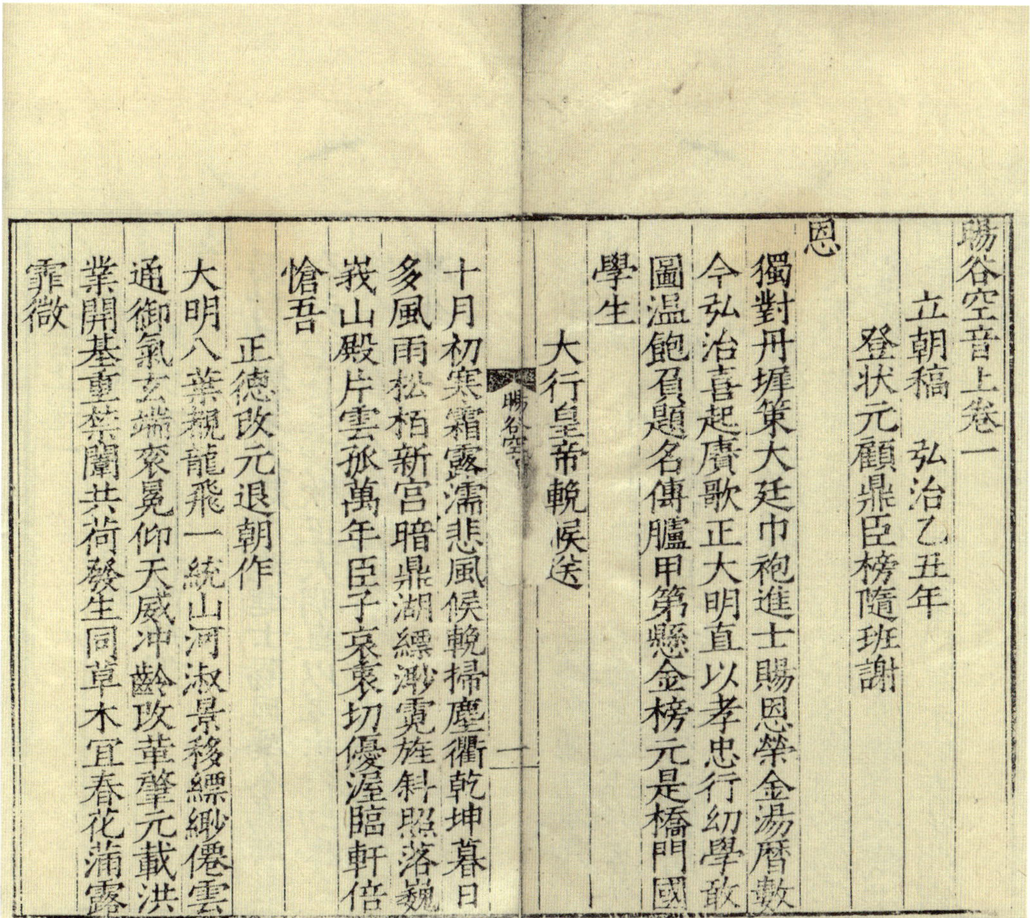
暘谷空音上卷一
立朝稿　弘治乙丑年
登狀元顧鼎臣榜隨班謝
恩
獨對丹墀策大廷巾袍進士賜恩榮金湯曆數
今弘治喜起賡歌正大明直以孝忠行幼學敢
圖溫飽負題名傳臚甲第懸金榜元是橋門國
學生
大行皇帝輓候送
暘谷空音　一
十月初寒霜露濡悲風候輓掃塵衢乾坤暮日
多風雨松柏新宮暗鼎湖縹渺霓旌斜照落巍
峩山殿片雲孤萬年臣子哀衷切優渥臨軒倍
愴吾
正德改元退朝作
大明八葉覲龍飛一統山河淑景移縹緲僊雲
通御氣玄端衮冕仰天威冲齡改革肇元載洪
業開基重禁闈共荷發生同草木宜春花蒲露
霏微

《暘谷空音》上卷卷一卷端

《暘谷空音》三卷，明李寅撰。明刻本。三册。半葉九行，行十九字，左右雙邊，白口，單黑魚尾。框高 19.7 厘米，寬 13.9 厘米。版心魚尾下鐫題名、卷數。

李寅（1469—1576），字敬之，浙江縉雲人。弘治十八年（1505）進士。歷官多治績，以清廉耿介著稱，授廣西左布政使，初至即立誓“一介若取，誓不生還”，還時應得羡餘銀十三萬兩，解部無私。告歸，行槖蕭然。壽一百八歲而終，有遺詩云：“身曾許國生無補，恨不除奸死不休。”撰有《暘谷空音》。《［乾隆］縉雲縣志》卷六有傳。

是集無序跋，無目録，亦無卷端題名，然考集内登第謝恩詩及仕履，可知爲李寅所撰。集内所收皆詩，原著録爲三卷，實分上、中、下三卷，卷内又分卷，且卷數不一。今存者爲上卷一至三、中卷一至八，實爲十三卷，上卷卷一題“立朝稿”，收詩始弘治十八年登第謝恩，終嘉靖十一年（1532），皆居京爲官時所作，多爲謝恩、候闕及同僚酬唱等；卷二卷端題“使楚稿”，乃正德六年（1511）奉命赴荆州抽分任上所作；卷三題“使蜀稿”，正德七年（1512）至次年奉命爲營建乾清、坤寧二宫赴巴蜀采木所作。中卷卷一卷端題“歸山稿前嘉靖壬辰年”，收詩始嘉靖十一年，終是年除夕；卷二起卷端無題，收詩始嘉靖十二年（1533）元旦；卷三始嘉靖十三年（1534）元旦；卷四始嘉靖十四年（1535）元旦；卷五始嘉靖十五年（1536）元旦；卷六始嘉靖十六年（1537）元旦；卷七始嘉靖十七年（1538）元旦；卷八始嘉靖十八年（1539）元旦：蓋中卷皆李寅告病放歸後所作，除卷一外，收詩皆始于元旦，終于除夕，逐年各自爲卷。

李氏撰述今傳者絶少，此本流傳更爲罕見。《四庫全書總目》未收。《中國古籍善本書目》《中國古籍總目》皆未著録。除天一閣外，未見其他機構入藏。

（屠）

蔣道林先生文粹

明萬曆刻本　善 3879

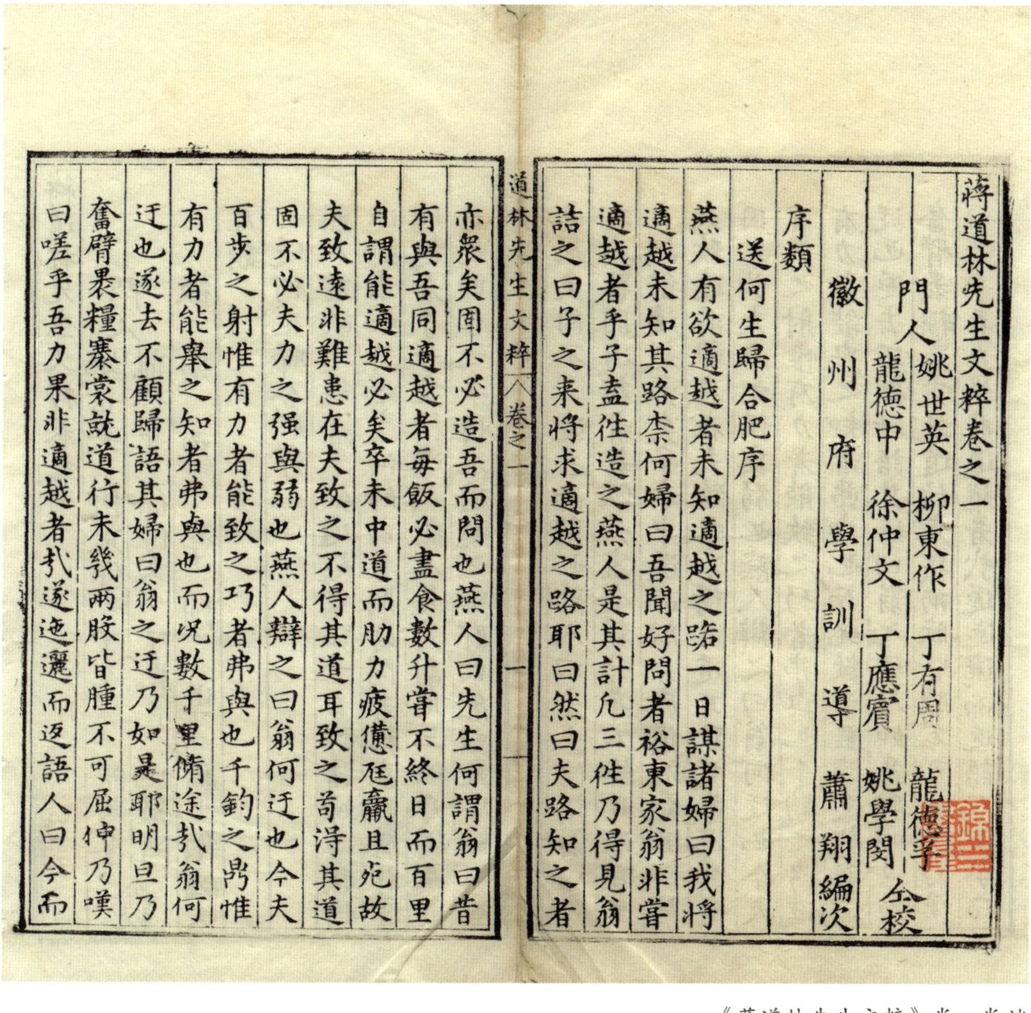

蔣道林先生文粹卷之一

門人姚世英　柳東作　丁有周　龍德孚
龍德中　徐仲文　丁應賓　姚學閔　仝校

徽州府學訓導　蕭翔編次

序類

送何生歸合肥序

燕人有欲適越者未知適越之路一日謀諸婦曰我將適越未知其路柰何婦曰吾聞好問者裕東家翁非嘗適越者乎子盍往造之燕人是其計凡三往乃得見翁詰之曰子之來將求適越之路耶曰然曰夫路知之者

道林先生文粹　卷之一　一

亦衆矣固不必造吾而問也燕人曰先生何謂翁曰昔有與吾同適越者每飯必盡食數升嘗不終日而百里自謂能適越必矣卒未中道而筋力疲憊尪羸且死故夫致遠非難患在夫致之不得其道耳致之茍得其道固不必夫力之強與弱也燕人辯之曰翁何迂也今夫百步之射惟有力者能致之巧者弗與也千鈞之舉惟有力者能舉之知者弗與也而况數千里脩途哉翁何迂也遂去不顧歸語其婦曰翁之迂乃如是耶明旦乃奮臂裹糧褰裳就道行未幾兩股皆腫不可屈伸乃嘆曰嗟乎吾力果非適越者哉遂逡巡而返語人曰今而

《蔣道林先生文粹》卷一卷端

《蔣道林先生文粹》六卷，明蔣信撰。明萬曆刻本。四册。半葉十行，行二十二字，四周雙邊，白口，單白魚尾。框高 22.4 厘米，寬 13.9 厘米。卷一卷端題“門人姚世英、柳東作、丁有周、龍德孚、龍德中、徐仲文、丁應賓、姚學閔仝校，徽州府學訓導蕭翔編次”。前有萬曆四年（1576）汪尚寧序。

蔣信（1483—1559），字卿實，號道林，一號正學，湖廣常德人。嘉靖十一年（1532）進士，纍官貴州提學副使。爲官清廉，有政聲。初偕冀元亨師事王守仁，後又師湛若水。爲學踐履篤實，不尚空談。《明儒學案》入《楚中王門學案》，然其得湛學過于王學。撰有《蔣道林先生文粹》《道林諸集》《桃岡日録》《道林先生摘言》等。《明史》卷二百八十三、《［乾隆］益陽縣志》卷十七有傳。

是集凡六卷，此本存卷一至四，計四卷。據目次可知，各卷依類編次，卷一至三序類，卷四序類、説類、記類、銘箴類，卷五誌銘表，卷六文類。

汪尚寧序云：“予昔往來武林，獲《道林先生集》，携以出入滇南者再。玆順山姚公父母我邦，政化大成，奉代巡唐公命重梓。迄工，忘予不佞，屬之序。”

是集通行爲九卷本，乃于此六卷本上增補而成。書前附《蔣道林先生古大學義》《蔣道林先生講義》，正文補入卷七論、卷八書、卷九策。

《四庫全書總目》收録蔣氏“道林諸集無卷數”“蔣道林文粹九卷”兩種。《中國古籍善本書目》僅著録九卷本（集部八二六〇條），未著録此本。《中國古籍總目》亦僅著録九卷本（集20207972條），題作“明萬曆四年姚世英新安刻本”。除天一閣外，北京大學圖書館、浙江大學圖書館等機構所藏皆爲九卷本。

鈐印：“錦水書屋”。

（王）

梓溪文鈔外集、内集

明萬曆刻本　善 3743

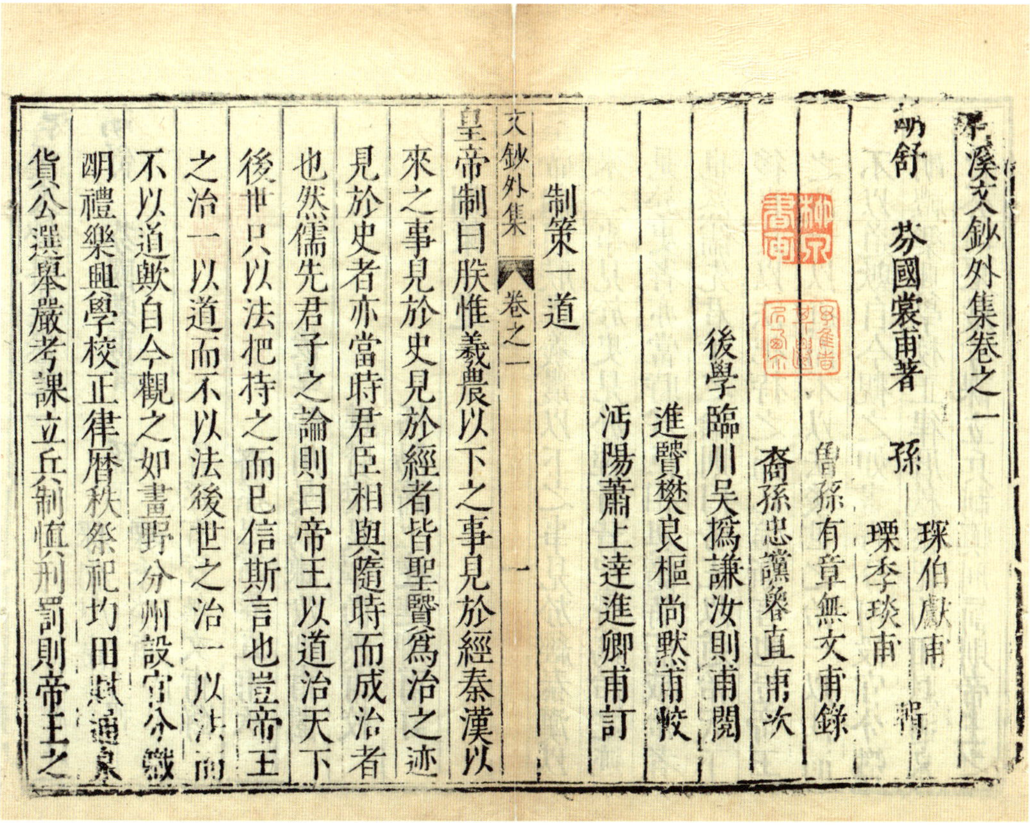

梓溪文鈔外集卷之一
明舒　芬國裳甫著　孫　琛伯獻甫
璪季琰甫　輯
曾孫有章無文甫録
裔孫忠讜魯直甫次
後學臨川吴撝謙汝則甫閱
進賢樊良樞尚默甫較
沔陽蕭上達進卿甫訂
制策一道
文鈔外集　卷之一　一
皇帝制曰朕惟羲農以下之事見於經秦漢以
來之事見於史見於經者皆聖賢爲治之迹
見於史者亦當時君臣相與隨時而成治者
也然儒先君子之論則曰帝王以道治天下
後世只以法把持之而已信斯言也豈帝王
之治一以道而不以法後世之治一以法而
不以道歟自今觀之如畫野分州設官分職
明禮樂興學校正律曆秩祭祀均田賦通泉
貨公選舉嚴考課立兵制慎刑罰則帝王之

《梓溪文鈔外集》卷一卷端

《梓溪文鈔外集》十卷《内集》八卷，明舒芬撰，明舒琛、明舒璪輯。明萬曆四十八年（1620）舒璪刻本。八册。半葉九行，行十八字，四周雙邊，白口，單黑魚尾。框高 20.6 厘米，寬 14.8 厘米。《外集》卷一卷端題“明舒芬國裳甫著，孫琛伯獻甫、璪季琰甫輯，曾孫有章無文甫録，裔孫忠讜魯直甫次，後學臨川吴撝謙汝則甫閱，進賢樊良樞尚默甫較，沔陽蕭上達進卿甫訂”。《内集》卷一卷端題“明舒芬國裳甫著，孫琛伯獻甫、瑮季琰甫輯，曾孫有章無文甫録，裔孫忠讜魯直甫次，後學臨川吴撝謙汝則甫閲，進賢樊良樞尚默甫較”。前有嘉靖二年（1523）誥命、萬曆十六年（1588）誥命、嘉靖三十年（1551）黄佐序、嘉靖三十年張鏊序、嘉靖三十二年（1553）萬虞愷序、漆彬序，又有薛應旂撰《修撰舒先生傳》、萬曆四十八年蕭上達跋、隆慶元年（1567）舒琛撰《先大父大史公行實》、萬曆四十八年舒瑮跋。

舒芬（1484—1527），字國裳，江西進賢人。正德十二年（1517）進士第一，授翰林院修撰，敢言直諫，因諫阻武宗巡游無度，謫爲福建市舶副提舉。世宗時復官，嘉靖六年（1527）因“大禮議”遭廷杖，奪俸三月。後以母喪歸鄉，不久悲憤而逝。擅經學，治學推崇周敦頤《太極圖説》，學者稱梓溪先生。撰有《梓溪文鈔》《成仁遺稿》等。《明史》卷一百七十九、《［康熙］進賢縣志》卷十四有傳。

舒琛（生卒年不詳），字伯獻。舒芬之孫，嘉靖四十三年（1564）舉人，歷任壽州知州、泉州府同知等，事迹不詳。《［康熙］進賢縣志》卷十一“鄉舉”有載。

舒瑮（生卒年不詳），字季琰，舒芬之孫，萬曆十九年（1591）舉人，纍遷鄭州知州，事迹不詳。《［康熙］進賢縣志》卷十一“鄉舉”有載。

《外集》十卷，卷一制策，卷二表、奏疏，卷三至四序，卷五記，卷六家譜，卷七墓志碣銘、墓表，卷八書、傳，卷九祭文、贊、銘、箴、説、辨、跋、書、論、策，卷十賦、樂府、四言古詩、五言古詩、長短句古詩、五言律詩、七言律詩、五言絶句、七言絶句、雜體、聯句；《内集》八卷，卷一易箋問，卷二太極繹義，卷三通書繹義，卷四東觀録，卷五至八周禮定本。

舒瑮跋云：“會當承乏覲京師，謀之比部樊公，重加訂正，而付之剞劂。是時也，遼餉告急，鄭土頻饑，議捐議賑之餘，月俸錢不足飽其孥，以故繕寫模印逡巡停閣者久之，逾年而始竣事。”

此本有扉頁，刊“舒文節公全集。萬曆庚申六月朔鐫。本衙藏板”。

目録後有清徐時棟題跋一則。

《四庫全書總目》將《内集》五種分别收録。《中國古籍善本書目》（集部七八七四條）著録。《中國古籍總目》（集 20207991 條）著録，題作“舒文節公全集”。除天一閣外，中國國家圖書館有藏。是刻除此印外，又有明末印本，中國國家圖書館有藏；清乾隆七年（1742）重修本，南開大學圖書館、大連圖書館、臺灣大學圖書館、美國哈佛大學哈佛燕京圖書館等有藏。

鈐印：“水北閣”“柳泉書畫”“鄞徐時棟柳泉氏甲子以來所得書畫藏在城西草堂及水北閣中”“柳泉”“予惟時其遷居西爾”。

（烏）

蠛蠓集

明嘉靖刻本　善 3877

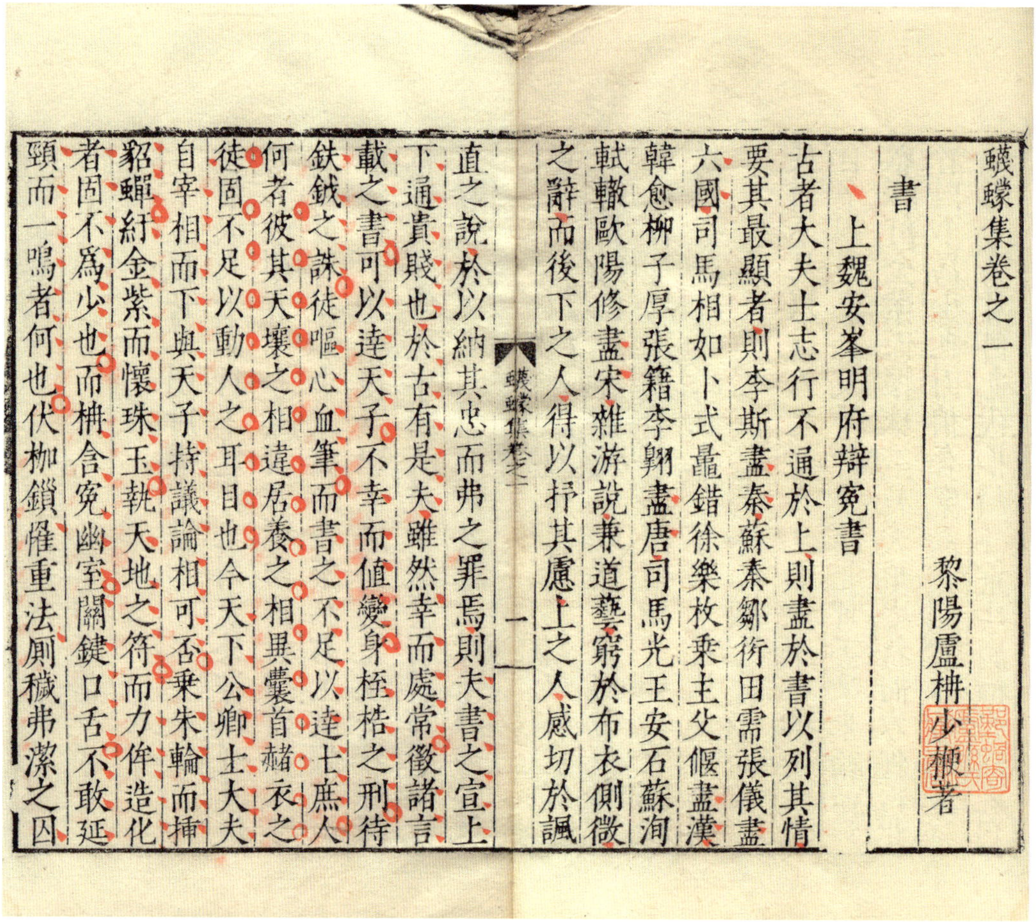
蠛蠓集卷之一
黎陽盧柟少楩著
書
上魏安峯明府辯寃書
古者大夫士志行不通於上則盡於書以列其情
要其最顯者則李斯盡秦蘇秦鄒衍田需張儀盡
六國司馬相如卜式鼂錯徐樂枚乘主父偃盡漢
韓愈柳子厚張籍李翺盡唐司馬光王安石蘇洵
軾轍歐陽修盡宋雖游說兼道藝窮於布衣側微
之辭而後下之人得以抒其處上之人感切於諷
蠛蠓集卷之一　一
直之說於以納其忠而弗之罪焉則夫書之宜上
下通貴賤也於古有是夫雖然幸而處常徼諸言
載之書可以達天子不幸而值變身桎梏之刑待
鈇鉞之誅徒嘔心血筆而書之不足以達七庶人
何者彼其天壤之相違居養之相異囊首赭衣之
徒固不足以動人之耳目也今天下公卿士大夫
自宰相而下與天子持議論相可否秉朱輪而挿
貂蟬紆金紫而懷珠玉執天地之符而力侔造化
者固不爲少也而柟含寃幽室關鍵口舌不敢延
頸而一鳴者何也伏枷鎖假重法厠檝弗潔之囚

《蠛蠓集》卷一卷端

《蠛蠓集》五卷，明盧柟撰。明嘉靖刻本。二册。半葉十行，行十九字，四周單邊，白口，單黑魚尾，版心下間有刻工。框高 19.6 厘米，寬 13.7 厘米。卷端題“黎陽盧柟少楩著”。前有萬恭序、嘉靖二十二年（1543）盧柟自序。

盧柟（1507—1560），字少楩，河南浚縣人。家素封，輸資爲國學生。

博聞强記，落筆數千言。蒙冤入獄十年，爲人跅馳，好使酒駡座。枏騷賦最爲王世貞所稱，詩亦豪放如其爲人。撰有《蟣蠓集》《幽鞠》《放招》等。《明史》卷二百八十七、《［嘉慶］浚縣志》卷十五有傳。

是集凡五卷，此本存卷一至四。據目録知，卷一書，卷二啓、記、序、碑、檄、對、傳、贊、辭、誄、祭文，卷三賦，卷四四言古詩、五言古詩、七言古詩，卷五雜體詩、樂府、五言排律、七言排律、五言律詩、七言律詩、五言絶句、七言絶句。

《自序》云："蟣蠓者何？醯鷄也。集何以謂之醯鷄？……醯鷄則入室突奥，幸于發瓿，歠糟糒而甘芳酸，飛則叢，薨止不渝啖，此非潔于自奉而介于自守者與？其于蚊蚋侵穢强啖者爲何如？此其蟣蠓也夫。而枏質戇材駑，托迹兩間，猶夫葉之于林，杯之于海也。竊居蓬茨，藜藿彌年，無薦紳先生之交，邦牧侯伯之遇，舉則一丘，言則自偶，此夫人之蟣蠓哉！嘉靖壬寅，枏以事繫獄，貫三木，圜陰室，待國家典刑，發奮抒懷。間有微詞，輒不敢令人見，反復諷誦，尋痛懲而焚毁之。夫蟣蠓之隘燕吭、罹蛛網，振其音而喑喑者，何以异此？是猶類之至也……因摭録舊作并獄稿文若干首，騷賦若干首，雜體詩若干首，構成幾卷，命其集曰蟣蠓。"

刻工：釗、全、曹祐、序、貞、方仕、王成、何田、直、玆、何昇、何鑰、何器、邵埴、何經、何玆、何全、何釗、王約、田、何貞、經、龠、佑、元、成、升、何升、仕、成昇、方。

《四庫全書總目》收録。《中國古籍善本書目》（集部八八八一條）、《中國古籍總目》（集 20208031 條）著録。除天一閣外，中國國家圖書館、南京圖書館等機構亦有入藏。

鈐印："曾在孫翔熊處""翔熊精玩""鄞蝸寄廬孫氏藏書"。

（劉）

戴中丞遺集

明嘉靖刻本　馮善 2281

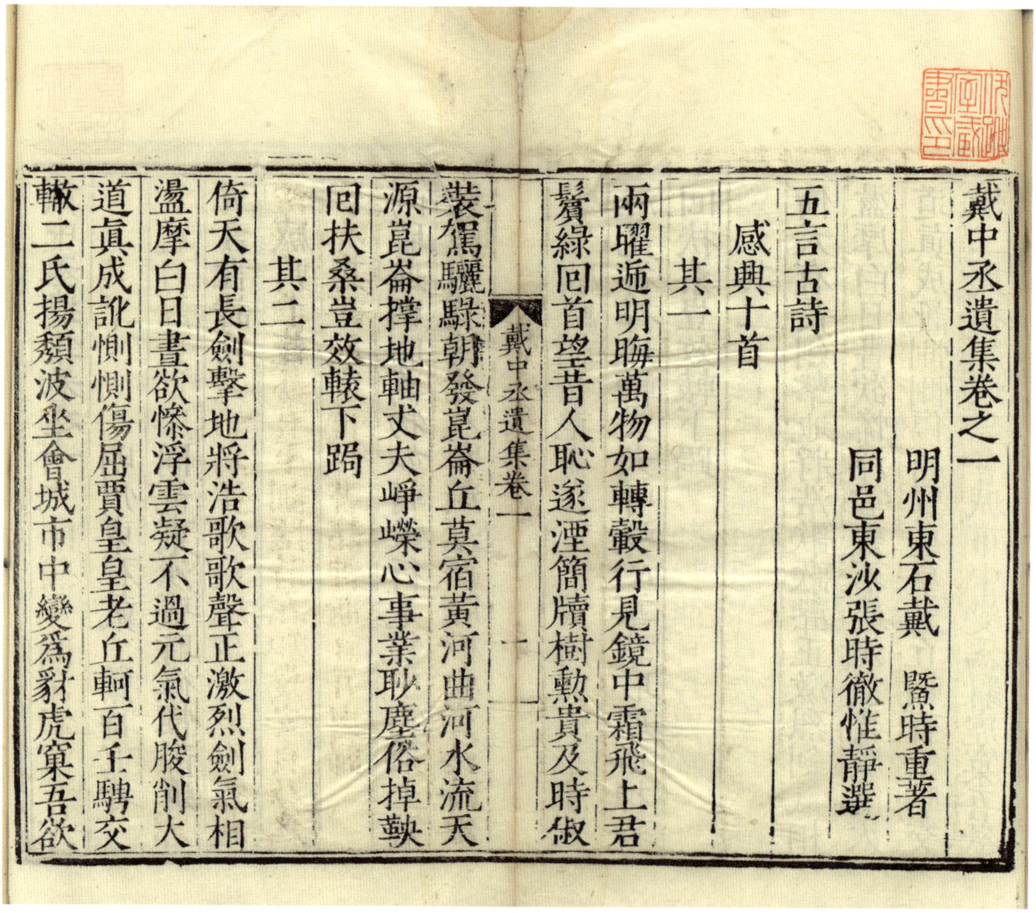
戴中丞遺集卷之一
明州東石戴　鱀時重著
同邑東沙張時徹惟靜選
五言古詩
感興十首
其一
兩曜遆明晦萬物如轉轂行見鏡中霜飛上君
鬢綠回首望昔人恥遂湮簡牘樹勲貴及時叙
戴中丞遺集卷一　一
裝駕驪騄朝發崑崙丘莫宿黄河曲河水流天
源崑崙撑地軸丈夫崢嶸心事業恥塵俗掉鞅
回扶桑豈效轅下跼
其二
倚天有長劍擊地將浩歌歌聲正激烈劍氣相
盪摩白日晝欲慘浮雲凝不過元氣代朘削大
道眞成訛惻惻傷屈賈皇皇老丘軻百壬騁交
轍二氏揚頽波坐會城市中變爲豺虎窠吾欲

《戴中丞遺集》卷一卷端

《戴中丞遺集》八卷，明戴鱀撰；《附録》一卷，明張時徹撰。明嘉靖三十九年（1560）明州戴士充刻本。三册。半葉八行，行十八字，四周雙邊，白口，單黑魚尾。框高 24.9 厘米，寬 15.8 厘米。卷一卷端題“明州東石戴鱀時重著，同邑東沙張時徹惟静選”。前有嘉靖三十九年張時徹序。

戴鱀（1490—1556），字時重，或誤作時量，别號東石，浙江鄞縣人。正德十二年（1517）進士，授刑部河南司主事，官至四川巡撫。居官四十餘年，造福四方，深得民心。撰有《戴中丞遺集》《東石詩文稿》《經濟考略》等。《國朝獻徵録》卷六十二、《［嘉靖］寧波府志》卷二十八有傳。

張時徹（1500—1577），字維静，號東沙，浙江鄞縣人。嘉靖二年（1523）進士，歷任南京禮部郎中、福建參政、雲南按察使、山東右布政使等，纍遷南京兵部尚書。少從族子張邦奇問學，有文名，又好奬掖後進，與沈明臣、王穉登等折節相交。撰有《芝園集》《芝園外集》《芝園别集》等。《明史》卷二百一有傳（附張邦奇後），《國朝獻徵録》卷四十二、《［乾隆］鄞縣志》卷十五有傳。

是書《遺集》八卷，卷一五言古詩、七言古詩，卷二五言律詩、七言律詩，卷三五言排律、五言絶句、七言絶句，卷四至五敘，卷六説、議、傳、記，卷七祭文，卷八書。《附録》一卷，爲《明故通議大夫巡撫四川都察院右副都御史東石戴公墓志銘》。

是書編刊之由，張時徹序云："公既殁，其子士充□□□[1]遺文，求余叙而刻之。"又云："公名鱀，字時重，别號東石，文六十二篇，詩一百五十二篇，總之爲八卷。"

是書卷三至八及《附録》一卷，爲馮貞群抄配。扉頁有民國十九年（1930）馮貞群題記，云："清宣統元年于西門天禄閣得《戴中丞集》首二卷，寫入書目。越四年，忻錦崖爲修《東錢湖志》，偕中丞族裔霽生彦來訪。視以書目，霽生言家藏有六卷寫本，與此適可合并。乃互假傳録，各成完書云。庚午五月十七日，偶撿此書，因憶舊事，爲追記之。馮貞群。"

《四庫全書總目》收録，提要云："是集《千頃堂書目》作《東石遺稿》，凡詩四卷，雜文五卷，其子士充所編。張時徹序謂其負恢廓之才，不屑屑争雄鉛槧，或有丐請，輒伸紙濡毫應之。故集中諸作多傷率易，獨《鄞水利三敘》及《海防策》，以情形目擊，言之較爲確鑿云。"

〔1〕按：此處書葉殘損，原缺三字。

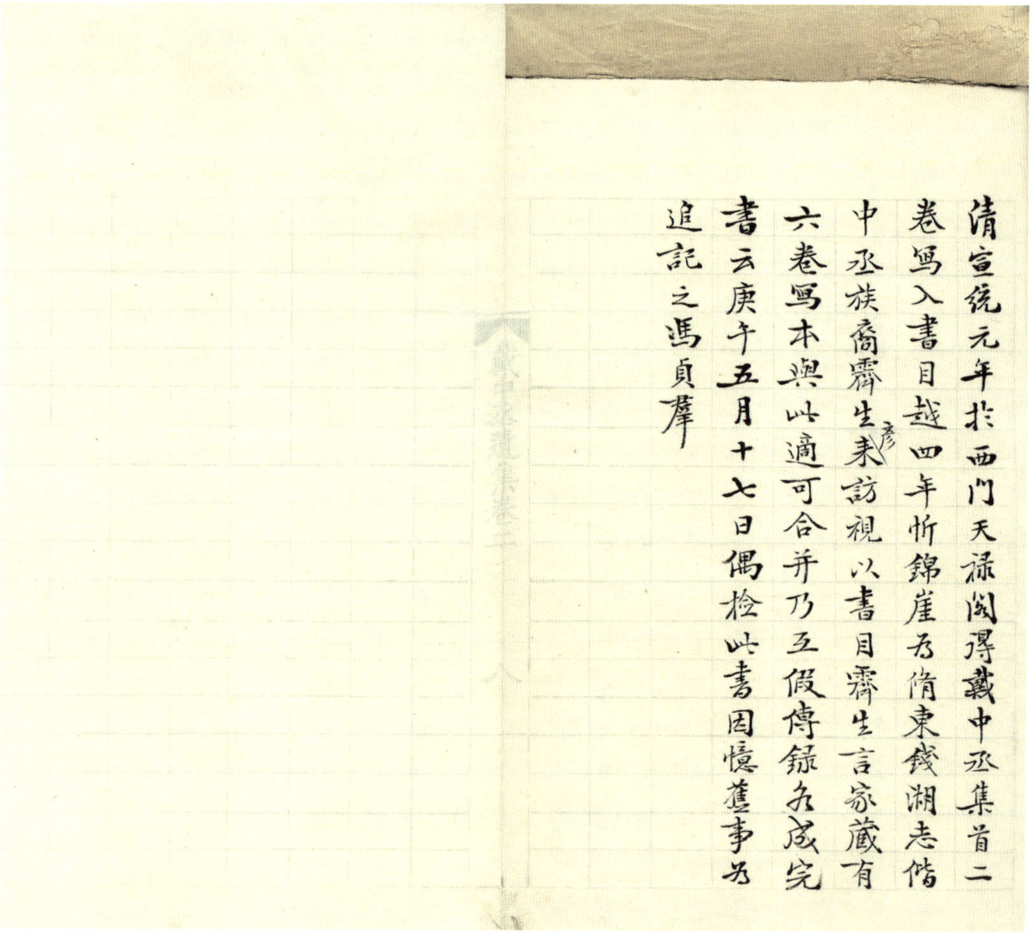
清宣統元年於西門天祿閣得戴中丞集首二
卷寫入書目越四年忻錦崖爲脩東錢湖志借
中丞族裔霽生彥來訪視以書目霽生言家藏有
六卷寫本與此適可合并乃互假傳錄允成完
書云庚午五月十七日偶檢此書因憶舊事爲
追記之馮貞羣

民國馮貞群題記

《中國古籍善本書目》（集部七九〇一條）、《中國古籍總目》（集20208166條）著録。除天一閣外，中國國家圖書館、臺北漢學研究中心亦有入藏。

鈐印：“伏跌室”“伏跗室藏書印”。

（饒）

夢澤集

明嘉靖刻藍印本　善 3711

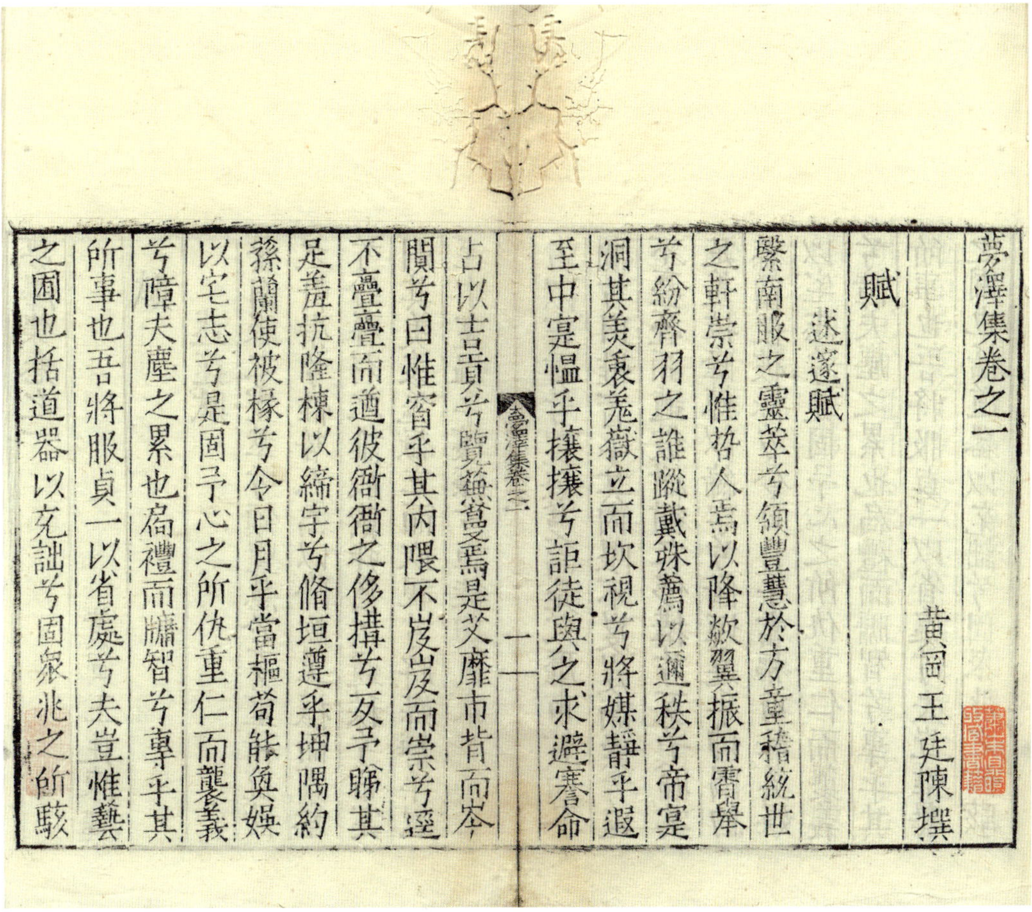
夢澤集卷之一
黄岡王廷陳撰
賦
述遂賦
繄南服之靈萃兮領豐慧於方童稽紘世
之軒崇兮惟哲人焉以降欻翼振而霄舉
兮紛脅羽之誰蹤戴鵕鸃以邇秩兮帝寔
洞其美褱羌嶽立而坎視兮將媒靜乎遐
至中寔愠乎攘攘兮詎徒與之求避謇命
夢澤集卷之一　一
占以吉貞兮覽蕪鶩焉是艾靡市背而夲
閴兮曰惟窅乎其內隈不岌岌而崇兮逕
不疊疊而適彼衙衙之侈搆兮叐予聯其
是羞抗隆棟以締宇兮脩垣遵乎坤隅約
蓀蘭使被椽兮令日月乎當樞荷餘奐娛
以宅志兮是固予心之所佽重仁而襲義
兮障夫塵之累也崗禮而牖智兮專乎其
所事也吾將服貞一以省處兮夫豈惟藝
之圃也括道器以充詘兮固衆兆之所駭

《夢澤集》卷一卷端

《夢澤集》十七卷，明王廷陳撰。明嘉靖三十年（1551）王氏刻藍印本。二册。半葉九行，行十六字，四周單邊，白口，單黑魚尾。框高 17.4 厘米，寬 14.2 厘米。卷一卷端題“黄岡王廷陳撰”。前有嘉靖三十年吕韶序，卷一末有王衡峰題識。

王廷陳（1493—1551），字稚欽，號夢澤，湖廣黄岡人。正德十二年（1517）

進士，選爲翰林院庶吉士，授給事中。十四年（1519），因上疏諫阻武宗南巡，遭廷杖謫知裕州，又以忤監司免歸，家居黄州近二十年，恣酒放廢，以詩文名重當世。嘉靖十八年（1539）以巡撫顧璘薦，與修《承天大志》，書成不稱旨，賜銀幣而歸。撰有《夢澤集》。《明史》卷二百八十六、《［道光］黄岡縣志》卷八有傳。

此集主要收録王廷陳在京城、裕州、家居三個時期之詩文，計十七卷，大抵以體編次，各體又依時間先後爲次。是本殘存卷一至三、八至十，計六卷。卷一賦三篇，卷二至三、八至十皆爲詩。

吕韶序云："予坐客論襟，適衡峰王子持《夢澤集》屬予爲序，曰：'此先君遺稿，嘗托諸公者也，久恐散逸，公何誨之辭？'"

王衡峰題云："先大夫之于文，旁及諸體，嘗集而藏之矣。……乃授工刻之，永爲家珍云。"

封面有民國朱贊卿題跋："《夢澤集》，存卷一之卷三。明嘉靖藍印。天一閣藏本。"

是集除此刻外，尚有嘉靖四十一年（1562）王廷瞻刻本，中國國家圖書館、廣東省立中山圖書館、臺北故宫博物院圖書館等機構有藏；嘉靖四十四年（1565）王同道吴中刻本，首都圖書館、南京圖書館、重慶圖書館等機構有藏。萬曆十八年（1590），王廷陳孫追伊又重刻此書，萬曆三十年（1602）其從孫追淳再修補增刻至二十三卷。

《四庫全書總目》以萬曆三十年增修本爲底本收録，提要云："其集一刻于淮安，再刻于蘇州。此本爲其從孫追淳知潁州時所刻，乃第三本也。"蓋館臣未知此刻也。《中國古籍善本書目》（集部七八八三條）著録，題作"明嘉靖藍印本"。《中國古籍總目》（集 20208311 條）著録，題作"明嘉靖三十年黄岡王同舟刻藍印本"或"明嘉靖間刻藍印本"。除天一閣外，中國國家圖書館、南京圖書館等機構亦有入藏。

鈐印："蕭山朱鼎煦收藏書籍"。

（饒、烏）

嶽遊漫稿

明刻本　善 3910

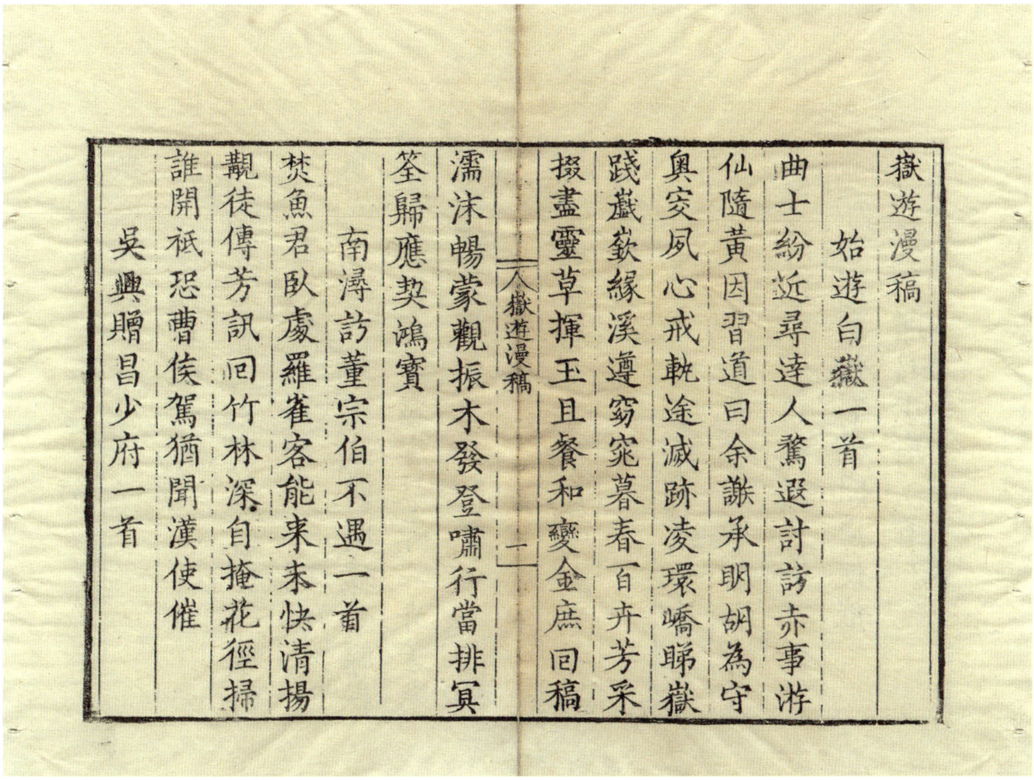

嶽遊漫稿
始遊白嶽一首
曲士紛逅尋達人騖遐討訪赤事游
仙隨黄因習道曰余謙承明胡為守
奥突夙心戒軌途滅跡凌環嶠睇嶽
踐巖嶔緣溪遵窮窕暮春百卉芳采
掇盡靈草揮玉且餐和變金庶回稿
嶽遊漫稿　一
濡沫暢蒙觀振木發登嘯行當排冥
筌歸應契鴻賓
南潯訪董宗伯不遇一首
焚魚君臥處羅雀客能來未快清揚
覯徒傳芳訊回竹林深自掩花徑掃
誰開袛恐曹侯駕猶聞漢使催
吴興贈昌少府一首

《嶽遊漫稿》卷端

《嶽遊漫稿》一卷，明皇甫汸撰；《附》一卷。明黄極、王廷卿刻本。一册。半葉七行，行十四字，左右雙邊，白口，單白魚尾。版心下偶有刻工。框高 17.6 厘米，寬 12.7 厘米。卷末署“門人新都黄極、越郡王廷卿校刊”。前有皇甫汸自序。

皇甫汸（1504—1583），字子循，號百泉，齋名浩歌亭，南直隸長洲人。早慧，七歲能詩。嘉靖八年（1529）進士，官至雲南僉事，以計典論黜。擅詩，與族中沖、洿、濂等兄弟并稱“皇甫四杰”。撰有《嶽遊漫稿》《長洲藝文志》等。《明史》卷二百八十七、《［乾隆］長洲縣志》卷二十四有傳。

《嶽遊漫稿》計十一葉，收皇甫汸七言律詩二十九首。《附》一卷殘存六葉，存顧存仁、張勉學、王延陵、劉鳳、黄姬水、黄河水、王穉登、周時復、黄貫曾、杜瓚、毛文焕、周天球十二家贈言。

皇甫汸自序云：“新都之域有白岳焉……隆慶己巳，大中丞莆田林公假我以符傳，偶染微疾，初夏畏暄，俶裝復解，膏駕履停，林公且化爲异物，悲哉！余恨不力疾行也。越壬申，大中丞同安陳公詢言及此，余語之故，且告之悔。公曰：‘吾獨不能爲林中丞乎？’遂于毗陵移以憲符。三月初吉，溯嘉禾，逾苕霅，爰登軌路，取捷宣州，望青山，臻白岳……兹游非陳公幾中輟矣！山川要亦有緣與數哉！舟回，再泛西湖，抵家爲月之晦。凡二十八日云。”

刻工：長洲陳約、吴郡張循。

《四庫全書總目》未收。《中國古籍善本書目》（集部八二三八條）、《中國古籍總目》（集 20208418 條）著録。除天一閣外，未見其他機構入藏。

（劉）

皇甫司勳集

明萬曆刻本　馮善 2284

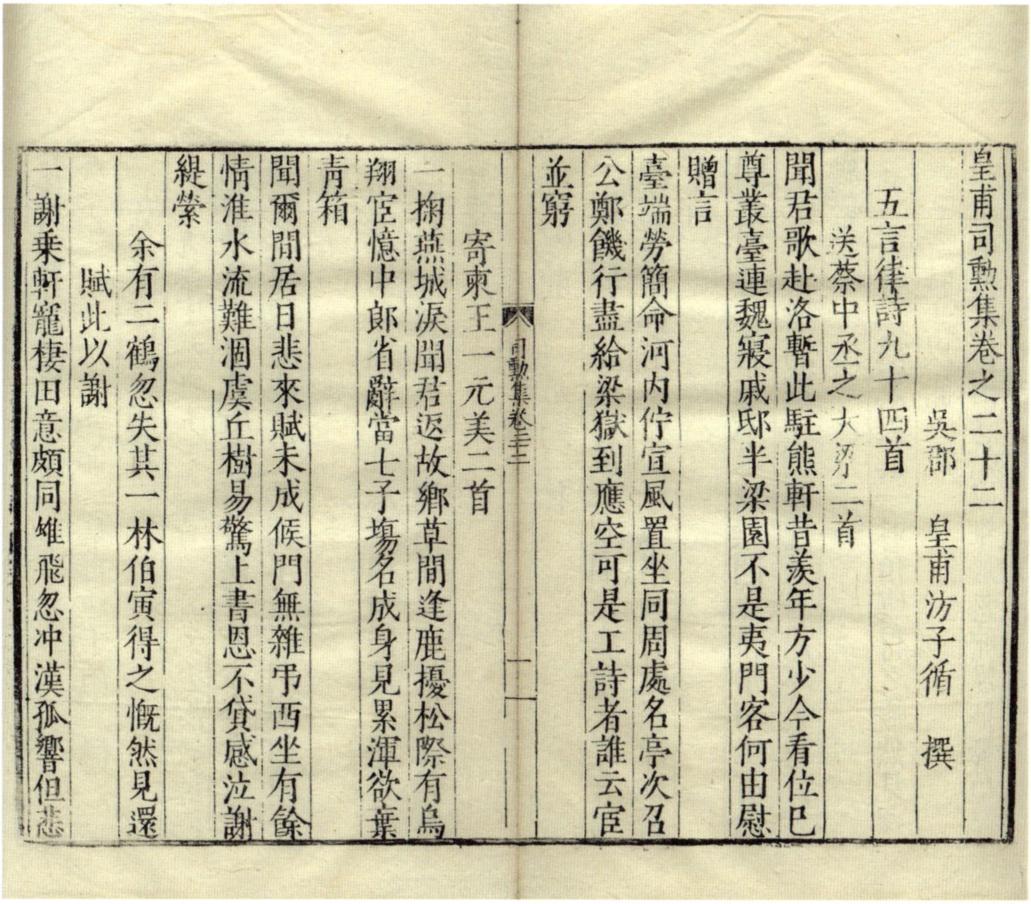

《皇甫司勳集》卷二十二卷端

《皇甫司勳集》六十卷，明皇甫汸撰。明萬曆刻本。一册。半葉十行，行十九字，左右雙邊，白口，單黑魚尾。框高 18.2 厘米，寬 13.1 厘米。卷端題“吴郡皇甫汸子循撰”。卷二十一卷末署“嘉靖丙辰丁巳戊午己未庚申辛酉作，侄槃謹校”；卷二十二卷末署“嘉靖壬戌癸亥甲子乙丑丙寅作，侄槃校”；

卷二十三卷末署“嘉靖己丑至己亥十一年作，見政學浩歌副京奉使寓黄集，男穀謹校”；卷二十四卷末署“嘉靖庚子至丙寅十七年作，見安雅南署澶州南中還山集，男穀謹校”；卷二十五卷末署“嘉靖己丑庚寅辛卯壬辰癸巳甲午乙未丙申丁酉戊戌己亥庚子作，見政學浩歌亭來皃副京寓黄集，男懋謹校”；卷二十六卷末署“嘉靖庚子辛丑壬寅癸卯甲辰乙巳年作，見安雅齋南署稿，男琳謹校”；卷二十七卷末署“嘉靖丙午丁未戊申己酉庚戌年作，見安雅齋禪栖集，男琳謹校”。

是集凡六十卷，此本殘存七卷，爲卷二十一至二十七。卷二十一至二十二五言律詩，卷二十三五言排律，卷二十四五言排律、七言排律，卷二十五七言排律，卷二十六至二十七七言律詩。

《四庫全書總目》收録，提要云：“汸有《百泉子緒論》，已著録。其詩文有《政學》《還山》《奉使》《寓黄》《家居》《南都》《禪栖》《澶州》《栝州》《南中》《山居》《副京》《來皃》《司勛》《北征》《南署》《赴京》《浩歌亭》《安雅齋》諸集。晚年手自删削，定爲賦一卷、詩三十二卷、雜文二十七卷，冠以《集原》一篇。其諸集之名仍分注各卷之末。……今統觀所作，古體源出三謝，近體源出中唐，雖乏深湛之思，而雅飭雍容，風標自异，在明中葉不失爲第二流人。”

《中國古籍善本書目》（集部八二三四條）著録。《中國古籍總目》（集20208420條）著録，題作“明萬曆二年吴郡皇甫汸刻本”。除天一閣外，中國國家圖書館、中國社會科學院文學研究所、上海圖書館、復旦大學圖書館、南京圖書館及日本宫内省圖書寮等多家機構亦有藏。天一閣另藏有一部殘本，存卷三十一至三十七。

鈐印：“葉氏藏書”。

（饒）

天池山人小藁五種

明嘉靖刻本　善 3907

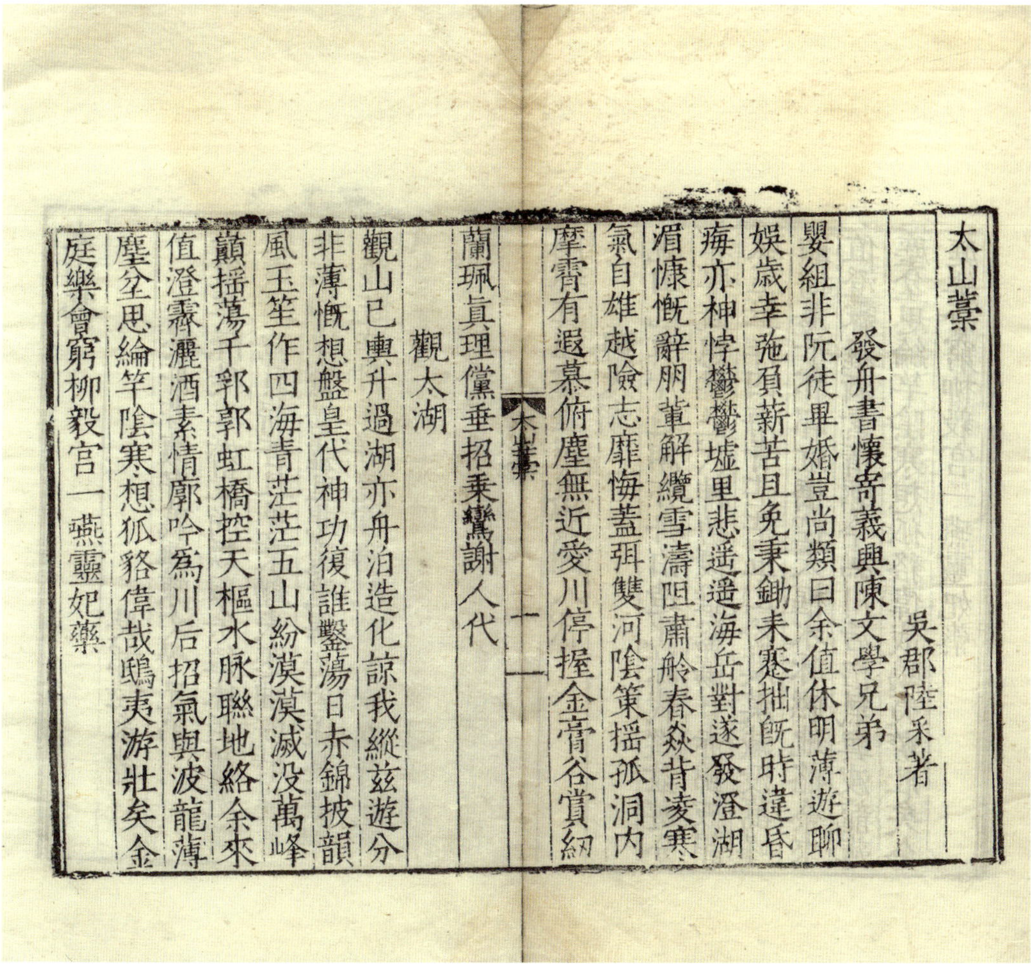
太山藁

吴郡陸采著

發舟書懐寄義興陳文學兄弟

嬰組非阮徒畢婚豈尚類曰余值休明薄遊聊娛歲幸施貧薪苦且免秉鋤未蹇拙既時違昏痗亦神悴鬱鬱墟里悲迢迢海岳對遂發澄湖湄慷慨辭朋輩解纜雪濤咀肅舲春猋背凌寒氣自雄越險志靡悔蓋弭雙河陰策摇孤洞内摩霄有遐慕俯塵無近愛川停握金膏谷賞紉蘭珮眞理儻垂招秉翰謝人代

觀太湖

觀山已輿升過湖亦舟泊造化諒我縱兹遊分非薄慨想盤皇代神功復誰鑿蕩日赤錦披韻風玉笙作四海青茫茫五山紛漠漠滅没萬峰巔摇蕩千郭郭虹橋控天樞水脉聯地絡余來值澄霽灑酒素情廓吟爲川后招氣與波龍薄壑岔思綸竿陰寒想狐貉偉哉鴟夷游壯矣金庭樂會窮柳毅宫一蘸靈妃藥

太山藁　一

《天池山人小藁五種》卷一卷端

《天池山人小藁五種》五卷，明陸采撰。明嘉靖刻本。一册。半葉九行，行十八字，左右雙邊，白口，單黑魚尾。框高 17.6 厘米，寬 12.9 厘米。卷一至二卷端題“吴郡陸采著”。

陸采（1497—1537），原名灼，字子玄，號天池山人，南直隸長洲人。少爲校官弟子，性豪蕩不羈，不屑守章句，縱覽無所不及。後從岳翁都穆游，鋭意爲古文辭。援例納資入太學，益求精進，名播江東儒林。因屢試不中，游歷南北。撰有《天池山人小藁》《天池聲雋》《冶城客論》《覽勝紀談》《史餘》等，又有傳奇《明珠記》《懷香記》《南西厢記》等。《國朝獻徵録》卷一百十五有傳。

此書未標卷次，凡分五集，傳統著録上皆各自爲卷。卷一《太山藁》，卷二《義興藁》，卷三《壬辰藁》，卷四《癸巳藁》，卷五《甲午藁》。

《四庫全書總目》未收。《中國古籍善本書目》（集部八八七八條）、《中國古籍總目》（集20208422條）著録。除天一閣外，臺北漢學研究中心亦有入藏。

（趙）

程松谿先生文集

明隆慶刻本　善 3881

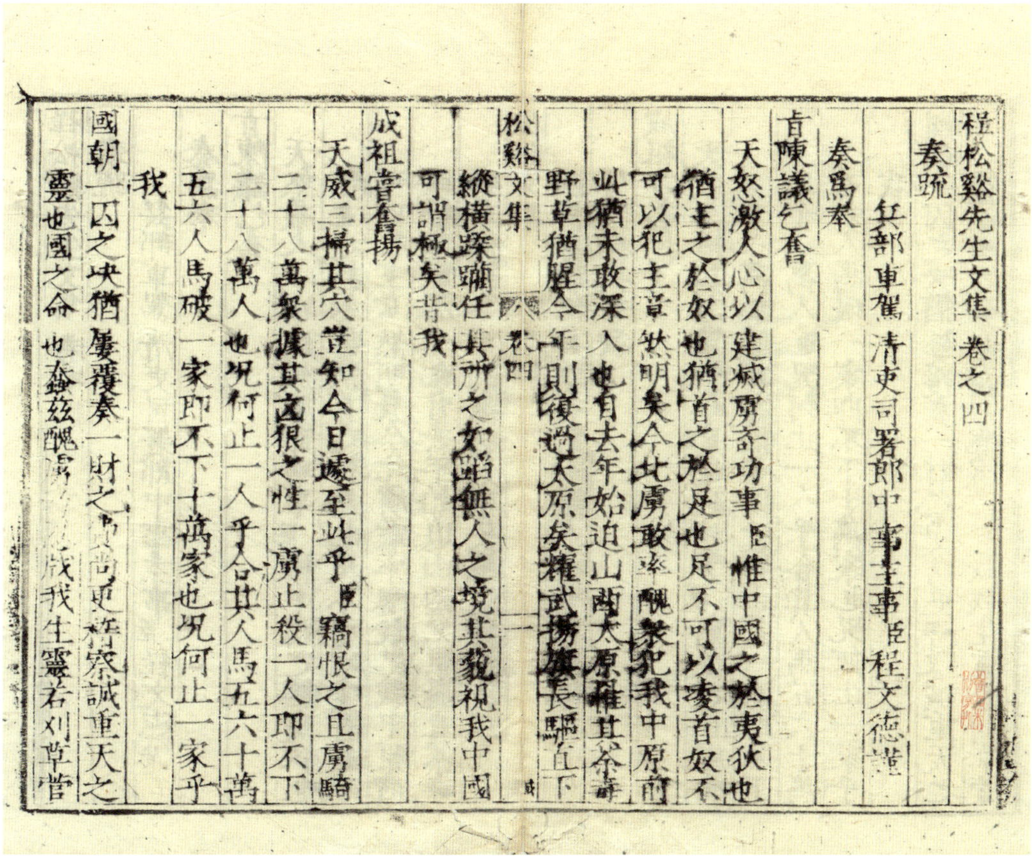

程松谿先生文集卷之四
奏疏
兵部車駕清吏司署郎中事主事臣程文德謹
奏爲奉
旨陳議乞奮
天怒激人心以建殲虜奇功事臣惟中國之於夷狄也
猶主之於奴也猶首之於足也足不可以凌首奴不
可以犯主章章然明矣今北虜敢率醜衆犯我中原前
此猶未敢深入也自去年始迫山西太原雖其荼毒
野草猶腥今年則復過太原矣耀武揚旗長驅直下
松谿文集　卷四　一
縱横蹂躪任其所之如蹈無人之境其藐視我中國
可謂極矣昔我
成祖嘗奮揚
天威三犁其穴豈知今日遽至此乎臣竊恨之且虜騎
二十八萬衆據其凶狠之性一虜止殺一人即不下
二十八萬人也况何止一人乎合其人馬五六十萬
五六人馬破一家即不下十萬家也况何止一家乎
我
國朝一囚之決猶屢覆奏一財之[illegible]尚更精察誠重天之
靈也國之命也奈兹醜虜[illegible]戕我生靈若刈草菅

《程松谿先生文集》卷四卷端

《程松谿先生文集》十卷，明程文德撰。明隆慶元年（1567）刻本。一冊。半葉十行，行二十二字，四周雙邊，白口，單黑魚尾。框高 21.9 厘米，寬 14.5 厘米。

程文德（1497—1559），字舜敷，號松谿，浙江永康人。嘉靖八年（1529）榜眼，授翰林院編修，歷任安福知縣、兵部員外郎、南京國子祭酒、禮部左侍郎、吏部左侍郎、南京工部右侍郎等。因上疏勸諫忤嘉靖帝，除官。謚文恭。爲學初受業蘭溪章懋，後師王守仁，歸鄉後聚徒講學，傳授心學。撰有《程松谿先生文集》《程文恭遺稿》等。《明史》卷二百八十三、《［光緒］永康縣志》卷七有傳。

此集凡十卷，此本殘存三卷，爲卷三至五。卷三七言律詩、五言絶句、七言絶句，卷四奏疏、表，卷五書。奏疏中頗多切中明季時政之弊者。

刻工：崇、槐、劉二、劉成、成、青、京、用、詹。

封面有朱鼎煦題記。

《四庫全書總目》收録，作“松溪集十卷”。《中國古籍善本書目》（集部八一六六條）、《中國古籍總目》（集 20208432 條）著録。除天一閣外，中國科學院文獻情報中心、日本内閣文庫等機構亦有入藏。

鈐印：“朱鼎煦”“曾在朱別宥處”。

（趙）

怡齋詩集

明嘉靖刻本　善 3645

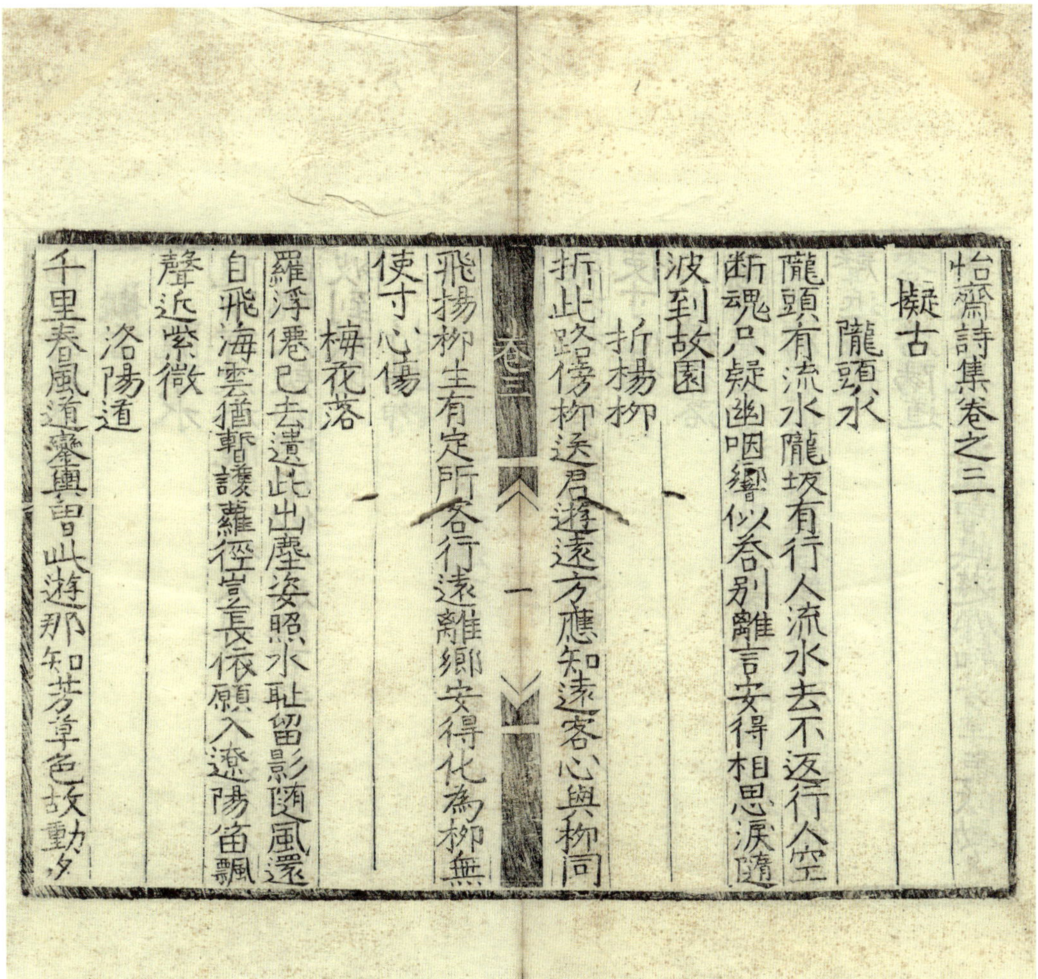
怡齋詩集卷之三
擬古
隴頭水
隴頭有流水隴坂有行人流水去不返行人空
斷魂只疑幽咽響似吝別離言安得相思淚隨
波到故園
折楊柳
折此路傍柳送君遊遠方應知遠客心與柳同
卷三　一
飛揚柳生有定所客行遠離鄉安得化為柳無
使寸心傷
梅花落
羅浮僊已去遺此出塵姿照水耻留影隨風還
自飛海雲猶暫護蘿徑豈長依願入遼陽笛飄
聲近紫微
洛陽道
千里春風道鑾輿曾此遊那知芳草色故動夕

《怡齋詩集》卷三卷端

《怡齋詩集》三卷，明朱成鍏撰。明嘉靖刻本。一册。半葉八行，行十八字，四周單邊，上下黑口，雙黑魚尾。框高 17.7 厘米，寬 13.3 厘米。

朱成鍏（生卒年不詳），號怡齋，代藩宗室，太祖之玄孫。生平事迹不彰。

據臺北漢學研究中心藏本卷首嘉靖十七年（1538）何瑭序、嘉靖十七年毛鳳岐序，朱成鍏少以孝友稱，及長好學，喜濟人利物，雖處富貴泊如也。喜詩，吟咏頗爲人所稱。撰有《怡齋詩集》。

是集三卷，此本卷一至二流散，今存臺北；天一閣存卷三，收擬古詩二十八首、楊柳詞四首、居家四箴、近體詩一百十四首、挽辭一篇、賦一篇。

《四庫全書總目》未收。《中國古籍善本書目》未著録。《中國古籍總目》（集20208445條）著録，撰者誤作“明朱讓栩”，且署作“明嘉靖十七年刻本”。臺北漢學研究中心有嘉靖間刻本“怡齋詩集二卷”入藏，當即天一閣流散之物，嘗入藏嘉業堂[1]，後輾轉歸臺北漢學研究中心者。

（屠）

〔1〕參見繆荃孫、吴昌綬、董康撰，吴格整理點校：《嘉業堂藏書志》，復旦大學出版社，1997年，第823—824頁。

龍谿王先生全集

明萬曆刻本　善 3913

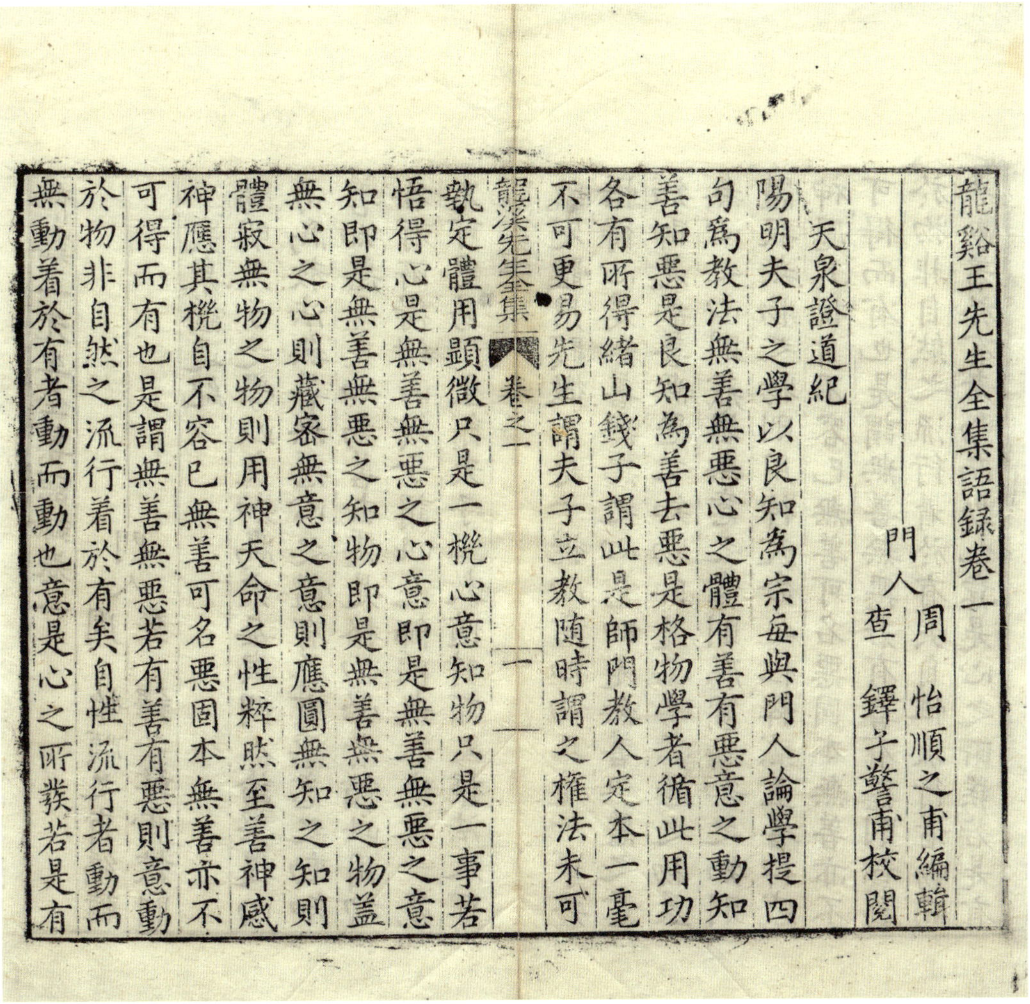
龍谿王先生全集語録卷一
門人 周 怡順之甫編輯
查 鐸子警甫校閲
天泉證道紀
陽明夫子之學以良知為宗每與門人論學提四
句為教法無善無惡心之體有善有惡意之動知
善知惡是良知為善去惡是格物學者循此用功
各有所得緒山錢子謂此是師門教人定本一毫
不可更易先生謂夫子立教隨時謂之權法未可
龍溪先生全集 卷之一 一
執定體用顯微只是一機心意知物只是一事若
悟得心是無善無惡之心意即是無善無惡之意
知即是無善無惡之知物即是無善無惡之物蓋
無心之心則藏密無意之意則應圓無知之知則
體寂無物之物則用神天命之性粹然至善神感
神應其機自不容已無善可名惡固本無善亦不
可得而有也是謂無善無惡若有善有惡則意動
於物非自然之流行着於有矣自性流行者動而
無動着於有者動而動也意是心之所發若是有

《龍谿王先生全集》卷一卷端

《龍谿王先生全集》二十卷，明王畿撰。明萬曆十五年（1587）蕭良幹刻本。十册。半葉九行，行十九字，四周單邊，白口，單黑魚尾。框高 18.6 厘米，寬 13.3 厘米。卷一、十一卷端題“門人周怡順之甫編輯，查鐸子警甫校閲”；卷二、十二卷端題“門人貢安國玄略甫編輯，沈寵思畏甫校閲”；卷三、十三卷端題“門人翟台思平甫編輯，俞堂子升甫校閲”；卷四、十四卷端題“門人焦玄鑑仲明甫編輯，杜質維誠甫校閲”；卷五、十五卷端題“門人袁黄坤儀甫編輯，丁賓禮原甫校閲”；卷六、十八端題“門人丁旦惟寅甫編輯，岑炯德華升甫校閲”；卷七、十九卷端題“門人陸光宅與中甫編輯，周汝登繼元甫校閲”；卷八卷端題“門人張元孟叔學甫編輯，王鍾瑞慎甫校閲”；卷九、十六卷端題“門人王汝舟濟甫編輯，張棨士儀甫校閲”；卷十、十七卷端題“門人周愘友之甫編輯，丁懋建元敬甫校閲”。前有萬曆十六年（1588）王宗沐序、萬曆十五年蕭良榦序。

王畿（1498—1583），字汝中，號龍谿，浙江山陰人。嘉靖五年（1526）舉進士，與錢德洪不就廷對而歸，直至十一年（1532）方第進士，授南京兵部主事，進郎中。後因遭夏言斥爲僞學，乃謝病歸。受業于王守仁，往來江、浙、閩等地，講授心學四十餘年，學者稱“龍谿先生”。撰有《龍谿王先生全集》。《明史》卷二百八十三、《［康熙］山陰縣志》卷三十有傳。

此集凡二十卷，卷二十葉一至十五佚去。據卷首目録，卷一至八語録，卷九至十二書，卷十三至十四序，卷十五至十六雜著，卷十七記、説，卷十八詩，卷十九祭文，卷二十狀、志、表、傳。

蕭良榦序云：“先生集凡二十卷，爲會語者八，爲書者四，爲序者二，爲記者一，爲雜著者二，爲詩者一，爲祭文者一，爲志狀表傳者一。其子應吉氏彙輯之，合而曰《龍谿先生全集》，而余爲訂次刻之，爰書以引其端云。”

《四庫全書總目》收録，作“龍谿全集二十卷”。《中國古籍善本書目》（集部八二九八條）、《中國古籍總目》（集20208471條）著録。除天一閣外，中國國家圖書館、北京大學圖書館等機構亦有入藏。

（趙）

茅見滄策學拔萃

明抄本　善 3843

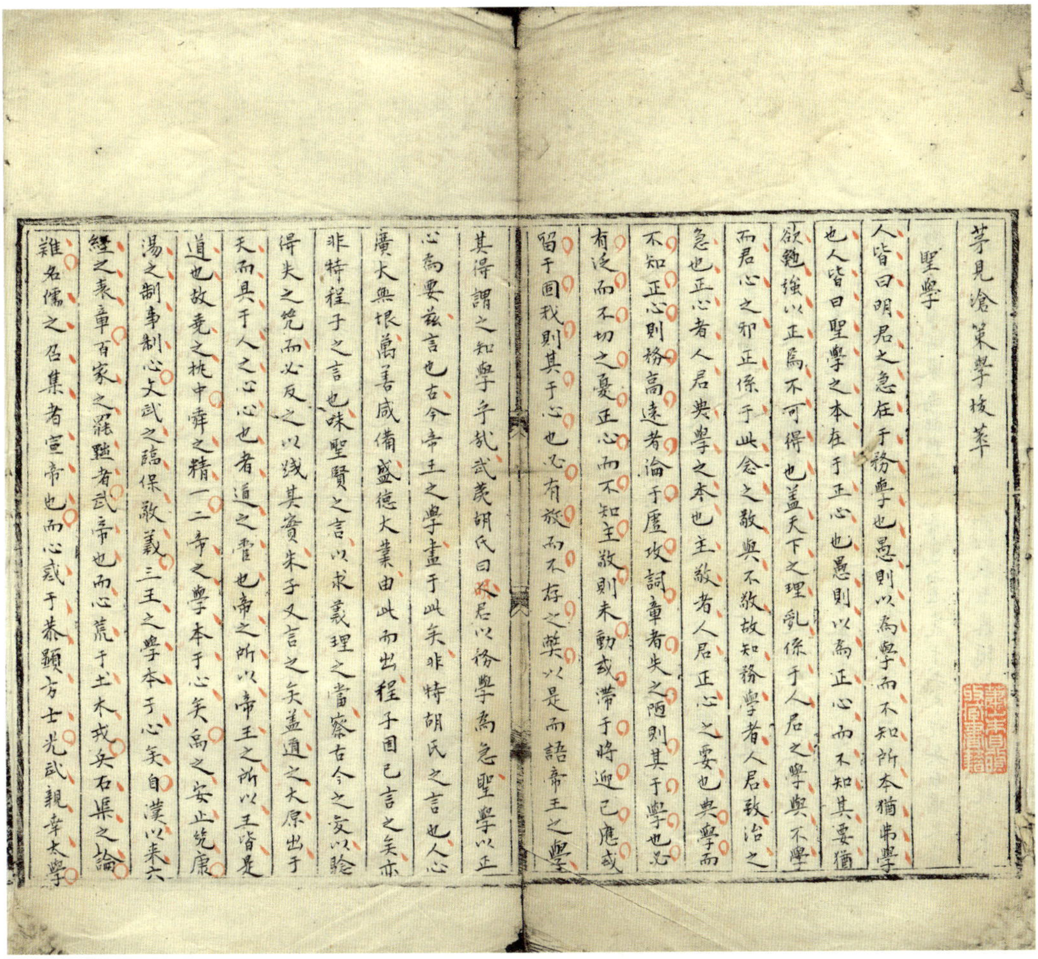

茅見滄策學拔萃
聖學
人皆曰明君之急在于務學也愚則以爲學而不知所本猶弗學
也人皆曰聖學之本在于正心也愚則以爲正心而不知其要猶
欲勉強以正爲不可得也蓋天下之理亂係于人君之學與不學
而君心之邪正係于此念之敬與不敬故知務學者人君致治之
急也正心者人君與學之本也主敬者人君正心之要也與學而
不知正心則務高遠者淪于虛攻詞章者失之陋則其于學也必
有泛而不切之憂正心而不知主敬則未動或滯于將迎已應或
留于固我則其于心也必有放而不存之弊以是而語帝王之學
其得謂之知學乎哉武夷胡氏曰人君以務學爲急聖學以正
心爲要茲言也古今帝王之學盡于此矣非特胡氏之言也人心
廣大無垠萬善咸備盛德大業由此而出程子固已言之矣亦
非特程子之言也味聖賢之言以求義理之當察古今之変以驗
得失之幾而必反之以踐其實朱子又言之矣蓋道之大原出于
天而具于人之心心也者道之舍也帝之所以帝王之所以王皆是
道也故堯之執中舜之精一二帝之學本于心矣禹之安止競康
湯之制事制心文武之緝保敬義三王之學本于心矣自漢以來六
經之表章百家之罷黜者武帝也而心荒于土木戎兵石渠之論
雜名儒之召集者宣帝也而心惑于恭顯方士光武親幸太學

《茅見滄策學拔萃》卷端

《茅見滄策學拔萃》不分卷，明茅瓚撰。明抄本。一册。版式行格不一，其一爲半葉十行，行字不等，四周雙邊，黑口，三黑魚尾，框高 18.7 厘米，寬 14.0 厘米；其二爲半葉十二行，行字不等，無邊框欄綫；其三爲半葉十行（然文字不爲行格束縛，實爲半葉十二行），行字不等，四周雙邊，黑白，版心上題“名文學海”，框高 18.7 厘米，寬 14.0 厘米。

茅瓚（1509—1565），字邦獻，號見滄，浙江錢塘人。嘉靖十七年（1538）狀元及第，授翰林院修撰，歷南北國子監祭酒、禮部侍郎兼學士，後以吏部左侍郎辭歸。爲人謙和，刻意學問，六經諸史、百家稗記無所不究。撰有《茅見滄策學拔萃》《見滄先生文集》《密勿論》等。《禮部志稿》卷四十二、《本朝分省人物考》卷四十三、《［康熙］錢塘縣志》卷二十二有傳。

是集爲茅瓚之策卷集，不分卷，卷首無目次，所存共八十七葉，含聖學、紀綱、人才、天文、曆法、灾祥、圖書、六經、援經、史學、周禮、字書、官制、田賦、選才、重民、郊廟、屯田、漕務、鹽法、錢法、黄河考、漕運、曆數歲差、治軍賦、謚法、學校、屯田、文章、史官、水利、律吕、漕運、理財、田賦、選舉、役法、榷鹽、錢幣、荒政、選將、任將、兵制、兵法、刑律、考課、守令、納諫四十八題。其中，“納諫”僅存其題，餘葉已殘佚，而“屯田”“漕運”“田賦”等題皆前後重出，同題异文。

《四庫全書總目》未收。《中國古籍善本書目》（集部八三七五條）、《中國古籍總目》（集 20208489 條）著録。除天一閣外，未見其他機構入藏。

鈐印：“蕭山朱鼎煦收藏書籍”。

（劉）

陳后岡文集、詩集

明萬曆刻本　馮善 2295

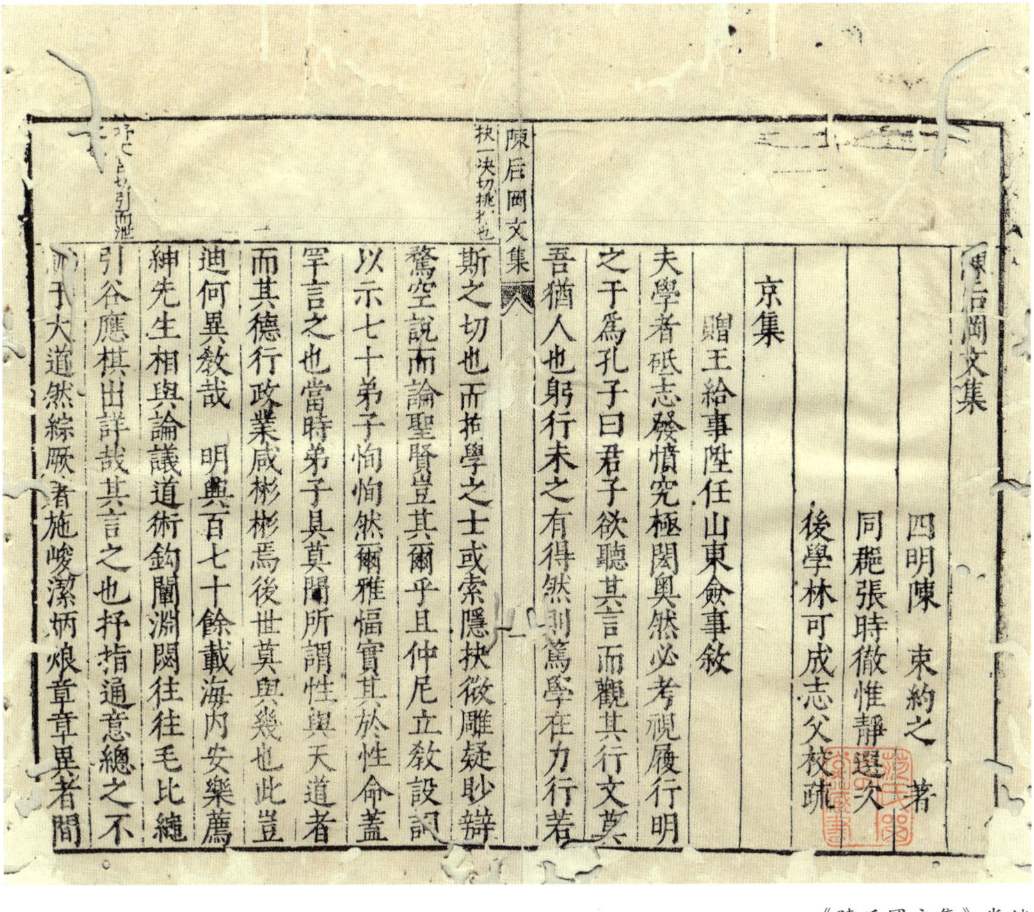
陳后岡文集

四明陳　束約之　著

同郡張時徹惟靜選次

後學林可成志父校疏

京集

贈王給事陞任山東僉事敘

夫學者砥志發憤究極閫奧然必考覩履行明之于爲孔子曰君子欲聽其言而觀其行文莫吾猶人也躬行未之有得然則篤學在力行者斯之切也而拓學之士或索隱抉微雕疑眇辯鶩空說而論聖賢豈其爾乎且仲尼立教設詞以示七十弟子恂恂然爾雅愊實其於性命蓋罕言之也當時弟子具莫聞所謂性與天道者而其德行政業咸彬彬焉後世莫與幾也此豈廸何異教哉　明興百七十餘載海內安樂薦紳先生相與論議道術鈎闡淵閎往往毛比縷引谷應棋出詳哉其言之也抒指通意總之不而于大道然綜厥者施峻潔炳烺章章異者間

陳后岡文集

《陳后岡文集》卷端

《陳后岡文集》一卷《詩集》一卷，明陳束撰。明萬曆十九年（1591）林可成刻二十二年（1594）陳復言重修本。二册。上下雙欄，下欄半葉九行，行十八字，四周單邊，白口，單黑魚尾；上欄無格，半葉小字十八行，行七字。框高 20.8 厘米，寬 13.4 厘米。《文集》卷端題“四明陳束約之著，同郡張時徹惟静選次，後學林可成志父校疏”；《詩集》卷端題“四明陳束約之著，武進唐順之應德選次，後學林可成志父校疏”。《文集》前有嘉靖二十五年（1546）趙廷松序、萬曆十九年林可成序、萬曆二十二年陳復言跋[1]及張時徹所撰《陳約之傳》，《詩集》前有皇甫汸序。

陳束（1508—1540），字約之，號后岡，浙江鄞縣人。嘉靖八年（1529）進士，選翰林院庶吉士，歷禮部主事、翰林院編修、湖廣僉事、福建參議，纍遷河南提學副使。束早慧，後以才名著于京師，與王慎中、唐順之、趙時春、熊過、任瀚、李開先、吕高等并稱“嘉靖八才子”。撰有《陳后岡文集》等。《明史》卷二百八十七、《［乾隆］鄞縣志》卷十五有傳。

《文集》一卷，内又分《京集》《楚集》《閩集》《洛集》等四集。《京集》文五篇，《楚集》文二十五篇，《閩集》文三篇，《洛集》文一篇。《詩集》一卷，卷中葉一至六收詩九題，其後又分《甲午稿》《乙未稿》《丙申稿》《丁酉稿》小類，各類收詩多寡不一，蓋不以體分，而以年編次。

是書之刻，林可成序云：“惟《后岡先生集》刻之西蜀，刻之三吴，傳播寓内。讀其集者自謂手握隨和，腹飽琳球，猗歟盛矣。余髫時輒以家藏寫本把玩不釋，其詞微義奥人難諳解者，則鈎玄纂要，手注上方，以便覽者考鏡。計偕北上，携至京邸，偶爲同好者假去。余恐蹈四愚之誚，遂不之索，然心未嘗忘也。屬者濫竽南臺，一日過訪大廷尉陳公，譚及其事，公即出其家藏本示余。余持歸署中閲之，視余本闕疏稿一首、叙跋各一首，而餘篇亦間多魚豖。余乃憶記其闕者，手書補之，而上方所注則間書一二，反覆獄究，厘其點畫，并張司馬所作傳，令臺椽重録一過，畀之剞劂，以與同好者共。閲月而告竣焉。”陳復言跋云：“慨家本遺亡，遂以大廷尉陳公本校其舛訛，疏其奥義，補其放失，序其巔末，付之梓人，以公同好。時辛卯夏四月也。”

皇甫汸序云：“今考誦其遺編，早鑄四杰，晚鎔二張，遒軫于平原，晞駕于康樂。”

---

〔1〕按：此跋文中稱“先公”，落款署“不孝男復言”，當爲陳束之子陳復言所撰，然文末鈐作“林復言氏”，未知何故。

卷首有清同治八年（1869）童會題跋及鈐印。

陳束之集，除是刻外，前尚有嘉靖二十五年（1546）張時徹刻本“陳后岡詩集一卷文集一卷”傳世，上海圖書館、南京圖書館等機構有藏。

《四庫全書總目》收録，作“陳后岡詩集一卷文集一卷”。提要稱：“束與唐順之爲同年，共倡爲初唐、六朝之作，以矯李、何之習，而所學不逮順之，又自翰林改禮部主事，迨復官編修，旋即外調，恒忽忽不樂，年僅三十餘而卒，文章亦未成就。故順之終以古文鳴，而束無稱焉。《詩集》爲順之所編，皆嘉靖甲午、乙未、丁酉三年之作，其餘僅寥寥數首。《文集》爲張時徹所刊，分京、楚、閩、洛四集，以居官之地名之。初刻于蜀中，又刻于吴郡。此本乃萬曆中其同邑林可成所校刊也。”

《中國古籍善本書目》（集部八一八三條）、《中國古籍總目》（集20208494條）著録。除天一閣外，中國國家圖書館、上海圖書館、南京圖書館、臺北漢學研究中心等多家機構有藏。

鈐印：“臣童會印”“范氏留春堂藏書”“伏跗室藏書印”等。

（饒）

珠玉遺稿

明萬曆刻本　善 3902

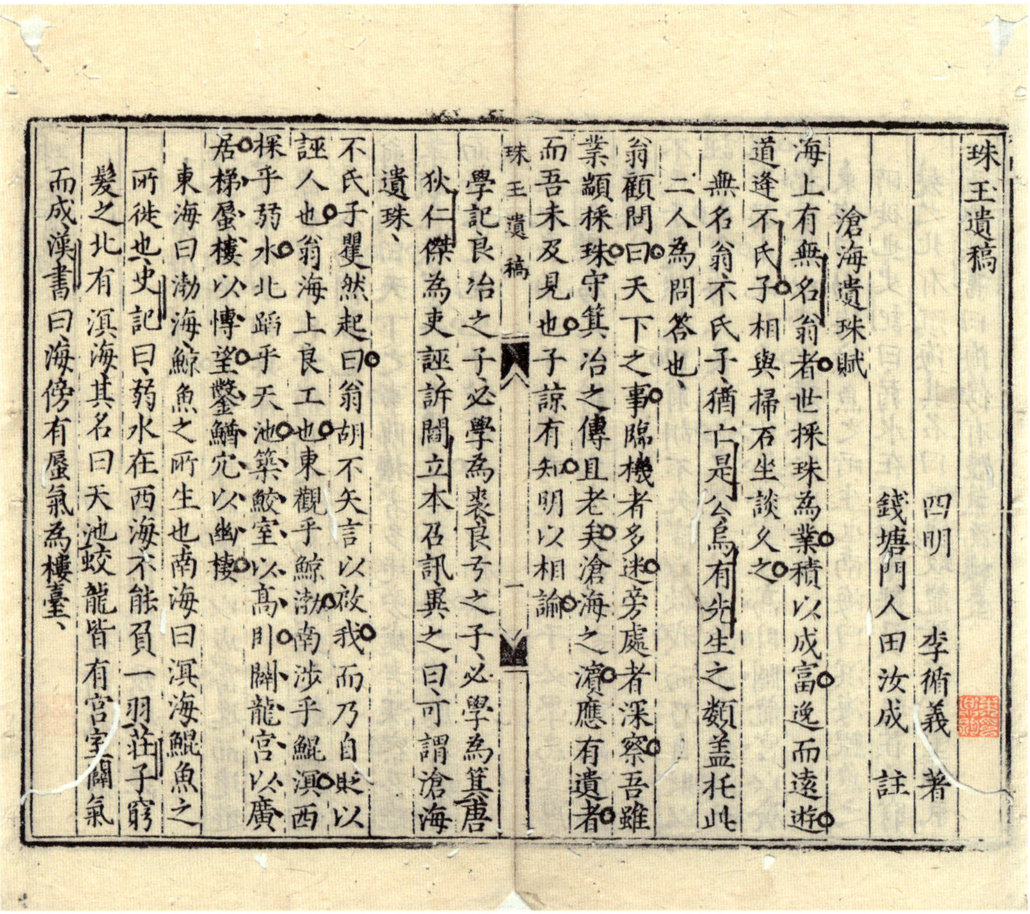
珠玉遺稿

四明　李循義　著

錢塘門人田汝成　註

滄海遺珠賦

海上有無名翁者世採珠為業積以成富逸而遠遊
道逢不氏子相與掃石坐談久之
無名翁不氏子猶亡是公烏有先生之類蓋托此
二人為問答也
翁顧問曰天下之事臨機者多迷旁處者深察吾雖
業顓採珠守箕冶之傳且老矣滄海之濱應有遺者
而吾未及見也子諒有知明以相諭
學記良冶之子必學為裘良弓之子必學為箕唐
狄仁傑為吏誣訴閻立本召訊異之曰可謂滄海
遺珠
不氏子矍然起曰翁胡不矢言以啟我而乃自貶以
誣人也翁海上良工也東觀乎鯨渤南涉乎鯤溟西
採乎弱水北蹈乎天池築鮫室以高門闢龍宮以廣
居梯蜃樓以傳望鑿鰐穴以幽棲
東海曰渤海鯨魚之所生也南海曰溟海鯤魚之
所從也史記曰弱水在西海不能負一羽莊子窮
髮之北有溟海其名曰天池鮫能皆有宮室蜃氣
而成漢書曰海傍有蜃氣為樓臺

珠玉遺稿　一

《珠玉遺稿》卷一卷端

《珠玉遺稿》二卷，明李循義撰，明田汝成、明桂茂枝注；《附録》二卷。明萬曆九年（1581）刻本。一册。半葉十一行，行二十字，四周雙邊，白口，雙黑魚尾。框高 19.9 厘米，寬 13.4 厘米。卷一卷端題“四明李循義著，錢塘門人田汝成注”；卷二卷端題“四明李循義著，同郡桂茂枝注”。前有萬曆九年張登雲序，末有正德十一年（1516）戴鯨後序、王相跋。

李循義（生卒年不詳），字時行，别號六峰，浙江鄞縣人。嘉靖二年（1523）進士，授池州推官，纍遷至衡州知府，以疾告歸，卒于家。無他嗜好，極喜積書，遇典籍善本，雖家有此編，重副必得。撰有《珠玉遺稿》《六峰侍御先生文集》《鄮溪存稿》等。《甬上耆舊詩》卷十一、《［雍正］寧波府志》卷二十有傳。

田汝成（1501—1566？），字叔禾，浙江錢塘人。嘉靖五年（1526）進士，授南京刑部主事，尋改禮部，纍遷祠祭郎中、廣東僉事、滁州知州、貴州僉事、廣西右參議等，仕至福建提學副使。性穎敏，博學强記，尤善叙述，纚纚多雅致。撰有《田叔禾集》《炎徼紀聞》《西湖游覽志》等。《明史》卷二百八十七、《［萬曆］錢塘縣志》“紀獻”有傳。

桂茂枝（生卒年不詳），字蒨盈，别字北海，浙江慈溪人。萬曆元年（1573）舉于鄉，屢上春官不第，終于亳州學正。生而夙慧，卓爾不群。撰有《四書義》《毛詩義》等。《［天啓］慈溪縣志》卷八有傳。

是書正文二卷，收文兩篇：卷一《滄海遺珠賦》，田汝成注；卷二《卞和泣玉論》，桂茂枝注。《附録》收啓兩篇，一爲《上邦伯林公啓》，田汝成注；一爲《上徐宗師啓》，桂茂枝注。

是書之成因，張登雲序云：“初，先生上林公啓及徐公所試論賦，皆頃刻援筆而成。先生没，而人蓄遺編，家傳油素，門人田叔禾氏又爲之注釋……先生之學乃大光矣。”

戴鯨後序云：“《珠玉遺稿》者，吾同年李君時行試利器以自見者也……時行少以文章名鄉校久矣，正德八年癸酉秋，獨不得挾藝與諸士校。惟時董學憲副徐公清鑑平衡，稱爲得人，而猶未知時行也。乃以啓先通于郡守林公，公亟賞之，曰：‘是不足以困子矣，標榜辟舉吾責耳。’一時譽命，逮于京師。徐公有若不釋然者。已而再試，難之以賦論。時行占紙四書，滚滚數千言不休。公始而驚，終而信且服，曰：‘真奇才，吾幾失子。’置首選焉。”

李循義爲文，辭藻偉麗而寓意深刻。戴鯨評云：“無聊不平之氣，發之以駢枝偉麗之辭，讀之悲壯，文義蔚然。至于賦論，則搜抉幽奥，雕擢肝腎，天機逸動，百態横生，猶之大鏞寶鼎，殘刻斷碑，殆不可盡識者。闖闖有兩漢風，非所謂窮而後工者耶。”

封面有佚名題“賦論，萬曆刊本，鄞李循義著，錢塘田汝成注，珠玉遺稿一卷附録一卷”。

《四庫全書總目》未收。《中國古籍善本書目》（集部八〇八三條）著録，然《附録》誤作一卷。《中國古籍總目》（集 20208562 條）著録，亦誤。天一閣除此本外，另藏有抄本一部，未見其他機構入藏。

鈐印：“別宥齋”“蕭山朱鼎煦收藏書籍”“朱鼎煦”“朱鼎煦印”。

（劉）

念菴羅先生集

明嘉靖刻本　馮善 2286

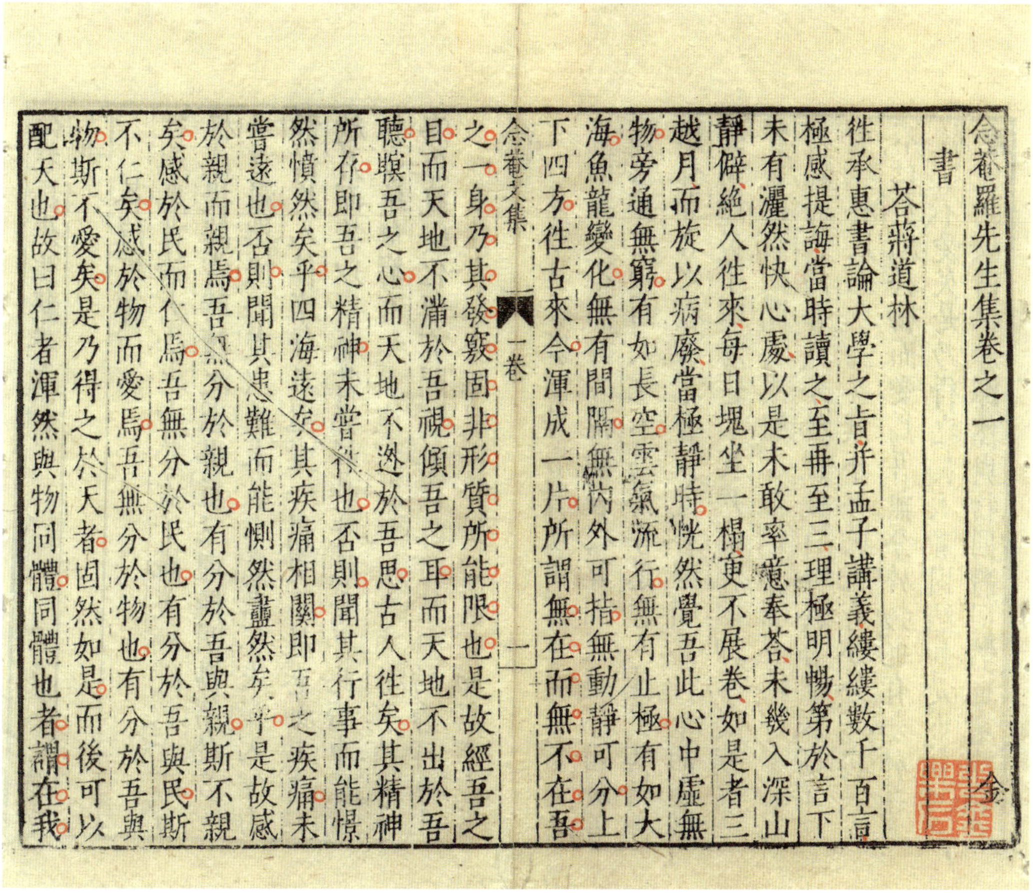
念菴羅先生集卷之一
書
答蔣道林
往承惠書論大學之旨并孟子講義縷縷數千百言極感提誨當時讀之至再至三理極明暢第於言下未有灑然快心處以是未敢率意奉答未幾入深山靜僻絕人往來每日塊坐一榻更不展卷如是者三越月而旋以病廢當極靜時恍然覺吾此心中虛無物旁通無窮有如長空雲氣流行無有止極有如大海魚龍變化無有間隔無內外可指無動靜可分上下四方往古來今渾成一片所謂無在而無不在吾
念菴文集　一卷　一
之一身乃其發竅固非形質所能限也是故經吾之目而天地不滿於吾視傾吾之耳而天地不出於吾聽暝吾之心而天地不逃於吾思古人往矣其精神所存即吾之精神未嘗往也否則聞其行事而能憬然憤然矣乎四海遠矣其疾痛相關即吾之疾痛未嘗遠也否則聞其患難而能惻然盡然矣乎是故感於親而親焉吾無分於親也有分於吾與親斯不親矣感於民而仁焉吾無分於民也有分於吾與民斯不仁矣感於物而愛焉吾無分於物也有分於吾與物斯不愛矣是乃得之於天者固然如是而後可以配天也故曰仁者渾然與物同體同體也者誠在我

《念菴羅先生集》卷一卷端

《念菴羅先生集》十三卷，明羅洪先撰。明嘉靖四十二年（1563）劉玠刻本。八册。半葉十一行，行二十字，四周單邊，白口，單黑魚尾。框高 26.7 厘米，寬 16.0 厘米。前有嘉靖四十二年胡松序。

羅洪先（1504—1564），字達夫，號念菴，江西吉水人。嘉靖八年（1529）

狀元，授翰林院修撰，即告歸，事親以孝聞。後復起，十八年（1539）拜春坊左贊善，明年冬以諫儲貳臨朝事罷歸。年六十一卒，謚文莊。好王守仁學，以理學名，爲王門後學代表人物之一。撰有《念菴羅先生集》《冬游記》等。兼善輿地志圖，有《廣輿圖》。《明史》卷二百八十三、《明儒學案》卷十八、《［光緒］吉水縣志》卷三十六有傳。

是集凡十三卷。卷一至二書，卷三雜著，卷四序，卷五記，卷六傳，卷七行狀，卷八墓志銘，卷九墓表，卷十祭文，卷十一雜文，卷十二至十三詩。序缺首葉。

是書刊刻之由，胡松序云："余懼士之學之日流于詖且遁也，則從其友人王子昭明所鈔得數帙，爰付撫守劉子刻之郡閣，庶其傳可以廣乎！"又言："集凡十有三卷，内書二卷，雜著一卷，序、記、傳、狀、銘、表各一卷，祭及雜文二卷，古律詩二卷。"

羅氏之集，先此刻有嘉靖三十四年（1555）安如磐刻本"念菴羅先生文集四卷"，華東師範大學圖書館有藏；後此刻又有嘉靖四十三年（1564）甄津刻本"念菴羅先生集十三卷"，中國國家圖書館、北京大學圖書館、上海圖書館等機構有藏。此外又有隆慶元年（1567）蘇士潤等刻本"念菴羅先生文集八卷外集十五卷别集四卷"，故宫博物院圖書館、南京圖書館等機構有藏；萬曆三十一年（1603）吴達可刻本"念菴羅先生文要六卷"，中國國家圖書館、上海圖書館等機構有藏；萬曆四十五年（1617）陳于廷刻本"石蓮洞羅先生文集二十五卷"，北京大學圖書館、上海圖書館等機構有藏。

有佚名朱筆校跋。

《四庫全書總目》收録，作"别本羅念菴集十三卷"。《中國古籍善本書目》（集部八一五九條）、《中國古籍總目》（集20208656條）著録。除天一閣外，北京大學圖書館、中共中央黨校圖書館、浙江圖書館、臺北漢學研究中心等多家機構有藏。

鈐印："吉金樂石"。

（饒）

天一閣集

明萬曆刻本　善 3800

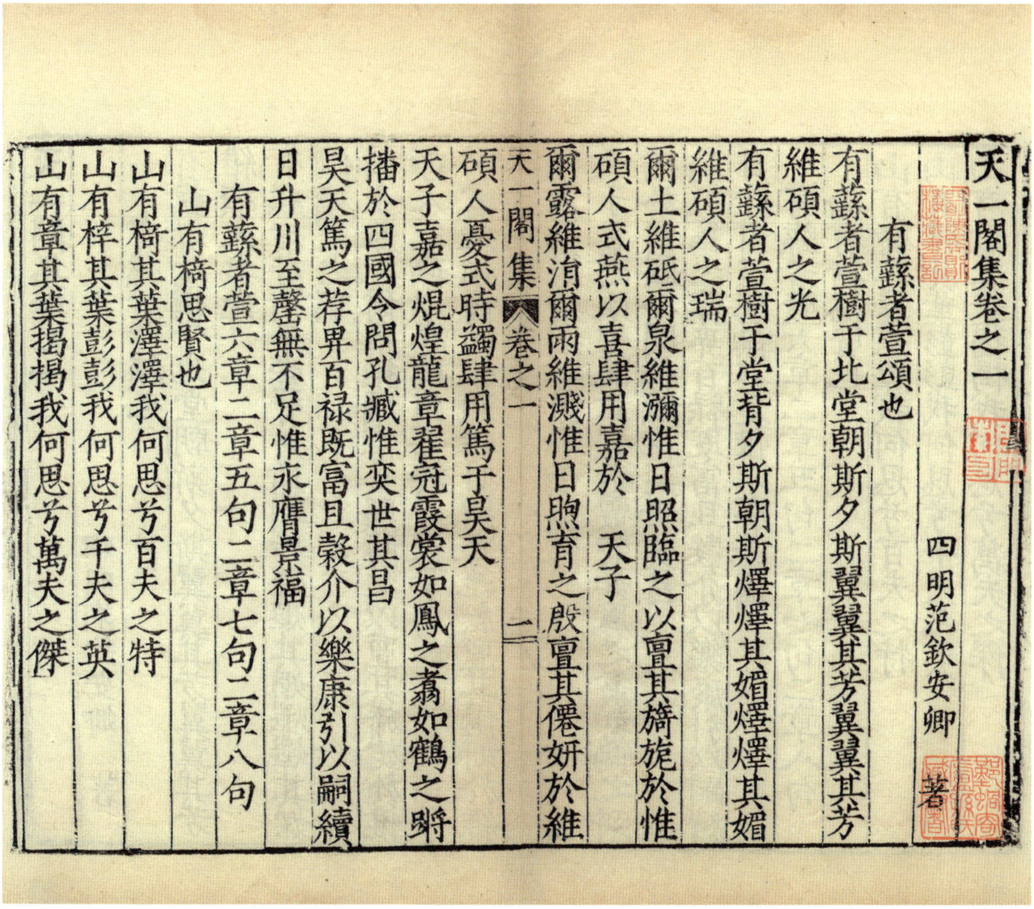

《天一閣集》卷一卷端

《天一閣集》三十二卷，明范欽撰。明萬曆十九年（1591）范氏家刻本。六册。半葉十行，行二十字，左右雙邊，白口，單黑魚尾。框高 20.1 厘米，寬 14.4 厘米。卷端題“四明范欽安卿著”。前有萬曆十九年沈一貫序。

范欽（1506—1585），字堯卿，一作安卿，號東明，浙江鄞縣人。嘉靖十一年（1532）進士。初任湖廣隨州知州，有惠政，升工部員外郎。十九年（1540）遷知袁州，二十三年（1544）遷江西按察副使，備兵九江。後升廣西参政，分守桂平，又轉福建按察使，後進雲南右布政，嘉靖三十三年（1554）爲陜西左使。嘉靖三十七年（1558）遷副都御史，嘉靖三十九年（1560）升兵部右侍郎，旋罷歸。欽博雅好古，性喜藏書，聚書數萬卷，藏于天一閣，爲四明藏書家第一。撰有《天一閣集》《天一閣范氏書目》《奏議》等。《甬上耆舊詩》卷十七、《［雍正］寧波府志》卷二十有傳。

是集收録范欽出仕、歸里及晚年各個時期所撰各體文字。卷一四言古詩，卷二樂府詩，卷三五言古體，卷四七言古體，卷五至九五言律，卷十五言排律，卷十一至十四七言律，卷十五五言絶句，卷十六六言，卷十七七言絶句，卷十八至二十三序，卷二十四碑，卷二十五銘，卷二十六記，卷二十七至二十八祭文，卷二十九書，卷三十啓，卷三十一篇、議、説，卷三十二雜著（七、誄、跋、贊）。全集計收各體作品近一千五百餘篇。

范欽詩文以典則雅馴爲旨。沈一貫序云："故其文氣安而語澤，思平而旨完，此所謂先進之彬彬哉。詩以漢魏爲宗，而加大曆一等，意所獨到，自謂可方陶謝，先生之大都若是矣。夫義不必罕矚，期于適；辭不必更摛，期于似。如其違物理而徒工，反性情而收麗，當年而朽，方行且躓，未入馬遷、相如之室，而先自絶于游、夏之門，范先生之悲也。"

刻工：王元秀、王國法、子鳴、有光、朱天福、王元、汪法、五茅、得光、林純、小光。

《四庫全書總目》未收。《中國古籍善本書目》（集部八二六二條）著録。《中國古籍總目》（集20208699條）著録，然題作"明萬曆十四年（1586）四明范氏刻本"。除天一閣外，中國國家圖書館、北京大學圖書館等機構亦有入藏。

鈐印："四明陳氏文則樓藏書記""翔熊所藏""閉門索句""鄞蝸寄廬孫氏藏書"。

（烏）

靳兩城先生集

明萬曆刻本　善 3840

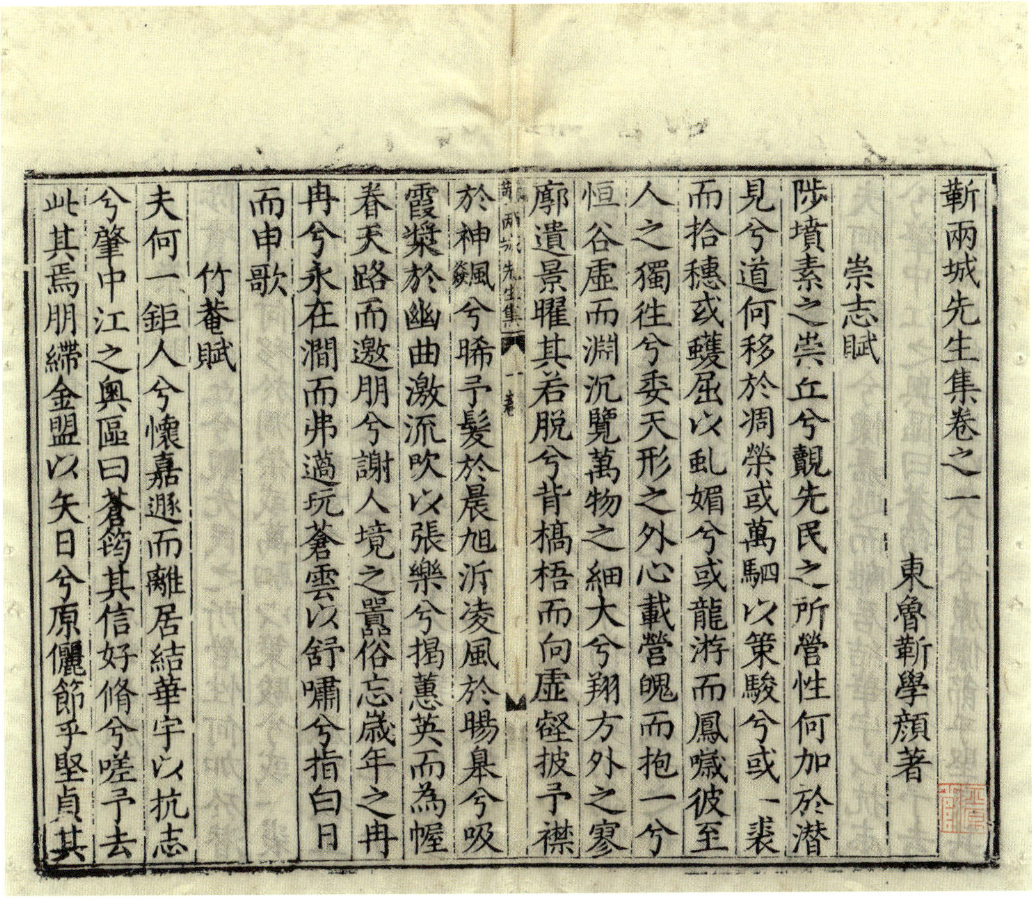

靳兩城先生集卷之一

東魯靳學顏著

崇志賦

陟墳素之崇丘兮覩先民之所營性何加於潛見兮道何移於凋榮或萬駟以策駿兮或一裘而拾穗或蠖屈以虬媚兮或龍游而鳳噦彼至人之獨往兮委天形之外心載營魄而抱一兮恒谷虛而淵沉覽萬物之細大兮翔方外之寥廓遺景曜其若脫兮背槁梧而向虛蹊披予襟於神飆兮晞予髮於晨旭泝凌風於暘臯兮吸霞漿於幽曲激流吹以張樂兮揭蕙英而為幄春天路而邀朋兮謝人境之囂俗忘歲年之冉冉兮永在澗而弗邁玩蒼雲以舒嘯兮指白日而申歌

竹菴賦

夫何一鉅人兮懷嘉遯而離居結華宇以抗志兮肇中江之奧區曰蒼筠其信好脩兮嗟予去此其焉朋縹金盟以矢日兮原儷節乎堅貞其

《靳兩城先生集》卷一卷端

《靳兩城先生集》二十卷，明靳學顏撰。明萬曆十七年（1589）刻本。四册。半葉九行，行十八字，四周雙邊，白口，雙黑魚尾。框高 20.1 厘米，寬 13.8 厘米。卷一卷端題“東魯靳學顏著”。前有萬曆十三年（1585）王圻序、萬曆十七年于若瀛序。

靳學顔（1514—1571），字子愚，山東濟寧人。嘉靖十四年（1535）進士，授南陽推官，以清廉著稱。隆慶初年，入朝任太僕卿，後任右副都御史，巡撫山西。應詔陳理財，凡萬餘言，詳述選兵、鑄錢、積穀等最爲中肯。仕至吏部左侍郎。見首輔高拱掌權專恣，稱病歸卒。撰有《靳兩城先生集》《間存集》等。《明史》卷二百十四、《［乾隆］兖州府志》卷二十三有傳。

此本卷一賦，卷二四言詩、謡，卷三樂府，卷四至六五言古詩，卷七七言古詩，卷八至九五言律詩，卷十至十一七言律詩，卷十二五言絶句，卷十三七言絶句，卷十四至十六序文，卷十七記文，卷十八墓志銘，卷十九祭文，卷二十雜著。

王圻序云："先生……纍官至左少宰，其讞獄良規在宛洛，其賑貸遺愛在雲間，其牧養宏猷在吉郡，其覃敷文教在關中，其底慎財賦在巴蜀，其張皇兵旅在邊徼……要之，一言一咏，何者非訏謨石畫、微言抗議，所宜藏名山而垂永久？假令墓木未拱輒以湮滅，而知公者又晏然莫爲計，不朽之義謂何？乃藩伯竹陽王公從其子需、雷、雯攟拾遺逸，得若干首，委之剞劂。"

《四庫全書總目》收録，作"兩城集二十卷"。《中國古籍善本書目》（集部八三六〇條）著録。《中國古籍總目》（集 20208713 條）著録，作"明萬曆十七年東魯靳雷刻本"。除天一閣外，中國國家圖書館、北京大學圖書館、天津圖書館、南京圖書館、美國國會圖書館、美國哈佛大學哈佛燕京圖書館等多家機構亦有入藏。

鈐印："廉石山房陸氏珍藏""雪香""平原陸氏于郿字酥耑别號雪香家藏""平原藏""朱别宥收藏記"。

（烏）

洞庭集

明嘉靖刻本　善 3848

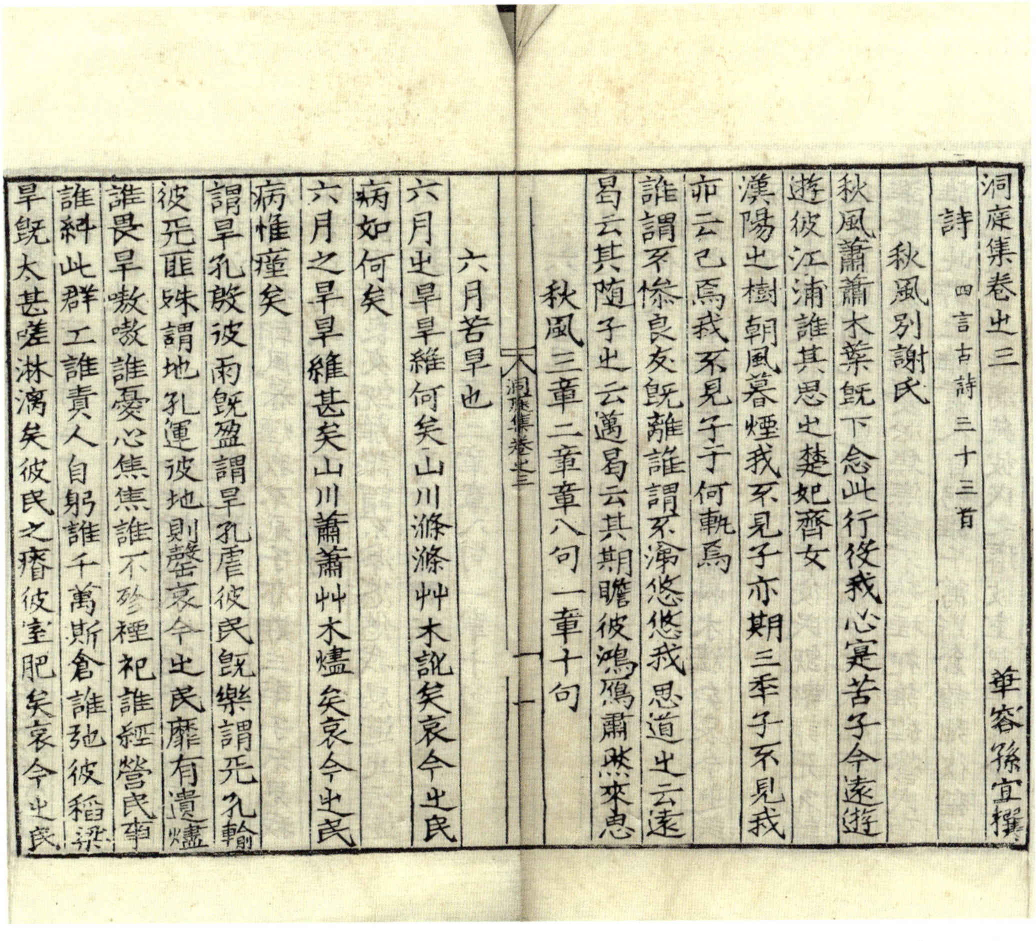
洞庭集卷之三　　華容孫宜撰
詩　四言古詩　三十三首
秋風別謝氏
秋風蕭蕭木葉既下念此行役我心寔苦子今遠遊
遊彼江浦誰其思之楚妃齊女
漢陽之樹朝風暮煙我不見子亦期三季子不見我
亦云已焉我不見子于何軌焉
誰謂不悕良友既離誰謂不瘉悠悠我思道之云遠
曷云其陪子之云邁曷云其期瞻彼鴻鴈肅然來思
秋風三章二章章八句一章十句
洞庭集卷之三
六月苦旱也
六月之旱旱維何矣山川滌滌屮木訛矣哀今之民
病如何矣
六月之旱旱維甚矣山川蕭蕭屮木燼矣哀今之民
病惟瘽矣
謂旱孔酸彼雨既盈謂旱孔虐彼民既樂謂旱孔輸
彼旡匪殊謂地孔運彼地則磬哀今之民靡有遺燼
誰畏旱㪡㪡誰憂心焦焦誰不殄禋祀誰經營民牽
誰糾此群工誰責人自躬誰千萬斯倉誰弛彼稻粱
旱既太甚嗟淋漓矣彼民之瘠彼室肥矣哀今之民

《洞庭集》卷三卷端

《洞庭集》五十三卷，明孫宜撰。明嘉靖二十八年至二十九年（1549—1550）孫斯億刻本。十四册。半葉十行，行二十字，四周單邊，白口，單白魚尾。框高 18.8 厘米，寬 14.2 厘米。卷端題“華容孫宜撰”。

孫宜（1507—1556），字仲可，號洞庭漁人，湖廣華容人。嘉靖七年

（1528）舉人，後屢試禮部不售，遂絶意仕途，三十八歲起隱居洞庭，潛心著書立説，撰有《洞庭集》《孫漁人集》《宋元史論》等。《弇州山人四部稿》卷八十四、《［乾隆］岳州府志》卷二十二有傳。

是集凡五十三卷，每卷前有子目，此本前序及卷一至二、四十二至四十五佚去，存卷三至四十一、四十六至五十三。卷三四言古詩，卷四至五樂府，卷六至十三五言古詩，卷十四至十九七言古詩，卷二十七言初唐體，卷二十一至二十八五言律詩，卷二十九至三十四七言律詩，卷三十五五言絶句，卷三十六至三十七七言絶句，卷三十八至四十一序，卷四十六碑，卷四十七記、説、墓志、贊，卷四十八行狀，卷四十九至五十書，卷五十一至五十二祭文，卷五十三小序。

據中國國家圖書館所藏同一刻本，集前有孫斯億題云："《洞庭集》，往太史養齋嚴公嘗欲刻之姑蘇矣，會以編次未畢，弗果。而索者日衆，手書莫給也，乃于是録刻焉……刻起己酉五月，盡庚戌五月，凡一載而梓人告成事。"

此本裝幀爲包背裝，尚存明時原貌。

據《中國古籍善本書目》，是集版本主要有三種：嘉靖二十八年至二十九年孫斯億刻五十三卷本，嘉靖三十二年（1553）孫宗重刻五十三卷本及明抄四卷本。《中國古籍善本書目》將天一閣藏本歸爲孫宗刻本，但從各版本比較來看，當爲孫斯億刻本。

《四庫全書總目》未收。《中國古籍善本書目》（集部八二四六條）、《中國古籍總目》（集20208821條）著録。除天一閣外，中國國家圖書館、上海圖書館、美國哈佛大學哈佛燕京圖書館等機構亦有入藏。

（劉）

王遵巖家居集

明嘉靖刻本　善 3822

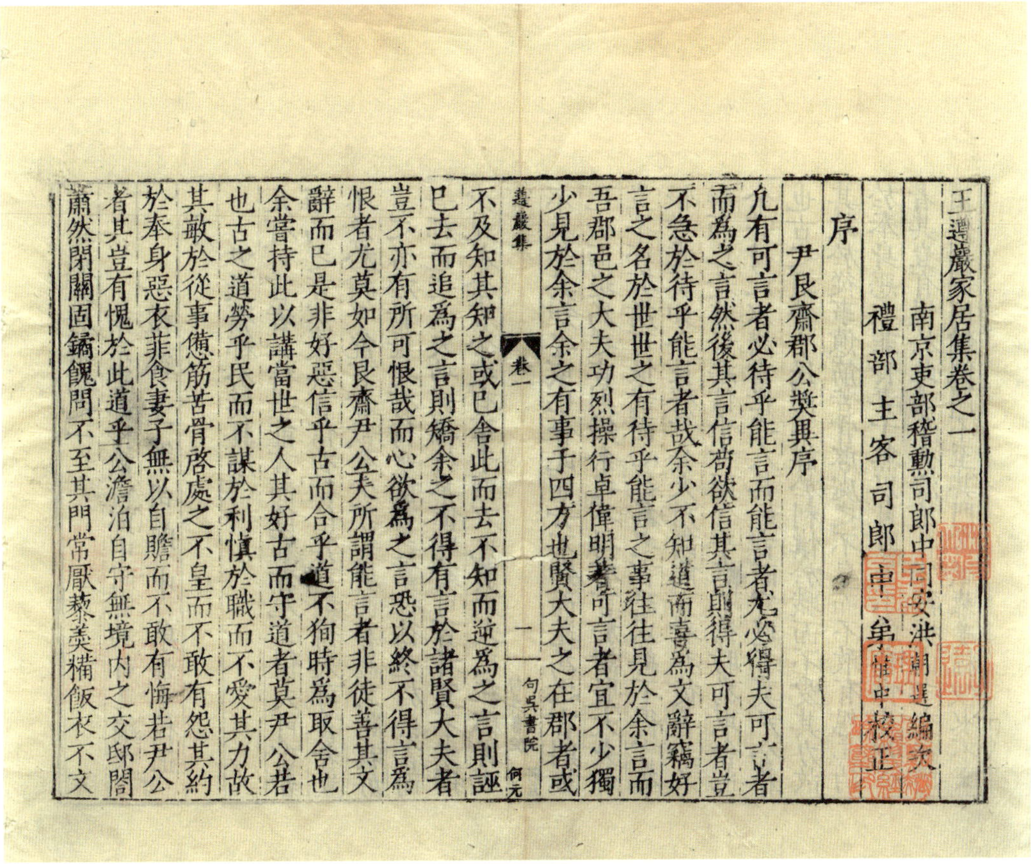
王遵巖家居集卷之一
南京吏部稽勳司郎中同安洪朝選編次
禮部主客司郎中弟惟中校正
序
尹艮齋郡公獎異序
凡有可言者必待乎能言而能言者尤必得夫可言者而爲之言然後其言信而欲信其言則得夫可言者豈不急於待乎能言者哉余少不知道而喜爲文辭竊好言之名於世世之有待乎能言之事往往見於余言而吾郡邑之大夫功烈操行卓偉明著可言者宜不少獨少見於余言余之有事于四方也賢大夫之在郡者或不及知其知之或已舍此而去不知而遂爲之言則誣已去而追爲之言則矯余之不得有言於諸賢大夫者豈不亦有所可恨哉而心欲爲之言恐以終不得言爲恨者尤莫如今艮齋尹公夫所謂能言者非徒善其文辭而已是非好惡信乎古而合乎道不狥時爲取舍也余嘗持此以講當世之人其好古而守道者莫尹公若也古之道勞乎民而不謀於利慎於職而不愛其力故其敢於從事僃筋苦骨啓處之不皇而不敢有怨其約於奉身惡衣菲食妻子無以自贍而不敢有悔若尹公者其豈有愧於此道乎公澹泊自守無境内之交邸閤蕭然閉關固鑰餽問不至其門常厭藜羮糲飯衣不文
遵巖集　卷一　一　句吳書院　何元

《王遵巖家居集》卷一卷端

《王遵巖家居集》七卷，明王慎中撰。明嘉靖三十一年（1552）句吴書院刻本。四册。半葉十一行，行二十一字，左右雙邊，白口，單黑魚尾，版心上刻“遵巖集”，下刻“句吴書院”及刻工。框高 19.0 厘米，寬 13.5 厘米。卷一卷端題“南京吏部稽勛司郎中同安洪朝選編次，禮部主客司郎中弟惟中校正”。前有嘉靖三十一年華雲序。

王慎中（1509—1559），字道思，號南江，别號遵巖，福建晋江人。嘉靖五年（1526）進士，授户部主事，纍官至河南參政，以忤夏言落職。肆力古文，卓然成家，爲"嘉靖八才子"之首，與唐順之齊名，時并稱"王唐"。撰有《王遵巖家居集》《遵巖先生文集》《玩芳堂摘稿》等。《明史》卷二百八十七、《閩書》卷八十五有傳。

卷一至二序，卷三記，卷四志銘，卷五墓表，卷六行狀，卷七傳、祭文。

華雲序云："遵巖王子曩以吏部謫倅毗陵，吾毗陵人未之奇也。會荆川子自京師歸，語于人，毗陵人乃知王子。荆川子嘗語余曰：'王子之文愈于余。'余未之信。已而得其文一二，讀而知之。後官京師，其弟祠部君余同年，嘗授余一編曰：'此吾兄《家居集》也。'余再讀之，知其與荆川子并驅已。及改官留都，同年稽勛洪君取而編校之，稍刊益焉，乃刻以傳閩中……洪君名朝選，亦温陵人，苦學礪節，其文嗣遵巖而興者也。"

刻工：何元、何鈿、何亨、何鑰、何瑞、何鳳、何祐、鎡、曹祐、鑑。

目録末有清光緒十二年（1886）楊泰亨題跋。

《四庫全書總目》未收。《中國古籍善本書目》（集部八一一三條）、《中國古籍總目》（集 20208892 條）著録。除天一閣外，上海圖書館、美國哈佛大學哈佛燕京圖書館等機構亦有入藏。

鈐印："赤堇山人""朱别宥收藏記""蕭山朱氏""鼎煦""朱鼎煦印""山陰沈氏南陔草堂藏書之章""沈大寧印""臣泰亨印""理庵""泰亨讀""子遠""慈溪赭山楊氏經畬塾印"。

（烏）

遵巖先生文集

明嘉靖刻本　馮善 2293

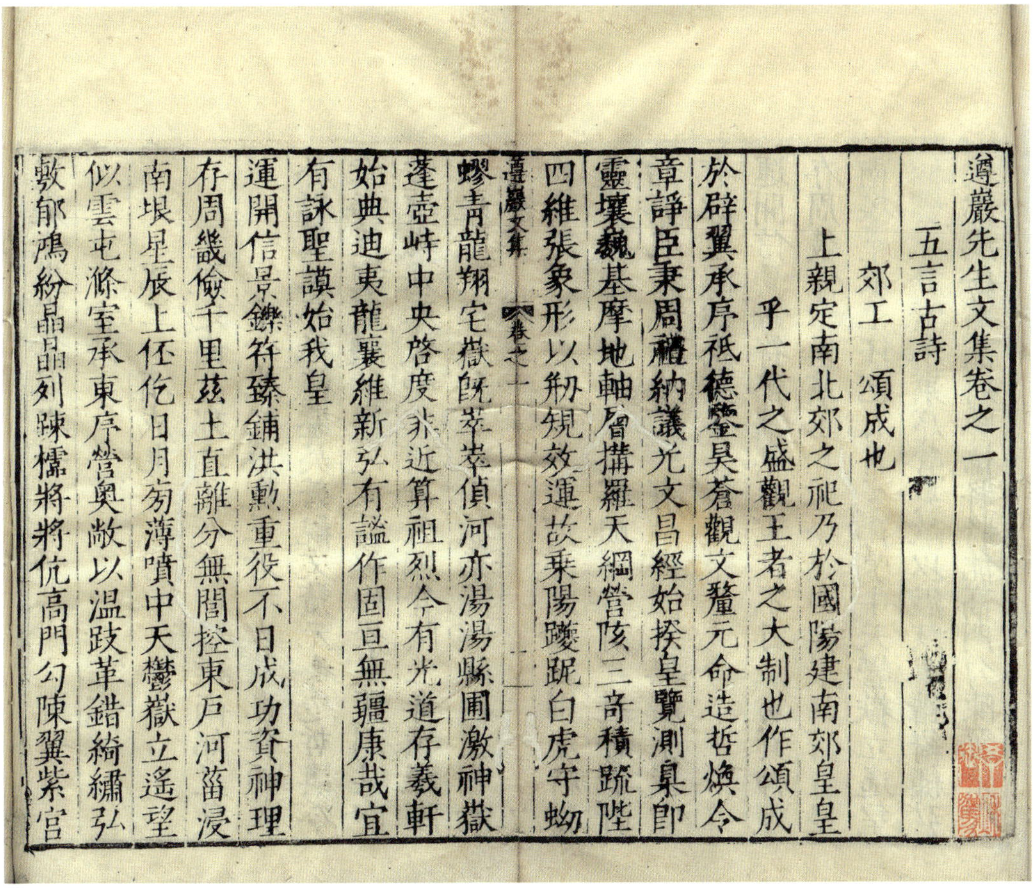

《遵巖先生文集》卷一卷端

《遵巖先生文集》四十一卷，明王慎中撰。明嘉靖四十五年（1566）劉溱刻本。十一册。半葉九行，行十九字，左右雙邊，白口，單黑魚尾。框高 19.5 厘米，寬 14.1 厘米。序缺。前有明李贄《遵巖王先生傳》。

是書凡四十一卷，卷首序跋及目録葉四十七後缺佚，内文缺九卷，爲卷十六至十九、二十七至二十八、三十九至四十一。卷一至二五言古詩，卷三至四七言古詩，卷五至六五言律詩，卷七五言排律、五言絶句，卷八至九七言律詩，卷十至十一七言絶句，卷十二古樂府，卷十三詞，卷十四至十五序，卷二十至二十一序，卷二十二至二十四記，卷二十五碑文，卷二十六志銘，卷二十九墓表，卷三十傳，卷三十一行狀，卷三十二至三十四祭文，卷三十五雜著（含賦、頌等），卷三十六至三十八書。

刻工：約、顧時中、益、夏文其、高、寅、何一金、彭、張、唐、顧連、才、章、循等。

有佚名批校。

《遵巖先生文集》，除是刻外，明刻尚有隆慶五年（1571）刻"遵巖先生文集四十一卷"、隆慶五年嚴鎡刻"遵巖先生文集二十五卷"。

《四庫全書總目》據隆慶五年"遵巖先生文集二十五卷"收録，改題"《遵巖集》二十五卷"，提要稱："是本乃隆慶辛未慎中子同康及婿莊國禎稍爲芟削重録，較爲精整。惟簡端洪朝選序稱詩文四十卷，此本止二十五卷，目録卷數亦多改補，未喻其故。或刻成之後又爲簡汰歟？"可知四庫館臣未及見四十一卷本也。

《中國古籍善本書目》（集部八一〇五條）著録。《中國古籍總目》（集20208895條）著録，作"遵巖先生文集四十一卷首一卷目録一卷"。除天一閣外，中國國家圖書館、北京大學圖書館、中國社會科學院歷史研究所、南京圖書館等多家機構均有入藏。天一閣另有複本一部，存卷一至二。

鈐印："希御""秋篤""南湖蝸寄廬藏"。

（饒）

李氏山房詩選

明刻本　善 3909

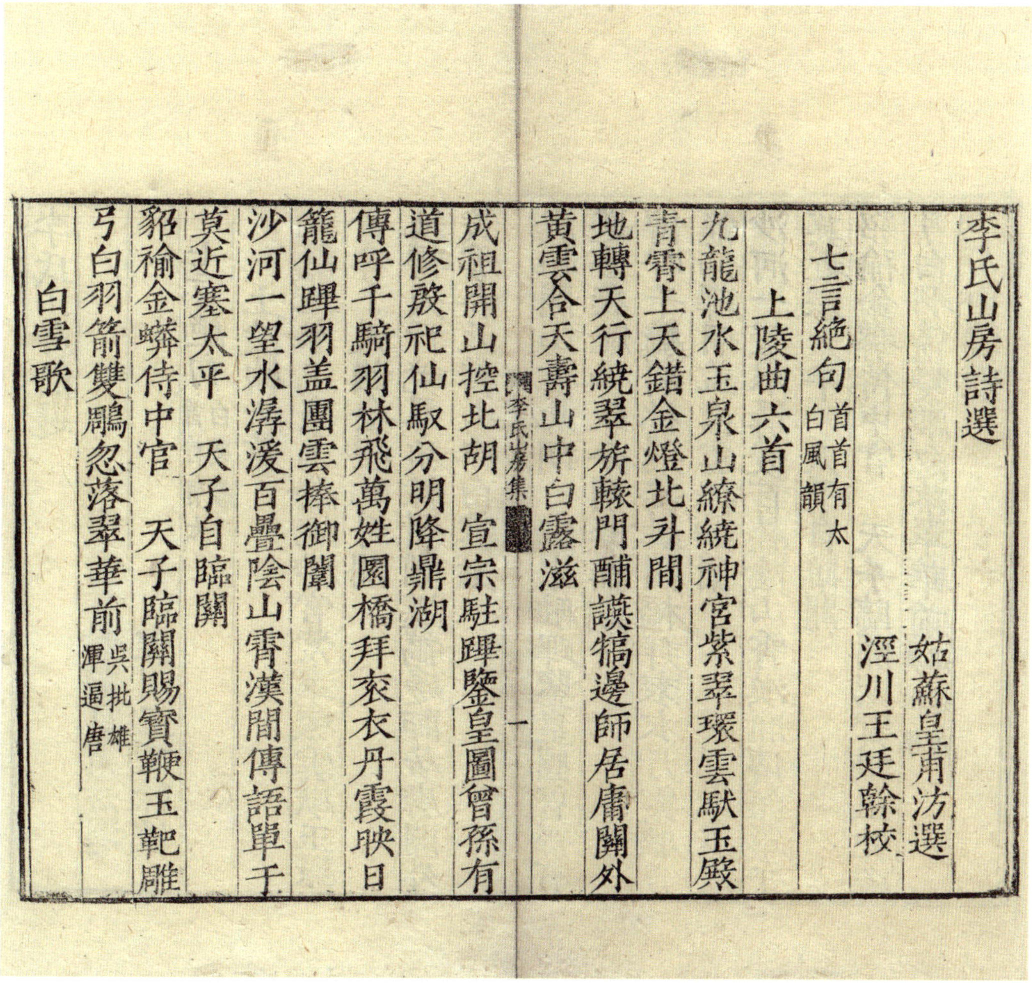

李氏山房詩選

姑蘇皇甫汸選

涇川王廷幹校

七言絶句 首首有太白風韻

上陵曲六首

九龍池水玉泉山繚繞神宮紫翠環雲馭玉殿青霄上天錯金燈北斗間

地轉天行繞翠旂轅門酺讌犒邊師居庸關外黃雲合天壽山中白露滋

李氏山房集　一

成祖開山控北胡　宣宗駐蹕鑒皇圖曾孫有道修禋祀仙馭分明降鼎湖

傳呼千騎羽林飛萬姓圜橋拜衮衣丹霞映日籠仙蹕羽蓋團雲捧御闌

沙河一望水潺湲百疊陰山霄漢閒傳語單于莫近塞太平　天子自臨關

貂褕金蟒侍中官　天子臨關賜寶鞭玉靶雕弓白羽箭雙鵰忽落翠華前 吳批雄渾過唐

白雪歌

《李氏山房詩選》卷一卷端

《李氏山房詩選》三卷，明李先芳撰，明皇甫汸選。明刻本。二册。半葉九行，行十八字，左右雙邊，白口，雙黑魚尾。框高 18.6 厘米，寬 13.7 厘米。卷端題“姑蘇皇甫汸選，涇川王廷幹校”。

李先芳（1511—1594），字伯承，號北山，山東濮州人。嘉靖二十六年（1547）進士，仕至尚寶司少卿。撰有《李氏山房詩選》《讀書私記》《江右詩稿》《東岱山房稿》等。《國朝獻徵録》卷七十七、《［嘉慶］涇縣志》卷三十一有傳。

皇甫汸生平參見“嶽遊漫稿”條。

先芳原有《東岱山房詩録》，然傳本罕見，此爲其選本，故名。此本卷端未標卷次，據卷端，存者當爲三卷，所選皆爲七言絶句。然存卷一僅存十一葉，而存卷二葉次從十一起計，至三十一而止，存二十一葉，而存卷三則葉一至葉五十六，計五十六葉。

刻工：才、琴。

《四庫全書總目》收録。《中國古籍善本書目》（集部八五九六條）著録。《中國古籍總目》（集20208981條）著録，作六卷，未知何據。除天一閣外，未見其他機構入藏。

（趙）

茅鹿門先生文集

明萬曆刻本　善 3940

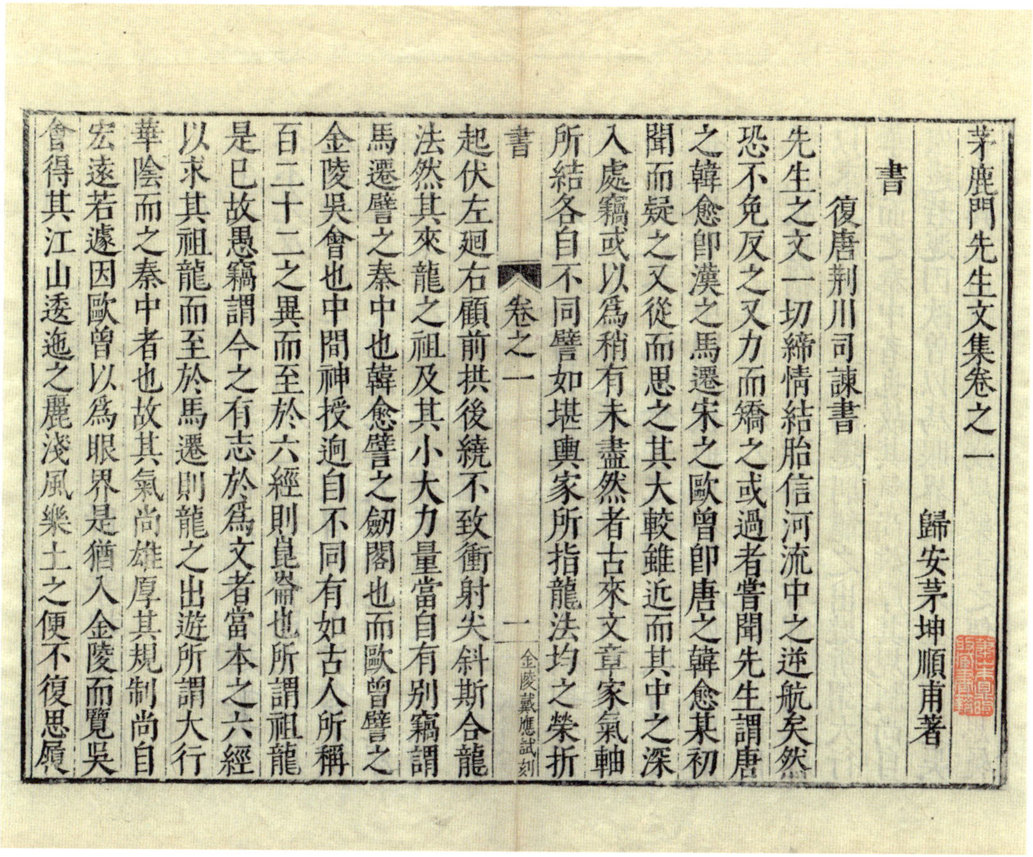
茅鹿門先生文集卷之一
書　　　　歸安茅坤順甫著
復唐荊川司諫書
先生之文一切締情結胎信河流中之逆航矣然
恐不免反之又力而矯之或過者嘗聞先生謂唐
之韓愈即漢之馬遷宋之歐曾即唐之韓愈某初
聞而疑之又從而思之其大較雖近而其中之深
入處竊或以爲稍有未盡然者古來文章家氣軸
所結各自不同譬如堪輿家所指龍法均之縈折
書　卷之一　一　金陵戴應試刻
起伏左廻右顧前拱後繞不致衝射尖斜斯合龍
法然其來龍之祖及其小大力量當自有别竊謂
馬遷譬之秦中也韓愈譬之劒閣也而歐曾譬之
金陵吳會也中間神授迥自不同有如古人所稱
百二十二之異而至於六經則昆侖也所謂祖龍
是已故愚竊謂今之有志於爲文者當本之六經
以求其祖龍而至於馬遷則龍之出遊所謂大行
華陰而之秦中者也故其氣尚雄厚其規制尚自
宏遠若遽因歐曾以爲眼界是猶入金陵而覽吳
會得其江山逶迤之麗淺風樂土之便不復思履

《茅鹿門先生文集》卷一卷端

《茅鹿門先生文集》三十六卷，明茅坤撰。明萬曆十六年（1588）刻本。十册。半葉十行，行十九字，左右雙邊，白口，單黑魚尾。框高 20.7 厘米，寬 15.1 厘米。卷端題“歸安茅坤順甫著”。前有王宗沐序、萬曆十六年陳文燭序、王宗沐像贊、莫如忠像贊。

茅坤（1512—1601），字順甫，號鹿門、髯翁，浙江歸安人。嘉靖十七年（1538）進士，歷任青陽、丹徒知縣，遷禮部主事，纍官河南按察司副使。罷歸，居家五十餘年，年九十卒。編著頗豐，撰有《茅鹿門先生文集》《白華樓稿》《玉芝山房稿》《耄年録》《徐海本末》《史記鈔》《浙江分署紀事本末》等。《明史》卷二百八十七、《［光緒］歸安縣志》卷三十六有傳。

此集凡三十六卷。據卷前目録，卷一至九書，卷十至十八序，卷十九傳，卷二十記，卷二十一碑，卷二十二至二十四墓志銘，卷二十五墓表，卷二十六至二十七祭文，卷二十八行狀、墓碣，卷二十九家乘録，卷三十至三十二雜著，卷三十三表、策、論，卷三十四續策，卷三十五墓志、行狀、墓表、傳、行實，卷三十六丹徒名宦公移。此本存卷一至九、十五至三十六，計三十一卷。

王宗沐序云："甲子歲，余謝病歸西湖，而君又適來會。因出其子翁積所裒刻《白華樓集》若干卷，曰：'余平生竭力在此。何如作者，君爲我序之。'其良自負也已。"陳文燭序云："《白華樓藏稿》《續稿》《吟稿》，鹿門茅先生所著也。先生文章爾雅，雄視宇内，謂余可聞斯旨，曾序其文。先生以全集寄豫章，屬余序焉。"

刻工：邵良卿、戴應試、戴應聘、戴應詔、陶孪、黄詔、王化、崔河、畢豪、張、黄、吴、如、世、潘、鄭、式、彀、信、魏、鐘。

此本封面有朱鼎煦題記，未署年月。

《續修四庫全書》據中國科學院文獻情報中心藏萬曆刻本影印，較爲通行。

《四庫全書總目》未收。《中國古籍善本書目》（集部八四一二條）、《中國古籍總目》（集20209023條）著録。除天一閣外，僅見上海圖書館有藏。

鈐印："别宥齋""秋樹廬""赤堇山人""退一居珍藏印""鄮卿心賞""蕭山朱鼎煦收藏書籍""葉宸棻""矗西"。

（王）

餘清堂定稿

明刻本　善 3878

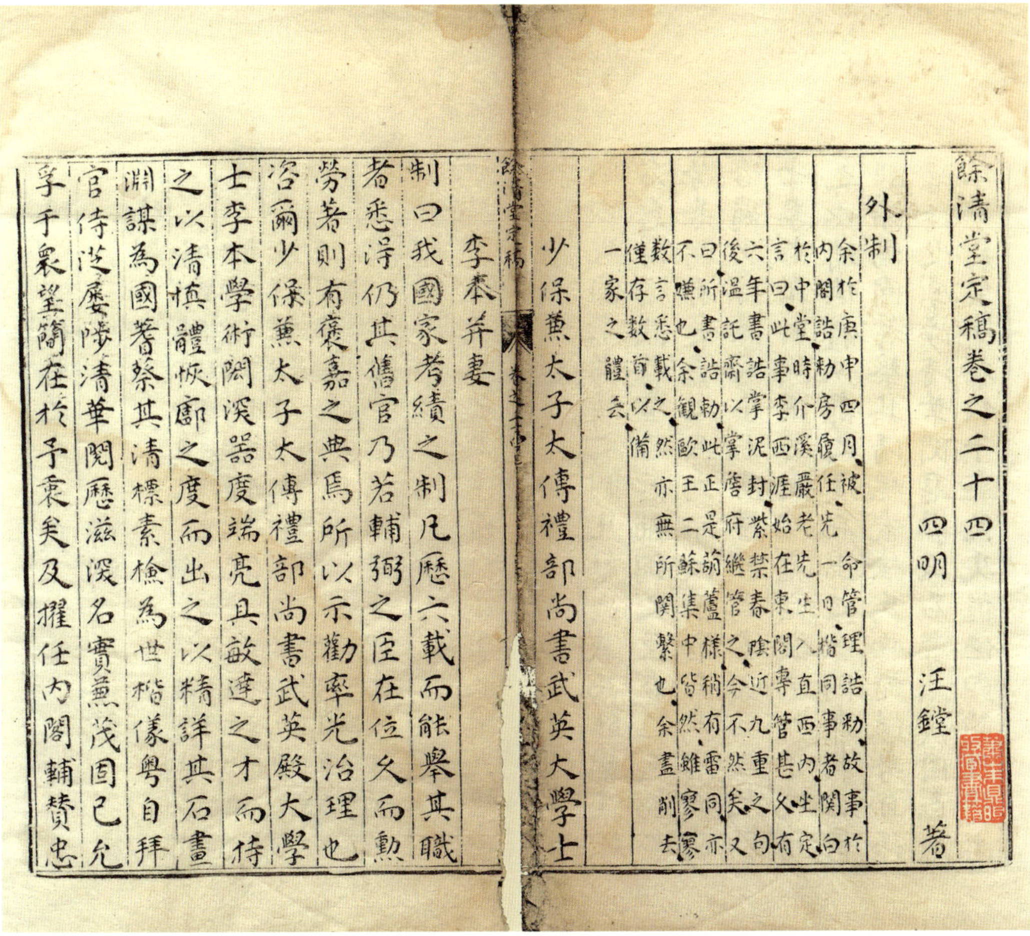

《餘清堂定稿》卷二十四卷端

《餘清堂定稿》三十二卷，明汪鏜撰。明刻本。一册。半葉十行，行十八字，四周雙邊，白口，雙黑魚尾。框高 26.9 厘米，寬 17.1 厘米。卷端題“四明汪鏜著”或“四明山人汪鏜著”。

汪鏜（1512—1588），初名鏜孫，既貴後改今名，字振宗，號遠峰，浙江鄞縣人。嘉靖二十六年(1547)進士，改翰林院庶吉士，授編修，命教内書堂，纍遷至禮部尚書兼學士，遂引年歸里。儀度恬雅，進止秩如，在詞林三十年，優游文史以終身。撰有《餘清堂定稿》。《甬上耆舊詩》卷十七、《［康熙］鄞縣志》卷十七有傳。

是書存卷二十四至二十八。卷二十四至二十五外制，卷二十六奏疏，卷二十七碑，卷二十八神道碑銘。

卷二十四前有小序云："余于庚申四月，被命管理誥敕。故事，于内閣誥敕房履任，先一日楷[1]同事者關白于中堂。時介溪嚴老先生入直西内，坐定，言曰：'此事李西涯始在東閣專管甚久，有'六年書誥掌泥封，紫禁春陰近九重'之句。後温託齋以掌詹府繼管之。今不然矣。'又曰：'所書誥敕此正是葫蘆樣，稍有雷同亦不嫌也。'余觀歐、王、二蘇集中皆然，雖寥寥數言悉載之，然亦無所關繫也。余盡削去，僅存數首，以備一家之體云。"

奏疏部分均爲鏜告假省親、升俸謝恩、乞休致事等内容。《改名疏》云："翰林院侍讀臣汪鏜孫謹奏爲乞恩改名事：臣伏睹《大明會典》内一款：'凡官幼名改諱，具奏改正，貼黄，仍行知會移咨户部，改附籍册，欽此。'竊念臣名鏜孫，原係幼名，既長未經改正，委實未安。臣欲更名鏜。"

《四庫全書總目》著録，作"餘清堂稿三十二卷"，入集部别集類存目。提要云："是集詩八卷，文二十四卷。考《千頃堂書目》，鏜有《餘清堂稿》十二卷，今未見其本。又有《餘清堂定稿》三十二卷，即此編也。"

《中國古籍善本書目》《中國古籍總目》皆未著録。除天一閣外，未見其他機構入藏。

鈐印："蕭山朱鼎煦收藏書籍""别宥齋"。

（劉）

〔1〕原爲"楷"，當爲"偕"。

滄溟先生集

明隆慶刻本　馮善 2299

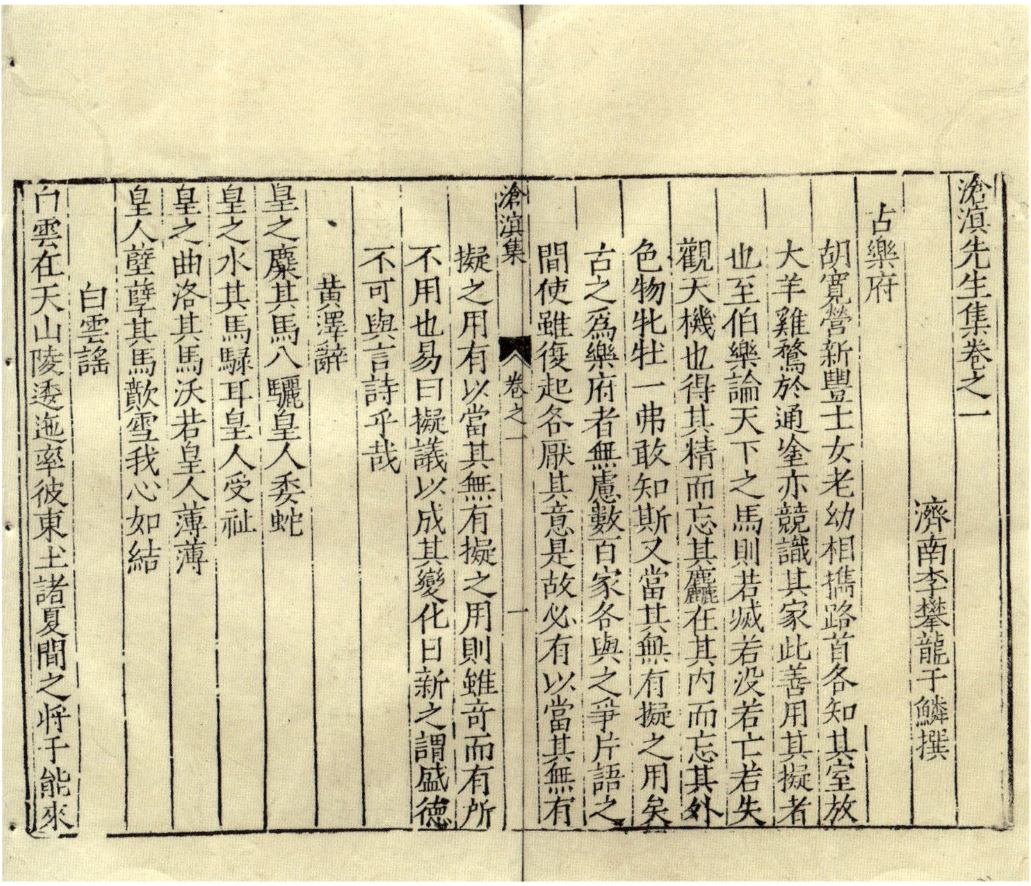
滄溟先生集卷之一

濟南李攀龍于鱗撰

古樂府

胡寬營新豐士女老幼相攜路首各知其室放犬羊雞鶩於通塗亦競識其家此善用其擬者也至伯樂論天下之馬則若滅若沒若亡若失觀天機也得其精而忘其麤在其內而忘其外色物牝牡一弗敢知斯又當其無有擬之用矣古之爲樂府者無慮數百家各與之爭片語之間使雖復起各厭其意是故必有以當其無有

滄溟集　卷之一　一

擬之用有以當其無有擬之用則雖奇而有所不用也易曰擬議以成其變化日新之謂盛德不可與言詩乎哉

黃澤辭

皇之麇其馬八驪皇人委蛇

皇之水其馬騄耳皇人受祉

皇之曲洛其馬沃若皇人薄薄

皇人蘖孽其馬歕雪我心如結

白雲謠

白雲在天山陵逶迤率彼東土諸夏閒之将子能來

《滄溟先生集》卷一卷端

《滄溟先生集》三十卷，明李攀龍撰；《附録》一卷。明隆慶六年（1572）刻本。十册。半葉十行，行二十字，左右雙邊，白口，單黑魚尾。框高 19.5 厘米，寬 14.7 厘米。卷端題“濟南李攀龍于鱗撰”。前有隆慶六年張佳胤序。

李攀龍（1514—1570），字于鱗，號滄溟，山東歷城人。嘉靖二十三年（1544）

進士，授刑部主事，纍仕至河南按察使。擅古文辭，與王世貞、謝榛、宗臣、梁有譽、徐中行、吴國倫等并稱“後七子”，領袖文壇。撰有《滄溟先生集》《白雪樓詩集》《滄溟逸稿》等。《明史》卷二百八十七、《［乾隆］歷城縣志》卷四十有傳。

卷一古樂府，卷二古樂府、三言、四言，卷三至四五言古詩，卷五七言古詩，卷六五言律詩，卷七五言律詩、七言律詩，卷八至十七言律詩，卷十一七言律詩、五言排律，卷十二七言排律、五言絶句，卷十三七言絶句，卷十四七言絶句、六言律詩、六言絶句，卷十五賦、頌、序，卷十六至十八序，卷十九記，卷二十傳，卷二十一至二十二墓志，卷二十三墓志、墓表、神道碑、行狀、祭文，卷二十四祭文，卷二十五雜文，卷二十六至三十書；附録一卷爲他人所傳之墓志、傳、祭文、祭詩等。

刻工：陸、邦、顧汝嘉。

《四庫全書總目》收録。《中國古籍善本書目》（集部八四八五條）、《中國古籍總目》（集 20209070 條）著録。除天一閣外，中國國家圖書館、北京大學圖書館、上海圖書館、南京圖書館等多家機構亦有入藏。

（趙）

新鍥會元湯先生批評滄溟文選評林

明刻本　馮善 2300

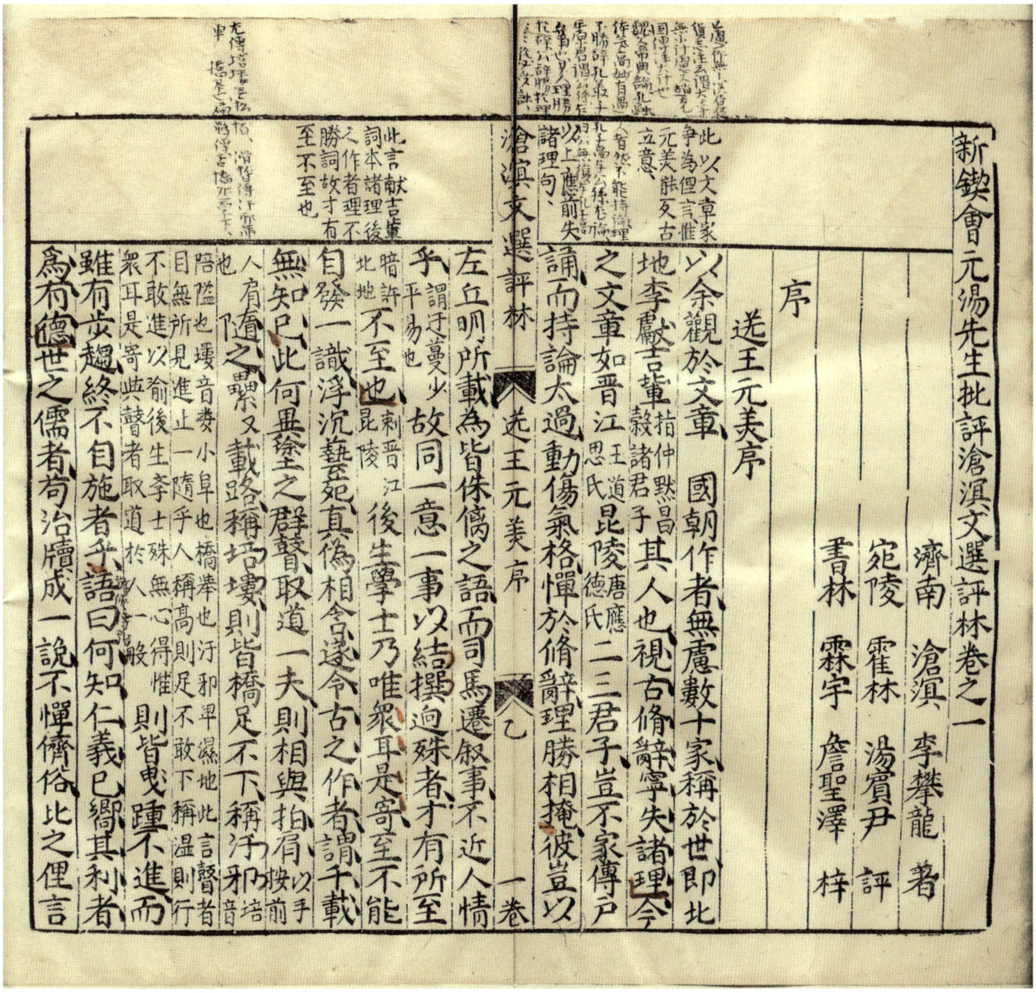

《新鍥會元湯先生批評滄溟文選評林》卷一卷端

《新鍥會元湯先生批評滄溟文選評林》五卷，明李攀龍撰，明湯賓尹評。明書林詹霖宇刻本。四册。上下雙欄，上欄小字半葉二十行，行五字，四周單邊或雙邊不一，無界欄；下欄半葉十行，行二十一字，小字雙行同，四周單邊或雙邊不一，白口，雙黑魚尾、單黑魚尾或無魚尾不一。卷一卷端題“濟南滄溟李攀龍著，宛陵霍林湯賓尹評，書林霖宇詹聖澤梓。”前有湯賓尹序，卷三末有佚名跋。

湯賓尹生平參見“湯嘉賓睡菴集”條。

是書凡五卷，卷一序文十八篇；卷二序文原十五篇，存十四篇；卷三記文二十一篇；卷四志銘十六篇；卷五表、碑、狀十五篇。

湯賓尹序云：“張肖甫序其集，既具，余爲之重刻。”

《四庫全書總目》未收。《中國古籍善本書目》（集部八五〇〇條）、《中國古籍總目》（集 20209081 條）著録。除天一閣外，西安市文物管理委員會、常熟市圖書館、鎮江博物館及湖南師範大學圖書館等多家機構亦有藏。

鈐印：“伏跗室藏書印”。

（饒）

擬古樂府

明刻本　善 3894

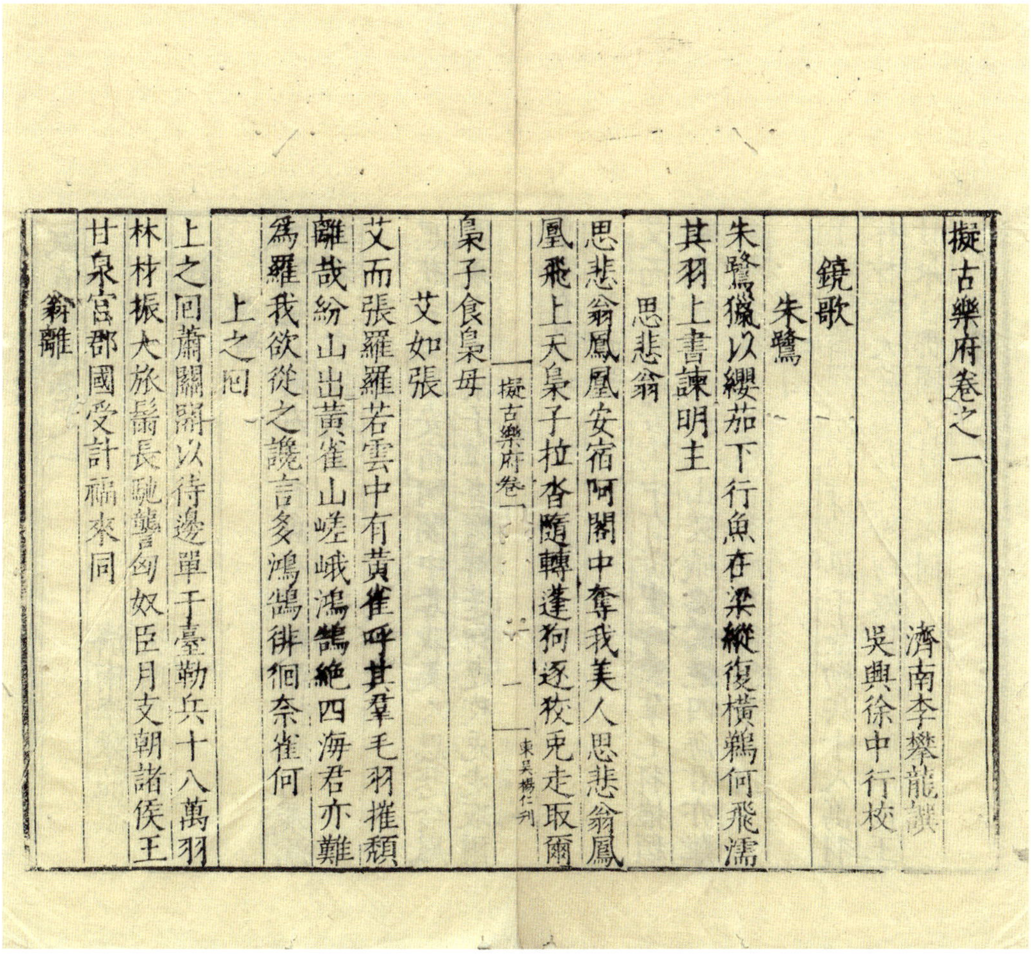
擬古樂府卷之一
濟南李攀龍撰
吳興徐中行校
鐃歌
朱鷺
朱鷺獵以纓茄下行魚在梁縱復橫鷀何飛濡
其羽上書諫明主
思悲翁
思悲翁鳳凰安宿阿閣中奪我美人思悲翁鳳
凰飛上天梟子拉沓隨轉蓬狗逐狡兎走取爾
擬古樂府卷一　一　東吳楊仁刊
梟子食梟母
艾如張
艾而張羅羅若雲中有黃雀呼其羣毛羽摧頹
離哉紛山出黃雀山嵯峨鴻鵠絶四海君亦難
爲羅我欲從之讒言多鴻鵠徘徊奈雀何
上之回
上之回蕭關闢以待邊單于臺勒兵十八萬羽
林材振大旅髯長馳讋匈奴臣月支朝諸侯王
甘泉宮郡國受計福來同
翁離

《擬古樂府》卷一卷端

《擬古樂府》二卷，明李攀龍撰。明刻本。一册。半葉十行，行十八字，左右雙邊，白口，無魚尾。框高 17.1 厘米，寬 12.5 厘米。卷端題“濟南李攀龍撰，吳興徐中行校”。前有李攀龍自序。

是集凡二卷，均爲擬古樂府詩。李攀龍所作擬古樂府詩，字句精美，尤其五言古詩頗得漢魏古體詩精髓，爲人稱道。

刻工：楊仁、崔忠臣。

《四庫全書總目》未收。《中國古籍善本書目》（集部八四九八條）著録。《中國古籍總目》未著録。除天一閣外，未見其他機構入藏。

（趙）

海忠介公文集

明萬曆刻本　善 3915

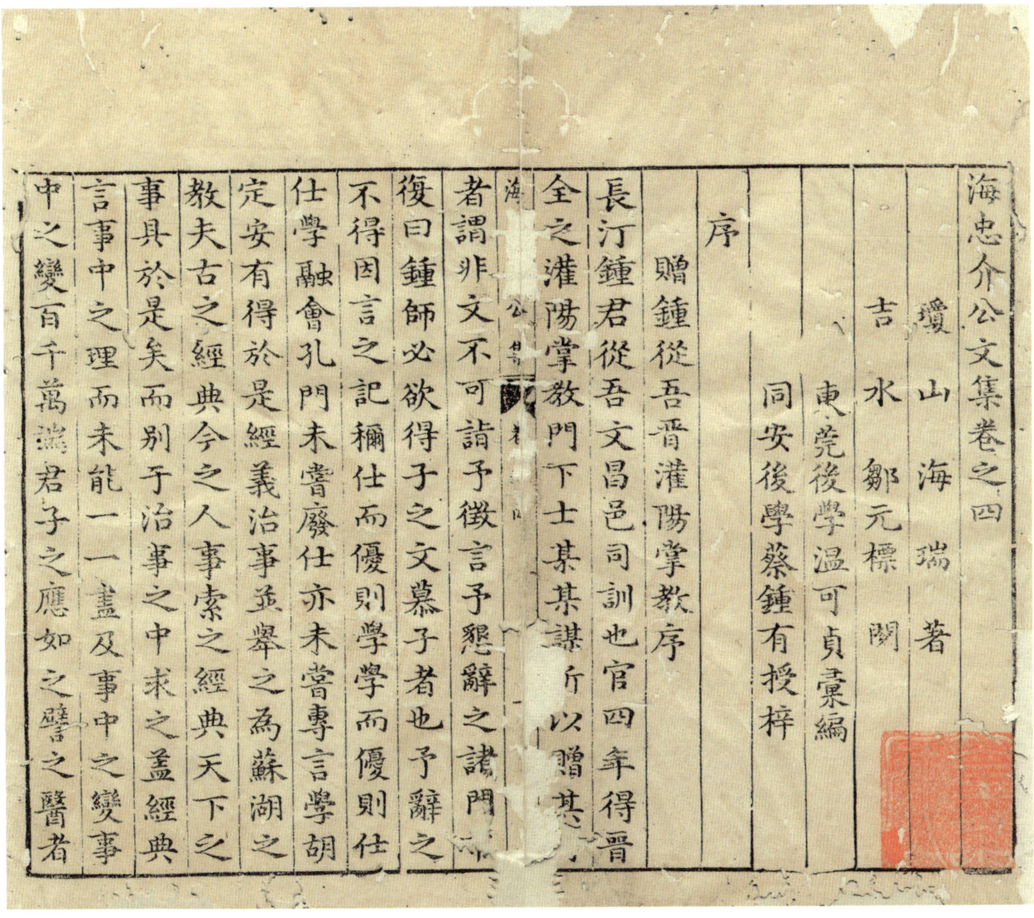
海忠介公文集卷之四
瓊山海瑞著
吉水鄒元標閲
東莞後學温可貞彙編
同安後學蔡鍾有授梓
序
贈鍾從吾晉灌陽掌教序
長汀鍾君從吾文昌邑司訓也官四年得晉
全之灌陽掌教門下士某某謀所以贈其[illegible]
者謂非文不可請予徵言予懇辭之諸門[illegible]
復曰鍾師必欲得子之文慕子者也予辭之
不得因言之記稱仕而優則學學而優則仕
仕學融會孔門未嘗廢仕亦未嘗專言學胡
定安有得於是經義治事並舉之為蘇湖之
教夫古之經典今之人事索之經典天下之
事具於是矣而別于治事之中求之蓋經典
言事中之理而未能一一盡及事中之變事
中之變百千萬端君子之應如之譬之醫者

《海忠介公文集》卷四卷端

《海忠介公文集》十卷，明海瑞撰，明鄒元標閲，明温可貞彙編。明萬曆四十六年（1618）同安蔡鍾有刻本。一册。半葉九行，行十七字，四周單邊，白口，單黑魚尾。框高 19.7 厘米，寬 13.7 厘米。卷端題“瓊山海瑞著，吉水鄒元標閲，東莞後學温可貞彙編，同安後學蔡鍾有授梓”。

海瑞（1514—1587），字汝賢，一字國開，號剛峰，廣東瓊山人。嘉靖二十八年（1549）舉人，初任福建南平教諭，纍遷至右僉都御史，爲官清廉，爲人剛正。撰有《海忠介公文集》《備忘集》《淳安政事稿》等。《明史》卷二百二十六、《［咸豐］瓊山縣志》卷十九有傳。

鄒元標（1551—1624），字爾瞻，號南皋，江西吉水人，萬曆五年（1577）進士，歷任刑部右侍郎、左都御史。性耿介敢諫，時有直聲。謚忠介。工詩文，善書法。撰有《願學集》等。《明史》卷二百四十三、《［光緒］青陽縣志》卷四有傳。

温可貞（生卒年不詳），字爾淳，廣東東莞人。萬曆十年（1582）舉人，歷任亳州知州、南安州知州、思南府同知等，所至皆有政聲。《［嘉慶］新安縣志》卷十九有傳。

此集凡十卷，此本殘存卷四至五，所收均爲序。據《明别集叢刊・第三輯》本，此集前有萬曆四十六年鄒元標序，目録未標卷次，僅以文類分，首論，次書，次奏疏，次序，次記，次四書義，次爲附録，再次爲哀榮録。然檢卷中，多有與目録不盡相符者，如卷四至五所收皆爲“序”，而卷五無卷端，僅于版心標葉次，卷七則以目録中原隸于“記”下之“自警詞”爲始。

《四庫全書總目》收録海瑞“備忘集十卷”。《中國古籍善本書目》（集部八六六三條）、《中國古籍總目》（集 20209101 條）著録。除天一閣外，北京大學圖書館、臺北漢學研究中心等機構亦有入藏。

鈐印：“蕭□氏”。

（趙）

棲霞山人漫稿

明刻本　善 3863

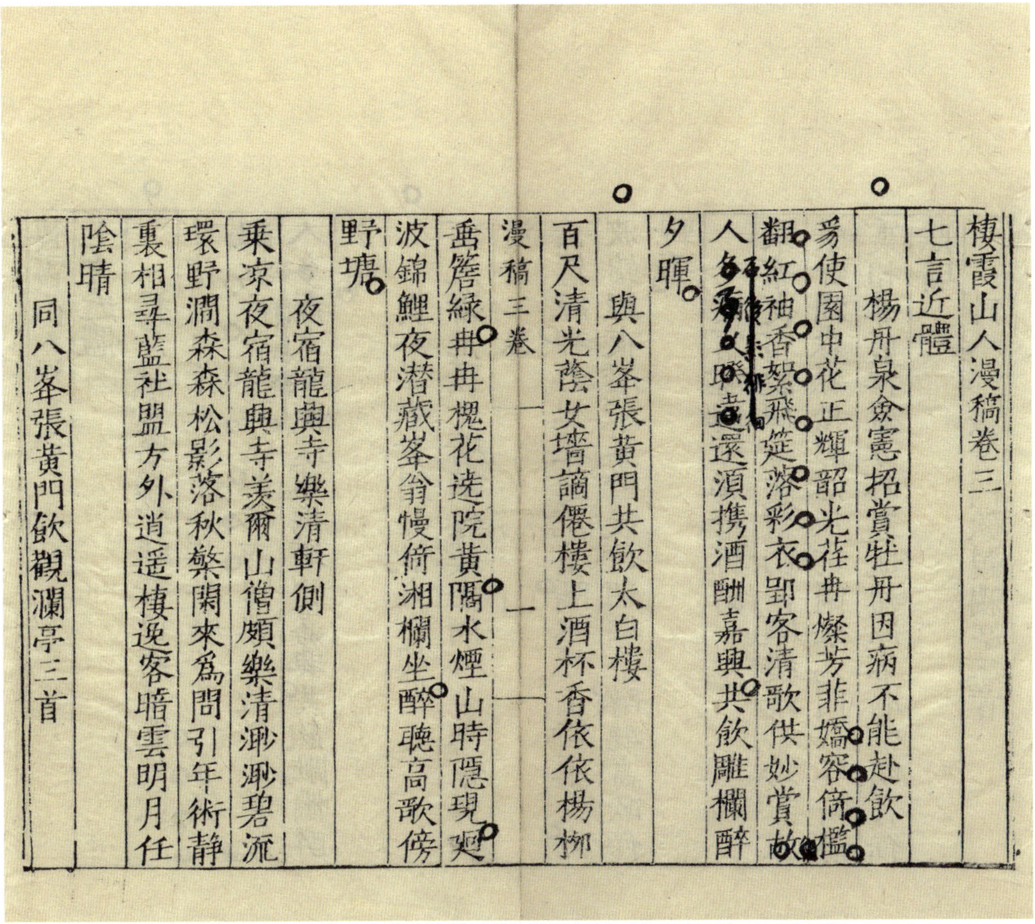
棲霞山人漫稿卷三

七言近體

楊丹泉僉憲招賞牡丹因病不能赴飲

多使園中花正輝韶光荏苒燦芳菲嬌容倚檻翻紅袖香絮飛筵落彩衣郢客清歌供妙賞故人多病久睽違還須攜酒酬嘉興共飲雕欄醉夕暉

與八峯張黃門共飲太白樓

百尺清光蔭女墻謫僊樓上酒杯香依依楊柳垂簷緑冉冉槐花遶院黃隔水煙山時隱現遮波錦鯉夜潛藏峯翁慢倚湘欄坐醉聽高歌傍野塘

漫稿三卷　一

夜宿龍興寺樂清軒側

乘凉夜宿龍興寺羡爾山僧頗樂清渺渺碧流環野澗森森松影落秋檠閑來爲問引年術靜裏相尋藍社盟方外逍遥棲逸客暗雲明月任陰晴

同八峯張黃門飲觀瀾亭三首

《棲霞山人漫稿》卷三卷端

《棲霞山人漫稿》三卷，明沈堇撰。明刻本。二册。半葉九行，行十八字，左右雙邊，白口，無魚尾。框高 18.1 厘米，寬 13.6 厘米。前有自序，後有周怡序。

沈堇（生卒年不詳），字慎鄉，别號緣崖，浙江仁和人。嘉靖間貢生，仕至鴻臚寺司賓署署丞，後以子梗封監察御史。清潔自好，嘗結樓于紫霞洞天，與沈三洲諸公結詩社，或同游湖山，或講學其間。撰有《棲霞山人漫稿》等。《[康熙]仁和縣志》卷十一有傳，此集卷二有《緣崖山人自撰志文》，述生平甚詳。

此集三卷，前無目録，卷前序言佚失第一葉。卷一序類、記類，卷二志狀類、祭文類、説類、書啓類、贊類、贈言，卷二七言近體。

自序云："山人才劣命窮，退而裁詩千篇，托諸空言以寄興。釣舫烟霞，潦倒泉石，名行謭劣，餘無足觀，惟存《漫稿》，古風、絶句、詞賦二卷，五言律詩二卷，七言近體二卷，序記志文二卷，編類成帙，冀垂不朽。清泉白石，同聞此盟。山人沈姓，諱堇，字慎卿，緣崖其別號云。"

卷二堇自撰志文云："嗚呼，百齡易促，歸盡有期，謭行微名，曷堪昭世。第前無所稽，後將奚述，一旦含冤地下，控訴莫伸，勉爲志之，遺諸後裔。生存《棲霞山人漫稿》八卷，文稿若干篇。自慚拙劣，罔敢垂後云。"雖自云分八卷，然是本實分三卷也。檢明清諸家書目，明祁承㸁《澹生堂藏書目》著録爲"八卷二册"，清徐乾學《傳是樓書目》著録爲"三卷又文稿二卷"。

《四庫全書總目》未收。《中國古籍善本書目》(集部八九八六條)、《中國古籍總目》(集 20209127 條)著録。除天一閣外，未見其他機構入藏。

(劉)

白石山人詩選後編

明嘉靖刻本　馮善 2303

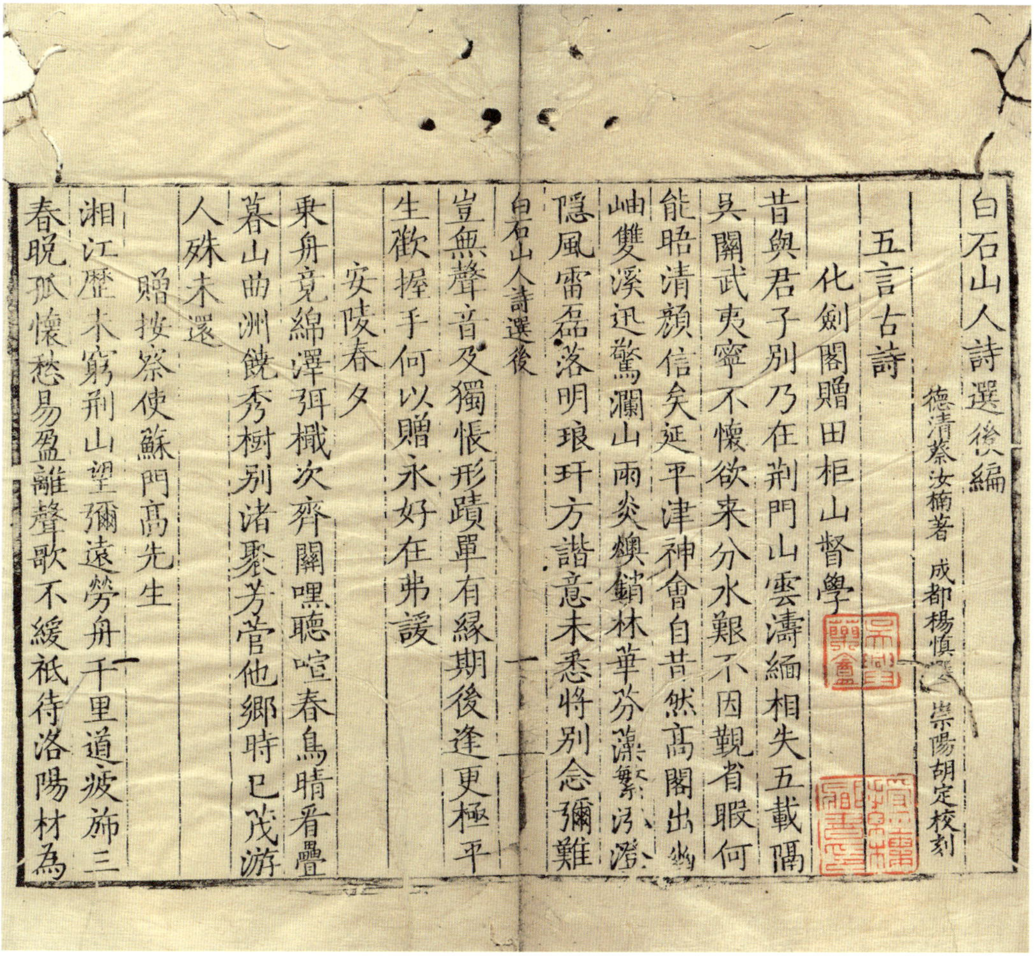

白石山人詩選後編
德清蔡汝楠著　成都楊慎選　崇陽胡定校刻
五言古詩
化劍閣贈田桓山督學
昔與君子別乃在荊門山雲濤緬相失五載隔
吳關武夷寧不懷欲來分水艱不因覲省暇何
能晤清顏信矣延平津神會自昔然高閣出幽
岫雙溪迅驚瀾山雨炎燠鋪林華芬藻繁汎澄
隱風雷磊落明琅玕方諧意未悉将別念彌難

白石山人詩選後　一

豈無聲音叉獨悵形蹟單有緣期後逢更極平
生歡握手何以贈永好在弗諼
安陵春夕
秉舟竟綿潭弭檝次齊關嘿聽喧春鳥晴看疊
暮山曲洲饒秀樹別渚聚芳菅他鄉時已茂游
人殊未還
贈按察使蘇門高先生
湘江歷木窮荊山望彌遠勞舟千里道疲旆三
春晩孤懷愁易盈離聲歌不緩祇待洛陽材為

《白石山人詩選後編》卷端

《白石山人詩選後編》一卷，明蔡汝楠撰，明楊慎選。明嘉靖間胡定刻本。一册。半葉九行，行十八字，四周單邊，白口，無魚尾。框高 19.4 厘米，寬 13.8 厘米。卷端題“德清蔡汝楠著，成都楊慎選，崇陽胡定校刻”。

蔡汝楠(1516—1565)，字子木，號白石，浙江德清人。嘉靖十一年(1532)進士，纍官南京工部右侍郎。始好爲詩，中年好經學，及官江西，與鄒守一、羅洪先游，學益進。嘗集諸生于石鼓書院講經。撰有《白石山人詩選後編》《自知堂集》《説經札記》《衡湘問辨》《太極問答》《南岳小録》等。《明史》卷二百八十七、《[康熙]德清縣志》卷七有傳。

楊慎(1488—1559)，字用修，號升庵、月溪，又號博南山人、洞天真逸、滇南戍史等，四川新都人。楊廷和子，正德六年(1511)狀元及第，授翰林院編修，纍遷翰林院修撰，侍講經筵，後以"大禮議"遭廷杖，謫戍雲南永昌衛，遂終老于西陲，天啓時追謚文憲。自少即有文名，博覽群書，經史兼通，文章、詩、詞、曲等各色文體皆擅，其記誦之博、著述之富皆爲有明第一人。撰有《升庵集》《升庵經説》《易解》《南詔野史》《丹鉛總録》《升庵詩話》等百餘種。《明史》卷一百九十二、《國朝獻徵録》卷二十一、《[嘉慶]新都縣志》卷三十八有傳。

是集凡一卷，首尾序跋均已佚去，卷内依體編次，首五言古詩十四首，次五言排律四首，次五言律詩五十五首，次五言絶句三十三首，次七言古詩三首，次七言律詩一百七首，次七言絶句八十三首。

《四庫全書總目》未收。《中國古籍善本書目》(集部八二九二條)、《中國古籍總目》(集20209224條)著録。除天一閣外，未見其他機構入藏。

鈐印："授經樓藏書印""吴興藥龕"。

(饒)

自知堂集

明嘉靖刻本　善 3859

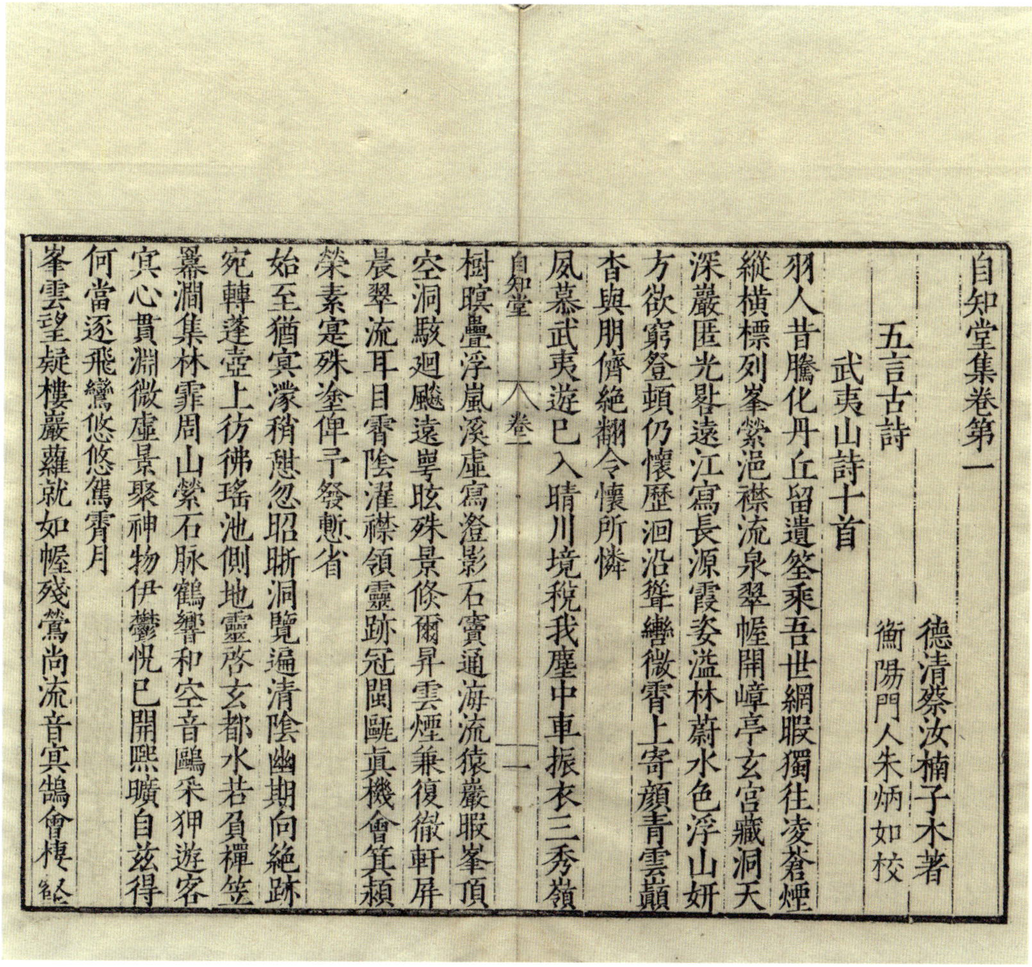
自知堂集卷第一
德清蔡汝楠子木著
衡陽門人朱炳如校
五言古詩
武夷山詩十首
羽人昔騰化丹丘留遺筌乘吾世網暇獨往凌蒼煙
縱横標列峯縈浥襟流泉翠幄開嶂亭玄宮藏洞天
深巖匿光晷遠江寫長源霞姿溢林蔚水色浮山妍
方欲窮登頓仍懷歷洄沿聳巒徹霄上寄顔青雲巔
杳與朋儕絶糊令懷所憐
夙慕武夷遊已入晴川境稅我塵中車振衣三秀嶺
自知堂　卷一　一
樹暝疊浮嵐溪虛寫澄影石竇通海流猿巖暇峯頂
空洞駭迴飇遠粤眩殊景倏爾昇雲煙兼復徹軒屏
晨翠流耳目霄陰濯襟領靈跡冠閩甌真機會箕穎
縈素寔殊塗俾予發慨省
始至猶冥濛稍憩忽昭晰洞覽遍清陰幽期向絶跡
宛轉蓬壺上彷彿瑤池側地靈啓玄都水若負禪笠
冪澗集林霏周山縈石脉鶴響和空音鷗采狎遊客
冥心貫淵微虛景聚神物伊鬱悅已開熙曠自茲得
何當逐飛鸞悠悠駕霄月
峯雲望疑樓巖蘿就如幄殘鶯尚流音冥鴿會棲

《自知堂集》卷一卷端

《自知堂集》二十四卷，明蔡汝楠撰。明嘉靖四十三年（1564）衡陽朱炳如刻本。九册。半葉十行，行二十字，左右雙邊，白口，單白魚尾。版心下方有刻工。框高 19.2 厘米，寬 14.0 厘米。卷端題“德清蔡汝楠子木著，衡陽門人朱炳如校”。前有嘉靖三十八年（1559）朱衡序、嘉靖三十三年（1554）楊慎序、嘉靖三十三年趙維垣題辭、嘉靖二十三年（1544）侯一元序、嘉靖三十七年（1558）胡定序，末有嘉靖四十三年朱炳如書《簡末別紀》。目録前附録唐順之《答皇甫子書論蔡白石詩》、洪朝選《送蔡白石叙》。

是集凡二十四卷，是本存二十二卷，卷六至七佚去。據卷首目録，卷一五言古詩，卷二七言古詩，卷三五言律詩，卷四五言排律，卷五七言律詩，卷六五言絶句，卷七七言絶句，卷八至十叙文，卷十一碑文，卷十二墓志銘，卷十三書疏，卷十四記，卷十五雜著，卷十六策問，卷十七祭文，卷十八至二十三書簡，卷二十四啓帖。

朱衡序云：“故白石所爲詩文，予每每得諦視。今夏來爲山東按察使，而予適承乏藩長，朝夕談榷甚歡。無何，白石赴江西之役，乃盡出平生稿若干卷視予，俾予叙之。叙曰：白石年方逾壯，其所就已如是，自是以往，予不知所底止矣。自予觀古今名集，合白石所著，律以吾所次三品之説，後之世當有辨之者，安俟予言之也。”

刻工：國用、體元、汝用、袁宏、才、川、劉、清、伯、世、金。

《四庫全書總目》收録。《中國古籍善本書目》（集部八二九〇條）、《中國古籍總目》（集20209225條）著録。除天一閣外，北京大學圖書館、上海圖書館等機構亦有入藏。

鈐印：“范氏天一閣藏書”。

（劉）

萬文恭公摘集

明萬曆刻本　善 3844

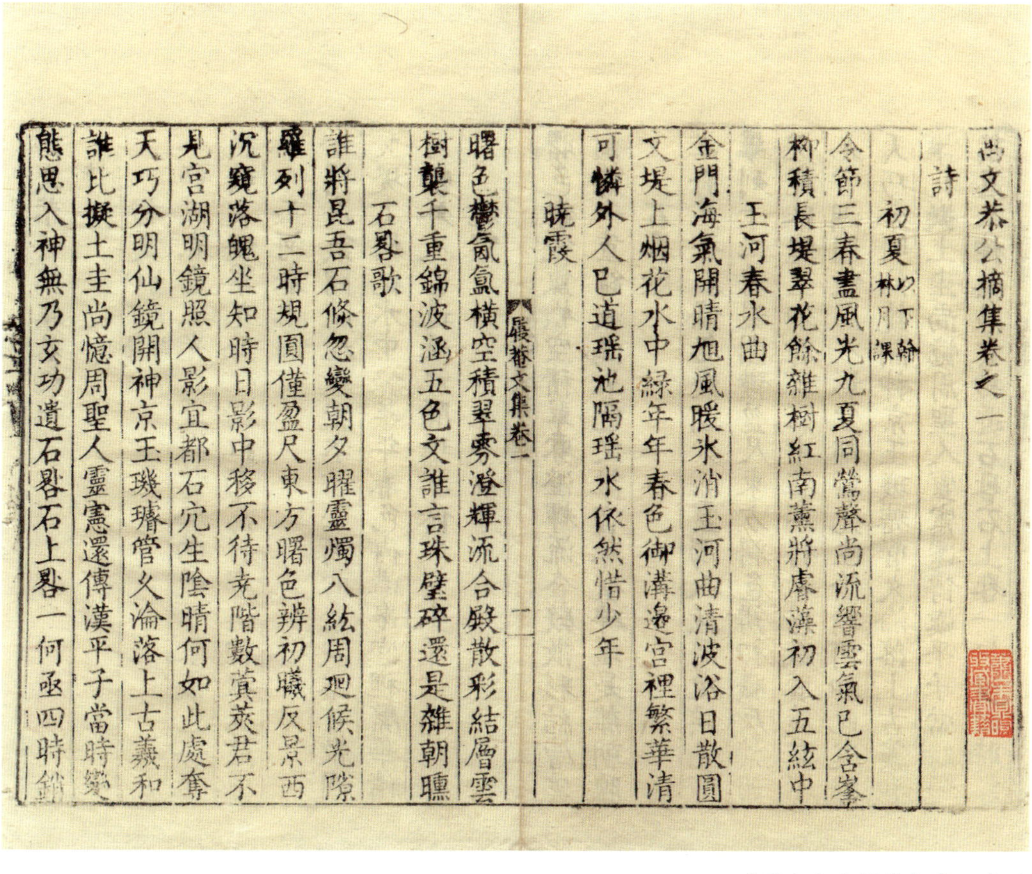
尚文恭公摘集卷之一

詩

初夏以下翰林月課

令節三春盡風光九夏同鶯聲尚流響雲氣已含峯柳積長堤翠花餘雜樹紅南薰將虞藻初入五絃中

玉河春水曲

金門海氣開晴旭風暖氷消玉河曲清波浴日散圓文堤上烟花水中綠年年春色御溝邊宮裡繁華清可憐外人已道瑶池隔瑶水依然惜少年

曉霞

曙色鬱氤氳橫空積翠霧澄輝流合殿散彩結層雲樹襲千重錦波涵五色文誰言珠璧碎還是雜朝曛

石晷歌

誰將昆吾石倏忽變朝夕曜靈燭八紘周廻候光隙羅列十二時規圓僅盈尺東方曙色辨初曦仄景西沉窺落晛坐知時日影中移不待堯階數蓂莢君不見宮湖明鏡照人影宜都石穴生陰晴何如此處奪天巧分明仙鏡開神京玉璣璿管久淪落上古羲和誰比擬土圭尚憶周聖人靈憲還傳漢平子當時變態思入神無乃玄功遺石晷石上晷一何亟四時錯

履菴文集卷一

《萬文恭公摘集》卷一卷端

《萬文恭公摘集》十二卷，明萬士和撰。明萬曆二十年（1592）萬春素履齋刻本。二册。半葉十行，行二十字，左右雙邊，白口，單黑魚尾。框高25.4厘米，寬16.3厘米。版心題“履庵文集卷某”。

萬士和（1516—1586），字思節，號履庵，南直隸宜興人。嘉靖二十年（1541）進士，萬曆初授南京禮部侍郎，署國子監事，因忤張居正謝病去。居正歿，起南京禮部尚書，再疏不赴。謚文恭。撰有《萬文恭公摘集》《履庵集》《續萬履庵集》等。《明史》卷二百二十、《國朝獻徵録》卷三十四、《［萬曆］宜興縣志》卷八有傳。

是本首尾序跋及後八卷皆已佚去，目録亦僅存前八卷。卷一至二詩，卷三詩、詩餘，卷四至五序，卷六記、説、啓，卷七書，卷八墓志。據《四庫全書存目叢書·集部》第一百九册影印中央民族大學圖書館藏本，此刻前有姜寶序，後有王升跋。姜序後有"友人孚齋王升選，館甥唐鶴徵同選，門人路雲龍、吴達可編次，門人李德元校正，館甥吴正志參訂，不肖男春梓行，習彙集，會、智、曾同梓"字樣，又有"萬曆壬辰孟冬刻于素履齋中"一行。王升《萬文恭公集後語》云："《萬文恭公集》刻成，公之子習扣閿請余跋其後……是集也，公手自讎閲，蓋去者半留者半。余與凝庵續校，雖或有增損，然堇堇詩凡若干首，以時叙；文若干篇，以類叙。總之凡若干卷。"

有民國朱鼎煦題跋。

《四庫全書總目》未收。《中國古籍善本書目》（集部八四三四條）、《中國古籍總目》（集 20209237 條）著録。除天一閣外，中國國家圖書館、北京大學圖書館、上海圖書館、復旦大學圖書館、山東省圖書館等多家機構有藏。

鈐印："蕭山朱鼎煦收藏書籍"。

（劉）

青蘿館詩

明萬曆刻本　善 3853

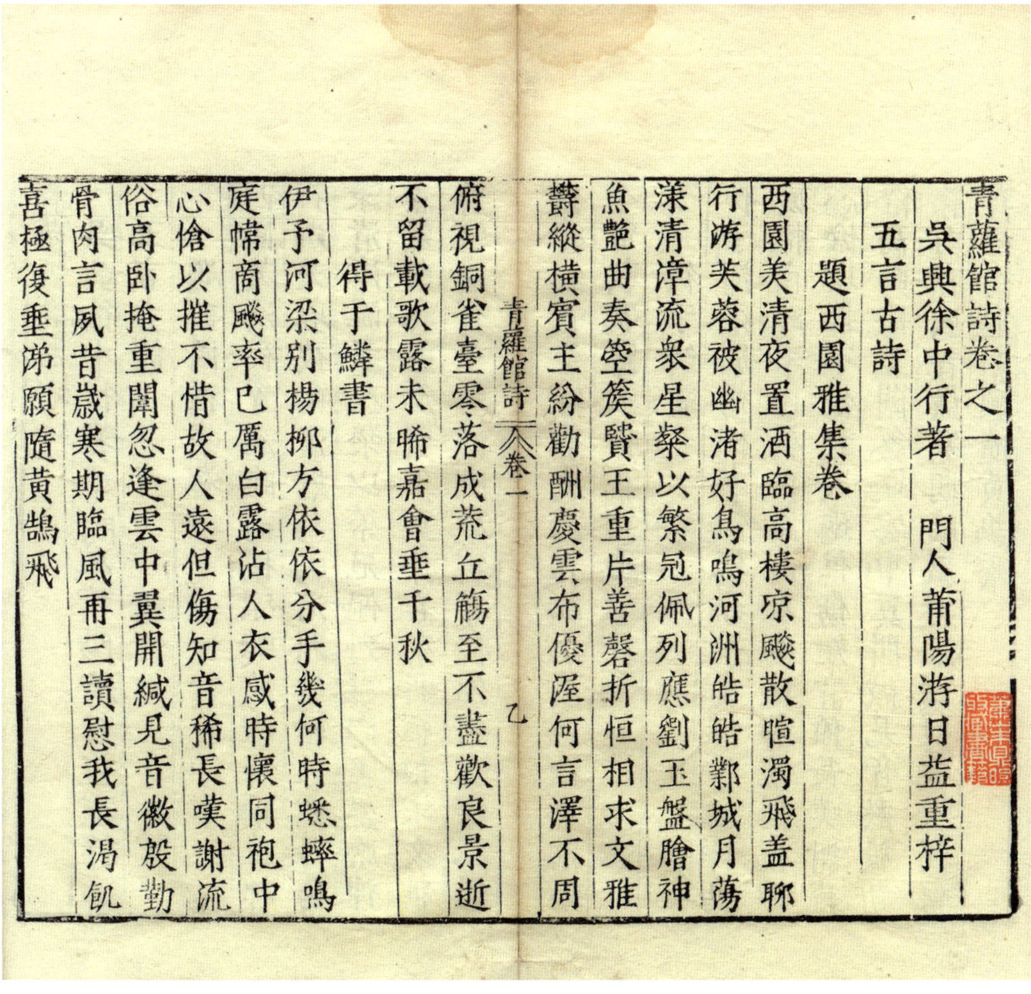

《青蘿館詩》卷一卷端

《青蘿館詩》六卷，明徐中行撰。明萬曆三年（1575）游日益刻本。二册。半葉九行，行十八字，四周單邊，白口，單白魚尾。框高 19.9 厘米，寬 13.3 厘米。卷端題“吴興徐中行著，門人莆陽游日益重梓”。前有隆慶四年（1570）

陳有守序、隆慶五年（1571）俞允文序、隆慶四年汪道昆序，後有游日益跋。

徐中行（1517—1578），字子與，號龍灣、天目山人，浙江長興人。嘉靖二十九年（1550）進士，纍官江西左布政使。文名甚著，名列“後七子”。撰有《青蘿館詩》《天目山堂集》等。《明史》卷二百八十七、《［乾隆］長興縣志》卷八有傳。

卷一五言古詩，卷二七言古詩，卷三五言律詩，卷四至五七言律詩，卷六五言排律、七言排律、五言絶句、七言絶句、六言詩。

俞允文序云：“新都汪惟一師事子與，嘗繕緝子與所爲詩，自初官以迄于今，删取若干首，勒爲六卷，名《青蘿館詩》，梓之，而屬余爲序。惟子與知予，知子與者亦莫過余，乃爲之序。”

游日益跋云：“《青蘿集》吾師龍灣徐先生所著也，新都汪惟一梓之。乙亥歲，日益入書林，偕建陽令李抑之君命工重梓，俾大雅之音播海内，人人誦法。其勛業行履，諸明公詳之矣，日益奚贅焉。”

《四庫全書總目》收録，入集部别集類存目。《中國古籍善本書目》（集部八六三一條）、《中國古籍總目》（集20209267條）著録。是刻除天一閣外，未見其他機構入藏。

鈐印：“蕭山朱鼎煦收藏書籍”“别宥齋”。

（劉）

農丈人詩集、文集

明萬曆刻本　馮善 2307

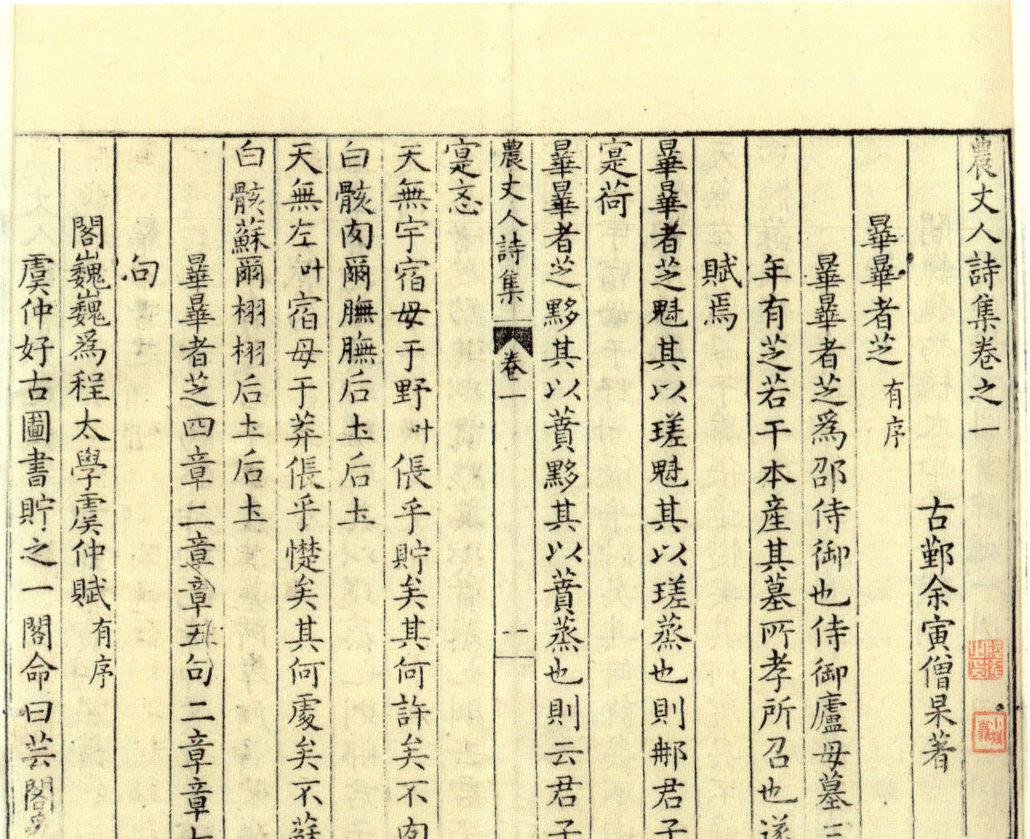
農丈人詩集卷之一
古鄞余寅僧杲著
曅曅者芝 有序
曅曅者芝爲邵侍御也侍御廬母墓三
年有芝若干本産其墓所孝所召也遂
賦焉
曅曅者芝魁其以瑳魁其以瑳蒸也則郙君子
寔荷
曅曅者芝黟其以黄黟其以黄蒸也則云君子
寔忞
農丈人詩集 卷一 一
天無宇宿毋于野 叶 倀乎貯矣其何許矣不肉
白骸肉爾膴膴后土后土
天無左 叶 宿毋于莽倀乎憷矣其何處矣不蘇
白骸蘇爾栩栩后土后土
曅曅者芝四章二章章五句二章章七
句
閣巍巍爲程太學虞仲賦 有序
虞仲好古圖書貯之一閣命曰芸閣云

《農丈人詩集》卷一卷端

《農丈人詩集》八卷《文集》二十卷，明余寅撰。明萬曆刻本。三册。半葉九行，行十八字，左右雙邊，白口，單黑魚尾。框高 25.7 厘米，寬 13.8 厘米。版心下間有刻工。卷一卷端題“古鄞余寅僧杲著”。前有萬曆三十二年（1604）郭子章序。

余寅（1519—1595），字君房，晚年改字僧杲，浙江鄞縣人。萬曆八年（1580）進士。官至太常寺少卿。撰有《農丈人詩集》《同姓名録》《吴越游稿》等。《［康熙］鄞縣志》卷十七有傳。

是書凡詩八卷文二十卷，此本僅殘存詩六卷，爲卷一至四、七至八。卷一詩九十一首，卷二詩八十三首，卷三詩五十四首，卷四詩八十九首，卷七詩八十六首，卷八詩十三首。

郭子章序云："其農丈人之文邪？丈人始爲農，即釋褐成進士，歷官至奉常，復爲農，故始終名農丈人。丈人爲誰？予友人四明余僧杲也。《丈人集》二十八卷，詩得其八，文得其廿。"

刻工：楊材。（按：據浙江圖書館藏本，是刻尚有刻工：馮、戈、吴、仁、陳、信、朱天福、朱等；另有寫工：周禮。）

《四庫全書總目》收録，入集部别集類存目。提要云："朱彝尊《静志居詩話》謂其自負古文，然于作者尚遠，其于詩自謂涉其藩，未窺其奥，亦自知之矣。"

《中國古籍善本書目》（集部九二九六條）著録。《中國古籍總目》（集20209313條）著録，題作"農丈人文集二十卷詩集八卷"。除天一閣外，中國國家圖書館、首都圖書館、日本内閣文庫等多家機構有藏。另有作"明萬曆三十二年周禮寫刻本"者，北京大學圖書館、中國科學院文獻情報中心、南京圖書館等機構有藏。

鈐印："陸鑾之印""小放翁""臣鑾"。

（饒）

徐文長逸稿、畸譜

明天啓刻本　善 3928

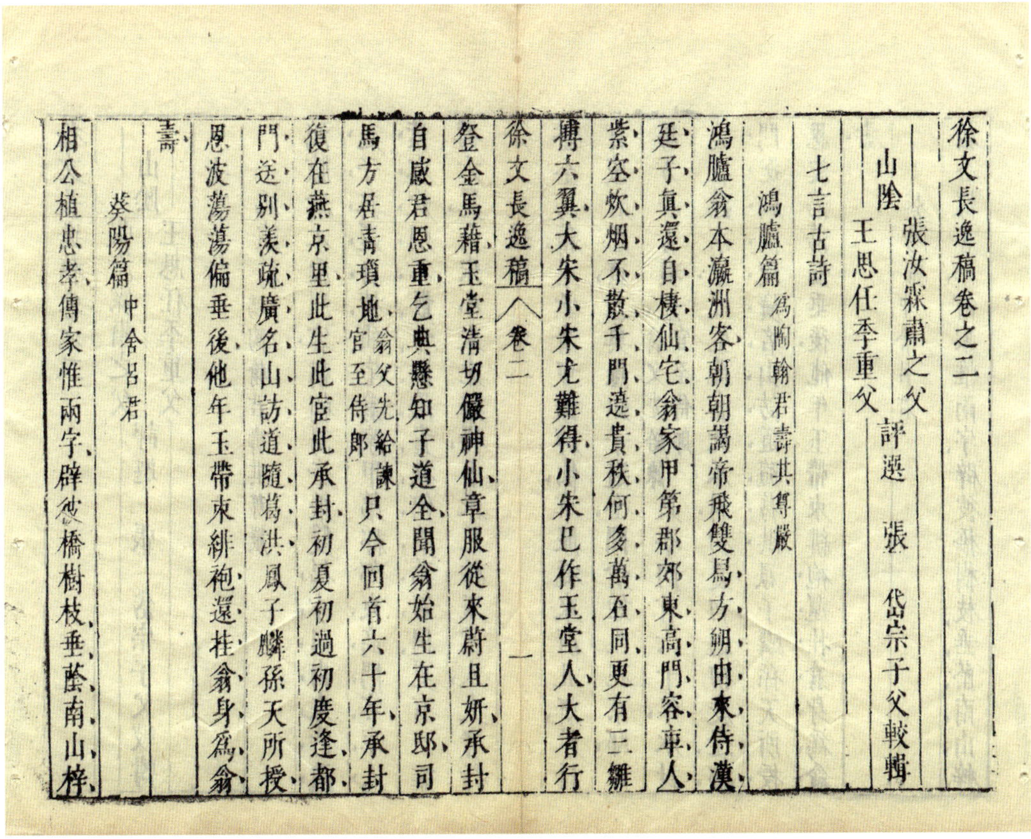

徐文長逸稿卷之二
山陰　張汝霖肅之父
王思任季重父　評選　張岱宗子父較輯
七言古詩
鴻臚篇　爲陶翰君壽其尊嚴
鴻臚翁本瀛洲客朝朝謁帝飛雙舃方朔由來侍漢
廷子眞還自棲仙宅翁家甲第郡郊東高門容車人
紫空炊烟不散千門遶貴秩何多萬石同更有三雛
搏六翼大宋小宋尤難得小宋已作玉堂人大者行

徐文長逸稿　卷二　一

登金馬藉玉堂清切儼神仙章服從來蔚且姸承封
自感君恩重乞典懸知子道全聞翁始生在京邸司
馬方居青瑣地翁父先給諫官至侍郎只今回首六十年承封
復在燕京里此生此宦此承封初夏初過初度逢都
門送別羨疏廣名山訪道隨葛洪鳳子麟孫天所授
恩波蕩蕩偏垂後他年玉帶束緋袍還柱翁身爲翁
壽
葵陽篇　中舍呂君
相公植忠孝傳家惟兩字辟愛橋樹枝垂蔭南山梓

《徐文長逸稿》卷二卷端

《徐文長逸稿》二十四卷《畸譜》一卷，明徐渭撰。明天啓三年（1623）山陰張維城刻本。四册。半葉九行，行二十字，四周單邊，白口，單白魚尾。框高 20.8 厘米，寬 14.8 厘米。卷端題“山陰張汝霖肅之父、王思任季重父評選，張岱宗子父較輯”。前有天啓三年張汝霖序，序後有《總評》。

徐渭（1521—1593），初字文清，改字文長，號天池山人、青藤居士，浙江山陰人。諸生時，文名籍甚，復知兵，好奇計，入浙閩總督胡宗憲幕，頗受重用。宗憲擒徐海，誘王直，渭皆預其謀。及宗憲入獄，渭鬱鬱得狂，錐耳殺妻，以救得免。後恣游天下，歸鄉自扃門户，避世而卒。詩文絶出倫輩，善書能畫，工花草竹石。撰有《徐文長逸稿》《徐渭集》《四聲猿》等。《明史》卷二百八十八、《［康熙］會稽縣志》卷二十四有傳。

是集正文前原有王思任序及徐文長自撰《畸譜》，此本均已佚去。卷一五言古詩、六言古詩，卷二七言古詩，卷三五言律詩，卷四七言律詩，卷五五言排律，卷六七言排律，卷七五言絶句、六言絶句，卷八七言絶句，卷九賦，卷十樂府，卷十一表、啓，卷十二詩餘，卷十三論、策，卷十四文序，卷十五壽文，卷十六跋、辯、説，卷十七贊，卷十八銘，卷十九記，卷二十碑，卷二十一尺牘，卷二十二行狀、墓表、墓志銘、傳，卷二十三祭文，卷二十四雜著、榜聯、燈謎。

張汝霖序云："余孫維城搜其佚書十數種刻之，而欲余一言弁其端。爲文長搜佚書，故亦搜佚事與之，使知其人果不盡于其文耳。若以文，則當吾世一中郎知者足矣，何必從千載後問楊子雲也？"

《四庫全書總目》收録，入集部别集類存目。《中國古籍善本書目》（集部八九七一條）著録。《中國古籍總目》未著録此刻，然著録張維城輯明刻本"徐文長逸稿二十四卷"一種（集 20209357 條），又著録萬曆四十二年鍾人傑刻重修本"徐文長文集三十卷逸稿二十四卷徐文長自著畸譜一卷"一種（集 20209348 條）。除天一閣外，浙江圖書館、紹興圖書館、浙江大學圖書館、日本内閣文庫等多家機構亦有入藏。

（劉）

玄言齋集

明嘉靖刻本　善 3993

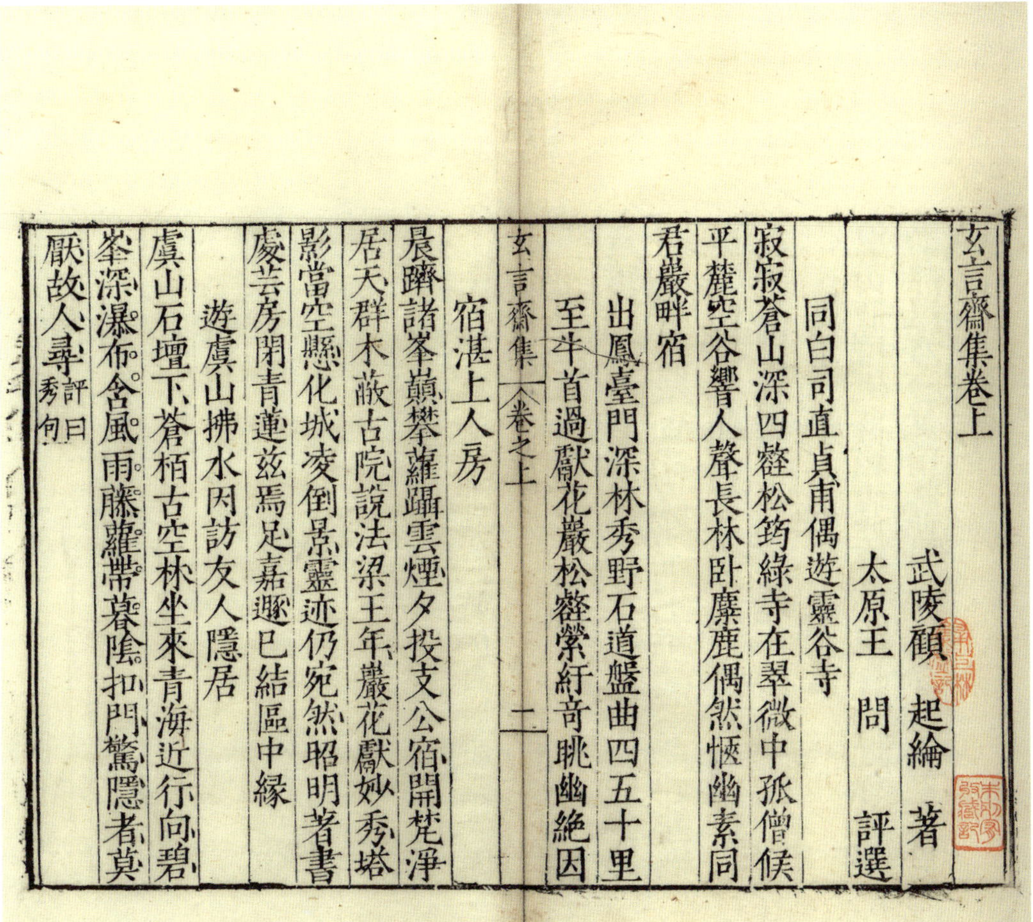

玄言齋集卷上

武陵顧　起綸　著

太原王　問　評選

同白司直貞甫偶遊靈谷寺

寂寂蒼山深四壑松筠綠寺在翠微中孤僧候平麓空谷響人聲長林卧麋鹿偶然愜幽素同君巖畔宿

出鳳臺門深林秀野石道盤曲四五十里至牛首過獻花巖松蘿縈紆奇眺幽絕因

玄言齋集　卷之上　二

宿湛上人房

晨躋諸峯巔攀蘿躡雲煙夕投支公宿開梵淨居天群木蔽古院說法梁王年巖花獻妙秀塔影當空懸化城夌倒景靈迹仍宛然昭明著書處芸房閉青蓮茲焉足嘉遯已結區中緣

遊虞山拂水因訪友人隱居

虞山石壇下蒼栢古空林坐來青海近行向碧峯深瀑布含風雨藤蘿帶暮陰扣門驚隱者莫厭故人尋評曰秀句

《玄言齋集》卷上卷端

《玄言齋集》二卷，明顧起綸撰，明王問評選。明嘉靖三十二年（1553）勾吴何甫奇字館刻本。二册。半葉九行，行十八字，左右雙邊，白口，單白魚尾。框高 18.6 厘米，寬 13.5 厘米。卷上卷端題“武陵顧起綸著，太原王問評選”。

前有嘉靖三十二年王問序。

顧起綸（1517—1587），字玄言，後更名更生，字仲長，號九華，南直隸無錫人。顧起經弟。以國子生纍官至鬱林州同知。與其兄于嘉靖、隆慶間以校輯《王右丞傳》《會真記》等名于世。曾爲嚴嵩編選《振秀集》并刻行。爲人豪于文酒，喜交游，工詩，善書法，嘗與楊慎、皇甫汸相倡和。撰有《玄言齋集》《句漏集》《澤秀集》《昆明集》《赤城集》等，編有明詩總集《國雅》等。《弇州山人續稿》卷一百十三、《［光緒］無錫金匱縣志》卷二十二有傳。

王問（1497—1576），字子裕，號仲山，南直隸無錫人。嘉靖十七年（1538）進士，仕至廣東按察僉事，以父老請歸，後不復起。築室寶界山，讀書三十年，不履城市，以詩文自娱。受業于同邑邵寶，工詩文書畫，清修雅尚，爲士大夫所慕。年八十卒，門人私謚文静。撰有《仲山詩選》《原筮齋集》《衹役稿》《崇文館稿》等。《明史》卷二百八十二、《列朝詩集小傳》丁集、《［光緒］無錫金匱縣志》卷二十一有傳。

是書二卷，爲顧氏嘉靖三十二年赴滇南任職前所作詩集，大率以交際酬唱、游歷咏懷爲主。分上、下卷，前無目次，上卷收詩一百六首，下卷收詩七十首，中有兩首爲王問所撰唱和詩。王氏評點甚多，以雙行小字綴于詩末。

王問序云："九華子嘗出舊所作《玄言齋集》視余，閑暢充肆，文質犁然，多所自得云，亦駸駸乎古人之區奥矣。"

是刻卷首序末及每卷卷末皆有"勾吴何甫奇字館刻"木記。王問序中有言"九華子猶以余言未足信也，因鋟梓代繕録，求信于四方之有道者焉"云云，是此本當爲顧氏自刻也。

《四庫全書總目》未收。《中國古籍善本書目》（集部八九〇六條）、《中國古籍總目》（集20209383條）著録。除天一閣外，未見其他機構入藏。

鈐印："甬上林集虚記""朱别宥收藏記"。

（屠）

甔甀洞藁

明萬曆刻本　善 3845

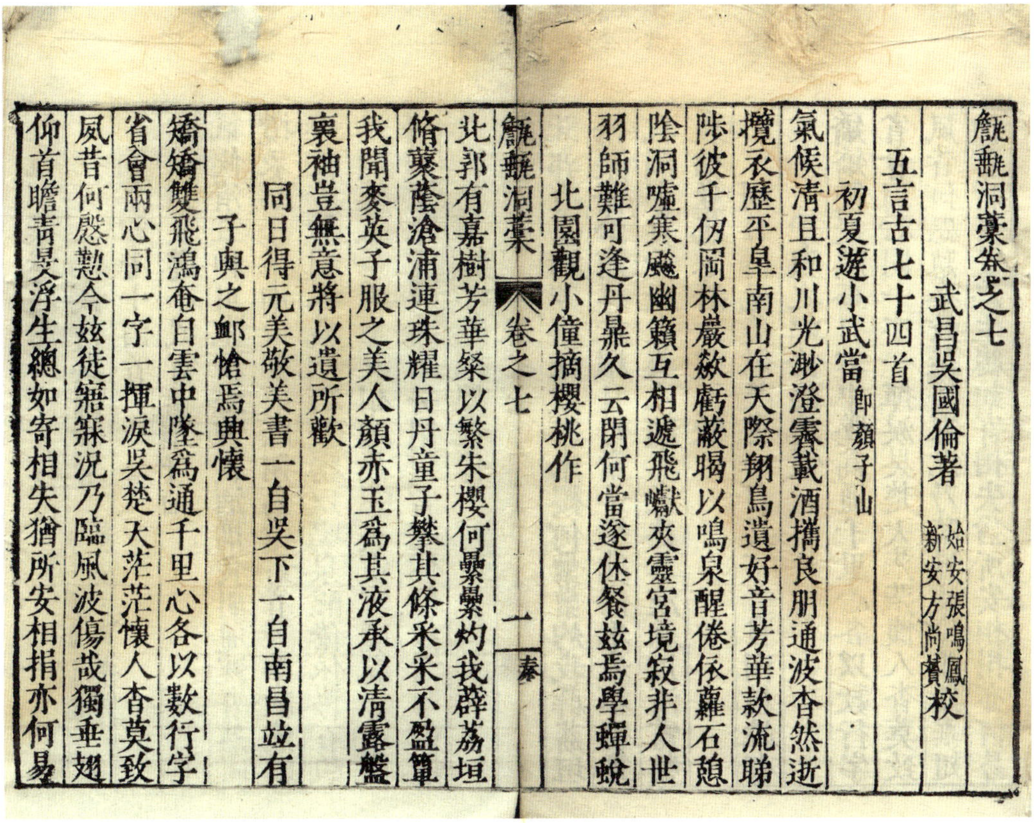
甔甀洞稾卷之七

武昌吳國倫著　始安張鳴鳳　新安方尚贇校

五言古七十四首

初夏遊小武當 即顏子山

氣候清且和川光渺澄霽載酒攜良朋通波杳然逝
攬衣歷平皐南山在天際翔鳥遺好音芳華款流睇
陟彼千仞岡林巖欻虧蔽瞬以鳴泉醒倦依蘿石憩
陰洞噓寒飈幽籟互相遞飛巘夾靈宮境寂非人世
羽師難可逢丹鼎久云閉何當遂休餐玆焉學蟬蛻

北園觀小僮摘櫻桃作

甔甀洞稾　卷之七　一　秦

北郭有嘉樹芳華粲以繁朱櫻何纍纍灼我薜荔垣
脩稾蔭滄浦連珠耀日丹童子攀其條采采不盈筐
我聞麥英子服之美人顏赤玉爲其液承以清露盤
褱袖豈無意將以遺所歡

同日得元美敬美書一自吳下一自南昌竝有
子與之郵愴焉興懷

嬌嬌雙飛鴻奄自雲中墜爲通千里心各以數行字
省會兩心同一字一揮淚吳楚天茫茫懷人杳莫致
夙昔何慇懃今玆徒寤寐況乃臨風波傷哉獨垂翅
仰首瞻青旻浮生總如寄相失猶所安相指亦何易

《甔甀洞藁》卷七卷端

《甔甀洞藁》五十四卷《目録》二卷，明吴國倫撰。明萬曆刻本。六册。半葉十行，行二十字，四周單邊，白口，單黑魚尾，版心下方間有刻工。框高 19.8 厘米，寬 14.6 厘米。卷七卷端題“武昌吴國倫著，始安張鳴鳳、新安方尚贇校”。

吴國倫（1524—1593），字明卿，湖廣興國人。嘉靖二十九年（1550）進士，初授中書舍人，後擢兵科給事中，因忤嚴嵩貶爲江西按察司知事，調南康推官，再調歸德知縣，後弃官回鄉。嚴嵩敗，復起，仕至河南左參政。文名甚高，名列“後七子”。撰有《甔甀洞藁》《藏甲巖稿》《陳張事略》《吴川樓集》《續吴川樓集》《春秋世譜》等。《明史》卷二百八十七有傳（附李攀龍後），《［萬曆］高州府志》卷六有傳。

是書凡五十四卷，此本存卷七至九、十三至二十一、二十五至二十七、三十一至三十三，計十八卷。據《明别集叢刊·第三輯》所收全本，是書前有萬曆十二年（1584）許國序、萬曆十二年王世貞序、萬曆十一年（1583）張鳴鳳序、隆慶六年（1572）胡心得序、萬曆元年（1573）孫應鰲序。卷一至二樂府，卷三樂府雜擬、雜歌謡、四言古，卷四至七五言古，卷八至九七言古，卷十至十七五言律詩，卷十八至十九五言排律，卷二十至二十八七言律詩，卷二十九七言律詩、七言排律，卷三十五言絶句，卷三十一至三十三七言絶句，卷三十四碑文、墓志銘，卷三十五至三十六墓志銘，卷三十七墓表，卷三十八至四十三序，卷四十四序、傳，卷四十五傳、記，卷四十六記、行狀、誄，卷四十七哀辭、祭文，卷四十八雜文、告文、題跋，卷四十九至五十三書，卷五十四書、四六、奏記。

是集刊刻前，已有部分内容先行單刻。據中國國家圖書館藏本，胡心得序云：“余蓋自弱冠時聞其風矣。頃，别駕紀旭仁氏得公所爲樂府一帙，持以示余，余又誦而説之，居然大雅之復作，而希聲洋洋盈耳也。遂留梓于廣州郡齋。梓成，因序之。”孫應鰲序云：“《西征雜述》爲吾貴督學使明卿吴公行部羅施所得……兵憲使沈公從善梓而傳之，有以也。”

刻工：楊煌、勝、若、心、得、蔣繼隆、意、太、蔣繼祖、方。

《四庫全書總目》收録，提要云：“在後七子中最爲老壽，初與王世貞、李攀龍唱和，後與李維楨、汪道昆輩狎主詩盟。其著述頗富。然在當時，胡元瑞作《詩藪》，已譏其用句多同，一篇而外不耐多讀。國朝朱彝尊《静志居詩話》亦謂王、李既没，‘甔甀’幾與‘四部’争富，而海内之爲真詩者寡，則文章不逮其行誼矣。”

《中國古籍善本書目》（集部八六四七條）、《中國古籍總目》（集

20209472 條）著録。除天一閣外，中國國家圖書館、北京大學圖書館、上海圖書館、南京圖書館、南京大學圖書館等多家機構有藏。除此本外，天一閣另藏萬曆刻本兩部，殘缺亦多。

（劉）

趙文懿公文集

明崇禎刻本　善 3980

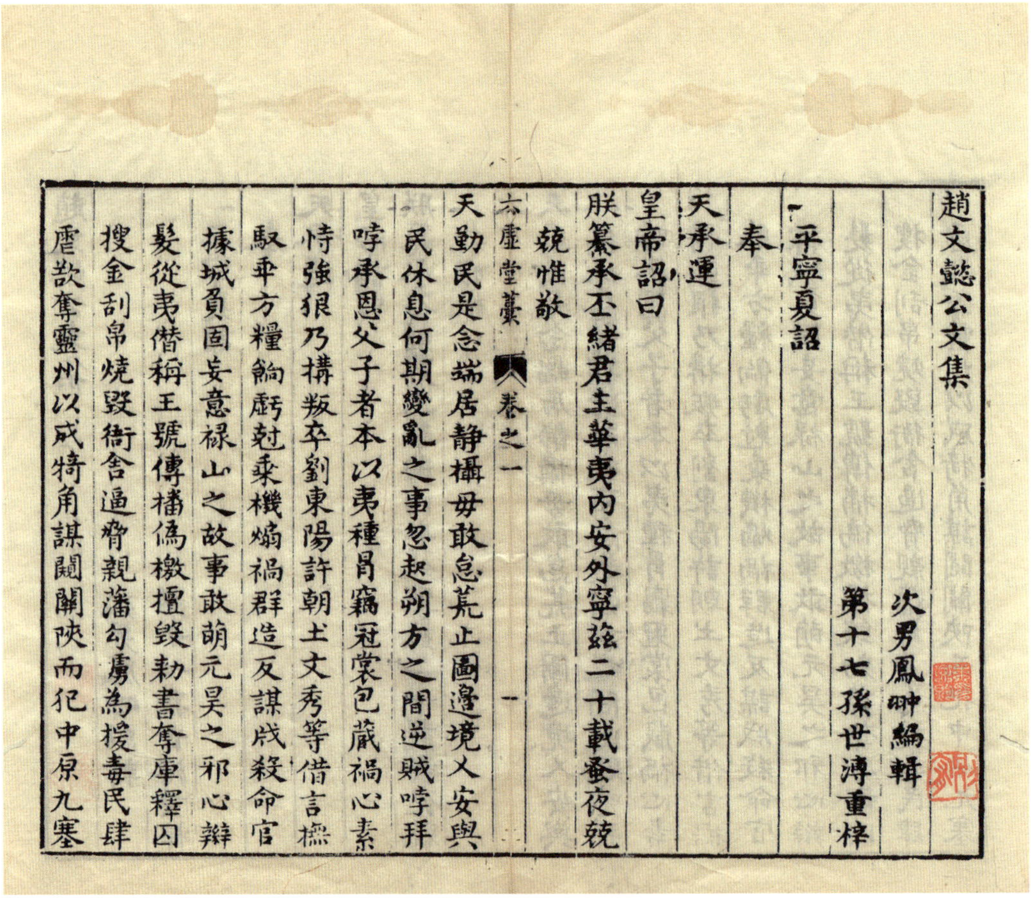
趙文懿公文集
次男鳳翀編輯
第十七孫世溥重梓
平寧夏詔
奉
天承運
皇帝詔曰
朕纂承丕緒君主華夷内安外寧茲二十載蚤夜兢
兢惟敬
六虚堂藁　卷之一　一
天勤民是念端居靜攝毋敢怠荒止圖邊境乂安與
民休息何期變亂之事忽起朔方之間逆賊哱拜
哱承恩父子者本以夷種冐竊冠裳包藏禍心素
恃強狠乃構叛卒劉東陽許朝土文秀等借言撫
馭乖方糧餉虧尅乘機煽禍群造反謀戕殺命官
據城負固妄意禄山之故事敢萌元昊之邪心辮
髮從夷僭稱王號傳播僞檄擅毀勑書奪庫釋囚
搜金刮帛燒毀街舍逼脅親藩勾虜為援毒民肆
虐欵奪靈州以成犄角謀闚關陝而犯中原九塞

《趙文懿公文集》卷一卷端

《趙文懿公文集》四卷，明趙志皋撰；《附録》一卷。明崇禎七年（1634）趙世溥刻本。二册。半葉九行，行二十字，四周單邊，白口，單黑魚尾，版心上方刊“六虚堂稿”。框高 20.3 厘米，寬 14.0 厘米。卷端題“次男鳳翀編輯，第十七孫世溥重梓”。前有崇禎七年吴載鰲序、崇禎七年趙世溥小引。

趙志皋（1524—1601），字汝邁，號瀔陽，浙江蘭溪人。隆慶二年（1568）進士第三名，授翰林院編修，纍仕至禮部尚書兼東閣大學士，後接替王錫爵爲内閣首輔。謚文懿。撰有《趙文懿公文集》《内閣奏題稿》《四游稿》《瀔陽詩集》等。《明史》卷二百十九、《全浙詩話》卷三十四有傳。

是集四卷，卷首吴載鰲序第一葉已佚，卷内大體以文體編録，卷一詔、叙、序，卷二叙、記、序，卷三傳、碑、表、銘，卷四祭文、箴、銘、辨跋、贊、序、引、訓。《附録》一卷，載行實、傳贊、祠祀公移。

吴載鰲序云："溥復輯遺集，問序于予……余方卒業遺集，沿流以溯源，景行而仰止，繇禹稷以想勛華，其安能置一詞也。如是則卷石皆泰山也，一勺皆滄海也，爲子若疏者，緝遺編而紹祖德，世世自有深情。余因嘉其志，爰命虎僕。"

趙世溥小引云："即溥先太傅首揆十載，其節概謨猷詳載《奏題稿》，其吟咏嘯歌略備《四游集》，而序、記、傳、贊未著于世。先郡伯存時曾彙成十二卷發梓武林，功幾告竣。不意先郡伯一旦捐賓客，而武林遭焰天之慘，遂令九仞之功盡毁祝融。識者咸爲予輩惜，而溥亦往往念及，秪深惆悵，無柰其不可覓何也。今秋分前三日……司李公鎬庵吴夫子以公務抵會城，停舟瀔水，遥見龍章樓聳峙城南，一旦臨玩焉。……夫子以稿屬溥，詢及先太傅集。是時，溥愧汗浹背，具以實陳。夫子亦相與嘆息者久之。溥鎸夫子詩彙入舊刻，以爲斯樓光，遍索書簏，忽于古文間得先太傅舊稿一册，具有手迹。伊時見之，不啻十朋之獲，雖不能如初之全，而庶得十之三四矣……溥今懇名公珠璣，儆重于斯集之首，然猶懷未全之隱。倘親友存先太傅遺稿者，伏望示溥，成美厥役，則先人手澤藉吴夫子以興，更藉諸名公而大成也夫。"

此集入清遭禁毁，今有《四庫禁毁書叢刊》本行世，較通行。

《四庫全書總目》未收。《中國古籍善本書目》（集部九〇三〇條）、《中國古籍總目》（集 20209490 條）著録。除天一閣外，僅見中國科學院文獻情報中心入藏。

鈐印："蕭山朱鼎煦收藏書籍""别宥齋""朱鼎煦印""别宥"。

（劉）

宗子相集

明萬曆刻本　馮善 2309

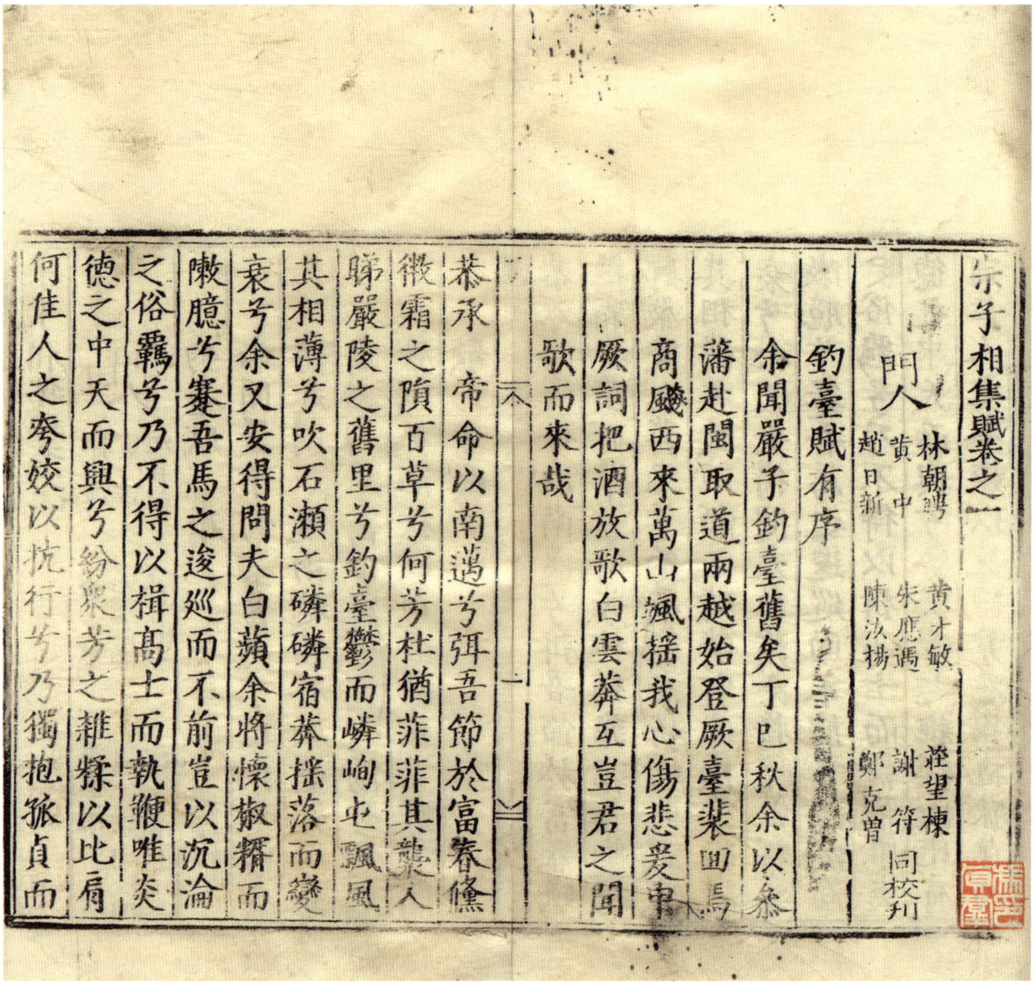
宗子相集賦卷之一
門人 林朝聘 黄中 趙日新 黄才敏 朱應鴻 陳汝揚 淦望棟 謝符 鄭克曽 同校刊
釣臺賦有序
余聞嚴子釣臺舊矣丁巳秋余以叅藩赴閩取道兩越始登厥臺棐回焉商飈西來萬山颯摇我心傷悲爰申厥詞把酒放歌白雲莽亙豈君之聞歌而來哉
恭承 帝命以南邁兮弭吾節於富春儵微霜之隕百草兮何芳杜猶菲菲其襲人睇嚴陵之舊里兮釣臺鬱而嶙峋屯飄風其相薄兮吹石瀨之磷磷宿莽摇落而變衰兮余又安得問夫白蘋余將懷椒糈而嗽臆兮蹇吾馬之逡巡而不前豈以沉淪之俗羈兮乃不得以揖高士而執鞭唯炎德之中天而興兮紛衆芳之雜糅以比肩何佳人之孝姣以抗行兮乃獨抱孤貞而

《宗子相集》卷一卷端

《宗子相集》十五卷，明宗臣撰。明萬曆刻本。八册。半葉九行，行十六字，小字雙行不等，四周雙邊，白口，雙白魚尾，序、目録處爲單黑魚尾、單白魚尾或無魚尾。框高 28.3 厘米，寬 16.5 厘米。卷一至四、七、十二、十四卷端題“門人林朝聘、黄才敏、莊望楝、黄中、朱應遇、謝符、趙日新、陳汝揚、鄭克曾同校刊”，卷五至六、九至十一、十三、十五卷端題“門人趙秉忠、鄭應齡、謝墉、王同讃、蕭時中、魏廷同、陳學麟、黄其暉、王葵同校刊”，卷八卷端題“門人林朝聘、黄才敏、莊望楝、黄中、朱應遇、謝符同校刊”。前有嘉靖三十九年（1560）樊獻科序，目録後有《宗子相傳》、《斗山公揭子相遺詩傳》、《斗山公送子相入名宦祠移文》、《方城先生小像》并贊、《子相墓志》。

宗臣（1525—1560），字子相，號方城，揚州興化人。嘉靖二十九年（1550）進士，纍遷至福建提學副使。嘗以賻楊繼盛忤嚴嵩。工詩文，名重于時，名列“後七子”。撰有《宗子相集》等。《明史》卷二百八十七有傳（附李攀龍後），《［萬曆］揚州府志》卷十七有傳。

是集凡十五卷，以體編次。卷一賦，卷二古調歌，卷三古樂府，卷四五言詩，卷五七言古詩，卷六五言律詩，卷七至八七言律詩，卷九五言排律，卷十五言絶句，卷十一七言絶句，卷十二至十三文部，卷十四至十五書部。

樊獻科序云：“予意天將厚子相，乃不幸子相没矣，時年三十有六耳。無論其所遇，乃其數止此。悲哉！悲哉！時諸生請祀子相，予從諸生言，乃移檄郡縣，崇子相祀焉。既而哀子相所遺詩文，類次成集，不惟子相之才名足稱千古，而慷慨特達之氣、忠義廉正之操，又可概見。襯歸之日，其尊君履庵公，以予知子相最親，遂馳使函書告予曰：‘臣兒不幸，又不幸無嗣，獨幸有斯集在也，願公一言以俾斯集不朽。’”

《宗子相集》除是刻外，前有嘉靖隆慶間刻盛明百家詩本“宗子相集一卷”，嘉靖三十九年林朝聘、黄中等閩中刻本“宗子相集八卷”，嘉靖三十九年林朝聘、黄中等刻本“宗子相集十五卷”，嘉靖間吴國倫刻本“宗子相集十二卷”；又有嘉靖三十九年就正齋刻本“宗先生子相文集十五卷附録一卷”等行世。

《四庫全書總目》收録，提要云：“臣常與吴國倫論詩，不勝，歸而精思纍日月，卒能卓然成家，爲嘉靖七子之一。其詩跌宕俊逸，頗能取法青蓮，而意境未深，間傷淺俗。《静志居詩話》謂……自入七子之社，漸染習氣，日以窘弱，最可惋惜。”

《中國古籍善本書目》（集部八六〇七條）著録。《中國古籍總目》（集20209495條）著録，題作“宗子相集十五卷附録一卷”。除天一閣外，北京師範大學圖書館、上海圖書館、浙江圖書館等多家機構亦有入藏。

鈐印：“退一居藏書印”“伏跗室藏書印”“孟顓”“馮貞群印”。

（饒）

太函集

明萬曆刻本　善 3880

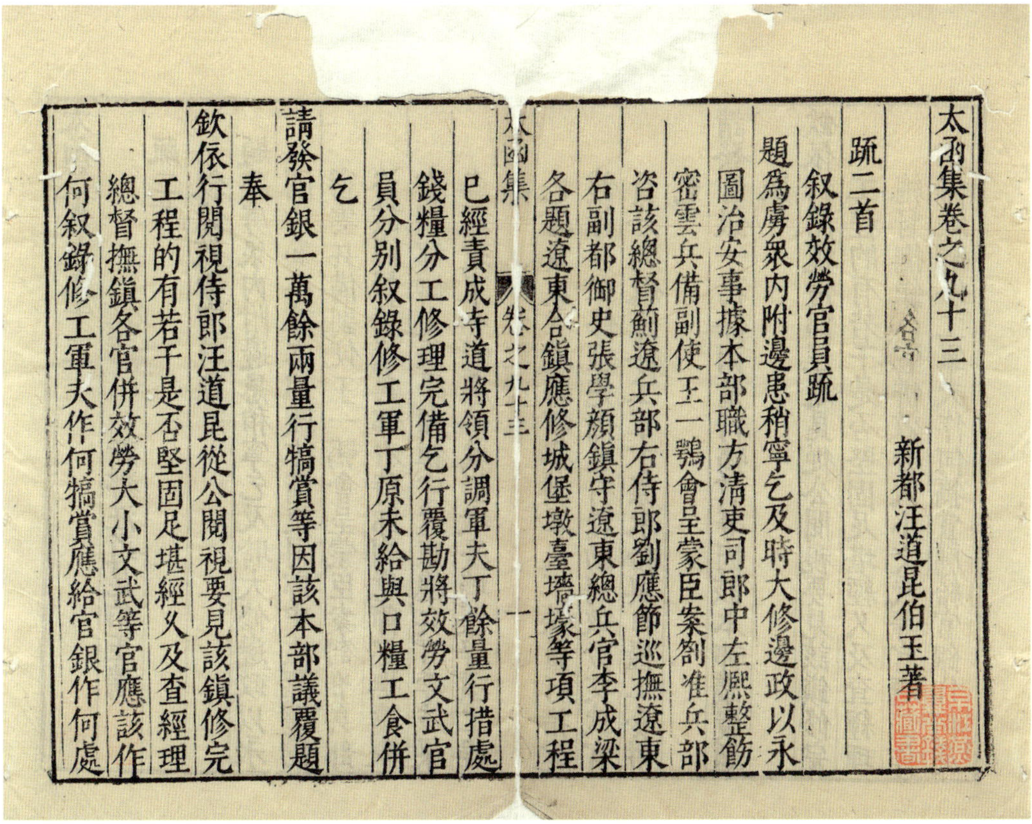

太函集卷之九十三
新都汪道昆伯玉著
疏二首
叙録效勞官員疏
題爲虜衆内附邊患稍寧乞及時大修邊政以永
圖治安事據本部職方清吏司郎中左熈整飭
密雲兵備副使王一鶚會呈蒙臣案劄准兵部
咨該總督薊遼兵部右侍郎劉應節巡撫遼東
右副都御史張學顔鎮守遼東總兵官李成梁
各題遼東合鎮應修城堡墩臺墻壕等項工程
太函集　卷之九十三　一
已經責成寺道將領分調軍夫丁餘量行措處
錢糧分工修理完備乞行覆勘將效勞文武官
員分別叙録修工軍丁原未給與口糧工食併
乞
請發官銀一萬餘兩量行犒賞等因該本部議覆題
奉
欽依行閲視侍郎汪道昆從公閲視要見該鎮修完
工程的有若干是否堅固足堪經久及查經理
總督撫鎮各官併效勞大小文武等官應該作
何叙録修工軍夫作何犒賞應給官銀作何處

《太函集》卷九十三卷端

《太函集》一百二十卷《目録》六卷，明汪道昆撰。明萬曆刻本。一册。半葉十行，行二十字，左右雙邊，白口，單黑魚尾。框高 20.7 厘米，寬 14.3 厘米。卷端題“新都汪道昆伯玉著”。

汪道昆（1526—1593），又名守昆，字伯玉，號高陽生，南直隸歙縣人。嘉靖二十六年（1547）進士，仕至兵部左侍郎。有詩名，工文，與王世貞并稱“兩司馬”。撰有《太函集》《北虜紀略》《數錢葉譜》等。《明史》卷二百八十七、《閩書》卷四十五有傳。

是集一百二十卷，《目録》六卷，此本實存三卷，爲卷九十三至九十五。卷九十三至九十四疏，卷九十五書牘。

《四庫全書總目》收録。《中國古籍善本書目》（集部八五七三條）、《中國古籍總目》（集20209514條）著録。除天一閣外，中國國家圖書館、北京大學圖書館、上海圖書館等機構亦有入藏。

鈐印：“京江燕翼堂錢氏藏書”。

（趙）

弇州山人四部稿

明萬曆刻本　善 3917

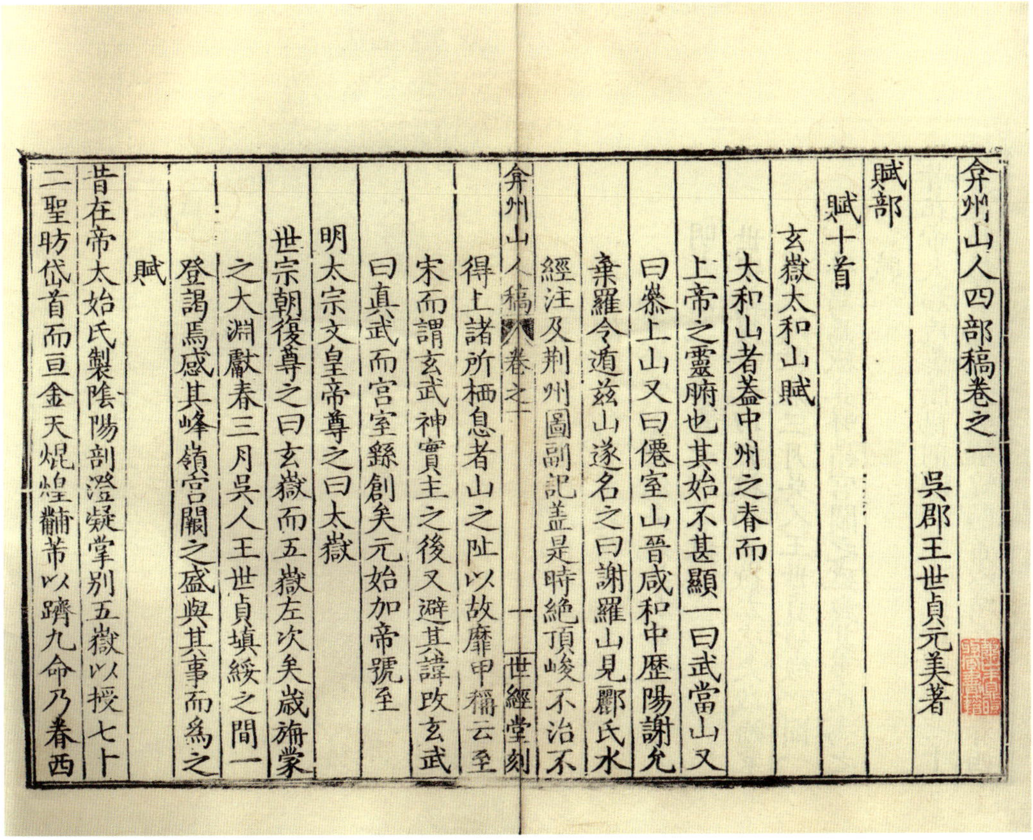
弇州山人四部稿卷之一
吳郡王世貞元美著
賦部
賦十首
玄嶽太和山賦
太和山者葢中州之春而
上帝之靈腑也其始不甚顯一曰武當山又
曰參上山又曰僊室山晉咸和中歷陽謝允
棄羅令遁茲山遂名之曰謝羅山見酈氏水
經注及荊州圖副記葢是時絕頂峻不治不
弇州山人稿卷之一　一　世經堂刻
得上諸所栖息者山之阯以故靡甲稱云至
宋而謂玄武神實主之後又避其諱改玄武
曰真武而宮室縣創矣元始加帝號至
明太宗文皇帝尊之曰太嶽
世宗朝復尊之曰玄嶽而五嶽左次矣歲旃蒙
之大淵獻春三月吳人王世貞塡綬之間一
登謁焉感其峰嶺宮闕之盛與其事而爲之
賦
昔在帝太始氏製陰陽剖澄凝掌別五嶽以授七卜
二聖昉代首而亘金天焜煌黼芾以躋九命乃春西

《弇州山人四部稿》卷一卷端

《弇州山人四部稿》一百七十四卷《目録》十二卷，明王世貞撰。明萬曆五年（1577）刻十四年（1586）增刻本。三十二册。半葉十行，行二十字，四周雙邊，白口，單黑魚尾，版心下鎸“世經堂刻”。框高 20.5 厘米，寬 15.6 厘米。卷端題“吴郡王世貞元美著”。前有萬曆五年汪道昆序，後有王世懋《附遺家兄元美書》、王世貞記。

王世貞（1526—1590），字元美，號鳳洲，又號弇州山人，南直隸太倉人。年十九，舉嘉靖二十六年（1547）進士。授刑部主事，仕至南京兵部右侍郎。好爲詩古文，名列“後七子”，後獨領文壇二十年。撰有《弇州山人四部稿》《弇州山人續稿》《弇山堂别集》《鳳洲筆記》《嘉靖以來首輔傳》等。《明史》卷二百八十七、《［嘉靖］青州府志》卷十三有傳。

其曰四部者，賦部、詩部、説部、文部也。卷一至二賦部，爲賦、騷；卷三風雅類；卷四至五十四詩部，爲擬古樂府、漢郊祀歌、漢鐃歌、三言古體、四言古體、五言古體、六言絶句、七言古體、五言律、七言律、七言絶句、詞；卷五十五至一百三十八文部，爲贈序、壽序、文集序、記、書事、紀行、志、傳、墓志銘、墓表、神道碑、墓碣銘、墓碑、碑、行狀、述、頌、贊、銘、誄、哀辭、祭文、奏疏、表、公移、史論、論、辯、説、雜説、議、讀、雜著、募緣疏、策、書牘、雜文跋、墨迹跋、墨刻跋、畫跋；卷一百三十九至一百七十四説部，爲札記内外篇、左逸短長、藝苑卮言、卮言附録、宛委餘編。

汪道昆序云：“不佞三從元美問籍，元美猶然逡巡，及其莅四岳而籍始傳，蓋倍于鱗者六之五。其分部者四，其卷百八十，其策六十有奇。自昔成一家言，未有若此之富者也。”

《附遺家兄元美書》云：“世懋以丙子歲六月受《四部稿》于鄖邸，奔走終歲，卒業舟車間，未遑窺作者之奥也。”

王世貞記云：“敬美此書寄自豫章垂十年矣，以其見餙之過，秘不敢示人。至于揚榷藝文，折衷上下，往往有寸心千古意，安可以嫌終秘之。且聞在《藝圃擷餘》中，行之閩矣。乃爲梓拙稿之後，使子孫有操觚者，知吾兄弟一時塤篪之盛云。”

刻工：唐尹。

是集通常所見版本爲萬曆四年（1576）一百八十卷本與萬曆五年一百七十四卷本。據許建平先生研究，另有四種版本：無汪道昆序的一百八十卷本、帶少量音義批注的一百八十卷本、附“世懋書”與“世貞記”的一百七十四卷本及《弇州集》一百九十卷本。[1]天一閣藏本爲四種之第三。

《四庫全書總目》收録。《中國古籍善本書目》（集部八五三五條）、《中國古籍總目》（集 20209543 條）著録。除天一閣外，中國國家圖書館、北京大學圖書館、上海圖書館、天津圖書館、南京圖書館及臺北“中央研究院”傅斯年圖書館等多家機構亦有入藏。

鈐印：“蕭山朱鼎煦收藏書籍”“賣書編書”“朱鼎煦”“朱家”“蕭山朱家壇太平橋人”“别宥齋”。

（劉）

〔1〕許建平：《弇州山人四部稿》版本發現與考辨，載《文獻》2006 年 3 月第 2 期。

入楚稿、入晉稿、入浙稿、入魏稿

明刻本　善 3919

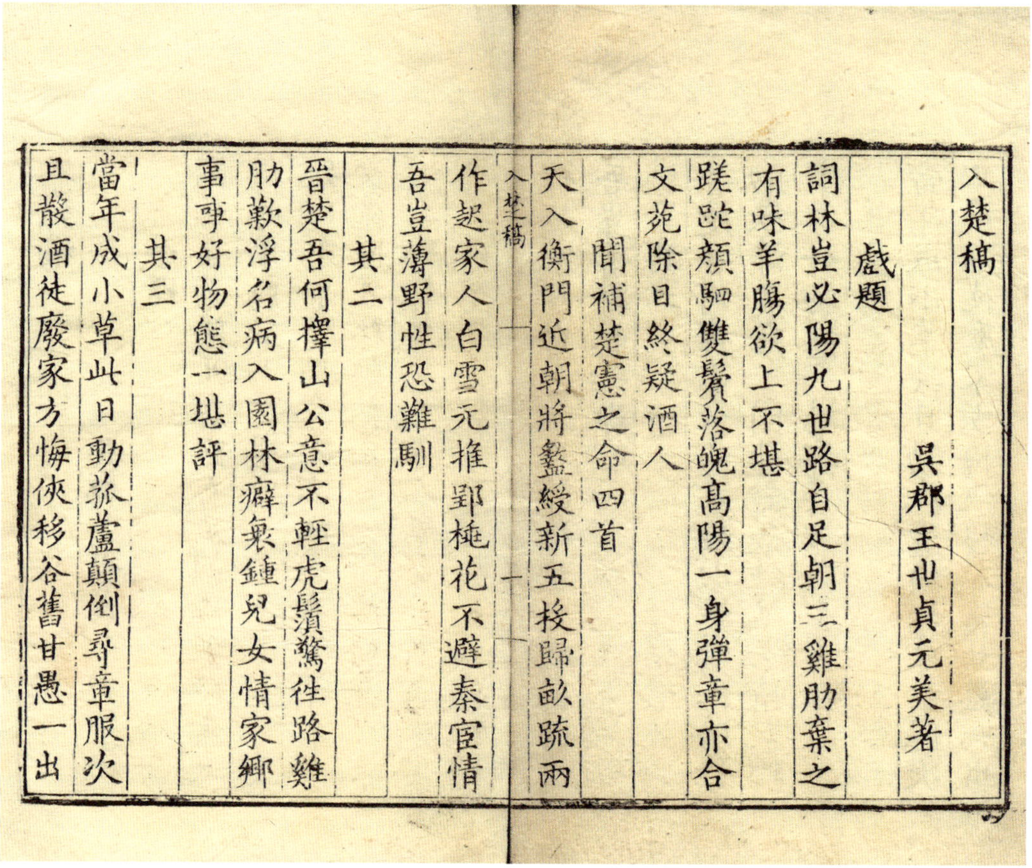
入楚稿
吳郡王世貞元美著
戲題
詞林豈必陽九世路自足朝三雞肋棄之
有味羊腸欲上不堪
蹉跎顔駟雙鬢落魄高陽一身彈章亦合
文苑除目終疑酒人
聞補楚憲之命四首
天入衡門近朝將盭綬新五投歸畝疏兩
作趍家人白雪元推郢樵花不避秦官情
吾豈薄野性恐難馴
其二
晉楚吾何擇山公意不輕虎髯須驚往路雞
肋歎浮名病入園林癖衆鍾兒女情家鄉
事事好物態一堪評
其三
當年成小草此日動蓴鱸顛倒尋章服次
且散酒徒廢家方悔俠移谷舊甘愚一出

《入楚稿》卷端

《入楚稿》一卷《入晉稿》一卷《入浙稿》二卷《入魏稿》二卷，明王世貞撰。明刻本。四册。半葉九行，行十六字，四周雙邊，白口，無魚尾。框高 19.7 厘米，寬 14.6 厘米。卷端題“吳郡王世貞元美著”。

《入楚稿》一卷，爲王世貞赴湖廣任職途中所作詩。《入晉稿》一卷，爲王世貞赴山西任職途中所作詩。《入浙稿》二卷，爲王世貞赴浙江任職途中所作詩詞。《入魏稿》二卷，爲王世貞赴直隸途中所作詩。

《四庫全書總目》未收。《中國古籍善本書目》（集部八五四五條）、《中國古籍總目》（集 20209561 條）著録。除天一閣外，僅見中國國家圖書館有殘本一種（《入楚稿》一卷）入藏。

（趙）

余文敏公文集

明萬曆刻本　善 3861

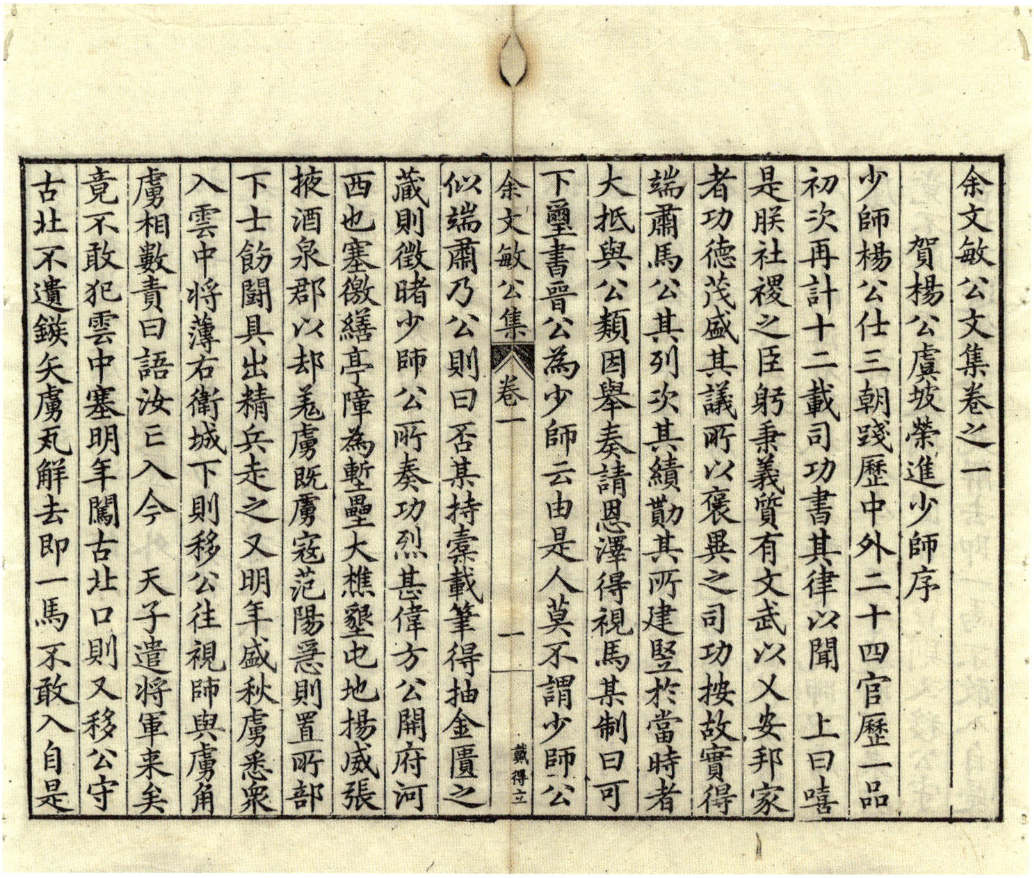

余文敏公文集卷之一
賀楊公虞坡榮進少師序
少師楊公仕三朝踐歷中外二十四官歷一品
初次再計十二載司功書其律以聞 上曰嘻
是朕社稷之臣躬秉義質有文武以乂安邦家
者功德茂盛其議所以襃異之司功按故實得
端肅馬公其列次其績勣其所建竪於當時者
大抵與公類因舉奏請恩澤得視馬其制曰可
下璽書晉公為少師云由是人莫不謂少師公
余文敏公集　卷一　一　戴得立
似端肅乃公則曰否其持橐載筆得抽金匱之
藏則徵睹少師公所奏功烈甚偉方公開府河
西也塞徼繕亭障為塹壘大樵墾屯地揚威張
掖酒泉郡以却羗虜既虜寇范陽悉則置所部
下士飭闘具出精兵走之又明年盛秋虜悉衆
入雲中將薄右衛城下則移公往視師與虜角
虜相數責曰語汝已入今 天子遣將軍來矣
竟不敢犯雲中塞明年闖古北口則又移公守
古北不遺鏃矢虜瓦解去即一馬不敢入自是

《余文敏公文集》卷一卷端

《余文敏公文集》十五卷，明余有丁撰。明萬曆刻本。四册。半葉九行，行十八字，四周單邊，白口，單黑魚尾，版心上方刊有“余文敏公集”，版心下方間有刻工。框高 20.1 厘米，寬 14.7 厘米。卷首目録下端題“光禄大夫少傅兼太子太傅户部尚書建極殿大學士贈太保謚文敏同麓余有丁撰”。前有汪鏜序、萬曆二十年（1592）沈一貫序。

余有丁（1527—1584），字丙仲，號同麓，浙江鄞縣人。嘉靖四十一年（1562）進士第三名，授翰林院編修，歷事三朝，纍遷禮部尚書兼文淵閣大學士，入閣參與機務。曾充《大明會典》副總裁。生有高世之志，喜訪故鄉佳山水，每四方名士至，輒相延接，與極游湖山佳處，自許謝安、王儉。謚文敏。撰有《余文敏公文集》等。《甬上耆舊詩》卷十八、《［康熙］鄞縣志》卷十七有傳。

是集卷一至四序，卷五記、頌，卷六傳、贊、詞，卷七表，卷八啓，卷九疏，卷十策、論，卷十一墓志銘，卷十二神道碑、墓表、行狀，卷十三祭文，卷十四至十五詩。

汪鏜序云："予嘗得其遺草而三復嘆息焉，曰：嗟乎，公之詩文諸體備矣。讀之，豪蕩感概如其人焉，敷腴暢達如其人焉，淵懿而不沉晦如其人焉，故曰'知其人則知其文'也……公平生著作甚富，而中值鬱攸，所存無幾。今廣搜博訪，僅得若干卷，鋟梓以行，真足以成一家之言而傳諸不朽矣。"

刻工：朱天福、戴得立、蔣雲、戴得明、夏立、夏仲仁、唐子龍、盧文、王光、弋馮、徐尚、洪文、弋蔣、孫、宋禮、陶。

此集清時遭禁毀，今有《四庫禁毀書叢刊補編》本、《續修四庫全書》本較通行。

《四庫全書總目》未收。《中國古籍善本書目》（集部八七五三條）、《中國古籍總目》（集 20209590 條）著録。除天一閣外，上海圖書館亦有入藏。

（劉）

李氏文集

明刻本　善 3942

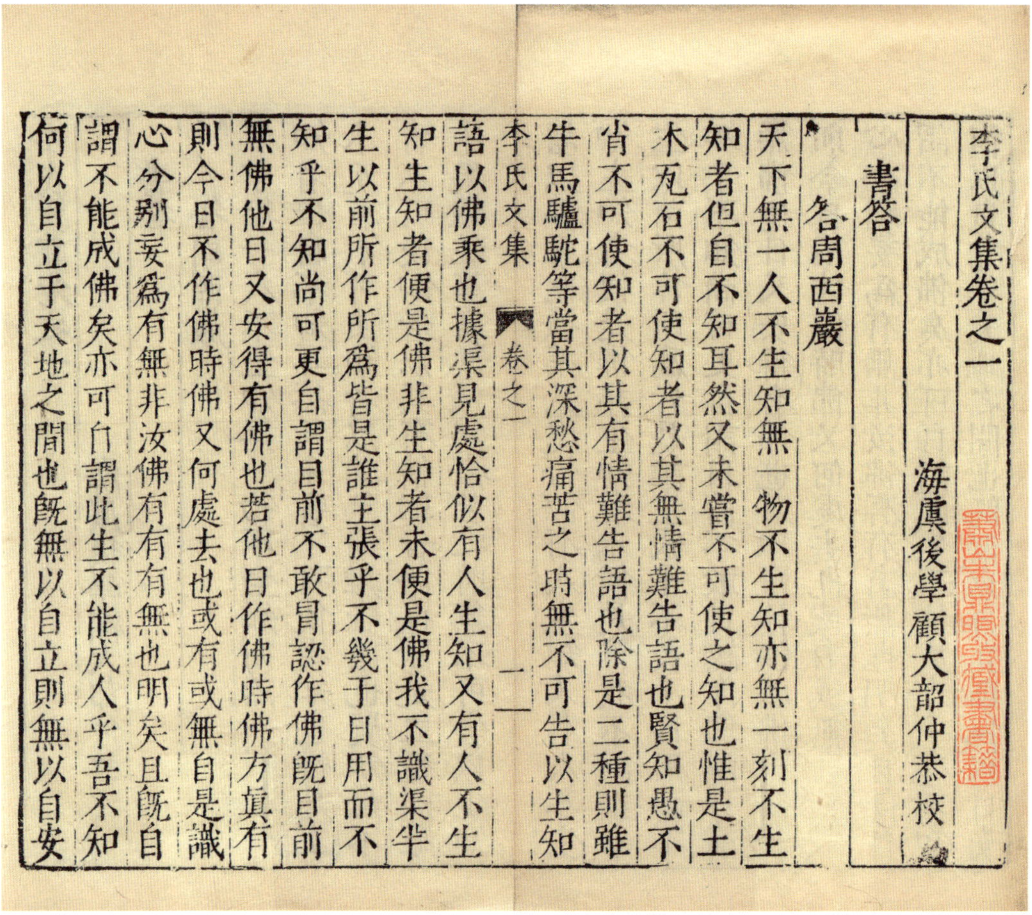
李氏文集卷之一

海虞後學顧大韶仲恭校

書答

答周西巖

天下無一人不生知無一物不生知亦無一刻不生知者但自不知耳然又未嘗不可使之知也惟是土木瓦石不可使知者以其無情難告語也賢知愚不肖不可使知者以其有情難告語也除是二種則雖牛馬驢駝等當其深愁痛苦之時無不可告以生知

李氏文集　卷之一　一

語以佛乘也據渠見處恰似有人生知又有人不生知生知者便是佛非生知者未便是佛我不識渠半生以前所作所爲皆是誰主張乎不幾于日用而不知乎不知尚可更自謂目前不敢冒認作佛既目前無佛他日又安得有佛也若他日作佛時佛方眞有則今日不作佛時佛又何處去也或有或無自是識心分別妄爲有無非汝佛有有無也明矣且既自謂不能成佛矣亦可自謂此生不能成人乎吾不知何以自立于天地之間也既無以自立則無以自安

《李氏文集》卷一卷端

《李氏文集》二十卷，明李贄撰。明刻本。四册。半葉九行，行二十字，四周單邊，白口，單黑魚尾。框高 20.3 厘米，寬 13.6 厘米。卷端題“海虞後學顧大韶仲恭校”。前有李贄自序。

李贄（1527—1602），初姓林，名載贄，後改姓李，單名贄，號卓吾，又號篤吾、宏甫、温陵居士等，福建泉州人。嘉靖三十一年（1552）舉人，纍仕至雲南姚安知府。三年後弃官，居麻城龍潭湖芝佛院，講學著書二十年，見重于耿定理、焦竑等。撰有《李氏文集》《藏書》《續藏書》《焚書》等。《明書》卷一百六十、《明史稿》卷二百七有傳。

此集係李贄去世後，由弟子輯校、編刻而成，前有李贄自序，清修《四庫全書》時曾遭禁毁。卷一至六書答，卷七至十三雜述，卷十四至十七讀史，卷十八至十九道古録，卷二十詩，自《過居庸關》後缺八首。

《四庫全書總目》入集部别集類存目，作“李温陵集二十卷”，提要云：“蓋因刻《説書》而并摘《焚書》《藏書》，合爲此集也。贄非聖無法，敢爲异論……故其人可誅，其書可毁，而仍存其目，以明正其爲名教之罪人，誣民之邪説，庶無識之士不至怵于虚名，而受其簧鼓，是亦彰癉之義也。”

《中國古籍善本書目》（集部八七〇一條）、《中國古籍總目》（集20209615條）著録。除天一閣外，中國國家圖書館、南京圖書館等機構亦有入藏。

鈐印：“蕭山朱鼎煦收藏書籍”。

（趙）

松石齋集

明萬曆刻本　善 3936

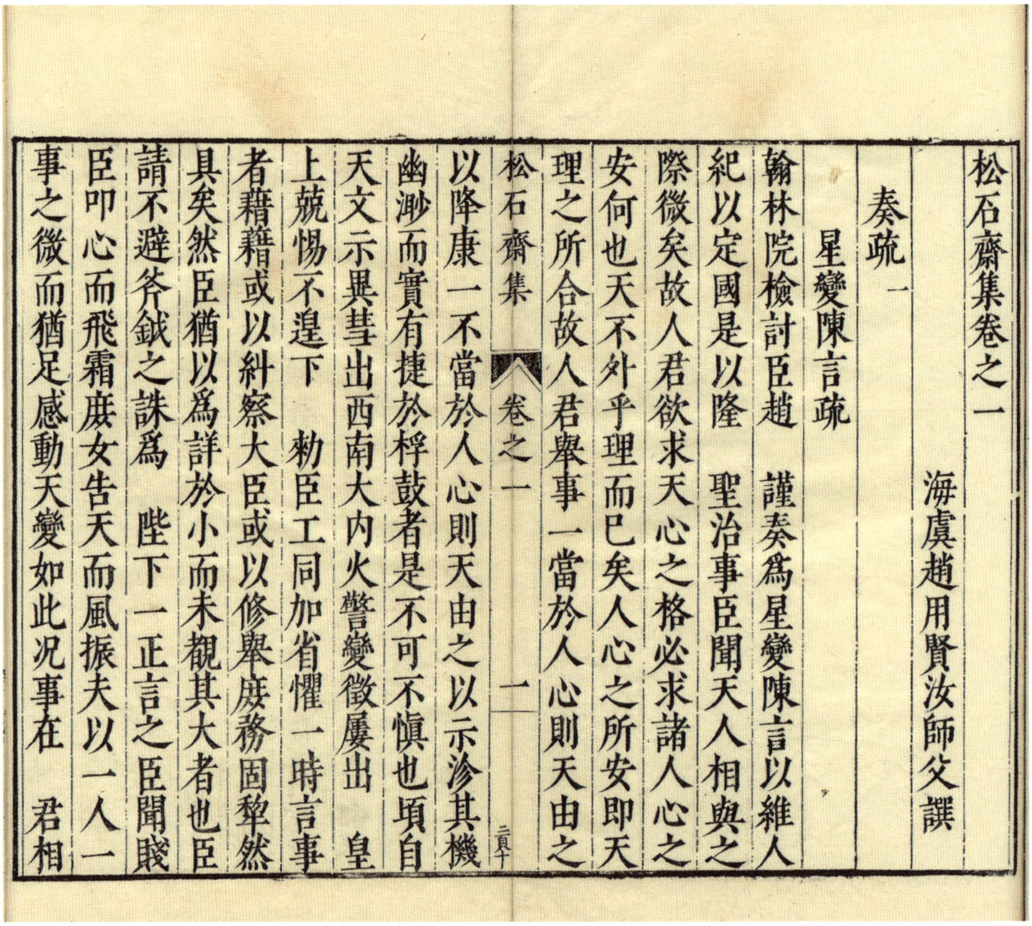

松石齋集卷之一
海虞趙用賢汝師父譔
奏疏一
星變陳言疏
翰林院檢討臣趙　謹奏爲星變陳言以維人
紀以定國是以隆　聖治事臣聞天人相與之
際微矣故人君欲求天心之格必求諸人心之
安何也天不外乎理而巳矣人心之所安即天
理之所合故人君舉事一當於人心則天由之
松石齋集　卷之一　一
以降康一不當於人心則天由之以示沴其機
幽渺而實有捷於桴鼓者是不可不愼也頃自
天文示異彗出西南大内火警變徵屢出　皇
上兢惕不遑下　勑臣工同加省懼一時言事
者藉藉或以糾察大臣或以修舉廢務固犂然
具矣然臣猶以爲詳於小而未覩其大者也臣
請不避斧鉞之誅爲　陛下一正言之臣聞賤
臣叩心而飛霜庶女告天而風振夫以一人一
事之微而猶足感動天變如此况事在　君相

《松石齋集》卷一卷端

《松石齋集》三十六卷，明趙用賢撰。明萬曆四十六年（1618）海虞趙琦美等刻本。十二册。半葉九行，行十八字，左右雙邊，白口，單黑魚尾。版框高 20.7 厘米，寬 14.3 厘米。卷端題“海虞趙用賢汝師父撰”。前有萬曆四十六年鄒元標序。

趙用賢（1535—1596），字汝師，號定宇，南直隸海虞人。先世爲宋宗室。隆慶五年（1571）進士，授翰林院庶吉士。萬曆初官檢討，五年（1577）因彈劾張居正不爲父奔喪幾斃杖下，奪官歸里。居正歿，召復原職，纍遷南京禮部右侍郎，後因忤王錫爵辭歸。謚文毅。嗜藏書，室名松石齋，藏書逾萬册，編有《趙定宇書目》。撰有《松石齋集》《三吴文獻録》《國朝典章》《因革録》等。《明史》卷二百二十九、《［崇禎］海虞别乘》“邑人”類有傳。

此集凡三十六卷，佚二十三卷，存十三卷。卷前無總目，然每卷前有目録。卷一至五奏疏，卷六中秘稿，卷七試程，卷八至十叙，卷十一題辭、小引、跋、書後、募緣疏、議，卷十二記、墓碑、墓表，卷十三傳。

鄒元標序云：“（公）歸辭世十餘年而集行，子琦美、隆美走使謁叙，予受而卒業。公所爲詩與文有排山倒海之勢，有吞天浴日之象。丁丑後半在牢騷抯鬱中度日，故多商音。然公傳者非文也。文者，人之神情寄焉。人履幽憂愁苦中，則神閟而不揚，不閟則不光。此公文所以傳也。”

此集入清遭禁毁，今有《四庫禁毁書叢刊》據萬曆間刻本影印，較通行。

《四庫全書總目》未收。《中國古籍善本書目》（集部九〇九八條）、《中國古籍總目》（集 20209783 條）著録。除天一閣外，中國國家圖書館、上海圖書館、南京圖書館等機構亦有入藏。

（王）

由拳集

明萬曆刻本　善 3953

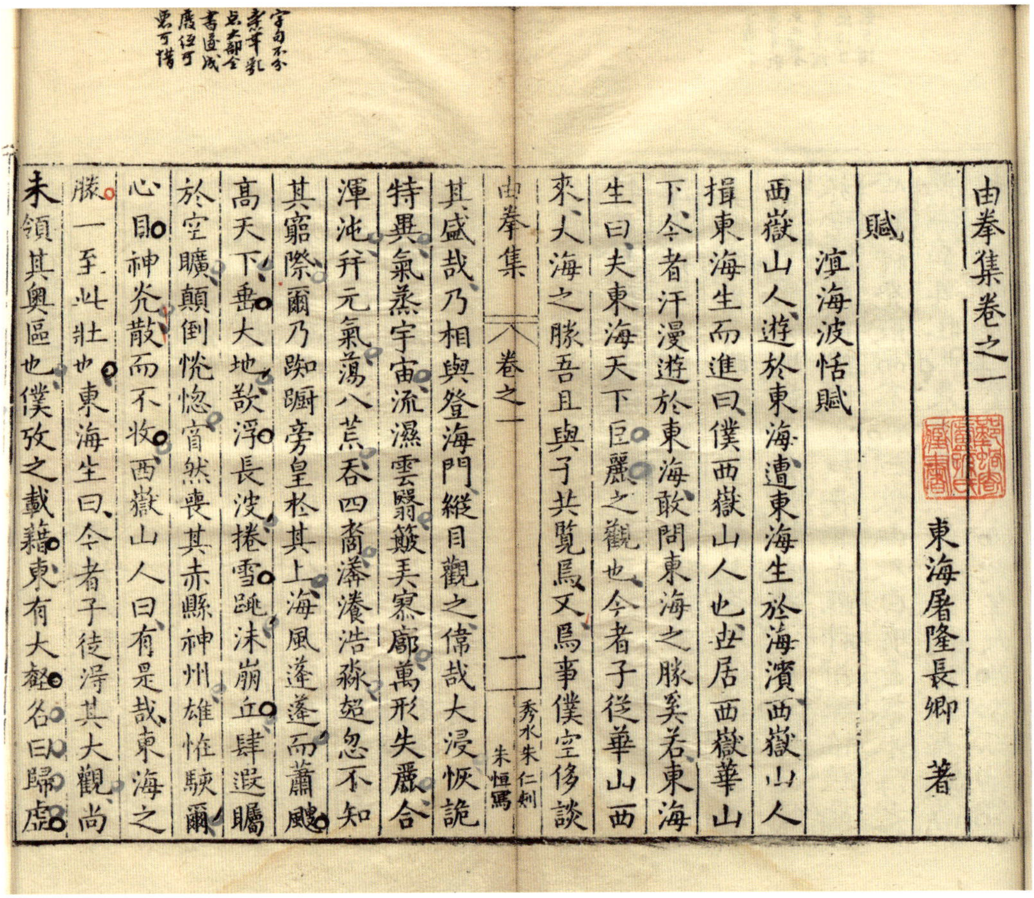

《由拳集》卷一卷端

《由拳集》二十三卷，明屠隆撰。明萬曆八年（1580）馮夢禎刻本。十册。半葉九行，行十九字，左右雙邊，下黑口，單白魚尾。框高 19.7 厘米，寬 14.7 厘米。卷端題“東海屠隆長卿著”。前有徐益孫序、萬曆八年沈明臣序，後有彭汝讓跋。

屠隆（1543—1605），字長卿、緯真，號赤水、鴻苞居士，浙江鄞縣人。萬曆五年（1577）進士，仕至禮部郎中。後罷官歸家，遨游吴越間，縱情詩酒。才思敏捷，工詩文，善書法。撰有《由拳集》《白榆集》《鴻苞集》及傳奇《曇花記》《修文記》《彩毫記》等。《明史》卷二百八十八、《［乾隆］鄞縣志》卷十六有傳。

是集凡二十三卷。卷一賦，卷二古體詩，卷三古樂府，卷四至五五言古詩，卷六至七七言古詩，卷八五言律詩、五言排律，卷九七言律詩，卷十五言絶句、六言絶句，卷十一七言絶句，卷十二序，卷十三至十七書，卷十八記，卷十九傳，卷二十祭文，卷二十一祭神文，卷二十二誄，卷二十三雜著。

沈明臣序云："屠長卿蓋從潁上徙青浦矣，令潁時諸所著文章詩賦，潁諸生乃請付剞劂，而非長卿意也。海内諸人士讀而艷焉，輒從長卿乞集，而長卿雅不欲傳。然終不能拒，間亦一二屬工墨之，楮輒風雷，于是長卿益自秘，以故傳者堇堇而及。今令青浦，所著文章詩賦益鴻鉅，益不能自秘。而馮太史開之謂前刻稍纇，乃取而與沈太史君典删定之，增新者十之六，更名曰《由拳集》。蓋由拳故青浦地，人傳'泖水澄隱隱，下見城郭狀'，以故是集得專名焉。而開之更取付剞劂。"

《四庫全書總目》收録，入集部别集類存目。《中國古籍善本書目》（集部九二六〇條）、《中國古籍總目》（集 20209982 條）著録。除天一閣外，北京大學圖書館、上海圖書館、復旦大學圖書館、山東省圖書館、浙江圖書館、美國哈佛大學哈佛燕京圖書館等多家機構亦有入藏。

鈐印："鄞蝸寄廬孫氏藏書"。

（趙）

白榆集

明刻本　馮善 2317

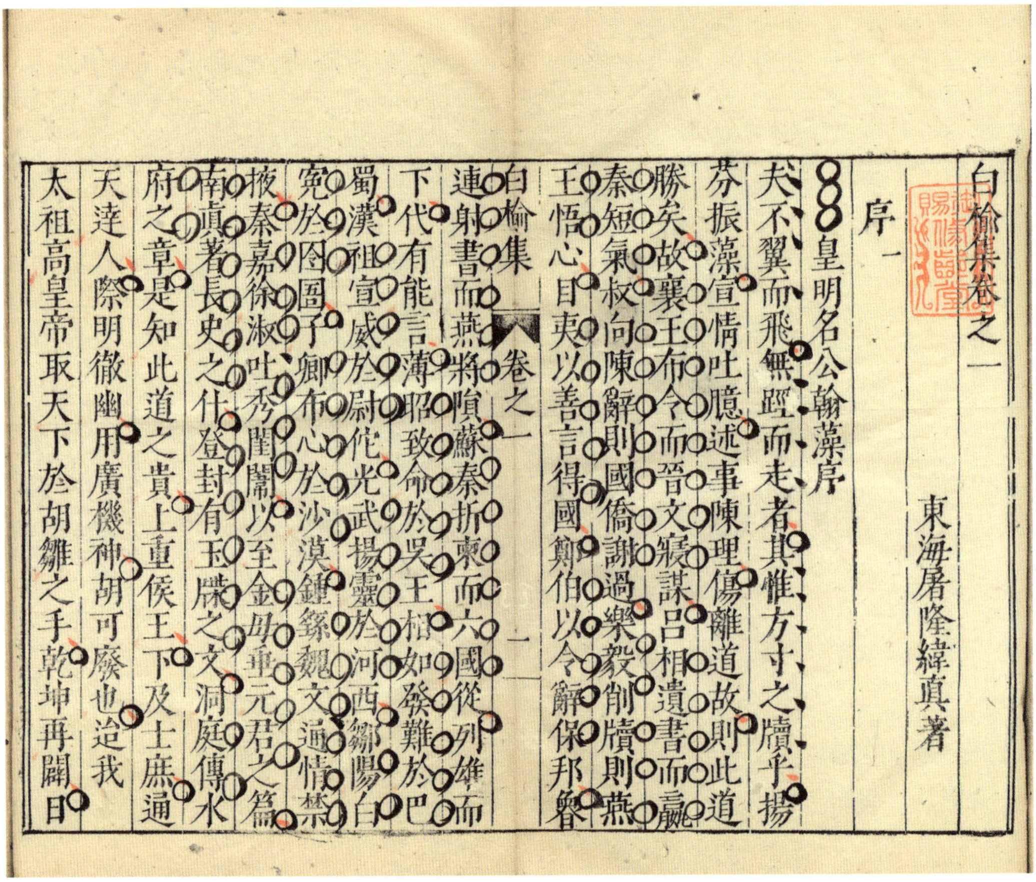
白榆集卷之一

序一

東海屠隆緯真著

皇明名公翰藻序

夫不翼而飛無脛而走者其惟方寸之牘乎揚芬振藻宣情吐臆述事陳理傷離道故則此道勝矣故襄王布令而晉文寢謀呂相遺書而嬴秦短氣叔向陳辭則國僑謝過樂毅削牘則燕王悟心目夷以善言得國鄭伯以令辭保邦魯

白榆集　卷之一　一

連射書而燕將隕蘇秦折柬而六國從列雄而下代有能言薄昭致命於吳王相如發難於巴蜀漢祖宣威於尉佗光武揚靈於河西鄒陽白冤於囹圄子卿布心於沙漠鍾繇魏文通情禁掖秦嘉徐淑吐秀閨闈以至金母垂元君之篇南真著長史之什登封有玉牒之文洞庭傳水府之章是知此道之貴上重侯王下及士庶通天達人際明徹幽用廣機神胡可廢也迨我

太祖高皇帝取天下於胡雛之手乾坤再闢日

《白榆集》卷一卷端

《白榆集》二十卷，明屠隆撰。明刻本。五册。半葉九行，行十八字，左右雙邊，白口，單黑魚尾。框高 18.8 厘米，寬 13.8 厘米。卷端題“東海屠隆緯真著”。前有萬曆二十一年（1593）程巨源序。

是書凡二十卷，此本實存十一卷，爲卷一至三、六至七、十五至二十。

據書前目録，卷一至四序，卷五記，卷六至十三書，卷十四書、啓、疏，卷十五論，卷十六策、表、議、誄、行狀，卷十七神道銘、墓志銘，卷十八墓志銘，卷十九傳、贊、跋、箋紙銘、雜文，卷二十祭文。

程巨源序云："先生既堅自罷，而居常修古卑今，屬辭不廢。竄寐三天子，由東海而訴新都。始至則講業太函，繼至則乞靈素岳，悉篋先後所就業質成司馬而社白榆，是爲《白榆集》……司馬氏亟多之，以屬余宗太學元方伯仲梓而布焉。"

《白榆集》版本，現知三種：萬曆二十二年（1594）程元方刻二十八卷本、萬曆龔堯惠刻二十八卷本和二十卷明刻本。除此本外，天一閣另藏有明刻二十卷本一部，程元方刻二十八卷本一部。

《四庫全書總目》收録。《中國古籍善本書目》（集部九二七〇條）、《中國古籍總目》（集 20209986 條）著録。除天一閣外，中國國家圖書館、中國科學院文獻情報中心、遼寧省圖書館等多家機構亦有入藏。

鈐印："御賜修齡堂""少微山房藏書印"。

（劉）

蒼虬舘草

明萬曆刻本　善 4015

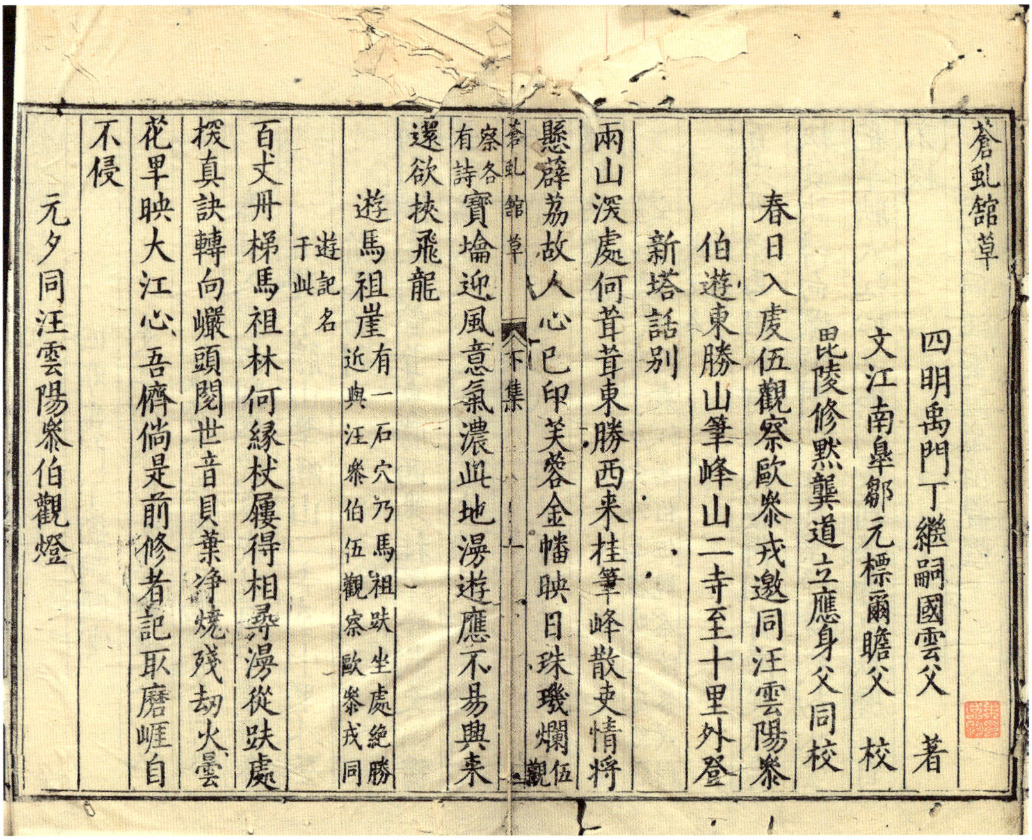
蒼虬舘草

四明禹門丁繼嗣國雲父　著

文江南皋鄒元標爾瞻父　校

毘陵修默龔道立應身父同校

春日入虔伍觀察歐棨戎邀同汪雲陽棨

伯遊東勝山筆峰山二寺至十里外登

新塔話别

兩山溪處何茸茸東勝西来桂筆峰散吏情將

懸薜荔故人心已印芙蓉金幡映日珠璣爛伍觀察各有詩寶墖迎風意氣濃此地湯遊應不易輿来

還欲挾飛龍

遊馬祖崖有一石穴乃馬祖趺坐處絶勝近與汪棨伯伍觀察歐棨戎同遊記名于此

百丈冊梯馬祖林何緣杖屨得相尋湯從趺處

探真訣轉向巉頭閲世音貝葉淨燒殘刼火曇

花旱映大江心吾儕倘是前修者記取磨崖自

不侵

元夕同汪雲陽棨伯觀燈

蒼虬舘草　下集

《蒼虬舘草》下集卷端

《蒼虬舘草》六卷，明丁繼嗣撰。明萬曆刻本。一册。半葉九行，行十八字，四周雙邊，白口，單黑魚尾。框高 21.5 厘米，寬 15.8 厘米。下集卷端題“四明禹門丁繼嗣國雲父著，文江南皋鄒元標爾瞻父校，毗陵修默龔道立應身父同校”。

丁繼嗣（1545—1623），字國雲，號禹門，浙江鄞縣人。萬曆十一年（1583）

進士，授刑部主事，歷任右副都御史、江西右布政使，纍遷福建巡撫。嘗主修《［萬曆］建寧府志》，撰有《蒼虬舘草》《紫芝亭草》等。《閩書》卷四十五、《［光緒］鄞縣志》卷三十七有傳。

此本上集及中集卷端已佚，封面有朱鼎煦手書題簽，云"存下卷中集二十二葉起至四十九葉止，暨下集一葉至四十四葉止"，内版心鎸"中集""下集"，以是向來著録爲三卷。然據《續修四庫全書總目提要（稿本）》，此書原爲六卷，"計詩四卷、奏文二卷，詩文俱以體編次"，則此本入朱氏手已不及見全貌，故有此誤也。今中集前二十二葉已佚，始二十三葉，終四十九葉，計二十七葉，存詩九十一首。下集計四十五葉，存詩一百五十四首。

《續修四庫全書總目提要（稿本）》收録此書，趙萬里撰提要云："繼嗣……走迹遍于燕趙楚西，歷覽江漢、匡廬、彭蠡之勝，所至不廢吟咏。其旨沉冥，其辭凄惋，托之比興，以寄其抑鬱無聊之思，有三閭大夫、蘭臺令史之風……縱觀所作古風，有陳子昂、張曲江之遺澤，近體則遠挹蘇侍郎、高常侍，然遣詞施藻仍不脱七子窠臼，格調與同邑沈箕仲、屠長卿相近，則時代爲之也。雜文以奏草爲最勝，凡所獻納，皆經世濟時之術。"

此書歷來流傳不廣，明清諸家書目罕見著録，僅明《徐興公家藏書目》有録。徐目又有《紫芝亭草》一卷，爲繼嗣所撰，今亦不傳。

《四庫全書總目》未收。《中國古籍善本書目》《中國古籍總目》皆未著録。除天一閣外，未見其他機構入藏。《續修四庫全書總目提要（稿本）》所云全本，今不知流落何處，是此本雖殘，允爲珍籍也。

鈐印："朱鼎煦印"。

（屠）

西清閣詩草、碣石編

明刻本　善 3866

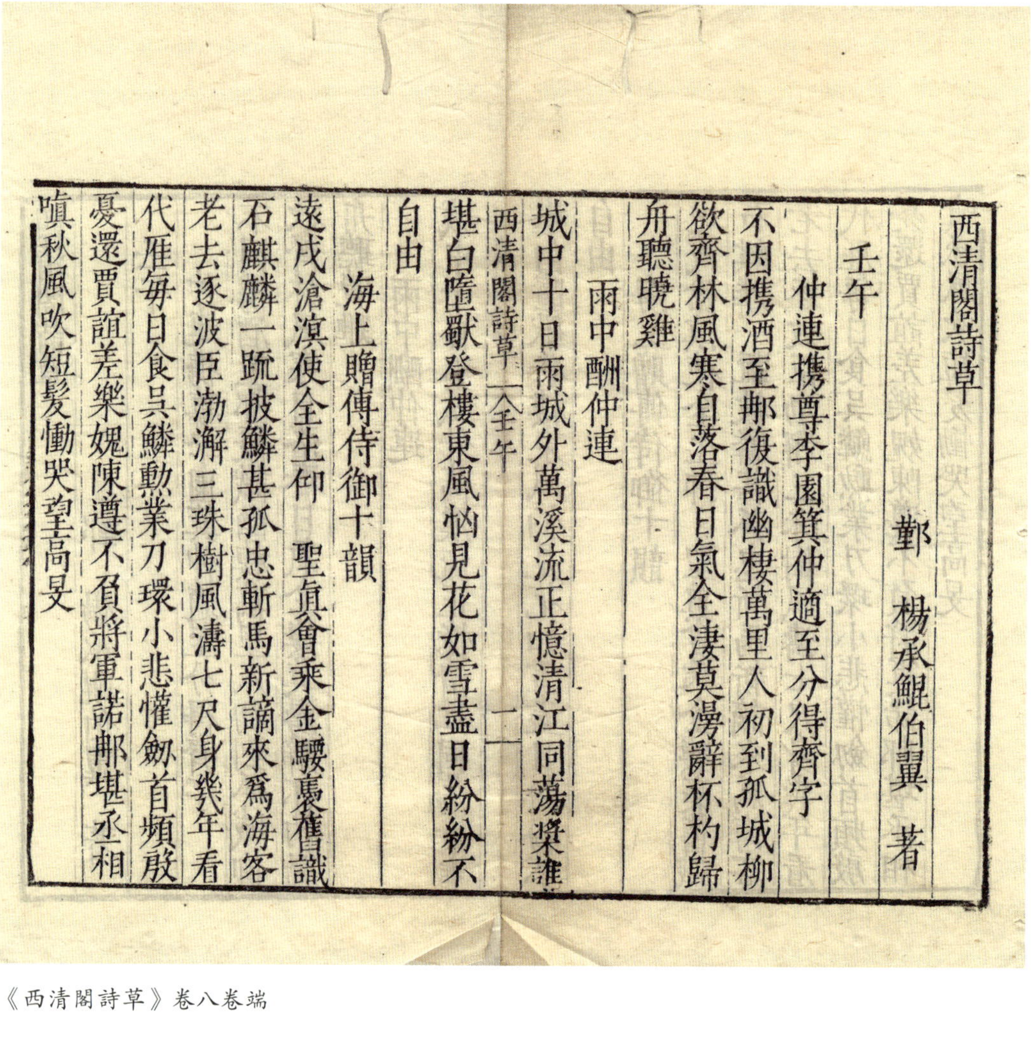
西清閣詩草
鄞　楊承鯤伯翼　著
壬午
仲連攜尊李園箕仲適至分得齊字
不因攜酒至那復識幽棲萬里人初到孤城柳
欲齊林風寒自落春日氣全淒莫漫辭杯杓歸
舟聽曉雞
雨中酬仲連
城中十日雨城外萬溪流正憶清江同蕩槳誰
西清閣詩草　八　壬午　二
堪白墮歡登樓東風惱見花如雪盡日紛紛不
自由
海上贈傅侍御十韻
遠戍滄溟使全生仰　聖眞曾乘金騣褭舊識
石麒麟一疏披鱗甚孤忠斬馬新謫來爲海客
老去逐波臣渤澥三珠樹風濤七尺身幾年看
代鴈每日食吳鱗勳業刀環小悲懽劍首頻啟
憂還賈誼差樂媿陳遵不負將軍諾那堪丞相
嗔秋風吹短髮慟哭望高旻

《西清閣詩草》卷八卷端

《西清閣詩草》十二卷《碣石編》二卷，明楊承鯤撰。明刻本。二册。半葉九行，行十八字，小字雙行二十二字，四周單邊，白口，單白魚尾，版心上方刊“西清閣詩草”，下方間有刻工。框高 19.5 厘米，寬 13.2 厘米。

卷端題“鄞楊承鯤伯翼著”。

楊承鯤（1550—1589），字伯翼，浙江鄞縣人。少有异質，嗜書，尤喜讀班、馬二史，書法入北海之室，才名籍甚，性豪放難馴，喜游山水，詩能幽峭絶俗，構園于郭外，有閣名西清。撰有《西清閣詩草》《碣石編》等。《甬上耆舊詩》卷二十二、《［康熙］鄞縣志》卷十七有傳。

參據中國國家圖書館藏本，是集未標卷次，“詩草”以年爲次第，始乙亥，終丙戌，共十二卷，蓋自萬曆三年至十四年（1575—1586）逐年各自爲卷。卷首有劉鳳序、錢文薦序及承鯤子德遷識語。《碣石編》前有萬曆四十五年（1617）屠本畯序，卷上賦、詩，卷下記、傳、書、疏。此本實存九卷，“詩草”前三卷乙亥、丙子、丁丑已佚去，存戊寅、己卯、庚辰、辛巳、壬午、癸未、甲申、乙酉、丙戌等卷，《碣石編》二卷亦已佚去。

《碣石編》後刊入《四明叢書》第四集。張壽鏞于《碣石編》序云：“吾鄉楊伯翼先生，生當隆慶、萬曆間，傲骨嶔奇，不可一世。抱經樓藏有《西清閣詩草》四卷，展轉而流入于北平圖書館。壽鏞既鈔得之，猶未刊也……或有言《碣石》未如《西清》之雋永，或言《西清》少遜《碣石》之沈净。屠田叔以爲兩集各具頡頏之韵，洵爲知言。”

刻工：朱仁、羅子、夏秀、羅自、蔣仲、夏道立。

《四庫全書總目》未收。《中國古籍善本書目》未著録。《中國古籍總目》（集20210207條）著録，題作“西清閣詩草十二卷碣石編二卷”。除天一閣外，中國國家圖書館、臺北故宫博物院圖書館等機構亦有入藏。又，浙江圖書館藏有張壽鏞抄本。

（劉）

大泌山房集

明萬曆刻本　善 4012

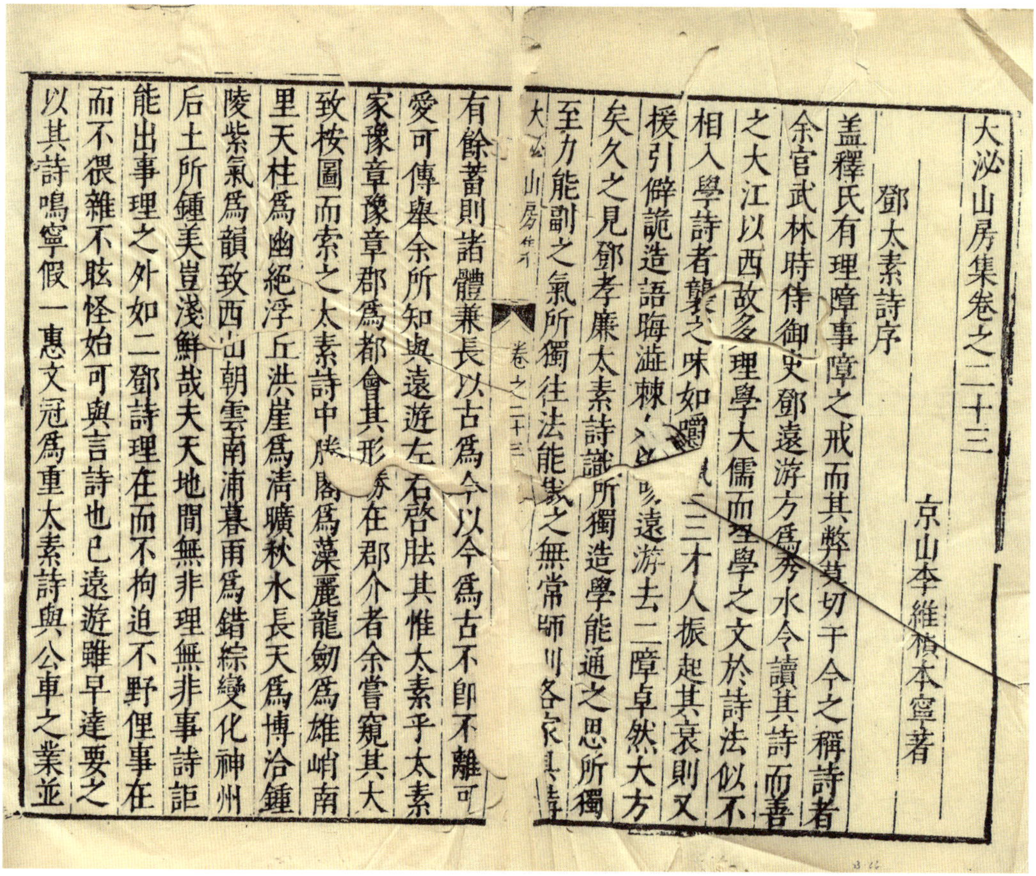
大泌山房集卷之二十三

京山李維楨本寧著

鄧太素詩序

盖釋氏有理障事障之戒而其弊莫切于今之稱詩者余官武林時侍御史鄧遠游方爲秀水令讀其詩而善之大江以西故多理學大儒而理學之文於詩法似不相入學詩者襲之味如嚼[illegible]二三才人振起其衰則又援引僻詭造語晦澁棘[illegible][illegible]遠游去二障卓然大方矣久之見鄧孝廉太素詩識所獨造學能通之思所獨至力能副之氣所獨往法能集之無常師而各家其[illegible]

大泌山房集　卷之二十三

有餘蓄則諸體兼長以古爲今以今爲古不即不離可愛可傳舉余所知與遠遊左右啓胠其惟太素乎太素家豫章豫章郡爲都會其形[illegible]在郡介者余嘗窺其大致按圖而索之太素詩中[illegible]閣爲藻麗龍劒爲雄峭南里天柱爲幽絕浮丘洪崖爲清曠秋水長天爲博洽鍾陵紫氣爲韻致西山朝雲南浦暮雨爲錯綜變化神州后土所鍾美豈淺鮮哉夫天地間無非理無非事詩詎能出事理之外如二鄧詩理在而不拘迫不野俚事在而不猥雜不眩怪始可與言詩也已遠遊雖早達要之以其詩鳴寧假一惠文冠爲重太素詩與公車之業並

《大泌山房集》卷二十三卷端

《大泌山房集》一百三十四卷《目録》二卷，明李維楨撰。明萬曆三十九年（1611）金陵刻本。十八册。半葉十行，行二十一字，四周單邊，白口，單黑魚尾。框高 21.6 厘米，寬 14.8 厘米。卷二十三卷端題“京山李維楨本寧著”。前有萬曆三十九年張惟任序、李維楨自序及識、校刻名氏。

李維楨（1547—1626），字本寧，號翼軒，湖廣京山人。隆慶二年

（1568）進士，仕至南京禮部尚書。以博聞强記著稱，時與許國齊名。擅詩文，文章弘肆有才氣，負重名垂四十年。然文字多率意應酬，品格漸下，以此頗遭人非議。撰有《大泌山房集》《四游集》《史通評釋》等。《明史》卷二百八十八、《列朝詩集小傳》丁集、《［康熙］京山縣志》卷七有傳。

是集凡一百三十四卷，卷首《目録》二卷，此本實存七十三卷，爲卷二十三至四十七、七十至一百十七。據《四庫全書存目叢書》本，可知卷一至六爲詩，依詩體編次，卷一四言詩、古樂府、五言古詩、七言古詩，卷二五言律詩、六言律，卷三至四七言律詩，卷五五言長律、六言長律、七言長律、六言絶句、五言絶句，卷六七言絶句。卷七至一百三十四爲各體雜文，卷七至五十二序，卷五十三至六十一記，卷六十二世家，卷六十三至七十六傳，卷七十七至一百二墓志銘，卷一百三至一百八墓表，卷一百九至一百十神道碑，卷一百十一碑，卷一百十二墓碑，卷一百十三至一百十四行狀，卷一百十五至一百二十祭文，卷一百二十一策、論、史論，卷一百二十二解、議、説、紀、述，卷一百二十四銘、頌、箴、誄、偈、七、帳詞，卷一百二十五贊，卷一百二十六至一百三十三題跋，卷一百三十四公移、呈文。

張惟任序云："竊謂文章至空同而始正，至歷山而始高，至弇山而始大，至黄山而始精。公則卓卓乎正矣，巍巍乎高矣，恢恢乎大矣，鑿鑿乎精矣，有具體集成之功而非微非小，不允矣？四宗之後，而獨稱京山之一宗乎！余不敏，竊以爲至公而始全矣……公則于今海内無兩矣，不尤爲甚盛哉！"

李維楨自序云："其曰三集，爲最後出，力不勝剞劂，費虚一二，有待也。"其後又識云："余出山者三，以三出時作，故名曰《小草三集》。兒校刻未及半，而投劾還山矣。坐急難，留滯廣陵、金陵間遂及三年，友人以金陵刻工便，强余悉索舊草僅有存者，附載此序。"

序跋首葉版心下鎸"晋陵孟純禮寫刻"。刻工：游、丘、秦、余、古、先、蓋、高、某、方、雲、郭、太、自、才、魏、孟純禮、閩、雷、陶、今、四、昔、人、梁、王、楊、唐、乙、巳、化、昌、隆、景、故、兵、甲、程、百、具、明、士、丁、甚、地、不、邵、公、署、宿、同、西、汪、本、素。

《四庫全書存目叢書》據北京師範大學圖書館藏萬曆三十九年刻本（卷

八十至八十一、九十一至九十三爲抄配）影印，較爲通行。

《四庫全書總目》收録，入集部别集類存目。提要云："……而一百二十八卷之中，世家、傳志、碑表、行狀、金石之文，獨居六十卷，記載之富，無逾于是。然牽率之作過多，不特文格卑冗，并事實亦未可徵信。《明史·文苑傳》稱……門下士招富人大賈受取金錢，代爲請乞，亦應之無倦。然文多率意應酬，品格不能高也。朱彝尊《明詩綜》亦謂本寧著作如官厨宿饌……無當于味。今核是集，知非故爲詆毀矣。"錢謙益于《列朝詩集小傳》亦云："自詞林左遷，海内謁文者如市，洪裁艷詞，援筆揮灑，又能骩骳曲隨，以屬厭求者之意。其詩文聲價騰涌，而品格漸下。余志其墓云'公之文章固已崇重于當代矣，後世當有知而論之者'，亦微詞也。"

《中國古籍善本書目》（集部九〇三七條）、《中國古籍總目》（集20210343條）著録。除天一閣外，中國國家圖書館、上海圖書館、天津圖書館、臺北故宫博物院圖書館、日本内閣文庫、韓國奎章閣及美國國會圖書館等多家機構亦有入藏。

（屠）

玉茗堂全集

明天啓刻本　善 3968

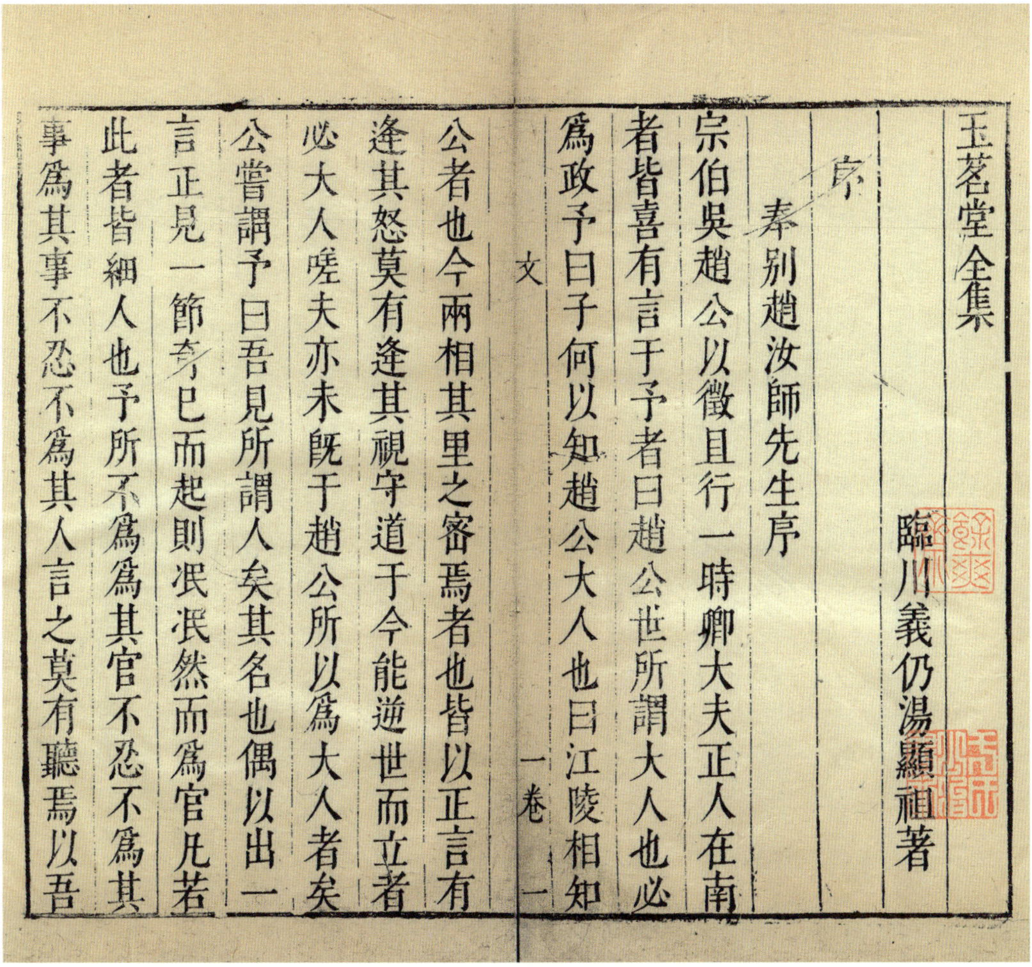
玉茗堂全集
臨川義仍湯顯祖著
序
奉別趙汝師先生序
宗伯吳趙公以徵且行一時卿大夫正人在南
者皆喜有言于予者曰趙公世所謂大人也必
爲政予曰子何以知趙公大人也曰江陵相知
文　一卷　一
公者也今兩相其里之窨焉者也皆以正言有
逢其怒莫有逢其視守道于今能逆世而立者
必大人嗟夫亦未既于趙公所以爲大人者矣
公嘗謂予曰吾見所謂人矣其名也偶以出一
言正見一節夸已而起則泯泯然而爲官凡若
此者皆細人也予所不爲爲其官不忍不爲其
事爲其事不忍不爲其人言之莫有聽焉以吾

《玉茗堂全集》卷一卷端

《玉茗堂全集》四十六卷，明湯顯祖撰。明天啓刻本。三十七册。半葉七行，行十八字，四周單邊，白口，無魚尾。版框高 22.0 厘米，寬 13.3 厘米。卷端題“臨川義仍湯顯祖著”。前有天啓元年（1621）韓敬序。

湯顯祖（1550—1616），字義仍，號若士，一號海若，又號清遠道人，江西臨川人。萬曆十一年（1583）進士，纍遷禮部主事，觸帝怒，謫徐聞典史，轉遷遂昌知縣，逢大計，奪官，家居二十年卒。工詩文，精歌賦，尤善戲曲。撰有《玉茗堂全集》《紅泉逸草》《問棘郵草》《續虞初志》《臨川四夢》等。時論稱湯顯祖制義、傳奇、詩賦爲當代三异，然湯氏之名實藉“四夢”而傳。《明史》卷二百三十、《［光緒］撫州府志》卷五十九有傳。

是書凡四十六卷，文十六卷，詩十八卷，賦六卷，尺牘六卷。文集：卷一至五序，卷六題詞，卷七記，卷八碑，卷九文，卷十説，卷十一頌，卷十二哀辭，卷十三志銘，卷十四墓表，卷十五解，卷十六疏；詩集：卷一至三五言古，卷四至五七言古，卷六五言律，卷七至十七言律，卷十一五言排律，卷十二七言排律，卷十三五言絶句，卷十四至十八七言絶句；賦集：卷一凡十一篇，卷二凡五篇，卷三凡三篇，卷四凡三篇，卷五凡四篇，卷六僅一篇；尺牘：卷一凡四十五篇，卷二凡六十九篇，卷三凡六十七篇，卷四凡七十九篇，卷五凡一百二篇，卷六凡八十五篇。

詩集目次前有韓敬序云：“猶子于兹頗專夙好，逖搜盡采，短什長行，勒成琓琰之章，庶復雅頌之所。猶願羽陵小酉之策，盡出人間；將以山木澧蘭之思，告諸公子。務使經緯昭回，光岳肆奠；豈止懸金秦市，刻石漢京。”

湯氏文名甚高，其詩文集生前身後多有刊刻。此全集流傳版本至少有兩種：天啓元年（1621）韓敬刻本，清康熙三十三年（1694）阮峴、阮嵩竹林堂修補本。

《四庫全書總目》收録“玉茗堂集二十九卷”，内詩十三卷、文十卷、尺牘六卷，與此本顯然不同。《中國古籍善本書目》（集部九三五九條）、《中國古籍總目》（集 20210400 條）著録。除天一閣外，中國國家圖書館、北京大學圖書館、上海圖書館、南京圖書館、浙江圖書館等多家機構也有入藏。

鈐印：“餘爽齋”“于在鎔字公冶”“于氏在鎔書記”“于在鎔”“别宥齋收藏記”“蕭山朱鼎煦收藏書籍”“别宥齋”。

（王）

玉茗堂集選

明萬曆刻本　馮善 2316

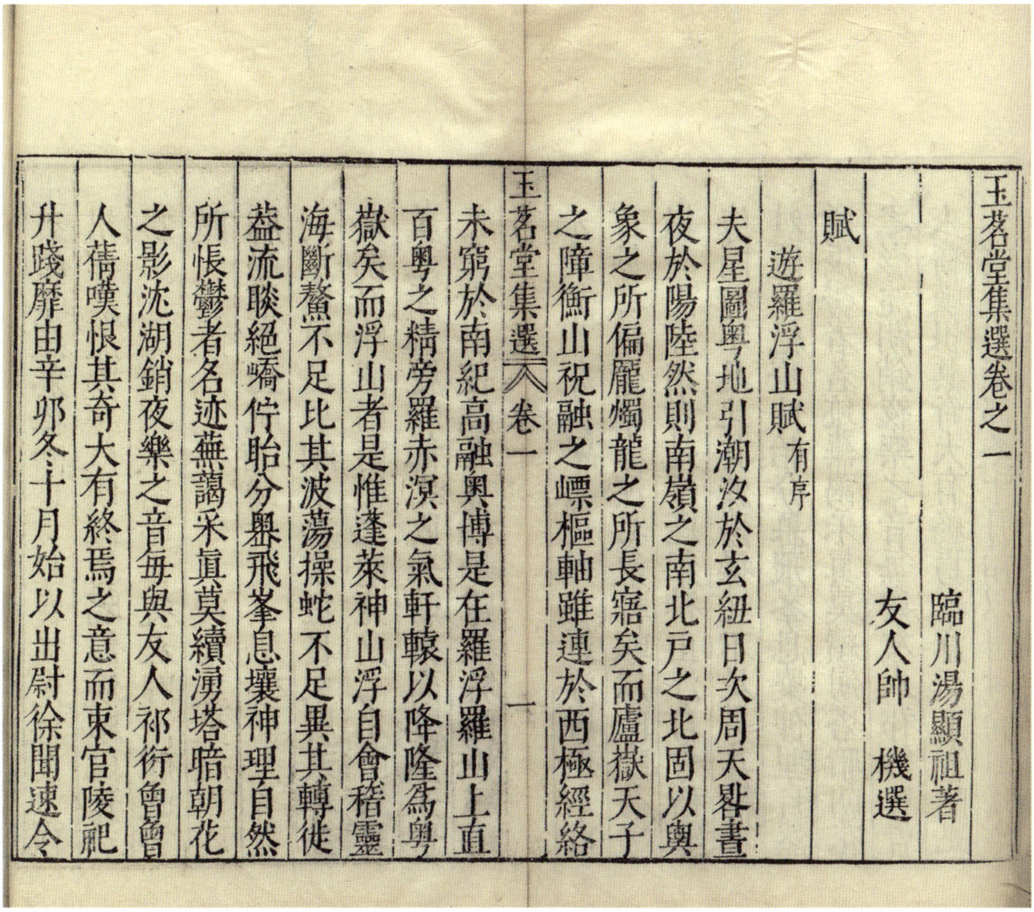
玉茗堂集選卷之一
臨川湯顯祖著
友人帥　機選
賦
遊羅浮山賦有序
夫星圖粤地引潮汐於玄紐日次周天晷晝
夜於陽陸然則南嶺之南北戸之北固以奧
象之所偏麗燭龍之所長寤矣而盧嶽天子
之障衡山祝融之標樞軸雖連於西極經絡
玉茗堂集選　卷一　一
未窮於南紀高融奧博是在羅浮羅山上直
百粤之精旁羅赤溟之氣軒轅以降隆爲粤
嶽矣而浮山者是惟蓬萊神山浮自會稽靈
海斷鼇不足比其波蕩操蛇不足異其轉徙
葢流睒絕嶠佇眙分畢飛峯息壤神理自然
所悵鬱者名迹蕪譪采眞莫續湧塔暗朝花
之影沈湖銷夜樂之音每與友人祁衍曾
人蒨嘆恨其奇大有終焉之意而東官陵祀
升踐靡由辛卯冬十月始以出尉徐聞速令

《玉茗堂集選》卷一卷端

《玉茗堂集選》十五卷，明湯顯祖撰，明帥機等選。明萬曆三十四年（1606）周如溟刻本。二册。半葉九行，行十八字，左右雙邊，白口，單白魚尾。框高 20.2 厘米，寬 14.7 厘米。目次末葉鎸“文斐堂梓”。卷一卷端題“臨川湯顯祖著，友人帥機選”。前有屠隆序、帥機序。

帥機(1537—1595),字惟審,號謙齋,江西臨川人。隆慶二年(1568)進士,歷任工部主事、南京禮部郎中、思南知府、南京刑部郎中等。與湯顯祖交往甚密,任南京時曾朝夕過從,一時有“着冠須訪戴,脱冠須訪帥”之稱。撰有《南北二京賦》《陽秋館集》等。《列朝詩集小傳》丁集、《[雍正]撫州府志》卷二十四有傳。

是書凡十五卷。卷一至二賦,卷三至五五言古詩,卷六至七七言古詩,卷八五言律詩,卷九至十七言律詩,卷十一五言排律,卷十二七言排律,卷十三五言絶句,卷十四至十五七言絶句。

帥機序云:“《玉茗堂集》出,余一見心折。世果無若人無若詩,多所睥睨非過也。義仍才高學博,氣猛思沈,材無所不搜,法無所不比,遠播于寥廓,精入于毫芒。”屠隆序亦云:“其所爲《羅浮山》《青雪樓賦》,編星濯錦,當令天台汗顔。其他古近諸詩,聚寶鎔金,可使少陵焚硯。蓋瞥視之則字句挾風霜若從天降,潛玩之則精光射霄漢皆由内溢。”

《玉茗堂集選》除是刻外,尚有崇禎九年(1636)刻三十卷本,復旦大學圖書館有藏;又有明刻二十四卷本,山東大學圖書館有藏,威海市文登區圖書館亦有殘本入藏。

《四庫全書總目》未收。《中國古籍善本書目》(集部九三六三條)、《中國古籍總目》(集20210408條)著録,題作“明萬曆三十四年金陵周汝溟刻本”。除天一閣外,清華大學圖書館、故宫博物院圖書館、南京師範大學圖書館、鎮江博物館、華僑大學圖書館、臺北漢學研究中心、日本蓬左圖書館、日本内閣文庫等多家機構亦有入藏。天一閣另有黄立言選録明刻本一部。

鈐印:“伏跗室藏書印”。

(饒)

刻沈何山先生點正玉茗堂尺牘

明萬曆刻本　善 3972

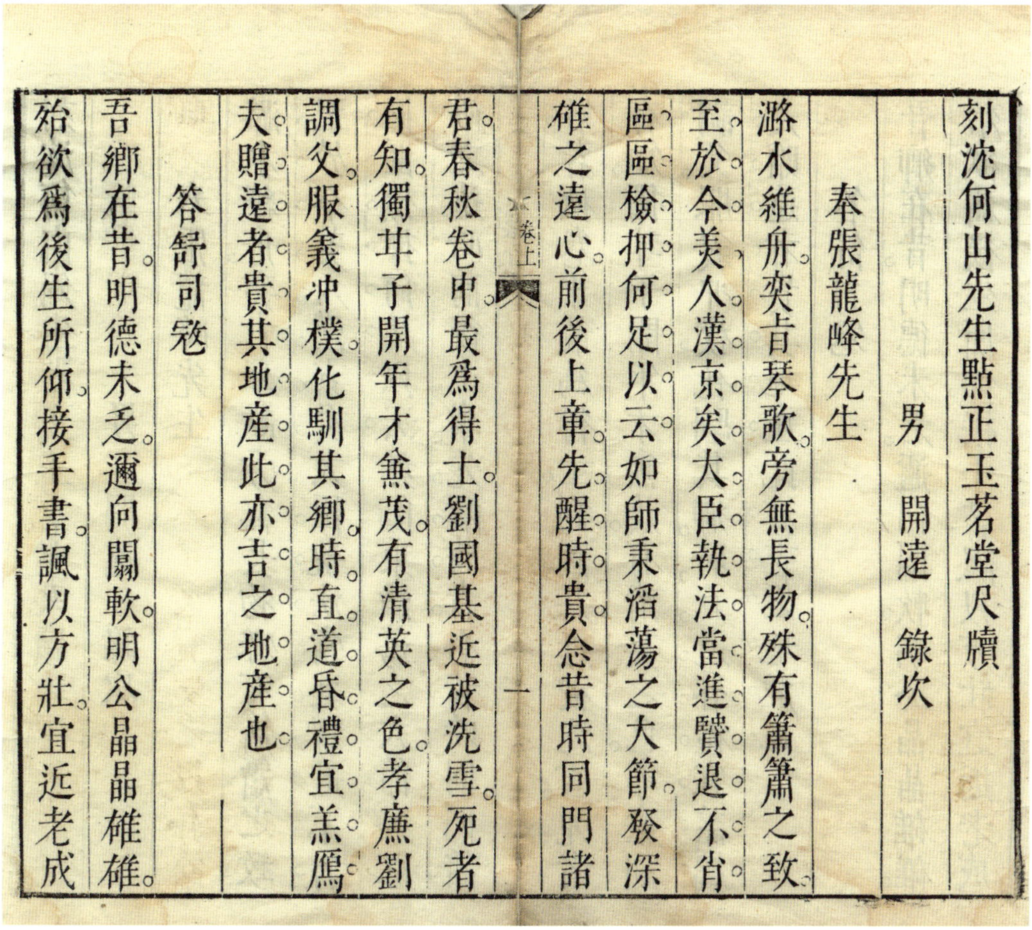
刻沈何山先生點正玉茗堂尺牘
男　開遠　錄次
奉張龍峰先生
潞水維舟奕旨琴歌旁無長物殊有簫簫之致
至於今美人漢京矣大臣執法當進賢退不肖
區區檢押何足以云如師秉滔蕩之大節發深
雄之遠心前後上章先醒時貴念昔時同門諸
卷上　一
君春秋卷中最爲得士劉國基近被洗雪死者
有知獨茸子開年才兼茂有清英之色孝廉劉
調父服義沖樸化馴其鄉時直道昏禮宜羔鴈
夫贈遠者貴其地產此亦吉之地產也
答舒司寇
吾鄉在昔明德未乏邇向闕軟明公晶晶雄雄
殆欲爲後生所仰接手書諷以方壯宜近老成

《刻沈何山先生點正玉茗堂尺牘》卷上卷端

《刻沈何山先生點正玉茗堂尺牘》二卷，明湯顯祖撰，明沈演點正。明萬曆刻本。一册。半葉七行，行十八字，四周單邊，白口，單黑魚尾，版心下間有刻工。框高 23.4 厘米，寬 14.4 厘米。卷端題“男開遠録次”。前有沈演序、萬曆四十六年（1618）湯開遠序及識語。

沈演（1566—1638），字叔敷，號何山，浙江烏程人。沈潅之弟。萬曆二十年（1592）進士，授工部主事，纍遷南京刑部尚書。歷官四十餘年，所至治理遼事殷，于流寇亦頗有建策。撰有《止止齋集》。《明史》卷二百十八有傳（附沈潅後），《［乾隆］烏程縣志》卷六有傳。

是本僅存上卷，無目録，收湯顯祖致友朋尺牘七十通。

沈演序云："湯臨川，文之山海也，聲實與曾南豐相上下。勁骨逸思則惟天所授，有物來助獨至之語，乃出匠心。論才近代，臨川實冠冕。他有作者，則昔人所云'工人染夏，以視羽畞，有生粲之殊'，斯篤論也。"

湯開遠云："今春雨露之感，發故簏，得祠部公尺牘凡若干首。或微語而見天心，或極言而盡人事，或仁賢之進退于是乎關，或文章之真僞于是乎辨，或闡幽而流雲霞日月之光，或持平而奪雷風水火之射。至其與朝言朝，與野言野，則又周行之示，而正直之好也。"又云："家祠部公長行文字，如《陰符解經》《吴越史纂序》《春秋輯略序》《岳王祠志序》《五燈會元序》《貴生書院説》《秀才説》《小辨軒記》《平昌滅虎祠記》《射堂記》《永安寺田記》《清源師廟記》《孫驛丞去思碑》《續栖賢蓮社求友文》，凡十四首，或以尚論千古，或以微闡三教，不與尋常酬應文字等。因附刻牘中，以醒讀者，後有重刻參入，當知其妄也。"

刻工：傅增、增、王少、元、正、盯、良、孟、文、二。卷首沈演序末葉有寫工：李紹泰。

《四庫全書總目》未收。《中國古籍善本書目》《中國古籍總目》皆未著録。除天一閣外，未見其他機構入藏。

（劉）

來禽館集

明萬曆刻清康熙重修本　善 3965

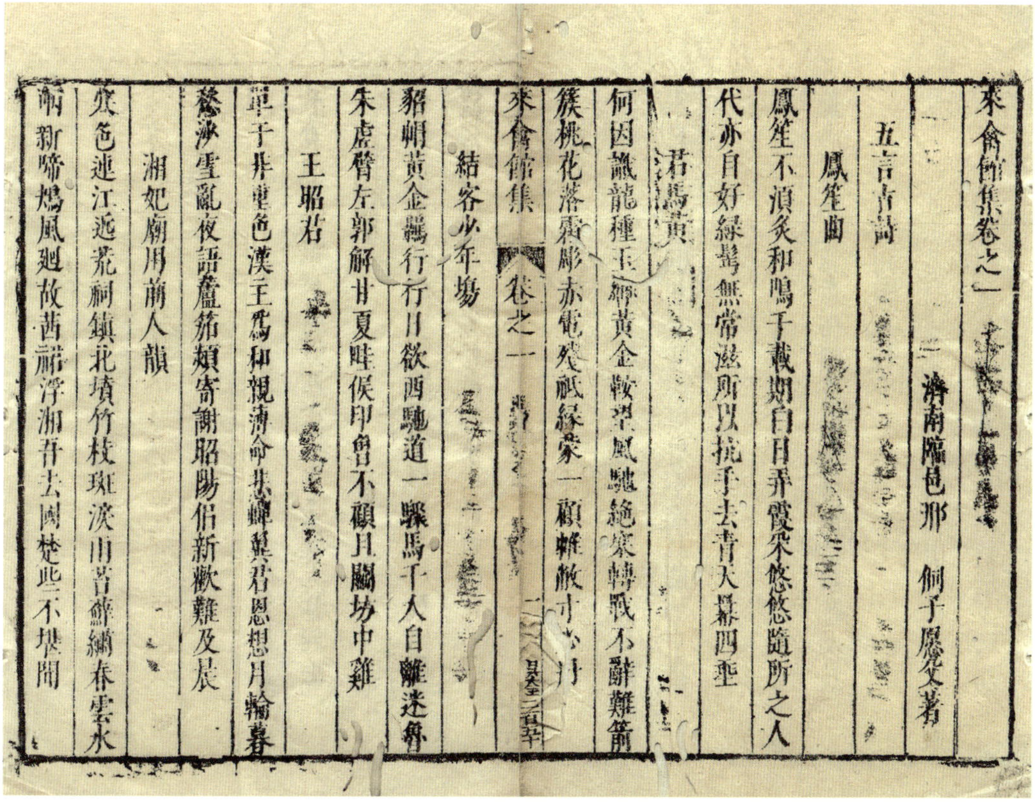
來禽館集卷之一
濟南臨邑邢　侗子愿父著
五言古詩
鳳笙曲
鳳笙不須炙和鳴千載期白日弄霞采悠悠隨所之人
代亦自好綠髮無常滋所以挽手去青天暮四垂
君馬黃
何因識龍種玉纓黃金鞍翠凰馳絕塞轉戰不辭難箭
簇桃花落霜彫赤電殘祇緣蒙一顧甘敝寸心丹
來禽館集　卷之一　一
結客少年場
貂帽黃金羈行行且欲西驅道一騾馬千人自離迷魯
朱虛臂左郭解甘夏畦侯印曾不顧且鬬場中雞
王昭君
單于非重色漢主爲和親濟命非蟬鬢君恩想月輪春
蠶淚雪亂夜語蘆笳頻寄謝昭陽侶新歡難及晨
湘妃廟用前人韻
煙色連江遠荒祠鎖花墳竹枝斑淚雨苔蘚繡春雲水
蘭新啼鴂風迴故茜裙浮湘吾去國楚些不堪聞

《來禽館集》卷一卷端

《來禽館集》二十九卷，明邢侗撰。明萬曆四十六年（1618）刻清康熙十九年（1680）鄭雍重修本。十二册。半葉九行，行二十一字，四周單邊，白口，單黑魚尾。版心下間有刻工。框高 20.8 厘米，寬 15.2 厘米。卷端題“濟南臨邑邢侗子愿父著”。前有李維楨《邢子愿小集序》、萬曆四十六年李維楨《來禽館集序》及萬曆四十六年史高先《來禽館集小引》，末有崇禎十年（1637）史以明《重訂來禽館集跋》、清康熙十九年鄭雍《來禽館集跋》。

邢侗（1551—1612），字子愿，號知吾，自號啖面生、方山道民，晚號來禽濟源山主，山東臨邑人。萬曆二年（1574）進士，纍遷太僕寺少卿。能詩，善書畫，與董其昌并稱“北邢南董”。撰有《來禽館集》。《明史》卷二百八十八、《［順治］臨邑縣志》卷十二有傳。

此集卷一五言古詩、七言古詩，卷二五言律詩，卷三七言律詩，卷四五言排律、七言排律，卷五五言絶句、七言絶句、頌，卷六詩文序，卷七考績序，卷八贈送序，卷九壽序，卷十傳疏、擬古書，卷十一碑記，卷十二傳，卷十三至十五墓志銘，卷十六墓碑，卷十七誄，卷十八至十九行狀，卷二十祭文，卷二十一雜俎，卷二十二記、逸事、呈詞，卷二十三論，卷二十四啓，卷二十五至二十九書牘。卷首李維楨《邢子愿小集序》佚去第一葉，卷末鄭雍《來禽館集跋》殘存前兩葉。

李維楨序云：“邢子愿崛起山東，而海内傾鄉之如岱宗之長五岳，如東海之表大風。其文出周秦漢晋諸家，殊非六朝所能盡。雖然，即目子愿爲六朝，亦吾丘壽王所謂‘天下少雙，海内寡二’者也。”

是書刊刻經過，史高先序云：“余破涕謀諸李本寧、馮元成兩先生，翻閲再過，則付之冒伯麐、喻叔虞遍購殺青。氏蹉跎匝再歲，携歸，復謀諸王涵仲兄。涵仲謀諸牟鳳區公祖。時牟公以鹺臺按東秦，慨然括鍰羨，擬壽梓矣，會余襄陽之役，薄俸可佐不給。矧也牟公首倡風雅，涵仲從中慫恿，余雖蒙愚，寧忍舍旃，且在今日，非余之任而誰任焉？于是更番考訂。集中用古最深，屬司李洪聲希、襄陽令王士完、南漳令李玉戀、穀城令張玉笥參伍質證，期于義協文通。仍有一二闕疑，若三數魯魚亥豕之訛。是集也散佚什之三，删削什之一，俟异日搜羅續補可耳。若乃字櫛句比，校讎編次，始終厥事，則棗陽諭陸敬叔。”

刻工：吴大貴、萬儒、李茂春、萬、閔、貴、吴、元、吴奎、賢、潘、劉、餘、札、友、儀、王、定、葵、明、孟、朱、李、宋、位、鄭、禮、世、玉、儒、上、隆、春、卩、文、起、季、曹、朋、高、志、重、登、連。

是集現有三種明版本，除此本外，尚有萬曆四十六年刻本、崇禎十年版築居刻本。

《四庫全書總目》收録。《中國古籍善本書目》（集部九一九九條）、《中國古籍總目》（集 20210462 條）著録。除天一閣外，北京大學圖書館、清華大學圖書館、中國科學院文獻情報中心等多家機構入藏。

（劉）

樵雲詩集

明嘉靖刻藍印本　善 3644

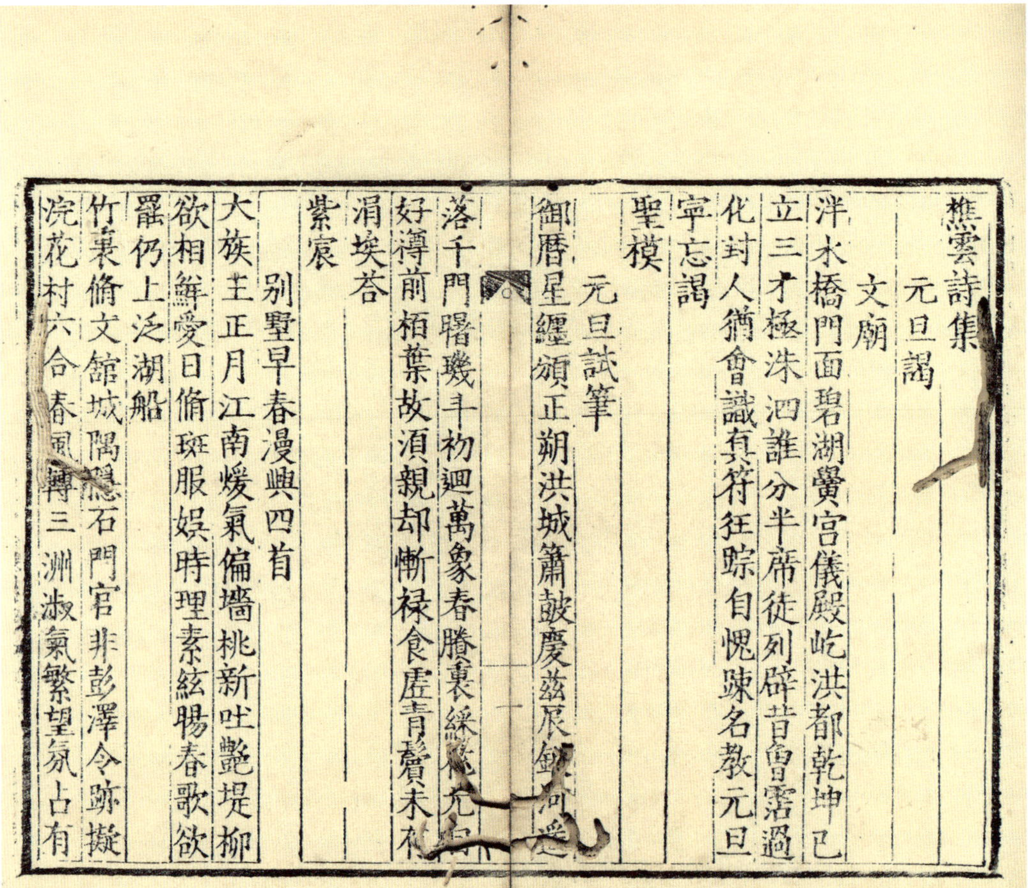
樵雲詩集
元旦謁
文廟
泮水橋門面碧湖黌宮儀殿屹洪都乾坤已
立三才極洙泗誰分半席徒列辟昔曾霑過
化封人猶會識真符狂踪自愧踈名教元旦
寧忘謁
聖模
元旦試筆
御曆星纏頒正朔洪城簫鼓慶茲辰[illegible]
落千門曙璣斗初迴萬象春騰裏綵[illegible]
好樽前栢葉故須親却慚祿食虛青鬢未[illegible]
涓埃荅
紫宸
別墅早春漫興四首
大族主正月江南煖氣偏墻桃新吐艷堤柳
欲相鮮愛日脩斑服娛時理素絃暢春歌欲
罷仍上泛湖船
竹裏脩文舘城隅隱石門官非彭澤令跡擬
浣花村六合春風轉三洲淑氣繁望氣占有

《樵雲詩集》卷端

《樵雲詩集》一卷，明朱拱榳撰。明嘉靖二十七年（1548）刻藍印本。一册。半葉十行，行十七字，四周雙邊，白口，單黑魚尾，版心下鎸“五權”“四權”等，疑爲刻工。框高 19.1 厘米，寬 13.2 厘米。前有嘉靖二十七年吴桂芳叙，末有嘉靖二十七年傅弘後叙。

朱拱榳（生卒年不詳），號樵雲，贛藩宗室，石城王奠堵之孫，封輔國將軍。初，宸濠不欲出已右，禁絶諸宗室招延儒生問學，拱榳獨閉藏一室，朝夕諷誦，遂博通群書。撰有《巢雲集》《樵雲詩集》等。《藩獻記》卷四有傳。

是集爲朱拱榳存世之唯一作品，多爲游玩、懷友、感悟、奉别及應酬之作，共收録七言律詩、絶句一百十七首。

吴桂芳前叙云："余自己亥得友樵雲邦君，時君齒甫冠，翛然如儒生寒士。間往候之，每見其披卷讎校，至則竟日辯難，亹亹不倦。蓋勤學好問類此。所製詩一準唐王右丞、杜工部諸人，不啻達其堂奥。尤嗜初唐人作，每誦南溟樊君，云初唐詩如池塘春草，又如未發之花，以爲知言。嗟夫，所造之宏遠可知矣。歲癸卯，余與君别去。去之數年，君製作日多，名日盛，一時藩臬諸君才名赫奕者悉嘉與之唱和，蓋駸駸成帙矣。今年春，友人道甫傅子馳書謂余曰：'樵雲君集富矣，某將請壽諸梓，子曷言焉？'余觀君所著諸體詩，氣格雄渾，思致婉切，鏗然若金石奏于明堂之上，聽者心解神馳，欲去不忍釋。"

傅弘後叙云："江藩樵雲邦君，以盛年篤志尚賢，雅敦禮道，讀書工文詞，素約類儒生學士然，絶無聲色狗馬紈綺之好。每聞搢紳士，必爲延致之。弘與自湖司寇昔俱辱道義交。邦君秀發多文，尤善于詩。……予嘗走書自湖曰：'邦君制作視昔日富矣，弘欲請梓之，子無言哉？'自湖業已題諸首。刻成，弘再拜讀之。"

《四庫全書總目》未收。《中國古籍善本書目》（集部八八五三條）、《中國古籍總目》（集 20210486 條）著録。除天一閣外，臺北故宫博物院圖書館亦有藍印本入藏。

（饒）

三溪集

明崇禎刻本　善 4039

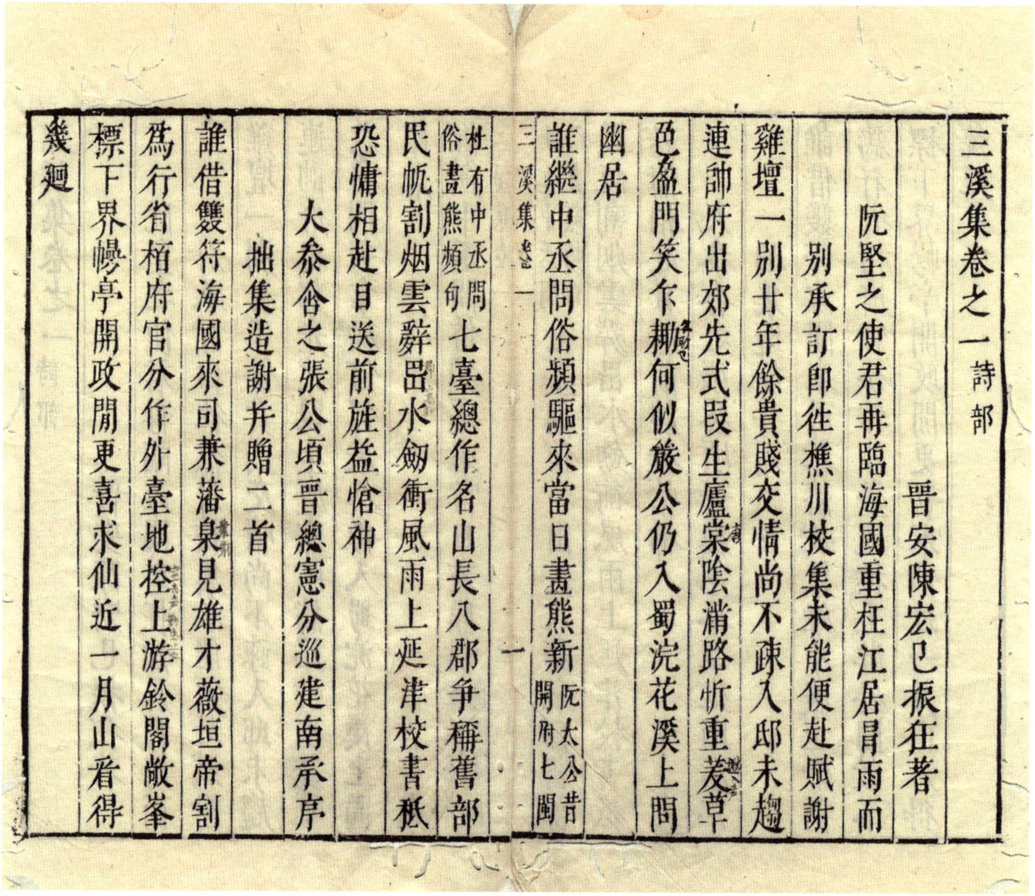

《三溪集》卷一卷端

《三溪集》□□卷，明陳宏已撰。明崇禎刻本。一册。半葉九行，行十八字，四周單邊，白口，無魚尾。框高 21.0 厘米，寬 13.9 厘米。卷一卷端題“晉安陳宏已振狂著”。前有張秉文序、謝秉謙序、崇禎元年（1628）楊瞿崍序及崇禎六年（1633）陳宏已自序。

陳宏已（1556—？），字振狂，號一粟居士，福建閩縣人。萬曆時期，以詩名于時，與傳教士艾儒略等有往來。撰有《三溪集》《蘆中集》《馬東集》等。《明詩紀事》庚籤卷三十有傳。

是集爲詩文合集，前無目次，總卷數不明，現殘存兩卷。卷一卷端下標“詩部”，存五十六葉，第三十三葉已佚去。卷二卷端下標“文部”，版心上端多鎸“百尺樓集”，亦偶有鎸“三溪集”者，卷内依類編次，版心下端葉次頗混亂，今殘存二十六葉。

張秉文序云：“閩方玄風大暢，有能始先生執牛耳，兼以振狂佐之，風雅餘響，駸駸未艾。不佞非直視振狂爲畏叐，且北面事之矣，輒不揣爲序而付之梓。”

謝秉謙序云：“戊辰，張公鍾陽治兵建上，持憲三郡……因出《振狂全集》，屬余梓以公宇内，因得悉而讀之……及讀其短篇《觀滄海》《秋胡行》諸什，古澹閑遠，真可雄視翰墨，豈不學而能之者也？振狂詩章之外，序、記、傳、志諸文具在，皆種種堪誦，蓋才與學兼居之者也。”

楊瞿崍序云：“曩南損齋撫全閩，傳徐興公詩。今張鍾陽治兵三郡，傳陳振狂集。陳、徐皆晋安高士，昂聳一時而真恬曠宕，無禄位之寄。夫取友如南、張二公，則亦不可一世者也。”

陳宏已自序云：“雖時戒溪弗出，顧自戊辰秋至癸酉夏，以梓《全集》故，往來建溪書坊，及赴樵川讎校，過延、建報謝追送諸道受知公祖，及爲兒子試事之永安諸役，計六年之内繇之溪者五，于溪益習，情益深。且于途中登覽，停送懷寄，輒有詩若文，又并因某人、緣某事而之三溪之詩若文，爰合成帙，另爲一集，名之曰《三溪》。蓋一以紀游，一以寵溪，志吾情耳。”

卷首序跋葉有佚名批跋，又卷内偶有朱鼎煦眉批。

《四庫全書總目》未收。《中國古籍善本書目》《中國古籍總目》皆未著録。除天一閣外，未見其他機構入藏。

（屠）

馮少墟集

明萬曆刻本　善 4014

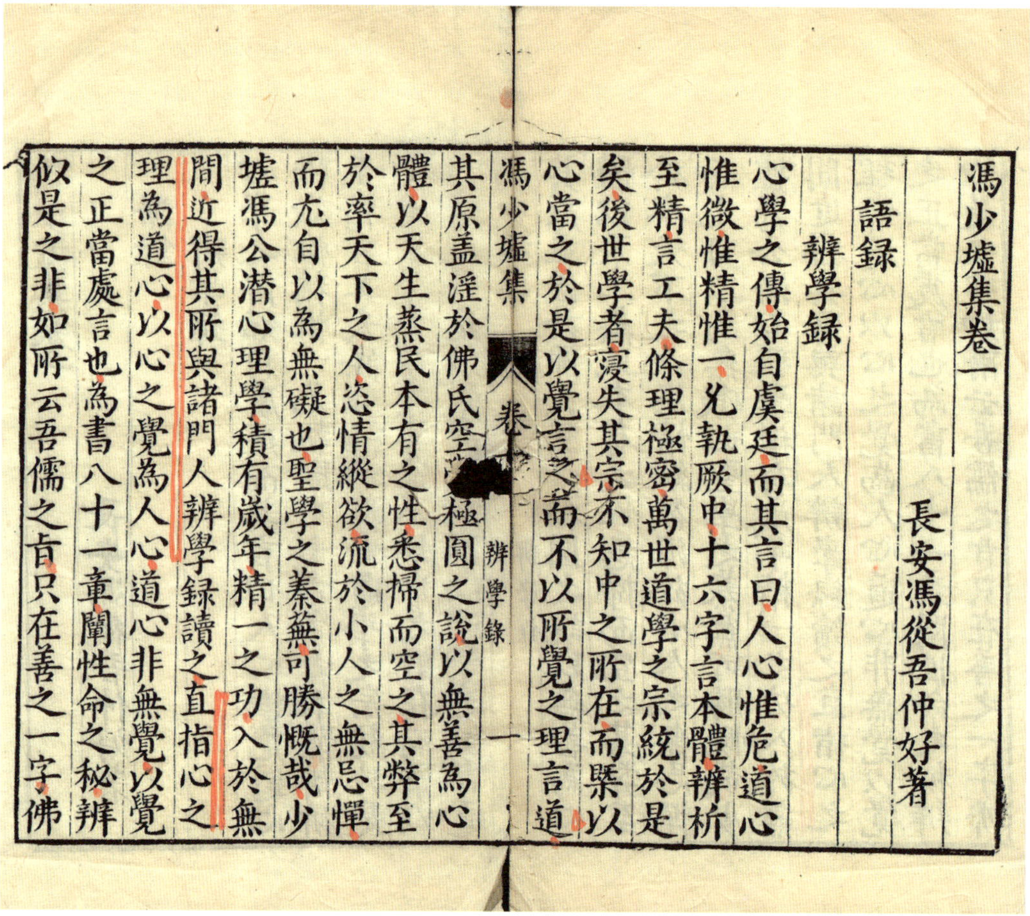
馮少墟集卷一
長安馮從吾仲好著
語録
辨學録
心學之傳始自虞廷而其言曰人心惟危道心惟微惟精惟一允執厥中十六字言本體辨析至精言工夫條理極密萬世道學之宗統於是矣後世學者寖失其宗不知中之所在而槩以心當之於是以覺言心而不以所覺之理言道
馮少墟集　卷一　辨學録　一
其原盖淫於佛氏空宗極圓之說以無善為心體以天生蒸民本有之性悉掃而空之其弊至於率天下之人恣情縱欲流於小人之無忌憚而尤自以為無礙也聖學之蓁蕪可勝慨哉少墟馮公潛心理學積有歲年精一之功入於無間近得其所與諸門人辨學録讀之直指心之理為道心以心之覺為人心道心非無覺以覺之正當處言也為書八十一章闡性命之秘辨似是之非如所云吾儒之旨只在善之一字佛

《馮少墟集》卷一卷端

《馮少墟集》十八卷，明馮從吾撰。明萬曆四十七年（1619）劉必逵刻本。七册。半葉九行，行十八字，四周單邊，白口，單黑魚尾。框高 20.4 厘米，寬 14.1 厘米。卷一卷端題“長安馮從吾仲好著”。末有萬曆四十七年劉必逵跋。

馮從吾（1557—1627），字仲好，號少墟，陝西長安人。萬曆十七年（1589）

進士，改翰林院庶吉士，授御史，以上書言事幾遭廷杖，遂告歸。尋起原官，又削籍歸。天啓初起大理寺少卿，纍遷工部尚書，以疾辭，尋遭削奪。後以魏忠賢黨毁書院故，憤悒而卒。崇禎初復官，謚恭定。受業許孚遠，上紹關學，主崇正斥邪，躬行實踐。撰有《馮少墟集》《元儒考略》《關學編》《馮子節要》等。《明史》卷二百四十三、《明儒學案》卷四十一有傳。

是集爲馮氏萬曆四十年（1612）前自撰文字及門生所輯語録編次而成。此本卷首序跋、目次已佚，今存者爲卷一至三、七至十三、十八，計十一卷。卷一至十一似皆爲語録，卷一辨學録，卷二至三疑思録，卷七善利圖説，卷八至九太華書院會語，卷十池陽語録，卷十一關中書院語録；卷十二序；卷十三説、箴、贊、解、論等各體雜文；卷十八爲《關學編》之卷三至四。

劉必逵《重鋟少墟馮先生文集後跋》云："萬曆丙辰入令江寧……吾鄉曩所鋟《辨學》《疑思》諸集，先生之言教身教具在，諸名公序之詳矣，都人士購之如求赤水玄珠。逵有藏笥舊刻，不敢自私，捐俸重梓，以廣同志。"

是集《四庫全書總目》著録爲二十二卷，提要云："其文集初刻止于萬曆壬子，此本乃其次子嘉年益以癸丑以後至天啓辛酉作，類序重刻。自卷一至卷十二皆語録，卷十三至卷十八皆詩文，卷十九至卷二十爲族譜家乘，卷二十一至卷二十二爲《關學編》。蓋生平著作，彙于此集。"又論曰："其中講學之作主于明理，論事之作主于達意，不復以辭采爲工，然有物之言，篤實切明，雖字句間涉俚俗，固不以弇陋譏也。"

《中國古籍善本書目》著録明刻本三種：一爲萬曆四十年（1612）畢懋康刻天啓元年（1621）馮嘉年增修之"馮少墟集二十二卷"（集部第九四五五條），此即《四庫全書》所收之本；一爲萬曆四十五年（1617）張維任等刻"馮少墟集二十二卷續集一卷"（集部第九四五六條）[1]；一爲萬曆四十七年劉必逵刻本"馮少墟集二十卷"（集部第九四五八條）。又有清刻本一種，爲清康熙十二年（1673）洪琮刻本"馮少墟集二十五卷續集四卷"（集部第九四五七條）。

[1] 按：《中國古籍善本書目》刊者題作張維任，有誤。今據原書可知，當爲張惟任。

是本十八卷，爲萬曆四十七年劉必逵刻本。然《善目》著録爲二十卷本，此則十八卷，且《關學編》無缺，尾跋亦完整，卷十二爲序，與《四庫全書總目》所言亦不相符。考是集諸刻增修增刻頗爲複雜，明畢懋康刻本有天啓元年增修本（增《續集》四卷），亦有天啓、崇禎至清初增修本（增《續集》六卷《附録》一卷）。清康熙刻本亦分有《續集》、無《續集》兩種。是此集自萬曆四十年初刻後，經馮氏門人後輩迭相增修重刻，卷數初無一定也。劉必逵跋云據其鄉舊本重刻，當有所本，其初刻本今已不得見，或原衹十八卷也。

《中國古籍總目》（集20210596條）著録，然"萬曆四十七年"誤作"萬曆四十四年"。此刻除天一閣外，今僅見藏于上海圖書館。另，萬曆四十五年張惟任等刻本，上海圖書館、臺北漢學研究中心等機構有藏；萬曆畢懋康刻天啓元年增修本，中國國家圖書館、上海圖書館、南京圖書館、美國哈佛大學哈佛燕京圖書館等機構有藏；萬曆畢懋康刻天啓、崇禎至清初增修本，北京大學圖書館有藏。

（屠）

寓林集、詩集

明天啓刻本　善 4007

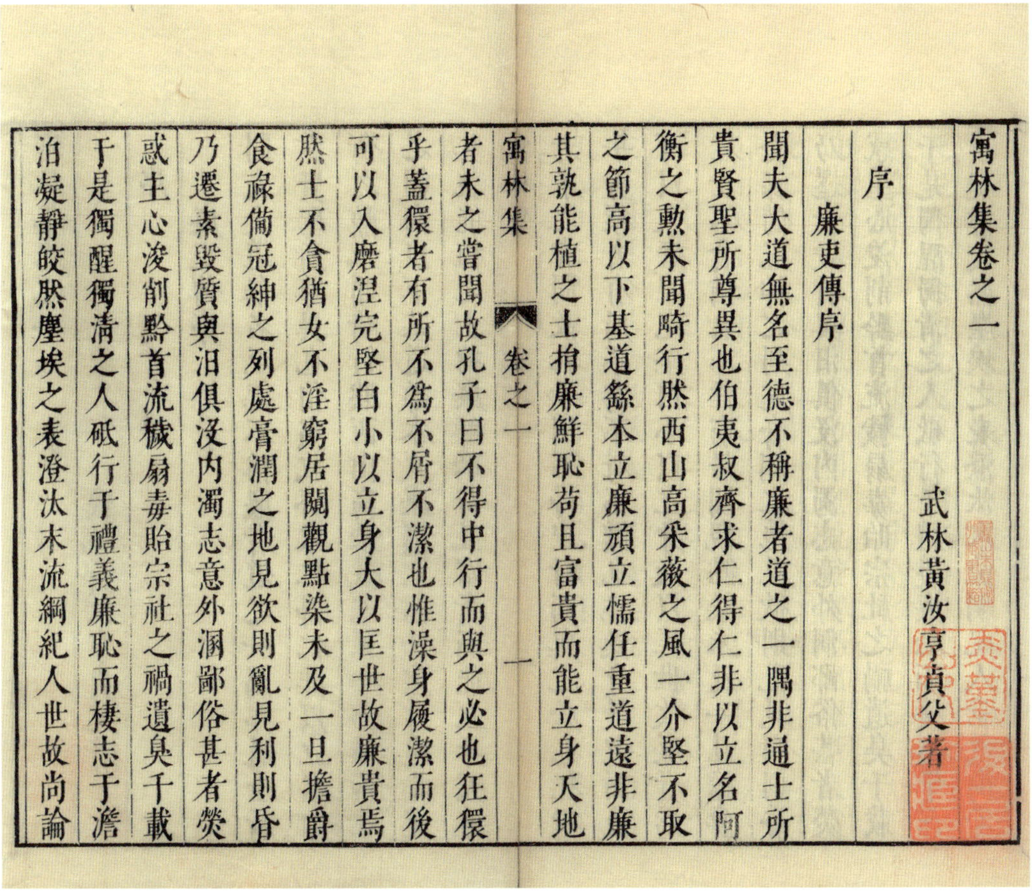

寓林集卷之一

武林黄汝亨貞父著

序

廉吏傳序

聞夫大道無名至德不稱廉者道之一隅非通士所貴賢聖所尊異也伯夷叔齊求仁得仁非以立名阿衡之勳未聞畸行然西山高采薇之風一介堅不取之節高以下基道繇本立廉頑立懦任重道遠非廉其孰能植之士捐廉鮮恥苟且富貴而能立身天地者未之嘗聞故孔子曰不得中行而與之必也狂獧乎蓋獧者有所不爲不屑不潔也惟澡身履潔而後可以入磨涅完堅白小以立身大以匡世故廉貴焉然士不貪猶女不淫窮居闚覦點染未及一旦擔爵食祿備冠紳之列處膏潤之地見欲則亂見利則昏乃遷素毀質與汨俱沒內濁志意外溷鄙俗甚者熒惑主心浚削黔首流穢扇毒貽宗社之禍遺臭千載于是獨醒獨清之人砥行于禮義廉恥而棲志于澹泊凝靜皎然塵埃之表澄汰末流綱紀人世故尚論

寓林集　卷之一　一

《寓林集》卷一卷端

《寓林集》三十二卷《詩集》六卷，明黄汝亨撰。明天啓四年（1624）吴敬、吴芝等刻本。十八册。半葉九行，行二十字，左右雙邊，白口，單黑魚尾。框高 21.5 厘米，寬 14.8 厘米。卷一卷端題“武林黄汝亨貞父著”。前有天啓二年（1622）顧起元序、張師繹序、陳繼儒序、李光元序、熊明遇序及天啓四年黄汝亨自序。

黄汝亨（1558—1626），字貞父，號寓庸居士，浙江仁和人。萬曆二十六年（1598）進士，仕至江西學憲、布政司參議。擅書，行草兼蘇、米之長。工詩文，尤擅五言。撰有《寓林集》《論孟語録》《狂言紀略》《寓林清話》等，另纂輯《史海淘珍》《古奏議》《廉吏傳》《正始編》等。《啓禎野乘》一集卷七、《［民國］杭州府志》卷一百四十四有傳。

是書爲黄汝亨晚年手訂文集，凡三十八卷，其一生詩文多收入其中。《啓禎野乘》云："晚年稿多散軼，合舊刻及《白門草》《山游草》梓之，得詩六卷文三十二卷，曰《寓林集》。"是本僅存文三十二卷：卷一至七序，卷八記，卷九至十紀，卷十一至十二傳，卷十三碑，卷十四至十五墓志銘，卷十六神道碑、墓表；卷十七至十八行狀，卷十九誄、哀辭、祭文，卷二十祭文，卷二十一議、論，卷二十二策，卷二十三至二十八書，卷二十九書、啓，卷三十題、跋、引、贊，卷三十一雜著，卷三十二緣疏。《詩集》卷一至六均已佚去。

顧起元序云："貞甫請休沐于西湖之上，乃手自排纘，屬其門人秘書吴君德聚板而行之，兹所謂《寓林集》也……今之行斯集也，命余以序，手書勤惓，必得余一言以爲快。"

張師繹序云："蓋以身任在兹者可數十年，始發名山之副。而猶題之'寓林'，若曰'爲是不用而寓諸庸矣，彼直寄焉'，自喻適志，明非所好云耳。"

黄汝亨自序云："惟生平不能作違心語，與門人友朋相答問，及山水嘯咏與傳記、序志、酬贈之章，自言其所明而已，然多散佚不收。尺牘大都手書，無藏本。而戊午督學署被焚，化而煨燼者過半。家偶有存，門人輩復從四方搜拾遺逸，僅得文若干卷詩若干卷，不論佳惡，彙而刻之，名曰《寓林集》。寓林者，即南屏山下俗稱小蓬萊，自老一丘處也。"

是刻"校"避諱作"較"。無内封。臺北故宫博物院圖書館著録爲天啓二年（1622）武林黄氏原刻本，疑始刻于天啓二年，竣工于天啓四年，以顧起元序于天啓二年，而黄氏自序署天啓四年也。

《四庫全書總目》未收。《中國古籍善本書目》（集部九六五二條）、

《中國古籍總目》（集 20210657 條）著録。除天一閣外，中國國家圖書館、北京大學圖書館、中國科學院文獻情報中心、上海圖書館、南京圖書館、臺北故宫博物院圖書館、日本京都大學人文研究所、美國哈佛大學哈佛燕京圖書館等多家機構亦有入藏。

鈐印："退一居珍藏印""赤堇山人""蕭山朱鼎煦收藏書籍""别宥齋""鼎煦""蕭山朱家壇太平橋人"。

（屠）

天谷山人集

明崇禎刻本　善 3989

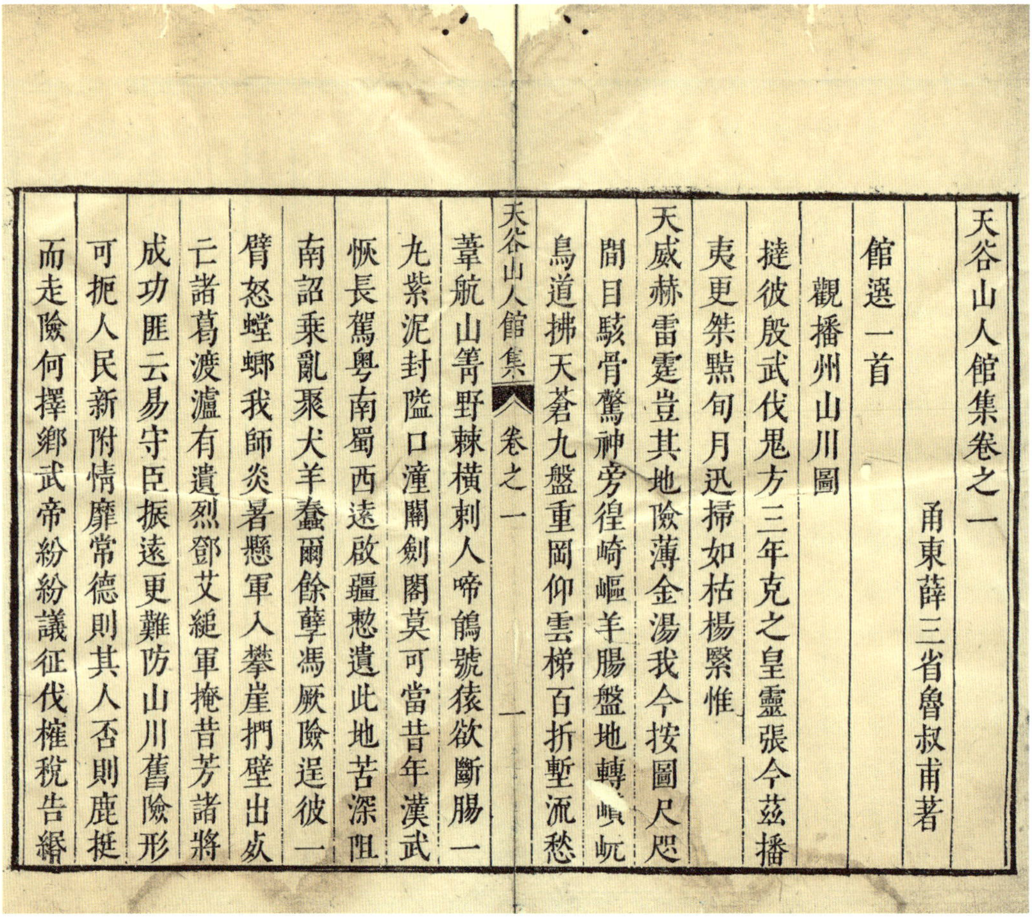
天谷山人館集卷之一
甬東薛三省魯叔甫著
館選一首
觀播州山川圖
撻彼殷武伐鬼方三年克之皇靈張今茲播
夷更桀黠旬月迅掃如枯楊緊惟
天威赫雷霆豈其地險薄金湯我今按圖尺咫
間目駭骨驚神旁徨崎嶇羊腸盤地轉嶼屼
鳥道拂天蒼九盤重岡仰雲梯百折塹流愁
天谷山人館集　卷之一　一
葦航山箐野棘橫刺人啼鵂號猿欲斷腸一
丸紫泥封隘口潼關劍閣莫可當昔年漢武
恢長駕粤南蜀西遠啟疆惄遺此地苦深阻
南詔乘亂聚犬羊蠢爾餘孽憑厥險逞彼一
臂怒螳螂我師炎暑懸軍入攀崖捫壁出奐
亡諸葛渡瀘有遺烈鄧艾縋軍掩昔芳諸將
成功匪云易守臣振遠更難防山川舊險形
可扼人民新附情靡常德則其人否則鹿挺
而走險何擇鄉武帝紛紛議征伐榷稅告緡

《天谷山人集》卷一卷端

《天谷山人集》十卷，明薛三省撰。明崇禎薛千仞、薛士琪刻本。八册。半葉九行，行十八字，左右雙邊，白口，單黑魚尾。框高 18.5 厘米，寬 13.0 厘米。卷一卷端題“甬東薛三省魯叔甫著”。後有三省子士琪跋。

薛三省（1558—1634），字魯叔，號天谷，浙江定海人，三才之弟。萬曆二十九年（1601）進士，由翰林院庶吉士纍官南京禮部尚書，忤魏忠賢落職。崇禎時起用，不赴。卒贈太子太保，謚文介。撰有《天谷山人集》《薛文介公文集》等。《明史列傳》卷七十七有傳（附薛三才後），《［光緒］鎮海縣志》卷二十二有傳。

是書凡十卷，書前無題，亦無總序、目次。各卷依次厘爲七集：卷一《館集》，卷二《使集》，卷三《露集》，卷四《游集》，卷五《邸集前》，卷六《邸集後》，卷七《客集》，卷八《家集前》，卷九《家集後》，卷十《園集》。卷一至九所收皆詩，卷十則于詩外附收詞四首。除《園集》外，每集前冠自叙一篇，釋命集之意。

“館集，集庶常讀書時所作也。何稱館？蓋庶常初讀書中秘，在文華殿東。已，華蓋殿灾，臨御多在文華，而庶常嘩雜，體不肅，宣廟命即翰林院開館，以肄習之。凡三閲歲，而月每旬皆有試，曰館課。其初選則廷試如進士時，曰館選。已選，而月朔望則課于東閣，曰閣試。館特爲庶常設，而廷與閣之試亦并爲館設，故概以館云。”

“使集，集使閩所作也。余奉使入閩，所經道途遠矣，稍多剩言，而獨取在閩者繫之使，何也？蓋余所奉詔使也，而使在途，詔謹函而不敢啓，獨于其地一手展耳。故在閩則重詔而得稱使臣，在途不過爲行客……故詩非得之閩者不繫兹集。而乃雜以嚴與饒道中所得之詩，何也？蓋此余生平所未經行，第因使閩而後往來于其間，則猶之乎閩也。”

“露集，集潞城所作也。半臘出居，經春半而始進艇，非禪非病，掩關闃如，積雪壓檐，層冰錯石……詩曰：‘胡爲乎中露’，政余此際之謂也。”

“游集，集行游所作也……余生平游致不乏，每苦濟勝無具。及于登籍，更局趣春明，不能極探幽問奇之趣，即台蕩近在同域，亦復自貽伊阻……今以投閑，獲成獨往……余游將從此始矣。”

“邸集，集宦中所作也。邸者，旅也。宦何以名邸也……則余之視宦真如旅也，故以邸爲題，蓋旅邸之謂，非若世所稱宦邸者也。其往來白檀之詩，亦復綴焉。時蓋渫過此身，初未離春明門，不得言客行故也。”

“客集，集客途後先所作也。余出入春明門者數四……所歷吴、楚、齊、魯、幽、燕之郊，幾半天下，差足勝游……觸景遇物，意之所到，興之所動，不覺依咏成聲，因積句而成韵，積韵而成篇，積篇而成帙，惟以抒寫胸臆，非有意刻畫以爲詩也，直謂之紀行可矣。”

“家集，集還家前後所作也。余家海上，去郡五十里而遥，去越二百里而遥，去吴幾五百里而遥。曰家集而并及非其家所作者，何也？蓋此吾之鄉，則家所托也。”

《園集》爲三省卒後薛士琪彙集編録，故卷端無自序，而卷後有士琪跋一則，云：“先君詩若館、使、露、邸、游、家凡六集，皆手授千仞家兄選編而命刻者。其在北園有詩數十首，或揭壁間，或鎸石上，偶爾遺忘，未及收入。諸刻既成，不孝始從園中見之，涕泣手録，并刻諸集後。因從命篇之類，故題園集。其曰附刻，其無小序者，以非奉先君命也。”

集中搜羅三省生平歌咏殆盡，頗可見其平生師友往來及思想旨趣。詩文中偶有涉“胡”字句，如卷五《俠邪行》“胡不彎雕弓，爲我射胡天”。或因此干犯忌諱，此集入清後流傳不廣，《千頃堂書目》及《明史·藝文志》均未著録。

《四庫全書總目》收録薛三省“薛文介公文集四卷”，入集部别集類存目，提要云“是編有文無詩，奏疏幾居其半，奏疏中辭謝者又居其半。惟請福王之國一疏，最爲激切，其官檢討時所上也”，似館臣未及見此集也。此書之刊刻，始于三省生前，其卒後始克成之。三省卒于崇禎七年（1634），故雖無具體年月，仍當爲崇禎刻本。

《中國古籍善本書目》著録（集部九六八九條），作明末刻本。《中國古籍總目》（集 20210670 條）著録。除天一閣外，南京圖書館亦有入藏。

（屠）

緱山先生集

明萬曆刻本　善 3957

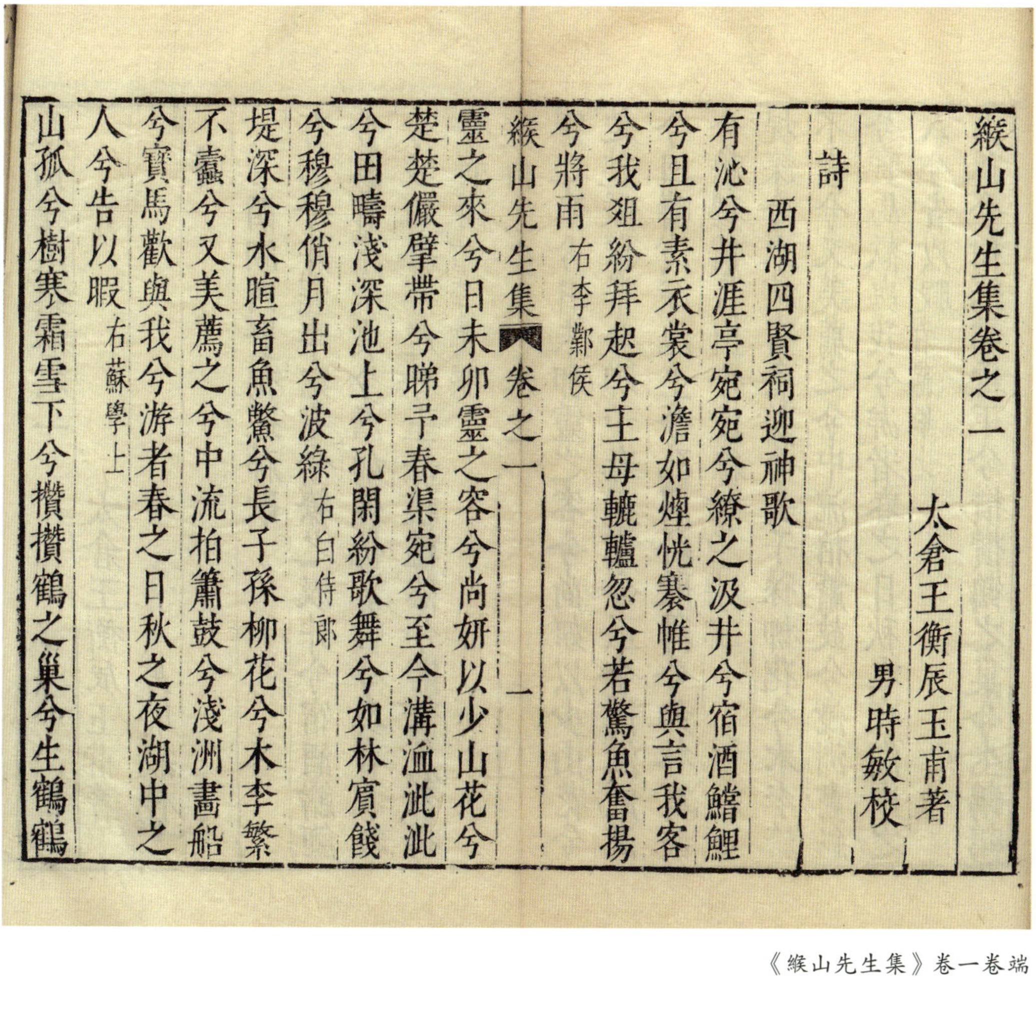
緱山先生集卷之一
太倉王衡辰玉甫著
男時敏校
詩
西湖四賢祠迎神歌
有沁兮井滙亭宛宛兮繚之汲井兮宿酒䱝鯉
兮且有素衣裳兮澹如煙恍褰帷兮與言我客
兮我狙紛拜起兮主母轆轤忽兮若鶩魚奮揚
兮將雨 右李鄴侯
靈之來兮日未卯靈之容兮尚妍以少山花兮
楚楚儼擘帶兮睇予春渠宛兮至今溝洫泚泚
兮田疇淺深池上兮孔閑紛歌舞兮如林賓餞
兮穆穆俏月出兮波綠 右白侍郎
堤深兮水暄畜魚鱉兮長子孫柳花兮木李繁
不盡兮又美薦之兮中流拍簫鼓兮淺洲畫船
兮寶馬歡與我兮游者春之日秋之夜湖中之
人兮告以暇 右蘇學上
山孤兮樹寒霜雪下兮攢攢鶴之巢兮生鶴鶴
緱山先生集 卷之一 一

《緱山先生集》卷一卷端

《緱山先生集》二十七卷，明王衡撰。明萬曆四十四年（1616）書林唐振吾刻本。六册。半葉九行，行十八字，四周單邊，白口，單黑魚尾。框高 20.8 厘米，寬 14.2 厘米。卷端題“太倉王衡辰玉甫著”，又卷一、五至六、十、十二至十四、十六、十八至十九、二十一至二十二卷端題“男時敏校”，卷二至四卷端題“男時敏、婿李宗之校”，卷七至九、十五、二十、二十四卷端兼題“男時敏、婿李轂校”，卷十一、十七、二十六至二十七卷端題“男時敏、婿黃翼聖校”，卷二十三、二十五卷端兼題“男時敏、婿吴鳴珙校”。前有萬曆四十四年馮元成序、萬曆四十四年陳繼儒序、萬曆四十五年（1617）高出序、萬曆四十四年婁堅序以及唐時升序。

王衡（1561—1609），字辰玉，號緱山，别署蘅蕪室主人，南直隸太倉人。萬曆間首輔王錫爵之子。萬曆二十九年（1601）榜眼及第，授翰林院編修，後辭官歸隱。撰有《緱山先生集》、雜劇《鬱輪袍》等。《明史》卷二百十八有傳（附王錫爵後），《列朝詩集小傳》丁集有傳。

卷一至四詩，卷五詩、詞，卷六至九序，卷十至十一記，卷十二墓表、墓志銘，卷十三墓志銘，卷十四傳，卷十五論、表，卷十六至十七策，卷十八奏疏、啓，卷十九至二十祭文，卷二十一疏偈跋，卷二十二至二十七尺牘。是本馮元成序第一葉、陳繼儒序第一葉均已佚去。

陳繼儒序云：“辰玉詩沉雄鮮爽，學韓杜；文章精辯宏衍，學荀卿、劉中壘；久則機局新，爐鑊足，節制整，遂成卓爾一家之言。書法出入顔魯公、蘇學士，游戲而爲樂府詩餘，即宋元當行家無以過也……辰玉病久，執手顧余曰：‘吾昔與子相期，一人後死則請叙其文而傳之，今責在子矣。’余低回不能答。頃念前盟，又應尚璽君遜之之勤請，爲詮次校讎，僅得集若干卷行于世。”

是集詩歌部分，應在此集成書前已由婁堅、唐時升付梓流傳。唐時升序云：“辰玉嘗自言，少時好爲詩……今其所作，多在行旅登眺之間及寄遠送别與人酬答往復者。若其志意所托，歡愉慘悴之懷所寄，蓋不數數然……夫詩不足以盡辰玉之爲人，而亦可以見辰玉。余是以與子柔稍加删削，付之梓人，而題數語于其端云。”子柔，姓婁名堅，子柔其字，與唐時升、李流芳、程嘉燧并稱“嘉定四先生”。

此本有扉頁，刻“鎸太倉王緱山先生文集。書林唐振吾督刊”。

此集除此刻外，尚有：萬曆四十四年刻本，北京大學圖書館有藏；萬曆間太倉王氏刻本，中國國家圖書館、北京大學圖書館、天津圖書館、南京圖書館、浙江圖書館等機構有藏。今有《四庫全書存目叢書》本較通行。

《四庫全書總目》收録，入集部别集類存目，作“緱山集二十七卷”。《中國古籍善本書目》（集部九六六五條）、《中國古籍總目》（集 20210769）著録。除天一閣外，上海圖書館亦有入藏。

（劉）

從野堂存稿

明崇禎刻本　善 4011

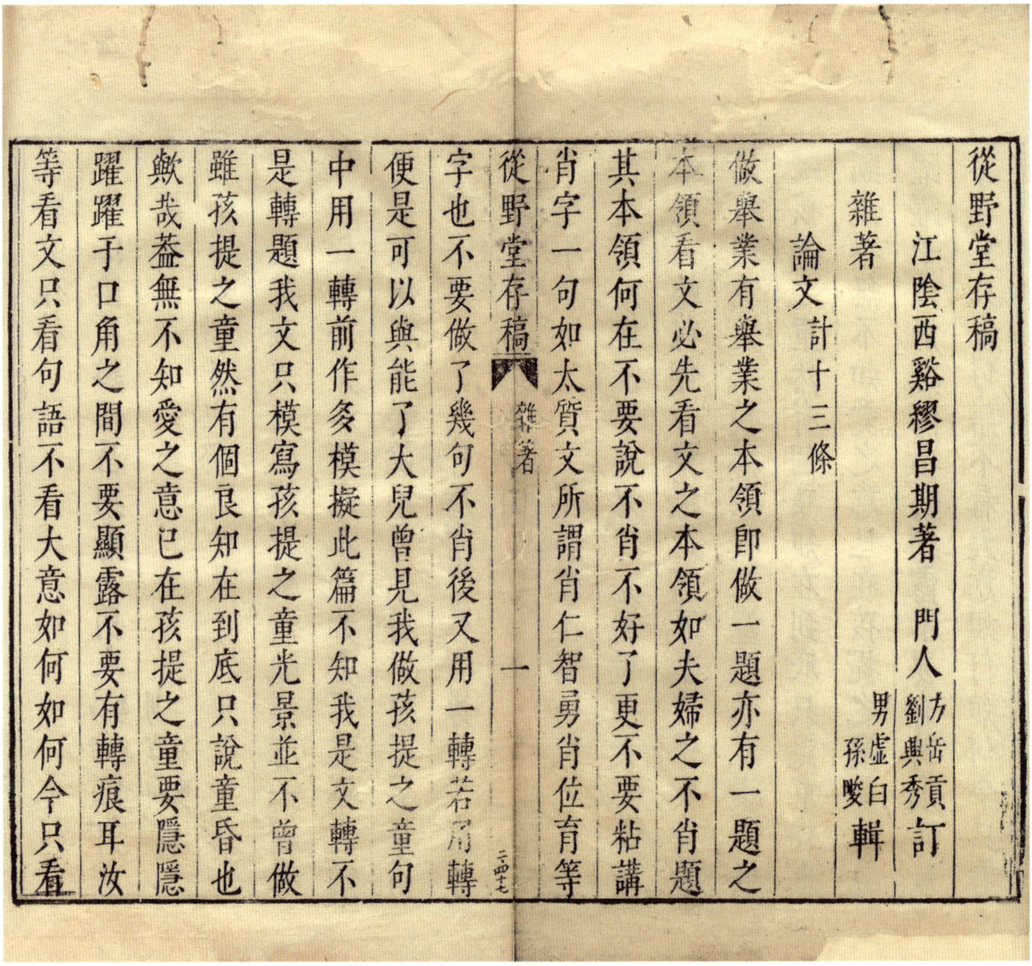
從野堂存稿
江陰西谿繆昌期著　門人方岳貢劉興秀訂
雜著　男虛白孫唆輯
論文計十三條
做舉業有舉業之本領即做一題亦有一題之
本領看文必先看文之本領如夫婦之不肖題
其本領何在不要說不肖不好了更不要粘講
肖字一句如太質文所謂肖仁智勇肖位育等
從野堂存稿　雜著　一　二四七
字也不要做了幾句不肖後又用一轉若用轉
便是可以與能了大兒曾見我做孩提之童句
中用一轉前作多模擬此篇不知我是文轉不
是轉題我文只模寫孩提之童光景並不曾做
雖孩提之童然有個良知在到底只說童昏也
歟哉葢無不知愛之意已在孩提之童要隱隱
躍躍于口角之間不要顯露不要有轉痕耳汝
等看文只看句語不看大意如何如何今只看

《從野堂存稿》卷八卷端

《從野堂存稿》八卷，明繆昌期撰。明崇禎十年（1637）繆虛白刻本。四册。半葉八行，行十八字，左右雙邊，白口，單黑魚尾。框高 20.1 厘米，寬 13.4 厘米。卷四、八卷端題“江陰西溪繆昌期著，門人方岳貢、劉興秀訂，男虛白、孫畯輯”。前有陳必謙序、張瑋序、方岳序及錢謙益所撰行狀、禮部揭帖、誥命，末有崇禎十年繆虛白跋。

繆昌期（1562—1626），字當時，號西溪，南直隸江陰人。萬曆四十一年（1613）進士，改翰林院庶吉士，爲同年流言所中，遂有東林之目。“梃擊案”中倡言究治，爲劉文炳所劾，移疾去。天啓初起復，官至左諭德，後因忤魏忠賢落職閑住。天啓五年（1625），以汪文言獄詞連及，遭削籍提問。次年入詔獄，備受荼毒，竟斃于獄。南明福王時追謚文貞。撰有《從野堂存稿》。《明史》卷二百四十五、《罪惟録》列傳卷十三下、《［光緒］江陰縣志》卷十六有傳。

是刻凡八卷，依文體編次，每卷之首各自標目。卷一誥敕，卷二奏疏、論、策、辨、解、原、評、對，卷三序、記，卷四墓志銘、墓表，卷五傳、行狀、祭文、紀略，卷六尺牘，卷七詩，卷八雜著。是本現存卷二至五、八，計五卷，其中卷首目録皆佚去，卷二佚去卷端半葉、葉五十九及六十，卷三佚去卷端首葉及葉三十一以下諸葉，且與卷八雜著混訂爲一册，卷八佚去繆虛白跋末半葉，蓋書估故意抹去葉次，以殘充全也。

書末繆虛白跋云：“制詞至雜著共若干卷，編次如右。其散失在四方者，幸諸名公不靳郵寄，以便續梓。”後昌期五世孫詵于清雍正六年（1728）重刻此集，然并未續增，僅就崇禎本删節爲“文集二卷”。清同治十三年（1874）昌期十世孫之鎔重訂爲“詩文八卷首一卷末一卷外集一卷”，刊刻于海陵别業，篇目卷次與崇禎本皆有不同。清光緒二十一年（1895），武進盛宣懷《常州先哲遺書》本據崇禎本重刻，并據雍正本、同治本等增刻《補遺》一卷《附録》一卷《年譜》一卷。是書入清曾遭禁毁。今《續修四庫全書》據上海圖書館藏崇禎本影印行世，較通行。《四庫禁毁書叢刊》亦據此刻影印收録。

卷八葉二十二、二十三書眉有佚名墨筆批注。

《四庫全書總目》未收。《中國古籍善本書目》（集部九八五三條）著録。《中國古籍總目》（集 20210783 條）亦著録，然題作“從野堂存稿八卷行狀一卷諭葬録一卷”。除天一閣外，中國國家圖書館、北京大學圖書館、上海圖書館、南京圖書館及臺北漢學研究中心等多家機構亦有入藏。

（屠）

高子遺書

明崇禎刻本　善 4009

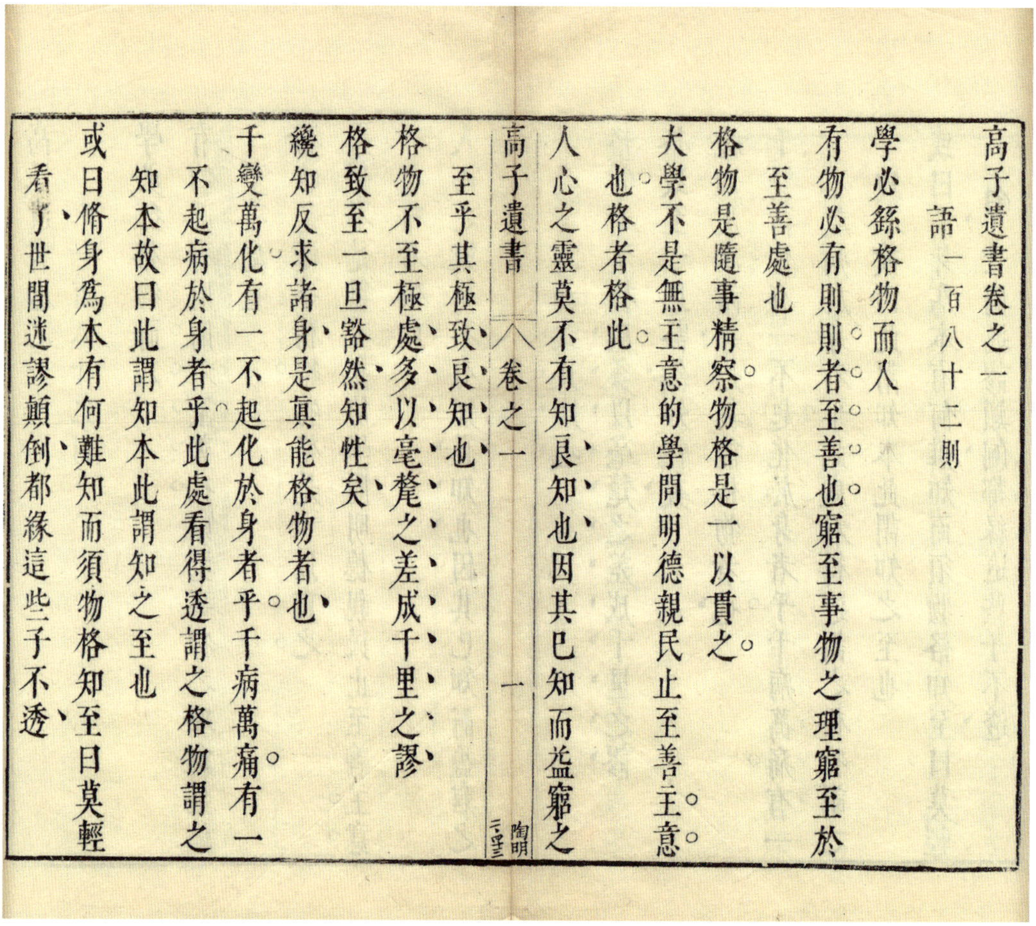

高子遺書卷之一

語 一百八十二則

學必繇格物而入

有物必有則則者至善也窮至事物之理窮至於至善處也

格物是隨事精察物格是一以貫之

大學不是無主意的學問明德親民止至善主意也格者格此

人心之靈莫不有知良知也因其巳知而益窮之至乎其極致良知也

格物不至極處多以毫氂之差成千里之謬

格致至一旦豁然知性矣

纔知反求諸身是眞能格物者也

千變萬化有一不起化於身者乎千病萬痛有一不起病於身者乎此處看得透謂之格物謂之知本故曰此謂知本此謂知之至也

或曰脩身爲本有何難知而須物格知至曰莫輕看了世間迷謬顛倒都緣這些子不透

高子遺書　卷之一　一

《高子遺書》卷一卷端

《高子遺書》十二卷，明高攀龍撰，明陳龍正訂次；《附録》一卷，明陳龍正審定。明崇禎五年（1632）錢士升、陳龍正等刻本。十册。半葉九行，行十九字，四周單邊，白口，單白魚尾。框高 21.5 厘米，寬 14.4 厘米。目録下題“門人陳龍正訂次”，《附録》卷端題“嘉善陳龍正惕龍甫審定”。前有崇禎元年（1628）誥命、崇禎五年錢士升序、崇禎四年（1631）陳龍正序及陳龍正撰小序，《附録》目録後有“高忠憲公小像”。

高攀龍（1562—1626），字存之，號景逸，南直隸無錫人。萬曆十七年（1589）進士，以劾王錫爵等去職。因與顧憲成創立東林書院，講學其中，望重朝野。天啓間復起，仕至左都御史，又以忤魏忠賢、劾崔呈秀等去職。後坐“移宫案”削籍，東林書院亦遭詔毁。天啓六年（1626），東林黨案起，詔逮高攀龍、周順昌等“七君子”，攀龍乃赴水死。其爲學主程、朱，于陸、王亦有所取，于晚明學界有較大影響。撰有《高子遺書》《春秋孔義》《周易易簡説》《朱子節要》等。《明史》卷二百四十三、《明儒學案》卷五十八、《［光緒］無錫金匱縣志》卷二十一有傳。

陳龍正（1585—1645），字惕龍，號幾亭，浙江嘉善人。崇禎七年（1634）進士，授中書舍人，遷南京國子監丞。南明福王時，召爲祠祭員外郎，不就。入清不久病卒。爲學師事吴志遠、高攀龍。撰有《政書》《學言》《幾亭文録》《幾亭外書》等。《明史》卷二百五十八、《明儒學案》卷六十一、《［光緒］重修嘉善縣志》卷二十有傳。

是集爲崇禎元年（1628）東林黨案平反後，陳龍正爲乃師所編。正集凡十二卷，附録一卷。各卷依文體編次：卷一語，卷二札記，卷三經説辨贊，卷四講義，卷五高門弟子所輯語録三種，卷六詩，卷七疏、揭、問，卷八書，又分上、下卷，卷九序，亦分上、下卷，卷十碑、傳、贊、記、譜、訓，卷十一墓志、墓表、行狀、祭文，卷十二題跋及各類雜體文字。《附録》收時人所撰像贊、墓志、碑文等。卷三至十二，葉眉間鎸有未署名批注，揆諸語氣，似爲陳龍正所批。

錢士升序曰：“先生向有《就正録》，先生殁，門弟子從高長公伯珍傳寫笥中遺文若干篇。陳惕龍爲訂之，次之，詳之，反之，尋味標宗，獨出手眼，名曰《高子遺書》。較之《入關東》《見洛陽》諸録傳述師説而滯焉不圓、雜焉不精者，相去遠矣。余私淑有年，竊謂‘欲正人心，先正學術；欲正學術，必宗程朱’，而先生此書實爲程朱心印，遂與諸曹謀梓之，而僭引其端。”

陳龍正序云：“然道脉自朱陸以來，終莫能合。薛非不悟也，而修居多。

王非無力也，而巧偏重。一修悟，一巧力，一朱陸惟吾先生。其人遺言自自訂數種而外，多散漫無次，恐其久而愈紛，敬彙爲十二卷。凡于不欲垂、不必垂者，胥已之。寧簡毋繁，爲後世也，所以體先生之志也。”

刻工：陶明、張、陶見、梁仲、朱臣、張在、王臣、陶仲、羅宿、羅、田、孫、茹松、陳、王六、朱明、方一、王明、王文、罗冠、甘玉、王一、陶文、陳祥、董、劉淳、邵、邵文、劉冲、毛云、繆、劉秀、邵敬、陶瑞、周泉、劉手、王三、潘、胡禮、木、于、朱華、林貴、郭美、謝科、高所、木斗、穆斗、木還、穆還、潘李、木春、王陽、余山、于山、高侖、穆玉、陶開、王起、李雙、范升、徐長、李玉、潘華、方文、劉中、王祥、王啓、吴仲、悵兵、王國、劉忠、潘斗、孫仕、成。

是本卷一葉二十四書眉有佚名墨筆批注。

是集除此刻外，又有清康熙二十八年（1689）家刻本，半葉九行，行十九字，四周雙邊，白口，單黑魚尾，卷首諸序及刻工皆與崇禎本不同。又有清光緒二年（1876）無錫周士錦東林書院刻本，據《四庫全書》本重刻，較通行。另有清道光二十八年（1848）《乾坤正氣集》本《高子遺書》六卷行世。

《四庫全書總目》收録。《中國古籍善本書目》（集部九四六三條）、《中國古籍總目》（集 20210795 條）著録。除天一閣外，中國國家圖書館、北京大學圖書館、上海圖書館、山東省圖書館、南京圖書館、臺北故宫博物院圖書館等多家機構亦有入藏。

（屠）

歇菴集

明萬曆刻本　善 3975

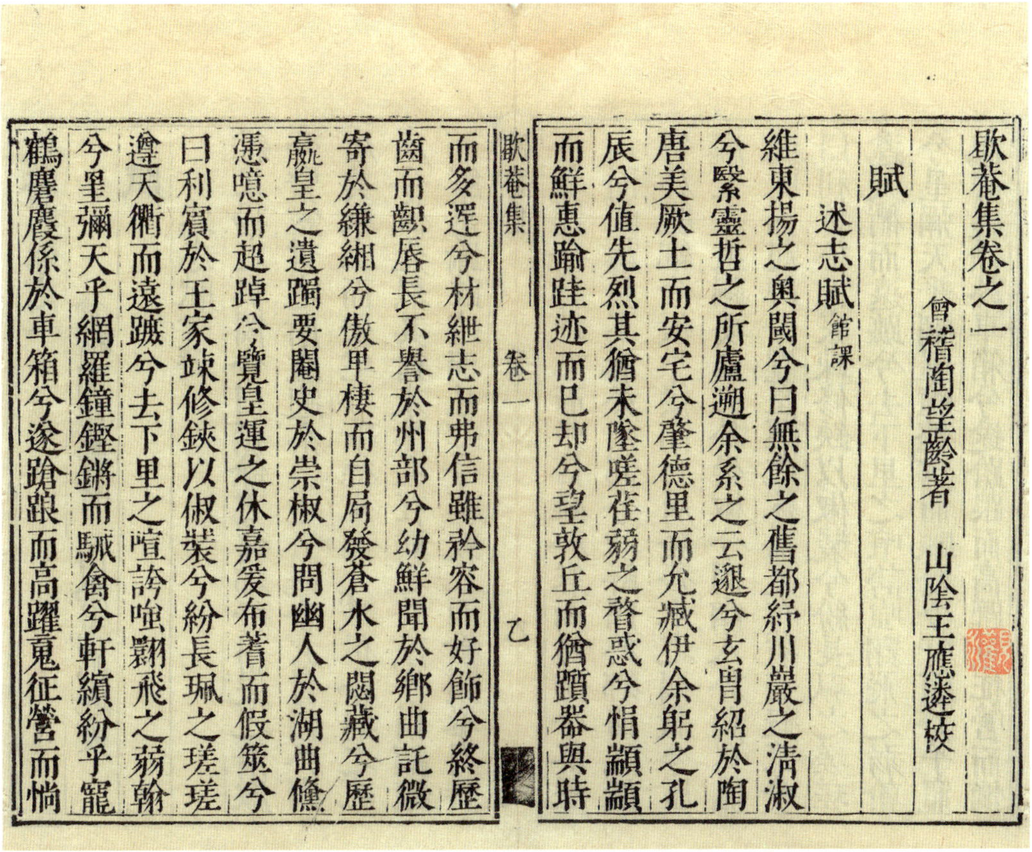
歇菴集卷之一

會稽陶望齡著　山陰王應遴校

賦

述志賦館課

維東揚之奥閫兮曰無餘之舊都紆川巖之清淑兮緊靈哲之所廬邈余系之云邈兮玄冑紹於陶唐美厥土而安宅兮肇德里而允臧伊余躬之孔辰兮值先烈其猶未墜嗟萑蒻之瞀惑兮悁巓顛而鮮惠踰跬迹而巳却兮望敦丘而猶躓器與時

歇菴集　卷一　乙

而多遲兮材紲志而弗信雖矜容而好飾兮終歷齒而齞脣長不譽於州部兮幼鮮聞於鄉曲託微寄於縑緗兮傲卑棲而自局發蒼水之閟藏兮歷巃皇之遺躅要闒史於崇椒兮問幽人於湖曲儵憑噫而超踔兮覽皇運之休嘉爰布蓍而假筮兮曰利賓於王家竦修鋏以俶裝兮紛長珮之瑳瑳遵天衢而遠蹠兮去下里之喧誇嗤鷃飛之蒻翰兮星彌天乎網羅鐘鏗鏘而駢會兮軒繽紛乎寵鶴麏麐係於車箱兮遂蹌踉而高躍覓征營而惝

《歇菴集》卷一卷端

《歇菴集》十六卷，明陶望齡撰。明萬曆三十九年（1611）王應遴刻本。十六册。半葉九行，行十九字，四周雙邊，下黑口，無魚尾。框高 21.6 厘米，寬 15.2 厘米。卷端題“會稽陶望齡著，山陰王應遴校”。前有黄汝亨序、萬曆三十九年余懋孳小引。

陶望齡（1562—1609），字周望，號石簣，晚號歇庵居士，浙江會稽人。

萬曆十七年（1589）進士，授翰林院編修，官至國子祭酒。謚文簡。撰有《歇菴集》《天水閣集》《制草》《解莊》等。《明史》卷二百十六、《明儒學案》卷三十六有傳。

是集黄汝亨序爲抄配，前有總目：卷一賦、詩，卷二詩，卷三至五序，卷六碑記，卷七論、表、策、議、考，卷八至九墓銘，卷十墓表、神道碑、行狀，卷十一行狀、祭文，卷十二疏、傳、頌、露布、説、解、雜著，卷十三募疏、譜傳、説、記，卷十四題跋、贊、銘、箴、啓，卷十五至十六書。每卷下詳列篇名目録。陶氏爲學喜玄談佛，集中大量内容是談佛、心性、修養，調和儒釋兩家，體現其避世山林的情懷。

是集乃陶望齡親自删定，其門人余懋孳屬王應遴所刻。余懋孳小引云："蓋師不欲立文字，而愚不敢以文字窺師久矣。己酉春月，學使者瞻文成祠，欲揭宗旨，屬剞師纂次，而師惠然删定。方及龍溪一卷，適以讀禮閣筆，哀毁太過，數月而遽藏舟，即書成未及序也……遺篇剩幅間存歇菴，學者争購以傳，即斷簡單詞，珍若檀旃。愚方逼吏事，不暇手録，從君奭乞得，屬王生應遴傳寫，奉入春明，冀與師門高足訂其訛謬，用詔來兹。而王生亟付剞劂，頓令長安紙貴，且謂愚不可無一言，愚僭記其緣起若此。"

今有《續修四庫全書》本行世，較通行。

《四庫全書總目》未收。《中國古籍善本書目》（集部九四一五條）、《中國古籍總目》（集20210821條）著録。除天一閣外，中國國家圖書館、北京大學圖書館、上海圖書館、南京圖書館、浙江圖書館等多家機構亦有入藏。

鈐印："朱别宥收藏記""觀永"。

（王）

自娱集、詩餘

明萬曆刻本　善 4002

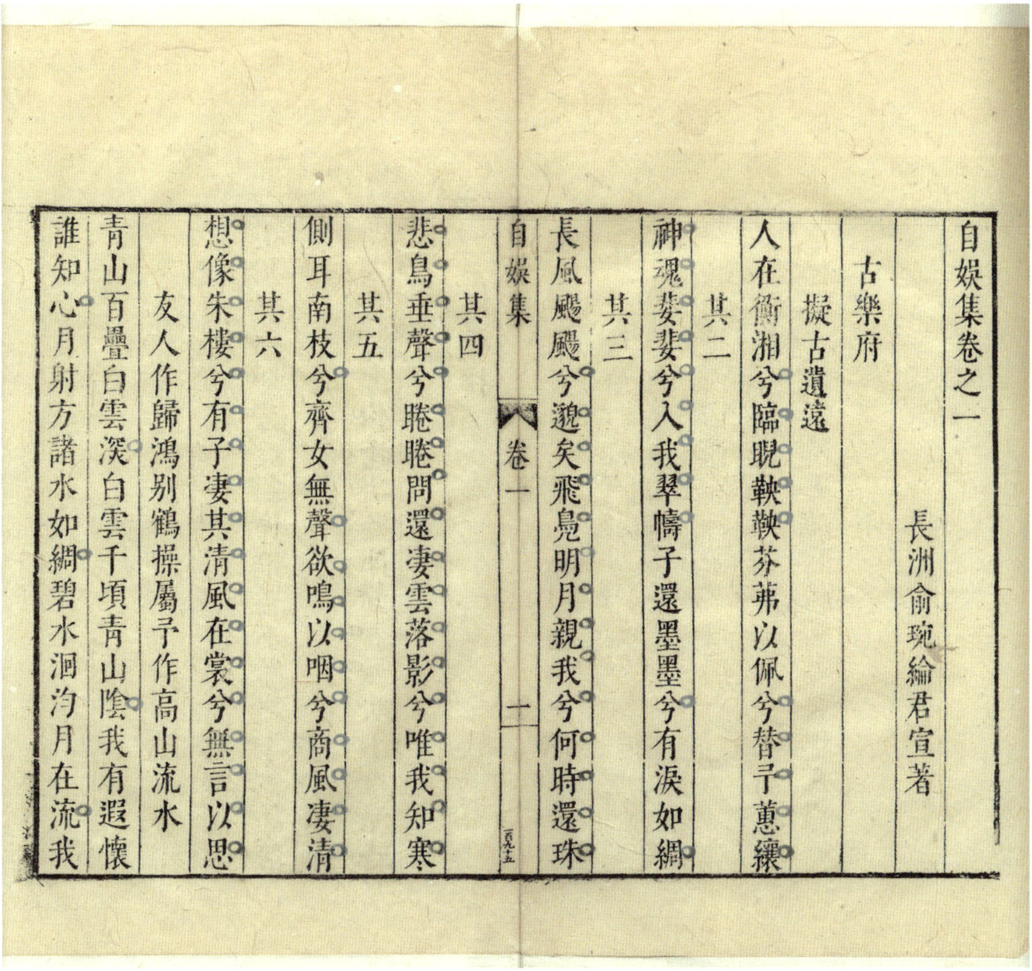
自娱集卷之一

長洲俞琬綸君宣著

古樂府

擬古遺遠

人在衡湘兮臨睨鞅鞅芬茀以佩兮替予蕙纕

其二

神魂斐斐兮入我翠幬子還墨墨兮有淚如綢

其三

長風颺颺兮邈矣飛鳧明月親我兮何時還珠

自娱集　卷一　一

其四

悲鳥垂聲兮聰聰問還凄雲落影兮唯我知寒

其五

側耳南枝兮齊女無聲欲鳴以咽兮商風凄清

其六

想像朱樓兮有子凄其清風在裳兮無言以思

友人作歸鴻別鶴操屬予作高山流水

青山百疊白雲溪白雲千頃青山陰我有遐懷

誰知心月射方諸水如綢碧水洄汋月在流我

《自娱集》卷一卷端

《自娱集》十卷《詩餘》一卷，明俞琬綸撰。明萬曆四十六年（1618）刻本。六册。半葉九行，行十八字，四周單邊，白口，單黑魚尾。框高 19.7 厘米，寬 14.1 厘米。卷一卷端題“長洲俞琬綸君宣著”。前有萬曆四十六年文震孟序。

俞琬綸（1576—1618），字君宣，南直隸長洲人。萬曆四十一年（1613）進士，仕至衢州西安知縣，受劾罷歸，以著述自娱。擅詩詞樂府，多古文，書兼晋唐體。撰有《自娱集》。《續名賢小紀》、《明詩紀事》庚集卷二十三、《［乾隆］長洲縣志》卷二十四有傳。

是書收《自娱集》十卷，附《詩餘》一卷。《自娱集》卷一古樂府、五言古詩、七言古詩，卷二五言律詩，卷三七言律詩，卷四五言排律、七言排律、五言絶句，卷六七言絶句，卷七序，卷八引、題跋、銘文、三句等，卷九祭文、挽聯、誄、傳、記、贊、疏，卷十尺牘。所附《詩餘》一卷，收詞、曲。《詩餘》後另有《雜著附》，而目中漏載，今僅存半葉，爲《齋中木魚銘後爲陳古白敲碎復作碎木魚銘》四則，其第四則以下已佚。

是書編刻于俞氏身後，爲其平生唯一之詩文集。文震孟序前二葉已佚，僅存葉三至四，中有云："而君宣故以無意出之，不知竟以此傳，且僅以此傳也。"

文序且述俞氏詩情云："决無凡色，不落今趣，而爲雲爲雨，綽露纖姿。至于詩篇，空想幽懷，聃思澹響，名葩泫露，欹態迎風，每使魅泣于冥，嫠痴在室。詩情至此，可仙可鬼，亦逝亦傳矣。"

是集除此刻外，又有清康熙三十八年（1699）俞蕙、俞蓀刻本，中國國家圖書館、復旦大學圖書館、南京圖書館等機構有藏。

《四庫全書總目》未收。《中國古籍善本書目》（集部九八五六條）著録。《中國古籍總目》（集20210886條）著録，題作"明萬曆四十六年章金庸刻本"。除天一閣外，中國國家圖書館、中國科學院文獻情報中心、上海圖書館、臺北漢學研究中心、臺北故宫博物院圖書館及臺灣大學圖書館等多家機構亦有入藏。

鈐印："蕭山朱鼎煦收藏書籍"。

（屠）

夷困文編

明崇禎刻本　善 4017

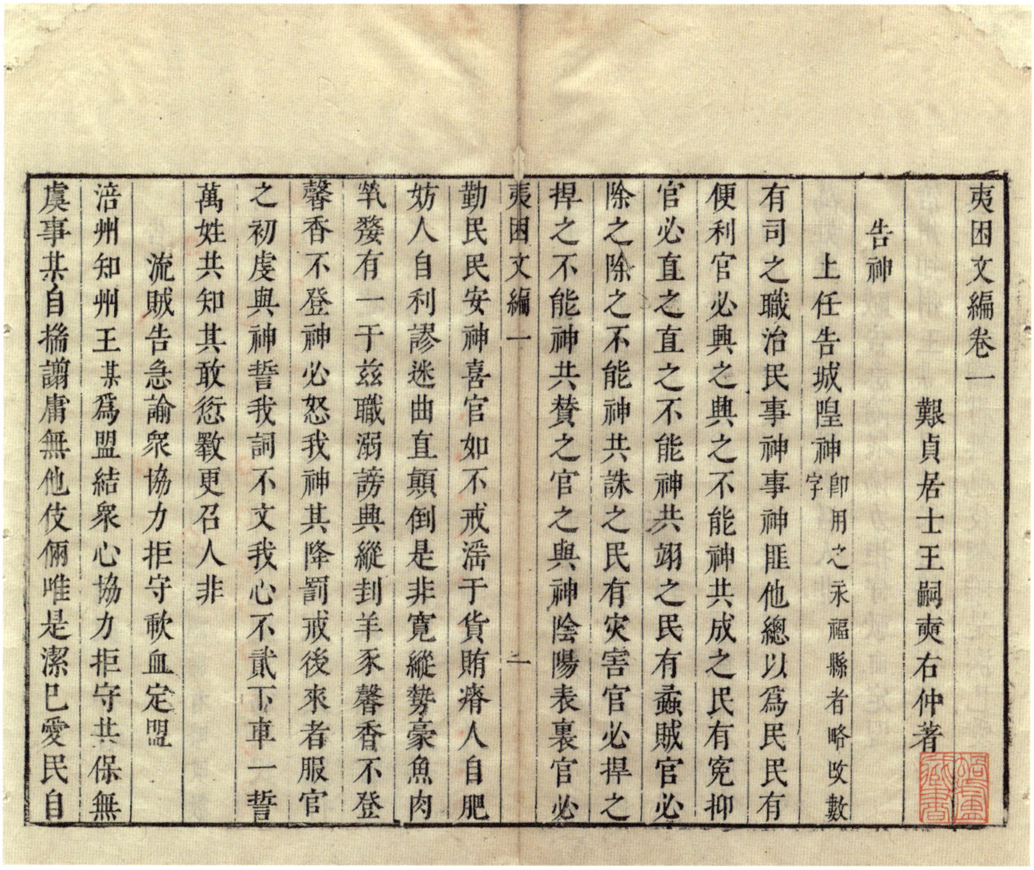

夷困文編卷一　　鄞貞居士王嗣奭右仲著

告神

上任告城隍神 即用之永福縣者略改數字

有司之職治民事神事神匪他總以爲民民有便利官必興之興之不能神共成之民有冤抑官必直之直之不能神共翊之民有姦賊官必除之除之不能神共誅之民有灾害官必捍之捍之不能神共贊之官之與神陰陽表裏官必

夷困文編一　一

勤民民安神喜官如不戒滛于貨賄瘠人自肥妨人自利謬迷曲直顛倒是非寛縱勢豪魚肉氓發有一于玆職溺謗興縱封羊豕馨香不登馨香不登神必怒我神其降罰戒後來者服官之初虔與神誓我詞不文我心不貳下車一誓萬姓共知其敢愆斁更召人非

流賊告急諭衆協力拒守歃血定盟

涪州知州王某爲盟結衆心協力拒守共保無虞事共自擔讓肅無他伎倆唯是潔己愛民自

《夷困文編》卷一卷端

《夷困文編》六卷，明王嗣奭撰。明崇禎十五年（1642）王嗣奭自刻本。二册。半葉九行，行十八字，四周單邊，白口，無魚尾。框高 19.0 厘米，寬 14.2 厘米。卷一卷端題“鄞貞居士王嗣奭右仲著”。前有崇禎十五年王嗣奭自序。

王嗣奭（1566—1648），字右仲，一字於越，號偶翁，又號遥集居士、鄞塘田叟等，浙江鄞縣人。萬曆二十八年（1600）舉人，任黄巖教授，知宣平、宿遷等縣，纍遷涪州知州，與上官忤，罷歸。後執贄劉宗周之門，曰："吾以罪失官，反以罪得學，可謂失魚而得熊也"。入清爲遺民，不剃發，不服清服，有直節。酷嗜杜詩，獨尊杜甫爲"詩聖"，杜氏"詩聖"之號自後乃爲定論。撰有《夷困文編》《泠然草文編》《密娛齋詩集》《杜臆》《管天筆記外編》等。《明詩紀事》庚籤卷十九、《［乾隆］鄞縣志》卷十六有傳。

是集爲嗣奭居涪州時所撰各類文字，計六卷，依體編次。卷一祀神、祈雨等各類告神文，卷二各類公事箋疏及他人文字，卷三各類柬牘，卷四柬牘、四六啓文、祭文，卷五序引、論，卷六辯枉文、題跋、雜記。其中序引類《夷困文序》有目無文。

嗣奭自叙刊刻緣起云："《夷困篇》有刻矣，刻涪之詩也。命名之意，詩已揭之篇端。兹編文也，刻之非初意也……客涪三年，一年作吏，遭時險艱，不暇修辭，兩年蒙難，匈臆約結，無意修辭……離涪來匆匆五改歲，往事已付夢幻。適圬者索廢楮和蜃炭，始發舊簏得稿。閱之，三年情事宛然如昨……用是，拾已弃之，核汰七存三，稍加詮次，仍付梓人。得與詩參觀，知余受枉至此，然不足怪也。"居涪三年，"一年作吏"，"兩年蒙難"，辭歸後仍胸臆鬱結，此集之刻，蓋意在剖白于後人也。

目次第二葉有"此葉次重刻""補刻詩訴引""附涪州士民公揭"等數處墨筆批校，卷内亦有幾處朱墨筆校改，又有王氏鈐印，當爲嗣奭手筆，是此本爲試印校刊稿無疑也。又，卷五有數處佚名朱筆眉批。

此集傳世極罕，未見明清諸家書目著録。民國時馮貞群據孫家溎蝸寄廬藏明刻本傳抄，後張壽鏞據馮抄本刻入《四明叢書》，始得重行于世。今天一閣所藏即孫氏舊藏本。

《四庫全書總目》未收。《中國古籍善本書目》（集部九七〇七條）、《中國古籍總目》（集20210999條）著録。除天一閣外，未見其他機構入藏。

鈐印："王嗣奭印""蝸廬藏書"。

（屠）

湯嘉賓睡菴集

明末刻本　善 3983

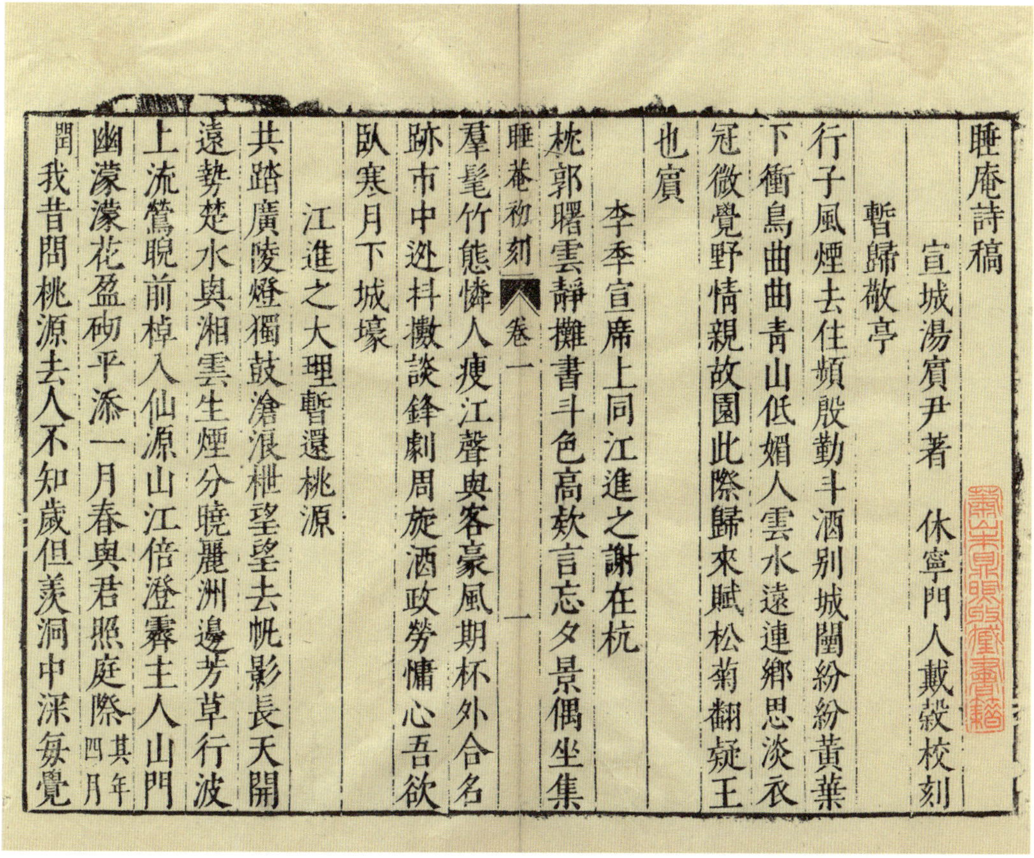
睡庵詩稿
宣城湯賓尹著　休寧門人戴穀校刻
暫歸敬亭
行子風煙去住頻殷勤斗酒别城闉紛紛黄葉
下銜鳥曲曲青山低媚人雲水遠連鄉思淡衣
冠微覺野情親故園此際歸來賦松菊翻疑王
也賓
李季宣席上同江進之謝在杭
桃郭曙雲靜攤書斗色高欸言忘夕景偶坐集
睡菴初刻　卷一　一
羣髦竹態憐人瘦江聲與客豪風期杯外合名
跡市中逃科擻談鋒劇周旋酒政勞慵心吾欲
臥寒月下城壕
江進之大理暫還桃源
共踏廣陵燈獨鼓滄浪楫望望去帆影長天開
遠勢楚水與湘雲生煙分曉麗洲邊芳草行波
上流鶯睍前棹入仙源山江倍澄霽主人山門
幽濛濛花盈砌平添一月春與君照庭際其年四月
問我昔問桃源去人不知歲但羨洞中深毎覺

《湯嘉賓睡菴集》卷一卷端

《湯嘉賓睡菴集》六卷，明湯賓尹撰。明末半埜商氏刻本。六册。半葉九行，行十八字，四周單邊，白口，單黑魚尾。框高 23.0 厘米，寬 15.0 厘米。卷一至三卷端題“宣城湯賓尹著，休寧門人戴穀校刻”；卷四至六卷端題“宣城湯賓尹著，金溪門人李曙寰校梓”。前有梅友箕《湯嘉賓睡菴集序》。

湯賓尹（1567—？），字嘉賓，號睡菴，又號霍林，南直隸宣城人。萬曆二十三年（1595）會試第一，廷對第二，授翰林院編修，内外制書詔令多出其手，號稱得體。纍遷至南京國子監祭酒，廣收門徒，參與黨争，被目爲宣黨之首，後以科場案罷歸，不復出。其時文負盛名，亦善詩。撰有《湯嘉賓睡菴集》《睡庵文稿》《宣城右集》《一左集》等。《［光緒］宣城縣志》卷十八有傳。

半埜商氏，即明末會稽書商商濬（一作商維濬）。濬字初陽，室名半埜堂，刻書頗多，其最著者有《稗海》《續稗海》《西湖游覽志》《徐文長三集》等。

是書凡六卷，依體編次：卷一至二詩，卷三雜文，卷四詩，卷五序、記，卷六墓志、表狀、傳。

卷首《湯嘉賓睡菴集序》版心鐫“湯序”，然序末署“友弟梅友箕撰，半埜商氏重梓，新都羅彝序書”，是“湯序”當作“梅序”。觀其序文，即萬曆三十九年（1611）刻本“睡庵稿三十六卷”卷首所録之萬曆三十年（1602）梅守箕序，友箕當爲守箕之誤。守箕，字季豹，南直隸宣城人，工古文，有急才，爲文千百言，援筆立就，負俠任氣，名著公卿間，尤爲湯賓尹推服。年四十五卒，撰有《居諸集》。《［光緒］宣城縣志》卷十八有傳。

卷一至三版心鐫“睡菴初刻”，卷四至六版心鐫“睡庵二刻”，詩文錯雜，體例不一，當爲半埜商氏以萬曆間戴轂編刻之《睡菴詩稿》一卷《文稿》二卷及李曙寰先月樓刻本《睡庵文稿二刻》六卷雜凑翻刻而成。以先月樓刻本《睡庵文稿二刻》校其目，此本合前者六卷爲三卷，多魯魚豖亥及妄改、衍脱之誤。如：卷四《明皇演樂圖》，目録中誤爲《明王演樂圖》；《甲辰首秋即事書段明府瑞粟卷六》，目次并卷内皆脱“六”字；《讀崇德録爲沈贈公作》後又一首詩題《又》下小字“代”，目録并卷内皆誤作大字，詩題誤爲《又代》；《沈季彪新藝序》，目録中“季”字誤爲“李”字等。

《四庫全書總目》未收。《中國古籍善本書目》（集部九五五六條）著録爲“湯嘉賓睡庵集六卷，明刻本”。《中國古籍總目》（集 20211077 條）亦録作“明刻本”。除天一閣外，寧夏回族自治區圖書館亦有入藏。

鈐印：“蕭山朱鼎煦收藏書籍”。

（屠）

睡庵稿

明萬曆刻本　善 3981

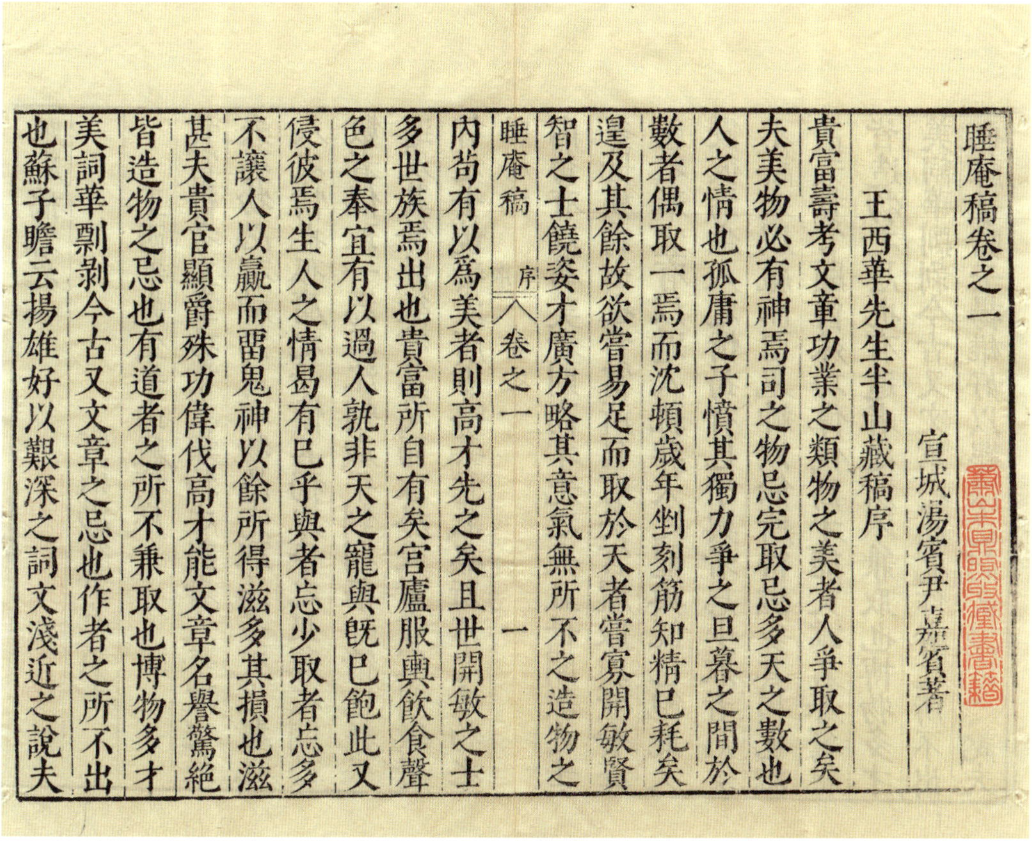
睡庵稿卷之一
宣城湯賓尹嘉賓著
王西華先生半山藏稿序
貴富壽考文章功業之類物之美者人爭取之矣夫美物必有神焉司之物忌完取忌多天之數也人之情也孤庸之子憤其獨力爭之旦暮之間於數者偶取一焉而沈頓歲年剉刻筋知精已耗矣遑及其餘故欲嘗易足而取於天者嘗寡開敏賢智之士饒姿才廣方略其意氣無所不之造物之
睡庵稿　序　卷之一　一
內苟有以爲美者則高才先之矣且世開敏之士多世族焉出也貴富所自有矣宮廬服輿飲食聲色之奉宜有以過人孰非天之寵與既已飽此又侵彼焉生人之情曷有已乎與者忌少取者忌多不讓人以贏而畱鬼神以餘所得滋多其損也滋甚夫貴官顯爵殊功偉伐高才能文章名譽驚絕皆造物之忌也有道者之所不兼取也博物多才美詞華剽剝今古又文章之忌也作者之所不出也蘇子贍云揚雄好以艱深之詞文淺近之說夫

《睡庵稿》卷一卷端

《睡庵稿》二十五卷，明湯賓尹撰。明萬曆三十九年（1611）刻本。六册。半葉九行，行十九字，四周單邊，白口，單白魚尾。框高 21.3 厘米，寬 15.5 厘米。卷一卷端題“宣城湯賓尹嘉賓著”。前有萬曆三十八年（1610）郭正域序、萬曆三十九年湯顯祖序、萬曆三十年（1602）梅守箕序。

此集凡二十五卷，依體編次：卷一至六書序，卷七至八贈序，卷九至十二壽序，卷十三游記，卷十四碑記，卷十五至十九墓志銘，卷二十墓表，卷二十一傳，卷二十二行狀，卷二十三題贊，卷二十四題跋、疏偈，卷二十五祭文。其中卷十三之《招寶紀行》《台宕紀行》兩篇有目無文，又卷二《關中轉餉詩序》一篇目中漏載。

賓尹精擅制藝，文名盛于一時，頗爲時人推崇。是書爲其文稿彙編。郭正域序云："宜嘉賓之樹赤幟于中原，而趨者之若的也。兹刻也，天壤間誦習幾滿，烏知夫戔戔者不獵取而淺收之，曰'左馬楊班、曹劉李杜今復在此'，此之爲風，又曷可長乎？嘉賓且奈之何矣。雖然，嘉賓方著作彤闈，經綸黄閣，行將百世模楷，又奚有于一編也？"

湯顯祖序云："乃讀其文咏……有以秀鬱而蒼發，或千餘言旆如其舒，或數十語砉焉而詘，如霧流烟，如雲漏月，如洗峰岳，如抉坱圠。雖其蓄積衍按，尚未極其曉世之情，其必不爲世人，而爲道人、文人也决矣。"

梅守箕序云："吾友嘉賓太史每難斯文之失真，而其高材遠識，博學厚志，足以至之。故文以紀事，事以見理，詩以抒情，情以標風，未嘗一著畫模，而亦無非古法……則是以其文乃真文也。"

賓尹慷慨負氣，好談時事，集中多涉遼事文字，如卷一《皇明開天玉律序》有"太祖得之于胡元，今以天下全盛之勢，防胡日惴惴焉不暇給"等語，故入清後，此集頗多違礙，無復刊刻者。然萬曆間賓尹盛名遍天下，其文集、詩集屢有編刻，明刻本傳世甚夥。除是刻外，《中國古籍總目》尚著録有：萬曆三十九年刻本"睡庵稿二十五卷詩集十一卷"、萬曆刻本"睡庵稿文集二十五卷詩集十一卷視草十六卷"、萬曆戴穀刻本"睡庵詩稿一卷文稿二卷"、萬曆刻本"睡庵詩稿四卷文稿十一卷"、明博古堂刻本"睡庵詩稿一卷文稿一卷"、萬曆刻本"睡庵稿詩集十一卷"、萬曆刻本"睡庵詩稿四卷"、明刻本"睡庵詩稿六卷"、明刻本"湯嘉賓睡庵集六卷"、萬曆三十年（1602）休寧戴氏刻本"睡庵稿二卷"、萬曆間李曙寰先月樓刻本"睡庵文稿初刻四卷二刻六卷三刻四卷"、萬曆間黄時溱刻本"睡庵文稿二刻補四卷"、明遐齋刻本"湯司成稿一卷"、明末陳氏石雲居刻國朝大家制義本"湯睡庵稿一卷"等。

是刻卷首梅序、湯序、郭序皆并稱賓尹之文與詩，如郭序云“不弃律而成體裁”，是可知文集原當與詩集并行。今是本僅存文二十五卷，而無詩集，當非完帙。《中國古籍總目》著録之“睡庵稿詩集十一卷”或“睡庵稿二十五卷”者，當亦非完帙。然賓尹之文集二十五卷者，有萬曆三十九年“睡庵稿二十五卷詩集十一卷”、萬曆“睡庵稿文集二十五卷詩集十一卷視草十六卷”兩刻，兩者未得目驗，續刻、重刻關係尚不明，故仍依傳統著録，單獨題作“睡庵稿二十五卷”。

刻工：胡朱、朱、沖省、劉質、劉李、胡、汪劉、汪方、徐風祥、徐潘、徐、汪云、文旦、仲文、徐鳳、高、方本大、陳元、陳忠、蔡之鳴、汪耿、朱思、蔡、春云、方、旦、徐祥、汪徐、汪蔡。

《四庫全書總目》未收。《中國古籍善本書目》（集部九五五四條）、《中國古籍總目》（集 20211079 條）著録。除天一閣外，北京大學圖書館、上海圖書館等機構亦有入藏。另有臺灣大學圖書館藏本，著録爲萬曆三十九年山笑堂刻本。臺北漢學研究中心、美國國會圖書館等著録萬曆間刻本。

鈐印：“蕭山朱鼎煦收藏書籍”。

（屠）

睡菴文稿初刻、二刻、三刻

明萬曆刻本　善 3982

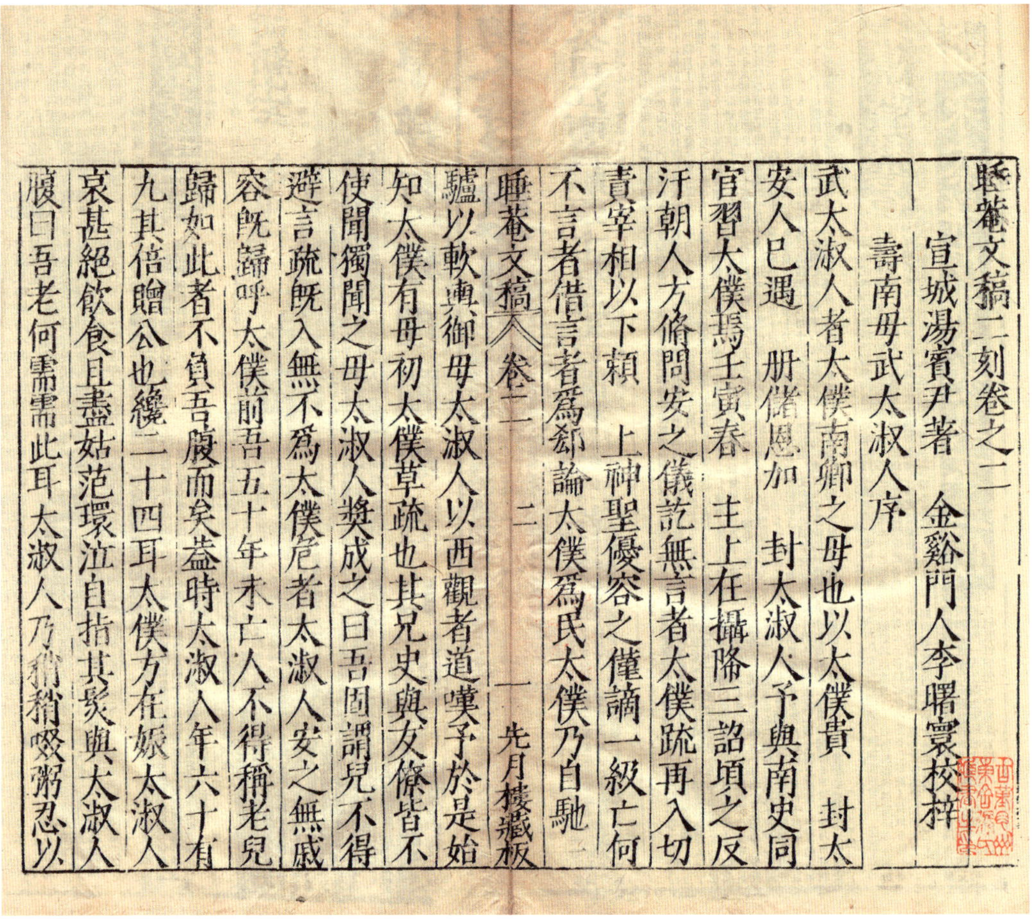

睡菴文稿二刻卷之二
宣城湯賓尹著　金谿門人李曙寰校梓
壽南母武太淑人序
武太淑人者太僕南卿之母也以太僕貴　封太
安人已遇　册儲恩加　封太淑人予與南史同
官習太僕焉壬寅春　主上在攝降三詔頃之反
汗朝人方脩問安之儀訖無言者太僕疏再入切
責宰相以下頼　上神聖優容之僅謫一級亡何
不言者借言者爲𨚗論太僕爲民太僕乃自馳
睡菴文稿　卷二　二　一　先月樓藏板
驢以軟輿御母太淑人以西觀者道嘆予於是始
知太僕有母初太僕草疏也其兄史與友僚皆不
使聞獨聞之母太淑人獎成之曰吾固謂兒不得
避言疏既入無不爲太僕危者太淑人安之無慼
容既歸呼太僕前吾五十年未亡人不得稱老兒
歸如此者不負吾腹而矣盍時太淑人年六十有
九其倍贈公也纔二十四耳太僕方在娠太淑人
哀甚絶飲食且盡姑范環泣自指其髮與太淑人
腹曰吾老何需需此耳太淑人乃稍稍啜粥忍以

《睡菴文稿二刻》卷二卷端

《睡菴文稿初刻》四卷《二刻》六卷《三刻》四卷，明湯賓尹撰。明萬曆李曙寰先月樓刻本。三册。半葉九行，行十九字，四周單邊，白口，單白魚尾。版心下鎸“先月樓藏板”。框高 21.1 厘米，寬 15.0 厘米。《二刻》卷端題“宣城湯賓尹著，金溪門人李曙寰校梓”。

是集凡十四卷，此本今僅存《二刻》六卷。各卷依文體編次：卷一序，卷二序、記，卷三志、表狀，卷四墓志銘、墓表，卷五行狀、傳，卷六詩。

《四庫全書總目》未收。《中國古籍善本書目》（集部九五五一、九五五二條）、《中國古籍總目》（集 20211080 條）著録。除天一閣外，北京大學圖書館、中國科學院文獻情報中心、南京圖書館等機構有全帙入藏。中國國家圖書館、上海圖書館、臺北漢學研究中心及日本内閣文庫等藏有殘本，存《初刻》《二刻》。

鈐印："古堇月州東舍張氏藏書之印"。

（屠）

天爵堂文集、筆餘

明崇禎刻本　馮善 2318

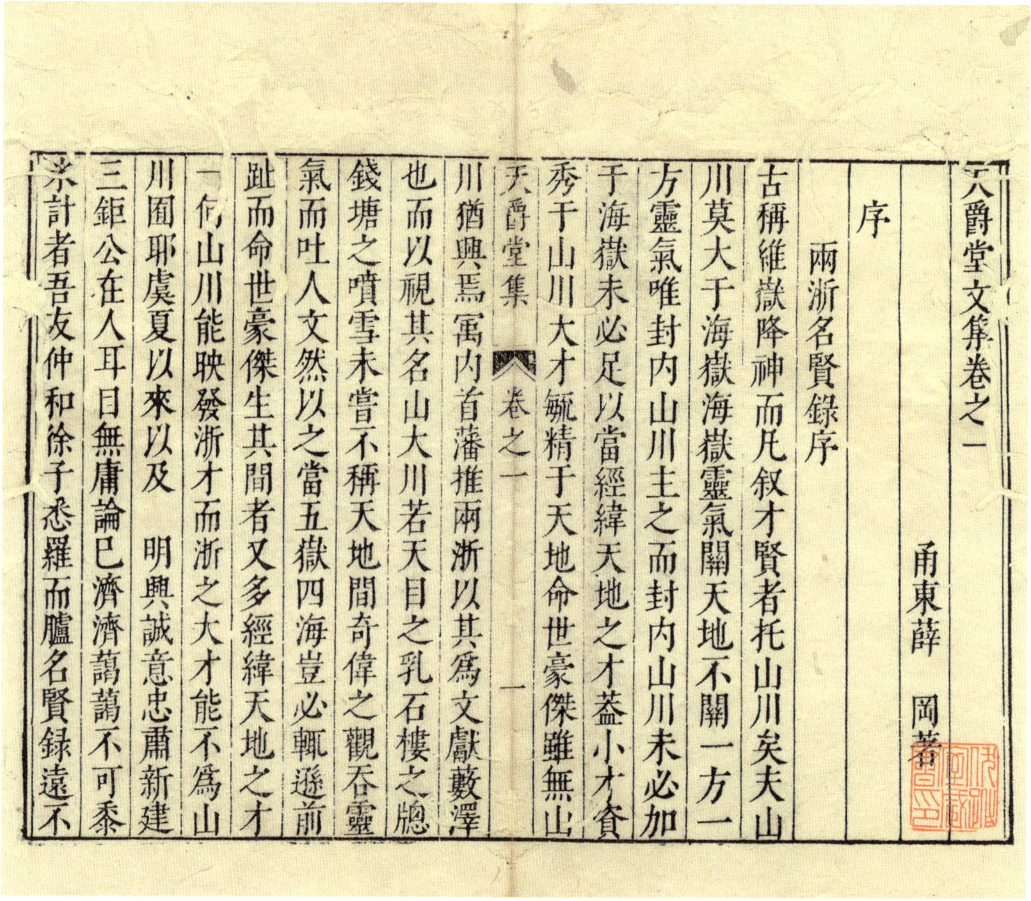
天爵堂文集卷之一

甬東薛　岡著

序

兩浙名賢録序

古稱維嶽降神而凡叙才賢者托山川矣夫山川莫大于海嶽海嶽靈氣關天地不關一方一方靈氣唯封内山川主之而封内山川未必加于海嶽未必足以當經緯天地之才葢小才資秀于山川大才毓精于天地命世豪傑雖無山

天爵堂集　卷之一　一

川猶興焉寓内首藩推兩浙以其爲文獻藪澤也而以視其名山大川若天目之乳石樓之瀑錢塘之噴雪未嘗不稱天地間奇偉之觀呑靈氣而吐人文然以之當五嶽四海豈必輒遜前趾而命世豪傑生其間者又多經緯天地之才一何山川能映發浙才而浙之大才能不爲山川囿耶虞夏以來以及　明興誠意忠肅新建三鉅公在人耳目無庸論已濟濟藹藹不可悉系討者吾友仲和徐子悉羅而臚名賢録遠不

《天爵堂文集》卷一卷端

《天爵堂文集》十九卷《筆餘》三卷，明薛岡撰。明崇禎刻本。八册。半葉九行，行十八字，左右雙邊，白口，單黑魚尾。框高 26.2 厘米，寬 13.9 厘米。《文集》卷一卷端題“甬東薛岡著”，前有天啓二年（1622）薛三省序。《筆餘》卷端題“新安程至善訂”，前有作者自序。

薛岡（1561—？），初字伯起，更字千仞，自號織履道人，晚號天爵翁，浙江鄞縣人。雖工制藝，然終生未嘗釋褐，客居京師六十年，以詩文爲世所重。晚年歸鄉，築居鑒湖，勤于著述。撰有《天爵堂文集》《奉和陸郡公落花詩》《削鐮録》等。《孤本明代人物小傳》第三册、《［康熙］鄞縣志》卷十七有傳。

是書《文集》十九卷，《筆餘》三卷。《文集》卷五至六、十一至十二、十九已佚，存十四卷，卷八、十三有缺葉。卷一至四序，卷七記、紀事，卷八行狀、行述、傳，卷九至十墓志，卷十三頌、贊、銘，卷十四題跋，卷十五表、策、議、對、説，卷十六至十七尺牘，卷十八雜著。《筆餘》三卷，皆爲條目式札記。

是書編刻，薛三省序云："余與千仞交三十餘年矣。其游梁浮淮皆有詩，其選删徐文長詩，余皆有序。今乃以《天爵堂集》更屬爲序而傳之。"又云："其集，文居六，詩居四。詩則古體六，近體四。總若干卷。所以名《天爵》者，其説本于孟氏，而漢人稱鍾皓'高風承世，人位不足，天爵有餘'。"亦云："今所存《天爵堂集》裁十之一，此更足知千仞學日益，識日高。"

薛岡《筆餘》自序云："然積纍多年，而使不存隻字，亦良可惜，遂取存者，刻諸都下。未經删削，久而觀之，頗覺長冗。今合後所續筆者，總爲芟刈，一再刻之，附集後。"

刻工：諸、李。

《四庫全書總目》未收。《中國古籍善本書目》（集部一〇一二七條）著録。《中國古籍總目》（集20211149條）亦著録，題作"天爵堂文集二十卷筆餘三卷"，著録兩種刻本：一爲天啓五年序刻本，北京大學圖書館入藏；一爲崇禎間刻本，中國科學院文獻情報中心、南京圖書館入藏。另，除天一閣外，臺北漢學研究中心、臺北故宫博物院圖書館等機構亦有入藏。

鈐印："伏跗室藏書印"。

（饒）

定軒存稿

明崇禎刻本　善 4024

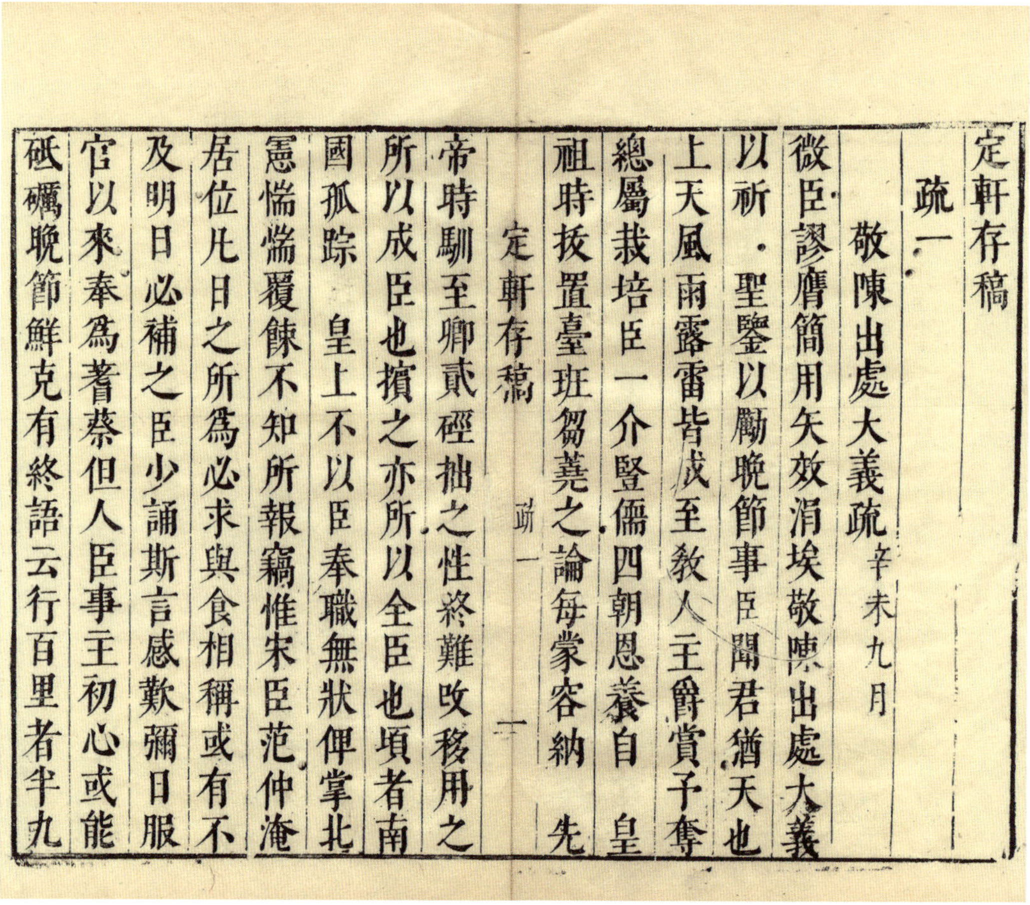

定軒存稿

疏一

敬陳出處大義疏辛未九月

微臣謬膺簡用矢效涓埃敬陳出處大義
以祈　聖鑒以勵晚節事臣聞君猶天也
上天風雨露雷皆成至教人主爵賞予奪
總屬栽培臣一介豎儒四朝恩養自　皇
祖時拔置臺班芻蕘之論每蒙容納　先

定軒存稿　疏一　一

帝時馴至卿貳硜拙之性終難改移用之
所以成臣也擯之亦所以全臣也頃者南
國孤踪　皇上不以臣奉職無狀俾掌北
憲惴惴覆餗不知所報竊惟宋臣范仲淹
居位凡日之所爲必求與食相稱或有不
及明日必補之臣少誦斯言感歎彌日服
官以來奉爲蓍蔡但人臣事主初心或能
砥礪晚節鮮克有終語云行百里者半九

《定軒存稿》卷一卷端

《定軒存稿》十六卷，明陳于廷撰，明陳貞慧編。明崇禎刻本。六册。半葉八行，行十六字，四周單邊，白口，無魚尾。框高 21.0 厘米，寬 14.1 厘米。卷一卷端題“明義興陳于廷孟諤父著，男貞慧謹編”。前有周鑣序、錢禧序、張文光序。

陳于廷（？—1635），字孟諤，號中湛，南直隸宜興人。萬曆二十三年（1595）進士。歷知光山、唐山、秀水三縣，授御史，以峻詞敢諫稱，有直聲，爲著名東林黨人。天啓間以忤魏忠賢，與楊漣、左光斗一起削籍爲民。崇禎初起復，仕至南京左都御史，後因忤帝意，復削籍歸。撰有《定軒存稿》《疏稿》等。《明史》卷二百五十四、《罪惟録》列傳卷十三下、《［嘉慶］宜興縣志》卷八有傳。

陳貞慧（1604—1656），于廷子，字定生，明末諸生。與方以智、冒襄、侯方域等齊名，并號“明末四公子”，爲復社重要成員，嘗與吴應箕共草《留都防亂公揭》擯阮大鋮。明亡後隱居不仕，著述甚富，撰有《皇明語林》《山陽録》《雪岑集》《交游録》《秋園雜佩》等。《清史稿》卷五百一有傳（附冒襄後）。

是集前無總目，以類相次，各類各自編目，未標卷次，依次爲疏二卷、議一卷、説一卷、序一卷、贊一卷、書四卷、賦一卷、詩四卷、雜文一卷，都十六卷。其詩除首卷外，皆曾結集，小注各題爲《二東草》《前歸來草》《後歸來草》等。

周鑣序曰：“嗚呼，陳先生之墓再宿草矣，予小子鑣讀其遺文，蓋衋然益傷之焉。”

錢禧序曰：“惟我中湛陳先生登乙未榜進士，迄今皇帝之乙亥，通籍四十載，歷事四朝，爲邑令則稱真父母，爲臺諫則稱真御史，爲南北握憲則稱南北真師表，而出處去就屹然不可動之節，則見于先生《前歸來》《後歸來》兩編中。”又曰：“余不及事先生，而獲交先生嗣公定生……交定生如其事先生也。定生出先生《定軒存稿》示余，因得睹其全而卒業焉。”

張文光序則曰：“今合梓前後疏稿若干篇，并二差巡方條款與爲令時公移之便民者，曰《定軒稿》。書來，命不佞序之。”

據張序可知，陳于廷生前嘗編集疏稿文移，定名《定軒稿》，刊刻行世。是集則其卒後由子貞慧編訂，故名《定軒存稿》。按：此集原無刊刻年月，據周序、錢序，當撰于陳于廷卒後兩年。于廷卒于崇禎八年（1635），故此集之刊行當在崇禎十年（1637）之後也。

除是刻外，尚有崇禎間刻本《定軒存稿》一種，十卷，九行，行二十字，四周單邊，白口，僅見故宫博物院圖書館有藏。

《四庫全書總目》未收。《中國古籍善本書目》(集部九五八八條)、《中國古籍總目》(集 20211178 條)著録。此十六卷本，除天一閣外，未見其他機構入藏。

鈐印："曾在李鹿山處""秋樹讀書廬""朱别宥收藏記"。

(屠)

秋水閣墨副

明刻本　善 3979

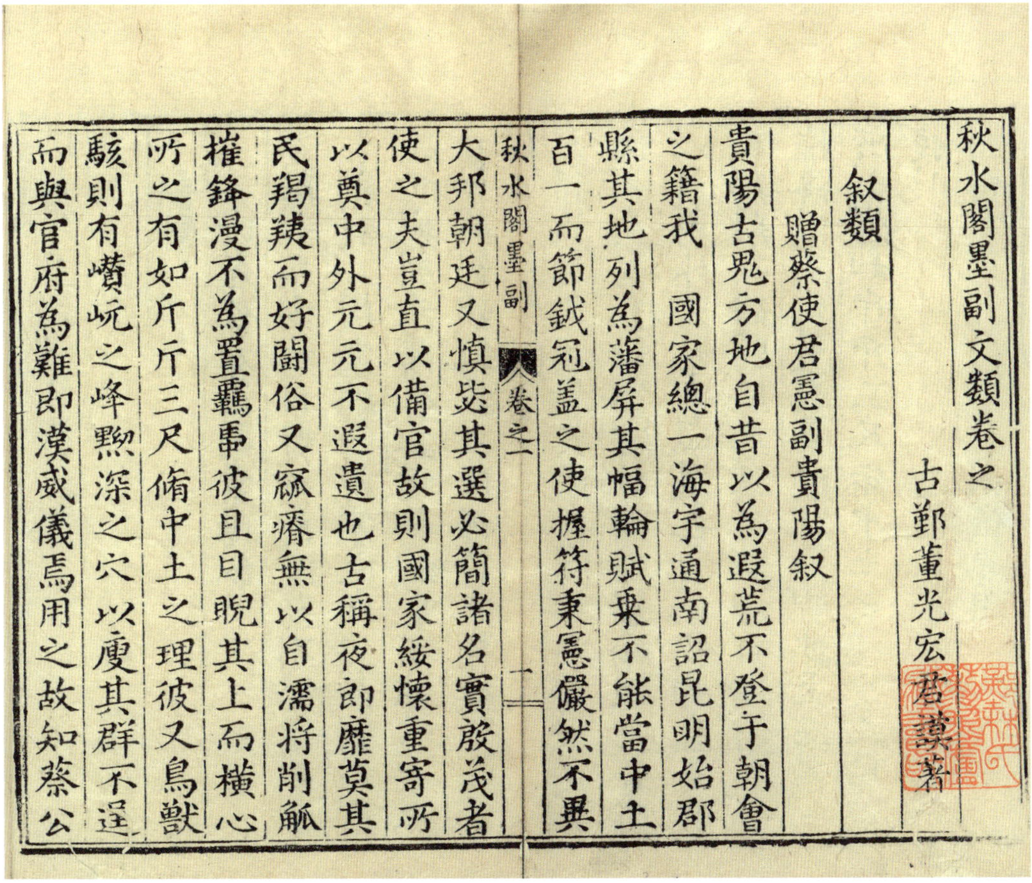
秋水閣墨副文類卷之
古鄞董光宏君謨著
叙類
贈蔡使君憲副貴陽叙
貴陽古鬼方地自昔以為遐荒不登于朝會之籍我　國家總一海宇通南詔昆明始郡縣其地列為藩屏其幅輪賦乘不能當中土百一而節鉞冠蓋之使握符秉憲儼然不異
秋水閣墨副　卷之一　一
大邦朝廷又慎柬其選必簡諸名實厖茂者使之夫豈直以備官故則國家綏懷重寄所以奠中外元元不遐遺也古稱夜郎靡莫其民猲獷而好鬬俗又窳瘠無以自濡將削觚權鋒漫不為置羈事彼且目睨其上而横心所之有如斤斤三尺脩中土之理彼又鳥獸駭則有巑岏之峰黝深之穴以廋其群不逞而與官府為難即漢威儀焉用之故知蔡公

《秋水閣墨副》卷一卷端

《秋水閣墨副》十卷，明董光宏撰。明刻本。六册。半葉八行，行十七字，四周雙邊，白口，單黑魚尾。版框高 19.5 厘米，寬 13.7 厘米。卷端題“古鄞董光宏君謨著”。前有黄汝亨序、陳邦瞻序，後有其孫董德錡跋。

董光宏（生卒年不詳），字君謨，浙江鄞縣人。御史董鑰之曾孫。萬曆二十九年（1601）進士，纍仕至南京兵部左侍郎。撰有《秋水閣墨副》《疏草》《廣藥語》《藥語雜録》等。《明詩紀事》庚籤卷二十、《［光緒］鄞縣志》卷三十八有傳。

此集共十卷，無目録，卷一至二叙，卷三傳、志表，卷四記，卷五雜著，卷六祭文，卷七巖居書牘，卷八巖居書牘、四六類，卷九詩類，卷十己酉科河南武試録。

黄汝亨序曰："道之既行，文益以富，所爲《秋水閣副墨》具在，余爲之展誦一過。小言大言，意到筆隨，則千里之駿也；斐亹波瀾，繪藻錯綉，則群玉之府也；研理核事，選義按部，聚成聲鼓成列，則衛尉之師也；有作有止，本末相貫，首尾交應，則常山之勢也。三君子（案：東越三君子，即屠隆、余寅、陶望齡）之所有，君謨殆無所不有，而三君子所乏，君謨若汰砂以煉金，决流以注海，無偏至而有兼長。彼泛濫之詞，一察之智，固不敢望宫墻而執鞭弭矣。"

陳邦瞻序曰："《秋水閣墨副》者，鄞董君謨先生所爲文若詩，而武林黄貞甫父序之以行世，世傳而膾炙之舊矣。一日，君謨自洛中寄示不佞，且并告以述作之微旨，大都在擺落陳言，自運機杼。其所最滿意者如庖丁之論解牛、泰豆之論御馬，而其所不盡然于時，則新豐鷄犬之所識，與楚庭之衣冠抵掌而若生者也。"

董德錡跋曰："每一藝出，無不膾炙人口。楚庭楊先生暨赤水屠先生讀其文，深加嘆賞，後先揚譽，名遂大噪。郡侯蔡公亦且虚席以待，遂相與有成也。自是而獲售南宫，衡文秉鉞，學日益富，文日益工。士大夫得其片紙，不啻卞璧之貴，而先大夫亦未嘗金玉爾音，不屑投贈也，故其著述足可充棟。惜爲兵燹所殃，頗致殘闕。是集所刊聊存什一于千百，然吉光片羽堪窺全豹，使讀是集者若三復離騷，如見其惓惓懇懇之意，祖德之貽未必不藉是俱永也。"

是本第五册（卷七至八）爲抄配，半葉八行，行十七字，無欄格。

刻工：崔聰。

《四庫全書總目》未收。《中國古籍善本書目》（集部九六七〇條）、《中國古籍總目》（集 20211186 條）著録。除天一閣外，北京大學圖書館、天津圖書館、臺北故宫博物院圖書館等機構亦有入藏。

鈐印："鄞林氏藜照廬藏書印"。

（王）

駛雪齋集

明末刻本　善 3627

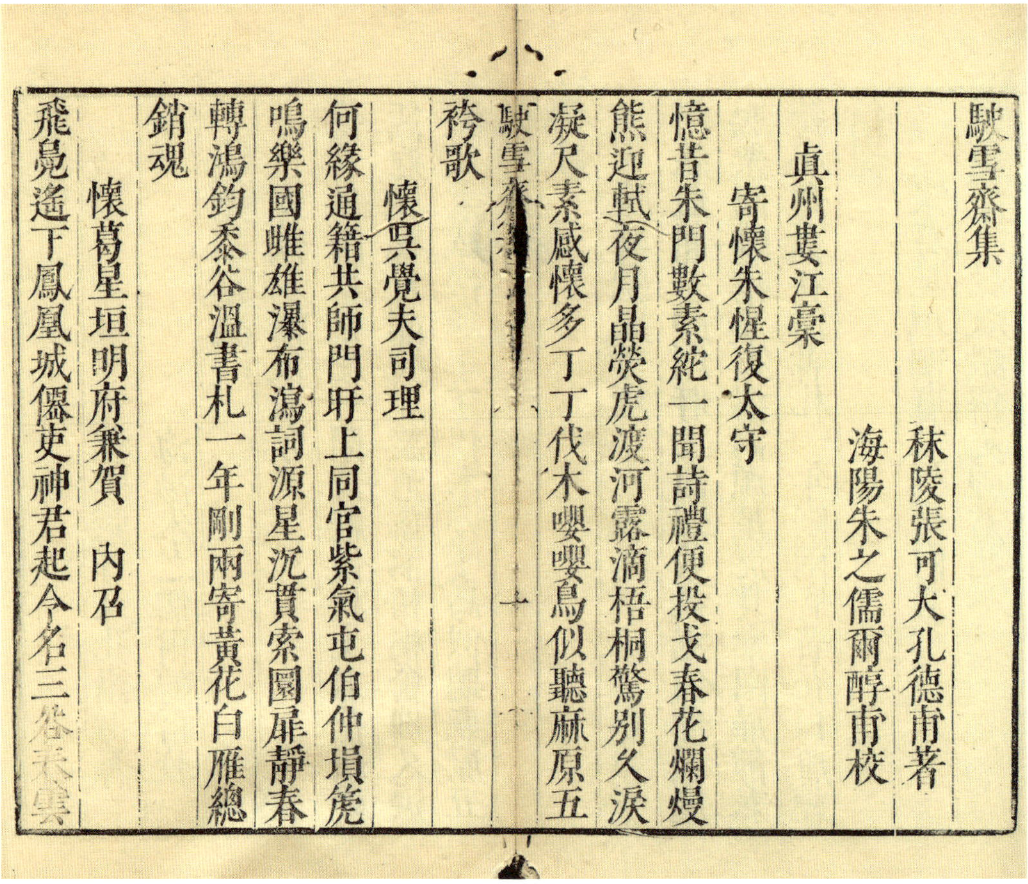
駛雪齋集
秣陵張可大孔德甫著
海陽朱之儒爾醇甫校
真州婁江稾
寄懷朱惺復太守
憶昔朱門數素純一聞詩禮便投戈春花爛熳
熊迎軾夜月晶熒虎渡河露滴梧桐驚別久淚
凝尺素感懷多丁丁伐木嚶嚶鳥似聽麻原五
駛雪齋集　一
袴歌
懷吳覺夫司理
何緣通籍共師門玗上同官紫氣屯伯仲塤篪
鳴樂國雎雄瀑布瀉詞源星沉貫索圜扉靜春
轉鴻鈞黍谷溫書札一年剛兩寄黃花白雁總
銷魂
懷葛星垣明府兼賀　內召
飛舄遙下鳳凰城儤吏神君起今名三[illegible]

《駛雪齋集》卷端

《駛雪齋集》一卷，明張可大撰。明末刻本。一册。半葉八行，行十八字，四周單邊，白口，無魚尾。框高 21.8 厘米，寬 14.6 厘米。卷端題“秣陵張可大孔德甫著，海陽朱之儒爾醇甫校”。

張可大（？—1632），字觀甫，一字孔德，南直隸應天府人。世襲南京羽林左衛千户，登萬曆二十九年（1601）武進士，授建昌守備，天啓初掌南京錦衣衛，後擢都督僉事，簽書南京右府，崇禎初鎮登萊，纍功至右都督、簽書南京左府，四年（1631）孔有德反，次年城陷自縊。謚莊節。撰有《駛雪齋集》《電白集》《南京錦衣衛志》等。《明史》卷二百七十、《［嘉慶］江寧府志》卷三十七有傳。

是書亦題作《真州婁江稿》，收詩七十二首。

《四庫全書總目》未收。《中國古籍善本書目》（集部九七〇五條）著録，誤作"駃雪齋集一卷"。《中國古籍總目》（集 20211191 條）著録，踵襲《善目》之誤，録作"駃雪齋集一卷"。除天一閣外，未見其他機構入藏。

（饒）

珂雪亝集選

明天啓刻本　馮善 2320

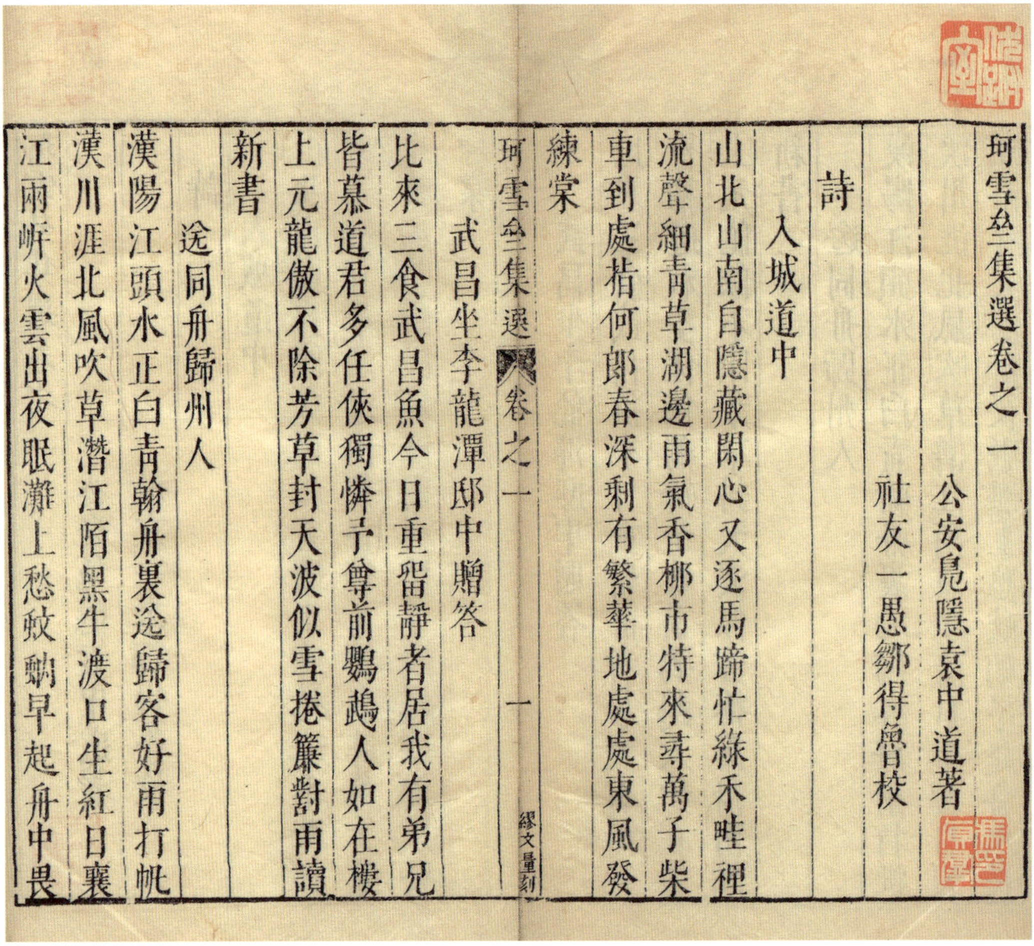
珂雪亝集選卷之一
公安鳧隱袁中道著
社友一愚鄒得魯校
詩
入城道中
山北山南自隱藏閑心又逐馬蹄忙綠禾畦裡
流聲細青草湖邊雨氣香椰市特來尋萬子柴
車到處指何郎春深剩有繁華地處處東風發
練棠
珂雪亝集選　卷之一　一
繆文量刻
武昌坐李龍潭邸中贈答
比來三食武昌魚今日重留靜者居我有弟兄
皆慕道君多任俠獨憐予尊前鸚鵡人如在樓
上元龍傲不除芳草封天波似雪捲簾對雨讀
新書
送同舟歸州人
漢陽江頭水正白青翰舟裏送歸客好雨打帆
漢川涯北風吹草潛江陌黑牛渡口生紅日裏
江雨岍火雲出夜眠灘上愁蚊蚋早起舟中畏

《珂雪亝集選》卷一卷端

《珂雪亝集選》二十四卷，明袁中道撰。明天啓二年（1622）刻本。十二册。半葉九行，行十八字，四周單邊，白口，單黑魚尾。框高 27.0 厘米，寬 16.7 厘米。版心下有刻工。卷一卷端題“公安鳧隱袁中道著，社友一愚鄒得魯校”，其後卷端校閲者不一，卷二卷端題“北袁寧道公遠甫閲”，卷三卷端校閲者已剜去，卷四卷端題“門人尚于江中行校”，卷五卷端題“門人仁甫艾從熙校”，卷六卷端題“門人秉玉吴士章、佩玉吴士珅校”，卷七卷端題“門人希仲孫尚賢校”，卷八卷端題“門人于善黄廷舉閲”，卷九至十二卷端皆題“門人景先翁逢春閲”，卷十三卷端題“門人惟修汪從教閲”，卷十四卷端校閲者已剜作墨丁，卷十五卷端題“門人申之程從伸閲”，卷十六端題“門人君啓朱士泰閲”，等。

袁中道（1570—1623），字小修，一字少修，湖北公安人。萬曆四十四年（1616）進士，纍官南京吏部郎中。工詩文，與兄宗道、宏道齊名，時稱“三袁”，爲明文壇“公安派”領袖之一。撰有《珂雪斋集選》《袁小修小品》《新安集》等。《明史》卷二百八十八有傳（附袁宏道後），《［同治］公安縣志》卷六有傳。

是書凡二十四卷。卷一至七詩，卷八至九序，卷十序、記，卷十一至十四記，卷十五記、傳，卷十六傳、碑、行狀，卷十七行實、銘文、壙記、墓表、告文、祭文，卷十八雜文，卷十九書，卷二十雜文，卷二十一文，卷二十二至二十四書牘。卷二十三卷首誤題作卷二十一。

刻工：繆文量。

《四庫全書總目》未收。《中國古籍善本書目》（集部九九一五條）著録。《中國古籍總目》（集 20211347 條）著録，録作“明天啓二年汪從教等刻本”。除天一閣外，北京大學圖書館、上海圖書館等機構亦有藏。

鈐印：“伏跗室”“馮貞群印”。

（饒）

淮南集

明萬曆刻本　善 3973

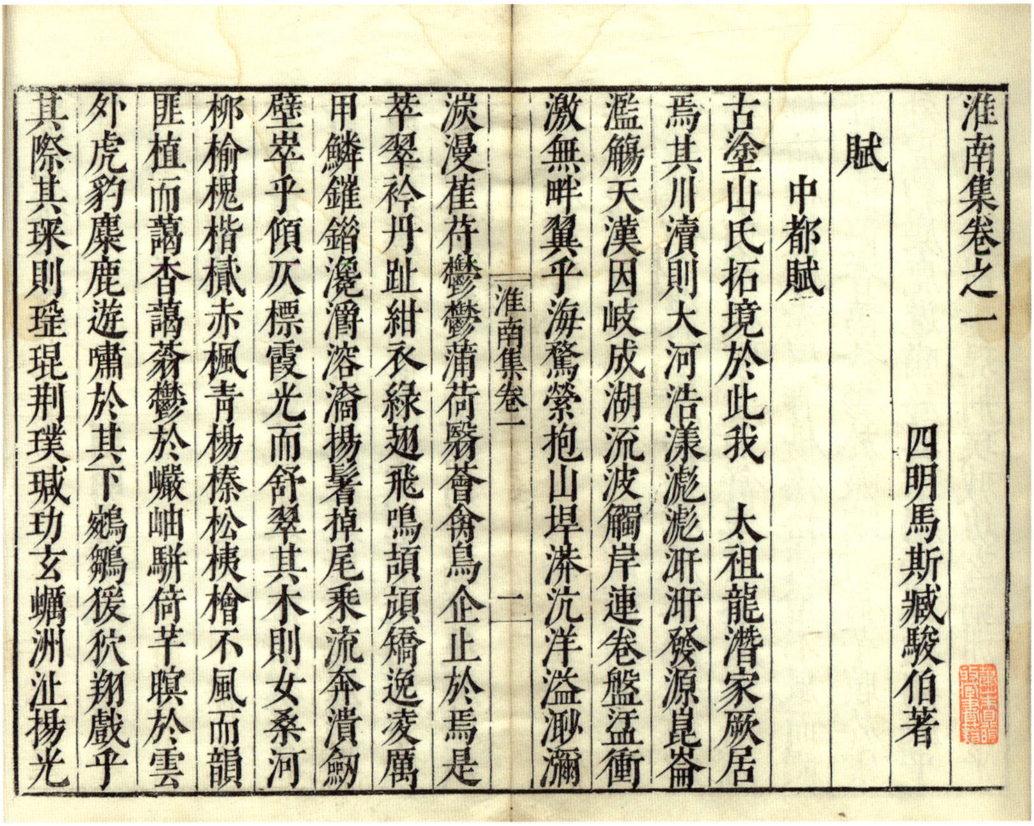
淮南集卷之一
四明馬斯臧駿伯著
賦
中都賦
古塗山氏拓境於此我　太祖龍潛家厥居
焉其川瀆則大河浩漾滮滮淠淠發源崑崙
濫觴天漢因岐成湖流波觸岸連卷盤溢衝
激無畔翼乎海鶩縈抱山埠漭沆洋溢㴔瀰
淮南集卷一　一
淡漫萑苻鬱鬱蒲荷翳薈禽鳥企止於焉是
萃翠衿丹趾紺衣緑翅飛鳴頡頏矯逸夌厲
甲鱗鑵鍇瀺灂溶滴揚鬐掉尾乘流奔潰翕
壁崒乎傾仄標霞光而舒翠其木則女桑河
柳榆槐楷檴赤楓青楊椿松楰檜不風而韻
匪植而藹杳藹蓊鬱於巘岫駢倚芊瞑於雲
外虎豹麋鹿遊嘯於其下鵁鶄猨狖翔戲乎
其際其琛則瑤琨荊璞珹玏玄蠣洲沚揚光

《淮南集》卷一卷端

《淮南集》六卷，明馬斯臧撰。明萬曆四十年（1612）刻本。六册。半葉八行，行十七字，四周單邊，白口，無魚尾。框高 22.1 厘米，寬 15.7 厘米。卷端題“四明馬斯臧駿伯著”。前有萬曆四十年邢侗序。

馬斯臧（生卒年不詳），字駿伯，浙江鄞縣人。先祖爲明代開國功臣，世襲寧波衛指揮。萬曆初爲諸生，屢試不第，襲職都漕。少有才氣，善古文詞，工書法，尤以草行稱佳。撰有《淮南集》《南北兩都賦》《中都賦》等。《［康熙］鄞縣志》卷二十有傳。

是集凡六卷，依文體編次，卷一至三賦十八篇，卷四賦五篇、頌兩篇、贊三篇，卷五詩一百二十八首，卷六詩一百十六首。

《四庫全書總目》未收。《中國古籍善本書目》（集部一〇一四四條）、《中國古籍總目》（集 20211578 條）著録。除天一閣外，未見其他機構入藏。

鈐印："別宥齋""蕭山朱鼎煦收藏書籍"。

（王）

陳太史無夢園初集

明崇禎刻本　善 4025

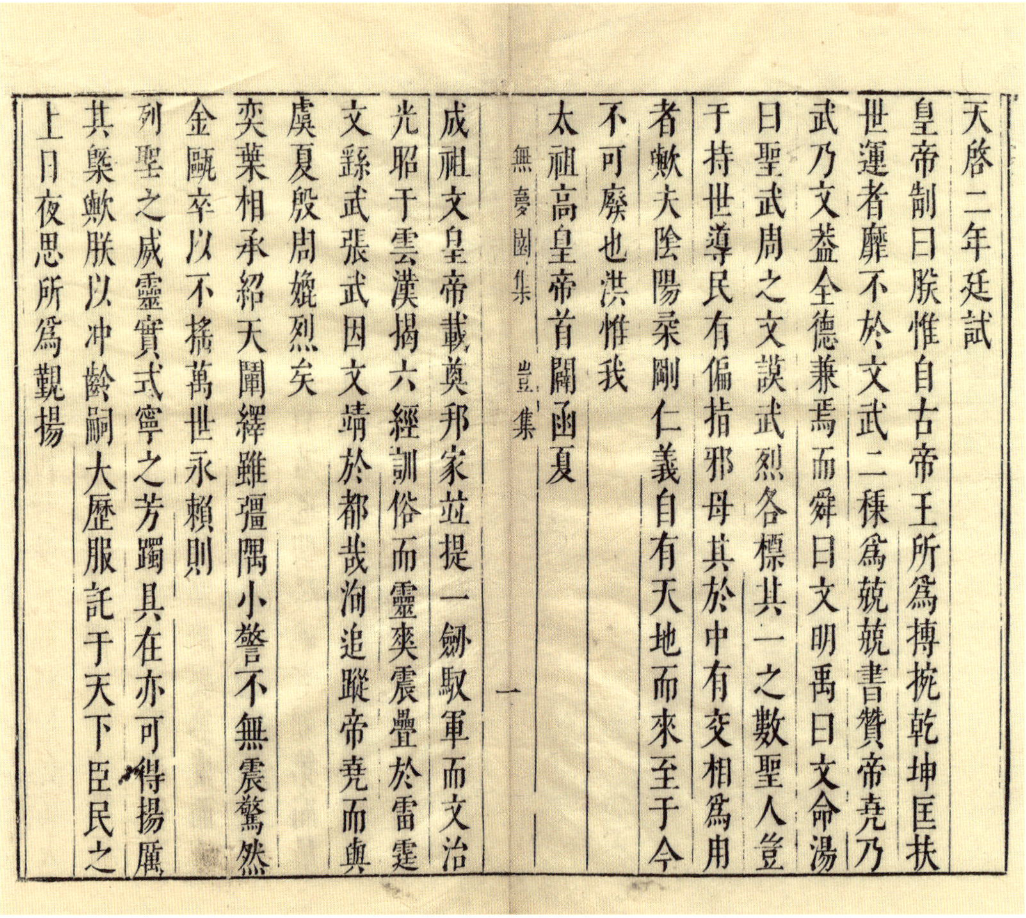

天啓二年廷試
皇帝制曰朕惟自古帝王所爲搏挽乾坤匡扶
世運者靡不於文武二稱爲兢兢書贊帝堯乃
武乃文益全德兼焉而舜曰文明禹曰文命湯
曰聖武周之文謨武烈各標其一之數聖人豈
于持世導民有偏指邪毋其於中有交相爲用
者歟夫陰陽柔剛仁義自有天地而來至于今
不可廢也洪惟我
太祖高皇帝首闢函夏
無夢園集　豈集　一
成祖文皇帝載奠邦家並提一劍馭軍而文治
光昭于雲漢揭六經訓俗而靈爽震疊於雷霆
文繇武張武因文靖於都哉洵追蹤帝堯而與
虞夏殷周媲烈矣
奕葉相承紹天闡繹雖疆隅小警不無震驚然
金甌卒以不搖萬世永賴則
列聖之威靈實式寧之芳躅具在亦可得揚厲
其槩歟朕以冲齡嗣大歷服託于天下臣民之
上日夜思所爲覲揚

《陳太史無夢園初集·豈集》卷端

《陳太史無夢園初集》三十四卷，明陳仁錫撰。明崇禎六年（1633）張一鳴刻本。四十册。半葉九行，行十八字，左右雙邊，白口，無魚尾。框高 22.3 厘米，寬 14.0 厘米。卷一卷端題“古吴陳仁錫明卿父著”。前有崇禎六年陳仁錫自序、澹退居士徵文自引。

陳仁錫（1581—1636），字明卿，號芝臺，又號澹退居士，南直隸長洲人。天啓二年（1622）進士，授翰林院編修，典誥敕，以拒爲魏忠賢草賞爵詔得罪，削籍歸。崇禎初復起，纍遷南京國子監祭酒，甫拜命，得疾卒，謚文莊。撰有《陳太史無夢園初集》《四書備考》《經濟八編類纂》《皇明世法録》等。《罪惟録》列傳卷十八、《［乾隆］長洲縣志》卷二十四有傳。

是集刊行于陳仁錫卒後三年，爲其一生詩文、疏牘之薈萃。仁錫嘗得文徵明硯，硯有銘云："良宵恐無夢，有夢即同游。"又嘗得詩曰："家臨葑水絶塵喧，常住蕭蕭無夢園；怪底出門太多事，夢梅夢竹夢分蓮。"因以"無夢園"名集。目次按杜甫《賓至》詩"豈有文章驚海内，漫勞車馬駐江干"句編列，一字一集，凡十四集。卷首總目標示各集收文主旨，蓋《豈集》一卷，載大廷對策之文；《有集》一卷，載講筵入告之文；《文集》一卷，載主考進呈之文；《章集》一卷，載制科應試之文；《驚集》一卷，載草莽臣恭謁定陵慶陵、登第、直講、除名、策蹇之文并附詩；《海集》三卷，載扈從郊祀、幸學、陪祭太廟、宣詔出關、持節入洛之文并附詩；《内集》二卷，載成均解經之文；《漫集》二卷，載輶軒采訪之文；《勞集》四卷，載咨詢、酬對之文；《車集》三卷，載情事揣摩之文；《馬集》四卷，載叙述今古之文；《駐集》四卷，載編纂雜紀之文；《江集》三卷，載游覽探奇之文；《干集》四卷，載山水紀迹之文。

卷首陳仁錫自序佚去六葉，僅存落款。其《徵文自引》則云："海内徵文于吴門，濫及予者間亦不少，然隨構隨發，别無副本，更苦記憶。初集多出友人覓寄，而至者甚少，伏懇續發。他如游客假序以自媒，賈客僞書而滋蔓，不在此集，其贋明矣。"

《四庫全書總目》未收。《中國古籍善本書目》（集部一〇二四一條）、《中國古籍總目》（集 20211594 條）著録。除天一閣外，中國國家圖書館、中國科學院文獻情報中心、天津圖書館、山東省圖書館、南京圖書館等多家機構亦有入藏。另據《中國古籍總目》（集 20211593 條）著録，上海圖書館藏有崇禎六年張一鳴刻本"陳太史無夢園初集十四集三十四卷遺集八卷家乘一卷小品二卷”一種，疑是將此集與崇禎八年（1635）古吴陳禮錫、陳智錫刻本“無夢園遺集八卷附家乘一卷小品二卷”合并著録所致，實非一書。臺北“中央研究院”傅斯年圖書館另藏有“陳太史無夢園初集不分卷”抄本一種。天一閣另有殘本一種，僅存兩卷，爲《勞集》卷一至二。

（屠）

陳太史無夢園初集

明崇禎刻本　善 4026

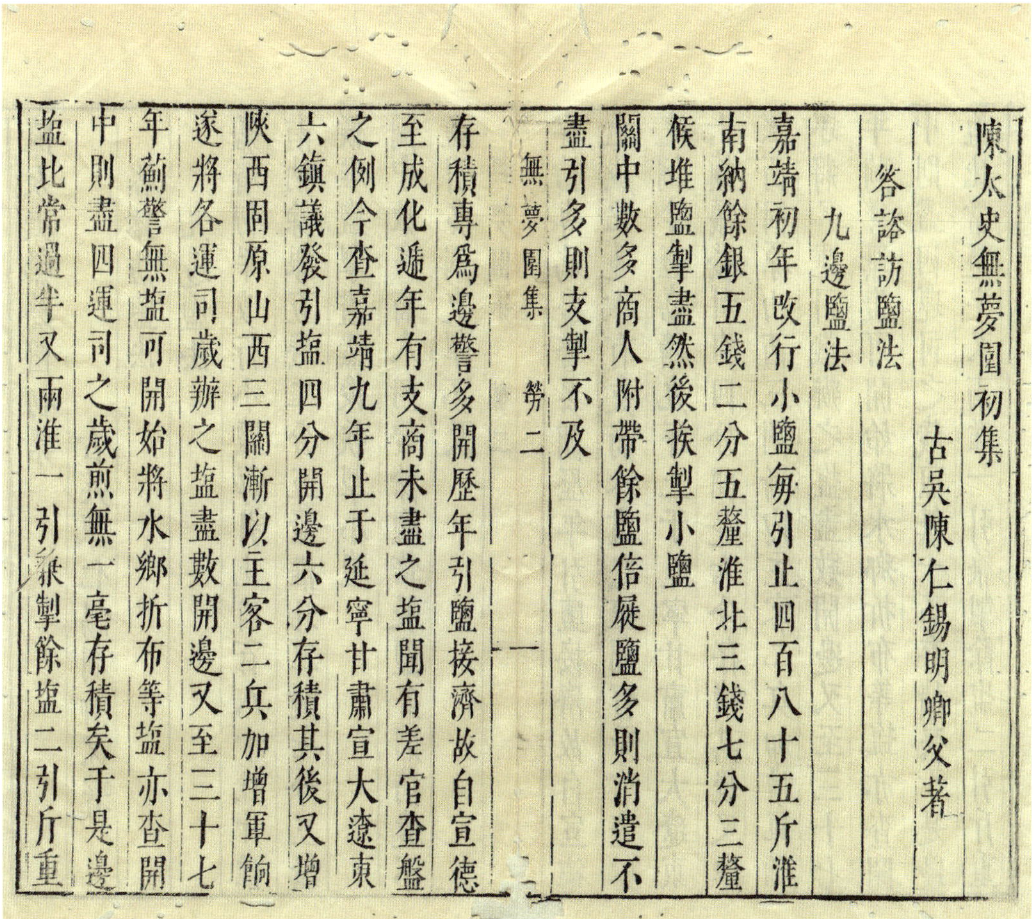
陳太史無夢園初集　古吳陳仁錫明卿父著
答諮訪鹽法
九邊鹽法
嘉靖初年改行小鹽每引止四百八十五斤淮
南納餘銀五錢二分五釐淮北三錢七分三釐
候堆鹽掣盡然後挨掣小鹽
關中數多商人附帶餘鹽倍屣鹽多則消遣不
盡引多則支掣不及
無夢園集　勞二　一
存積專爲邊警多開歷年引鹽接濟故自宣德
至成化遞年有支商未盡之塩間有差官査盤
之例今査嘉靖九年止于延寧甘肅宣大遼東
六鎮議發引塩四分開邊六分存積其後又增
陝西固原山西三關漸以主客二兵加增軍餉
遂將各運司歲辦之塩盡數開邊又至三十七
年薊警無塩可開始將水鄉折布等塩亦査開
中則盡四運司之歲煎無一毫存積矣于是邊
塩比常過半又兩淮一引兼掣餘塩二引斤重

《陳太史無夢園初集·勞集》卷二卷端

《陳太史無夢園初集》三十四卷，明陳仁錫撰。明崇禎六年（1633）張一鳴刻本。一册。半葉九行，行十八字，左右雙邊，白口，無魚尾。框高 22.3 厘米，寬 14.0 厘米。《勞集》卷二卷端題“古吳陳仁錫明卿父著”。

此本殘存《勞集》卷一至二，卷一葉三之前、卷二葉三十六之後皆已逸去。

《勞集》所收，皆講求經濟之文，大抵卷一論錢糧賦役，卷二論九邊、兩淮等各處鹽政。所論皆有實指，于明季弊政頗有揭批。如卷一《賦役紀聞》論輸納弊政云："此中錢糧往往征過半年，而會計尚未頒發，此其積弊相仍。皆謂本年會計未定，姑照上年以約征二字，延至會計至時，小民輸納已及大半，將有減則未沾實惠，增則倍加重科者。"卷二論《兩淮鹽政》則曰："鹽政之壞，人皆謂壞于改折，而不知壞于掣鹽之官與小販之商。掣鹽之官非得賄若干不掣，小販之商利其不掣也，而任意長價……鹽何緣騰涌至此？皆因延捱不掣。引商困于積久，則赴邊者少，竈丁苦于無資，則私售者多，以致私鹽行，則官鹽益滯，朝廷不得鹽利之入，小民不得食鹽之惠。"蓋其于經濟留意既久，實有見地，非僅如一般文人之空談泛論也。

《四庫全書總目》未收。《中國古籍善本書目》（集部一〇二四一條）、《中國古籍總目》（集 20211594 條）著録。

（屠）

天傭子文集、續集

明崇禎刻本　善 4048

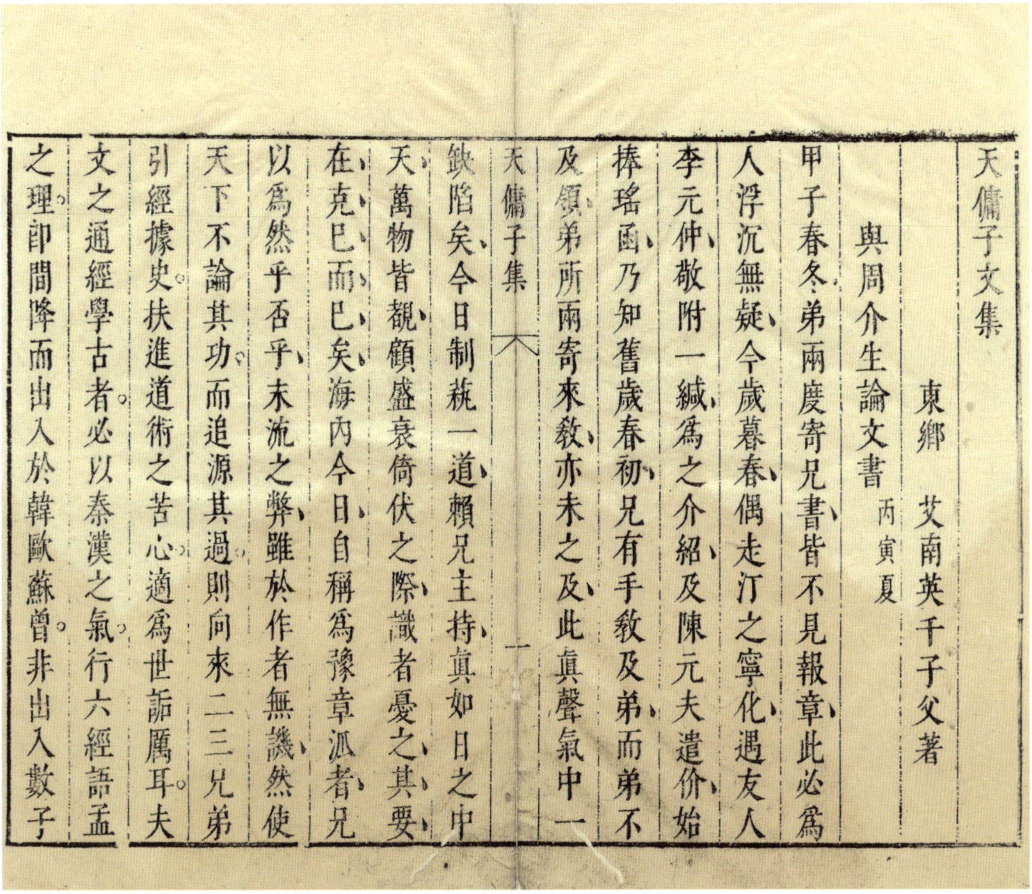
天傭子文集

東鄉　艾南英千子父著

與周介生論文書 丙寅夏

甲子春冬弟兩度寄兄書皆不見報章此必爲人浮沉無疑今歲暮春偶走汀之寧化遇友人李元仲敬附一緘爲之介紹及陳元夫遣价始捧瑶函乃知舊歲春初兄有手教及弟而弟不及領弟所兩寄來教亦未之及此眞聲氣中一

天傭子集　一

缺陷矣今日制藝一道賴兄主持眞如日之中天萬物皆覩顧盛衰倚伏之際識者憂之其要在克己而已矣海内今日自稱爲豫章派者兄以爲然乎否乎末流之弊雖於作者無譏然使天下不論其功而追源其過則向來二三兄弟引經據史扶進道術之苦心適爲世詬厲耳夫文之通經學古者必以秦漢之氣行六經語孟之理即間降而出入於韓歐蘇曾非出入數子

《天傭子文集》卷端

《天傭子文集》一卷《續集》一卷，明艾南英撰。明崇禎刻本。六册。半葉八行，行十八字，四周單邊，白口，單白魚尾。框高 19.4 厘米，寬 13.8 厘米。《文集》卷端題“東鄉艾南英千子父著”。

艾南英（1583—1646），字千子，又字千之，號天傭子，江西東鄉人。

天啓四年（1624）舉人，以對策譏刺魏忠賢，停三科。崇禎元年（1628）詔許會試，卒不第。弘光朝敗亡，入閩陳十可憂疏，得授兵部主事，尋改御史，未幾卒。早年即負才名，萬曆末年疾場屋文腐爛，與同郡章世純、羅萬藻、陳際泰相約興起斯文，刻四人所作行世，以是文名大興，號爲一代文宗。爲人負氣凌物，爲人所憚，與錢謙益排詆王世貞、李攀龍文風不遺餘力。撰有《天傭子文集》《禹貢圖注》等。《明史》卷二百八十八、《［同治］東鄉縣志》卷十三有傳。

是書凡二卷：《文集》一卷，爲艾氏萬曆末年至崇禎初年間所撰文章之匯編，多爲與友人論文事；《續集》一卷，爲崇禎五年（1632）六月至七月間臨川遇流寇襲擾，艾氏上書地方建言禦寇之文字。卷首有目無序。卷内每篇題下大多自注撰述時地。《文集》收文五十二篇，始于萬曆四十七年（1619），終于崇禎二年（1629）。《續集》無卷端題名，惟在版心鎸"續"及葉次以别次第，收文五篇，始于崇禎三年（1630），終于崇禎五年，其中葉三十三《流賊至樂安上蔡太尊書》首葉已佚去。

艾氏文名極盛，其文集生前身後編輯、刊刻甚夥。今傳世者除是本外，《中國古籍善本書目》尚著録有清康熙王居安刻本"新刻天傭子全集六卷"（集部一〇三五〇條）、清康熙三十八年（1699）艾爲珖刻本"新刻天傭子全集十卷"（集部一〇三五一條）、清康熙三十四年（1695）張符驤評并刻之"天傭子集二十卷首一卷末一卷"（集部一〇三五四條）、清郢雪書林刻本"艾天傭集七卷"（集部一〇三五五條）及清抄本"天傭子集不分卷"（集部一〇三五六條）等。《中國古籍總目》另著録有清康熙二年（1663）海陵張氏淳如堂刻本"天傭子集二十卷首一卷末一卷"，清乾隆十五年（1750）艾氏九儀堂刻本"天傭子集八卷"、清康熙刻江西五家稿本"艾千子先生全稿七卷"等。

是集文字偶涉遼事，如《續集》之《上提學陳公祖書》有"自有奴難以來""奴志剽擄凶殘耳，非有阿骨打、鐵本真[1]之勁略，其臣亦非兀朮、撒離喝之儔"

[1] 按：鐵本真，原書如此，當爲"鐵木真"之誤。

云云，故入清後嘗遭禁毁。此本編于艾氏生前，刻于明季，未經後人塗乙，不避清諱，能見其文真貌，亦足珍貴。

《四庫全書總目》未收。《中國古籍善本書目》（集部一〇三四九條）、《中國古籍總目》（集 20211627 條）著録。除天一閣外，上海圖書館亦有入藏。

鈐印："移我情"。

（屠）

隨鷗草

明末刻本　善 3991

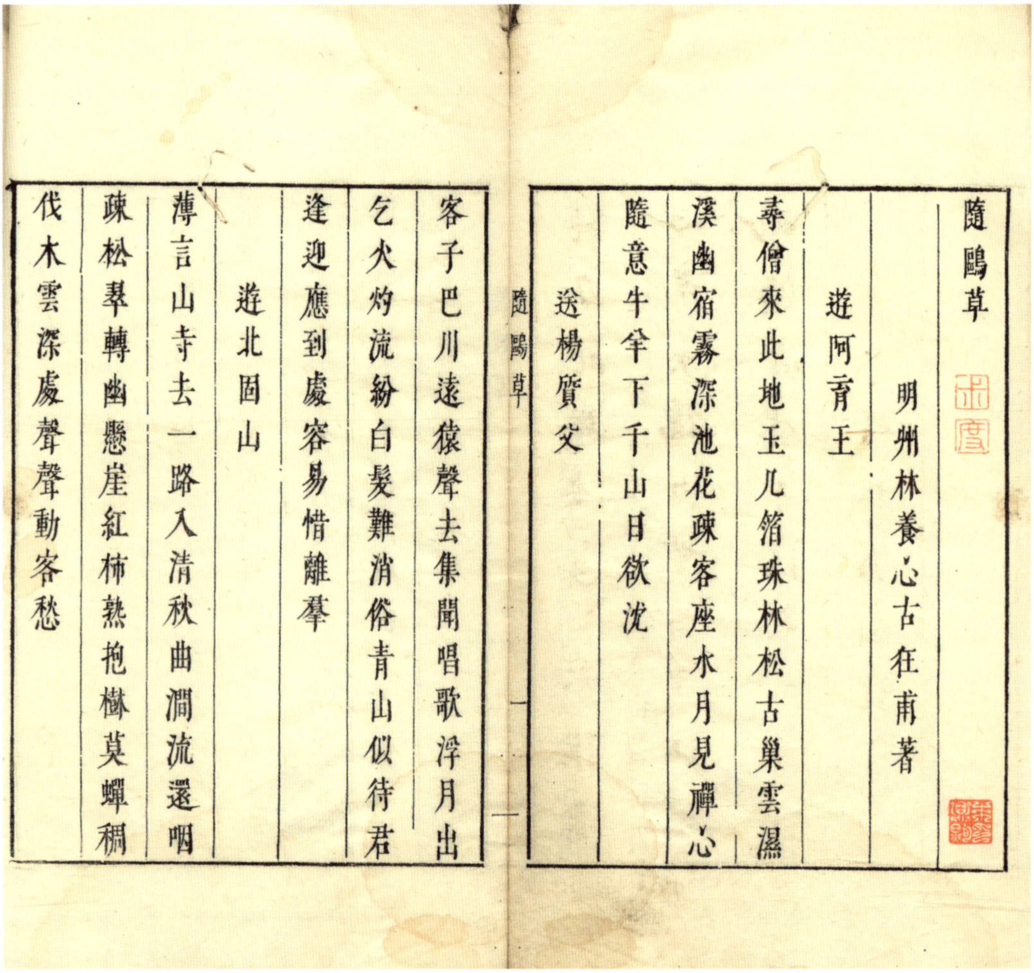
隨鷗草
明州林養心古狂甫著
遊阿育王
尋僧來此地玉几箔珠林松古巢雲濕
溪幽宿霧深池花疎客座水月見禪心
隨意牛羊下千山日欲沈
送楊質父
隨鷗草　一
客子巴川遠猿聲去集聞唱歌浮月出
乞火灼流紛白髮難消俗青山似待君
逢迎應到處容易惜離羣
遊北固山
薄言山寺去一路入清秋曲澗流還咽
疎松聳轉幽懸崖紅柿熟抱樹莫蟬稠
伐木雲深處聲聲動客愁

《隨鷗草》卷端

《隨鷗草》一卷，明林養心撰。明末刻本。一册。半葉七行，行十五字。四周單邊，白口，無魚尾。框高 17.7 厘米，寬 12.3 厘米。卷端題“明州林養心古狂甫著”。前有聞龍序。

林養心（生卒年不詳），字古狂，浙江鄞縣人。萬曆間諸生，列名萬曆四十七年（1619）《鄞縣重修儒學碑》，事迹不彰。撰有《隨鷗草》。

是編前無目次，存二十四葉，録詩七十四首，多爲酬唱、紀游之作。有《寄薛千仞》《送千仞南游》《送米仲詔使君被放游楚》《送米子京》等，可知其與薛千仞、米萬鍾等相善。又有《泊潤州城》《歸舟懷金陵諸好》等詩，知其足迹所及，多在江浙。集中亦間及時事，頗可見其時江南士人感時憂世之思。有《■警》詩，■字爲入清後藏者墨筆塗去，當爲“虜”“奴”或“寇”之類字眼，其中有“遼陽仍報急，聞罷益凄神。燕雀成當日，熊羆問若人”等句。又《牢落不偶江頭晚望有傷時事四韵志感》有“連天烽火無朝夕，滿地誅求少是非。世事到今真莫挽，書生有泪不禁揮”等句。

卷首序署“天放翁聞龍”，今僅存末葉，餘已逸去。中有云：“讀斯刻清才逸韵，自足鼓吹詞壇，願力砥頹波，還之大雅。”

《四庫全書總目》未收。《中國古籍善本書目》（集部一〇〇五九條）、《中國古籍總目》（集 20211787 條）著録。除天一閣外，未見其他機構入藏。

鈐印：“叔度”“朱鼎煦印”。

（屠）

和簫集

明萬曆刻本　善 4047

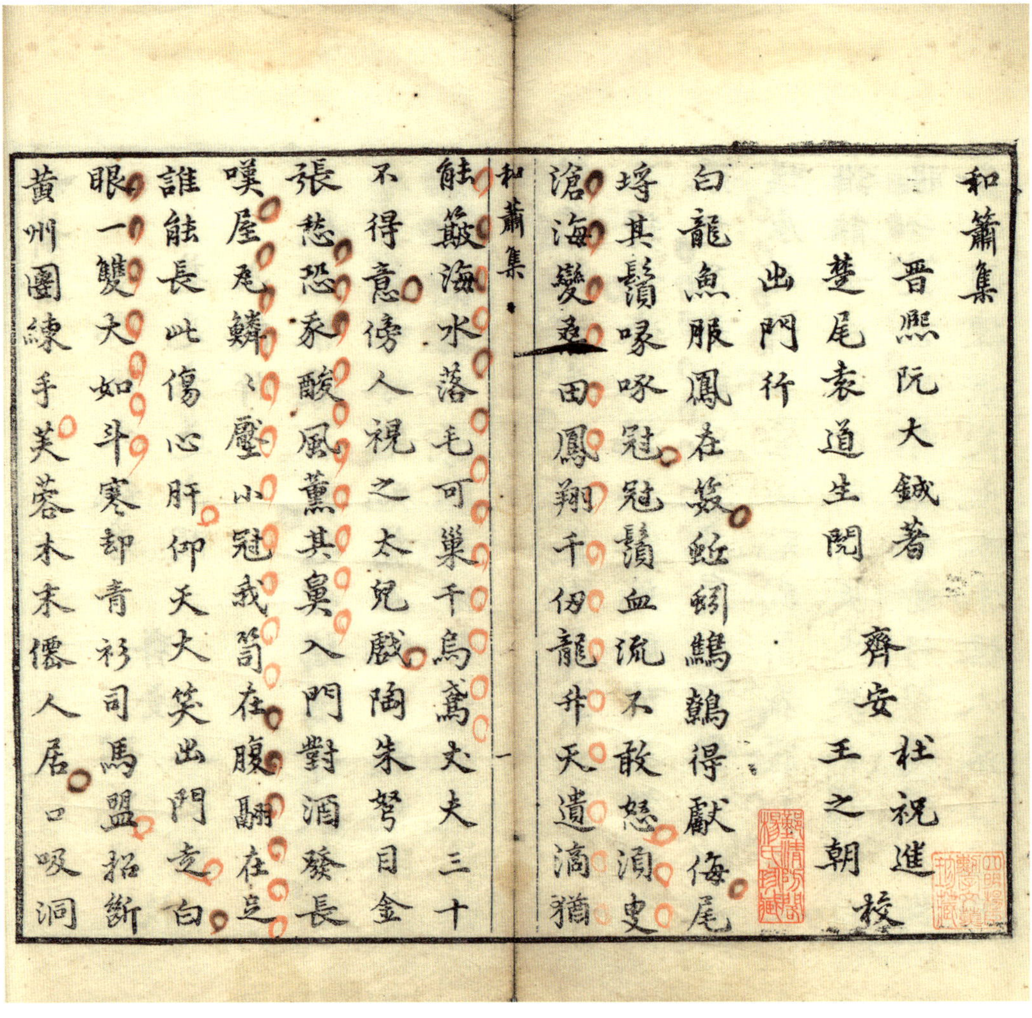
和簫集
晉熙阮大鋮著
楚尾袁道生閲
齊安杜祝進
王之朝 校
出門行
白龍魚服鳳在篋蚯蚓鷦鷯得獻侮尾
埒其鬚喙啄冠冠鬚血流不敢怒須臾
滄海變爲田鳳翔千仞龍升天遺滴猶
鮭[illegible]海水落毛可巢千烏鳶丈夫三十
不得意傍人視之太兒戲陶朱弩目金
張愁恐豕酸風薰其鼻入門對酒發長
嘆屋尾鱗〻壓小冠我罰在腹翻在足
誰鮭長此傷心肝仰天大笑出門去白
眼一雙大如斗寒卻青衫司馬盟貂銜
黄州圍練手芙蓉木末儒人居口吸洞

《和簫集》卷端

《和簫集》不分卷，明阮大鋮撰。明萬曆刻本。一册。半葉七行，行十五字，四周單邊，無界行，白口，無魚尾。框高 20.8 厘米，寬 13.1 厘米。卷端題“晉熙阮大鋮著，楚尾袁道生閲，齊安杜祝進、王之朝校”。前有萬曆四十二年（1614）

袁道生序、魏之璞小引，後有王之朝小引。

阮大鋮（1587—1646），字集之，號圓海、石巢，又號百子山樵，南直隸懷寧人。萬曆四十四年（1616）進士。天啓初擢給事中，丁憂歸，與同邑左光斗等交好。天啓四年（1624）起復，因補吏科都給事中爲趙南星、高攀龍、楊漣等所阻，遂失和。自是黨附魏忠賢，與東林爲仇。魏忠賢敗，遭東林黨人劾罷，入逆案，贖爲民，終崇禎朝廢斥不起。南明弘光時，以附馬士英起爲兵部添注右侍郎，纍遷兵部尚書兼右副都御史。後降清，從大軍攻仙霞關而死。阮氏少負才名，詩文俱佳，尤善詞曲，著有傳奇十餘種，另撰有《和簫集》《永懷堂集》等。《明史》卷三百八、《罪惟録》列傳卷三十二有傳。

此集所收皆阮大鋮游覽楚地時吟咏酬唱之作，尤以與黄州諸友唱和居多。計雜收各體詩一百八首，大率以時間爲次。夾行朱筆圈點頗多。

袁道生序云："予于阮生無所贊嘆稱述，蓋不以色見之，不以聲名求之。予于阮生别有合焉……使顧虎頭之痴與詩畫俱絶，則阮生之奇，乃出予之思。"

魏之璞序云："集之來，向字東坡，遂亦投分及我……乃秋風高矣，鱸膾牽人，爲歡幾何，客子且去。此數十日生活，自坡老外，誰則知者？雖然，和簫之什具在，請集之鎸之而去。其間雄章快筆，叠翠編珠，定當不朽，則予與集之固俱是千載人。"

王之朝小引云："乃集之來楚澤，過臨皋，日相與抽毫振藻，刻韵分題，數十日間遂已成集。嗟乎，奚啻倚而和之矣！詩自歌行、五七言、近體，無不清雄奔放，名章俊語，擬諸古則長吉之怪，元禎之潔，李、王之豪，出入同异，各臻妙境。而爲人復風流宕跌，鑑朗神澄，蓋翩翩兩晋間，非復世法中人物也。"

《四庫全書總目》未收。《中國古籍善本書目》（集部九八八五條）、《中國古籍總目》（集 20211815 條）著録。除天一閣外，未見其他機構入藏。

鈐印："四明楊臣勛字文蕉珍藏""清防閣""容士古稀""鄞清防閣楊氏珍藏""容士""楊道寬印"。

（屠）

小寒山子集

明崇禎刻本　善 4050

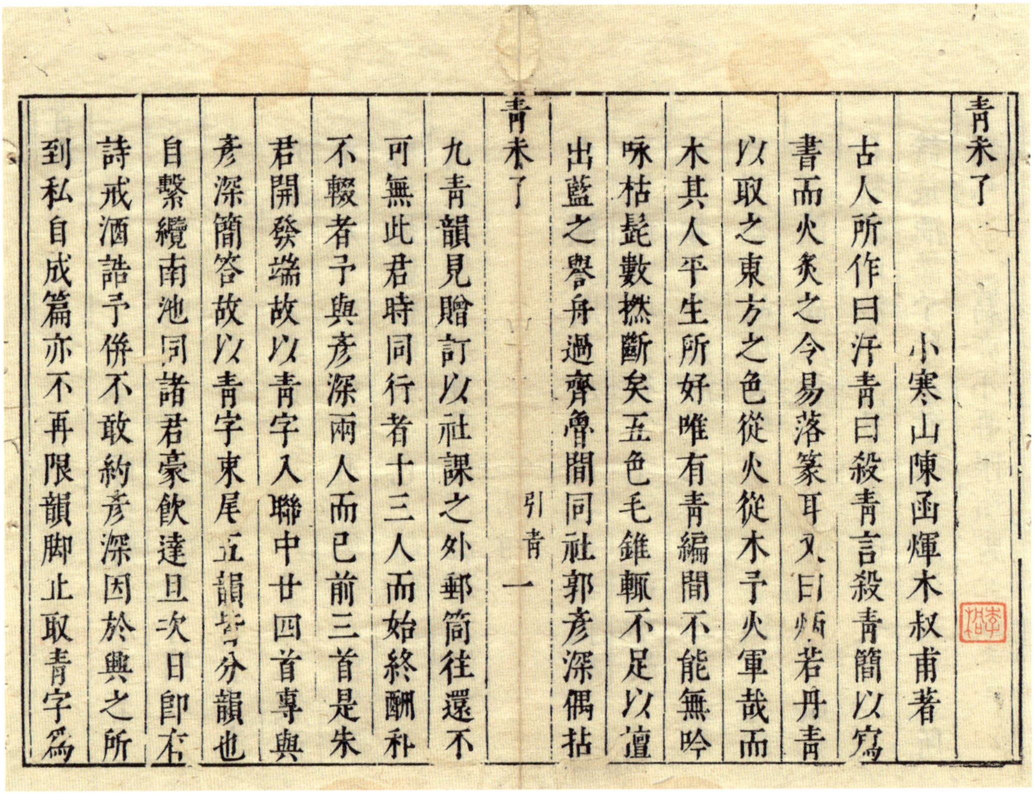

青未了

小寒山陳函煇木叔甫著

古人所作曰汗青曰殺青言殺青簡以寫

書而火炙之令易落篆耳又曰炘若丹青

以取之東方之色從火從木予火軍哉而

木其人平生所好唯有青編間不能無吟

咏枯髭數撚斷矣五色毛錐輒不足以遣

出藍之譽舟過齊魯間同社郭彥深偶拈

青未了　引青　一

九青韻見贈訂以社課之外郵筒往還不

可無此君時同行者十三人而始終酬和

不輟者予與彥深兩人而已前三首是朱

君開發端故以青字入聯中廿四首專與

彥深簡答故以青字束尾五韻皆分韻也

自繫纜南池同諸君豪飲達旦次日即有

詩戒酒語予併不敢約彥深因於興之所

到私自成篇亦不再限韻脚止取青字爲

《小寒山子集》卷四卷端

《小寒山子集》十四卷，明陳函煇撰。明崇禎刻本。一册。半葉八行，行十七字，左右雙邊，白口，無魚尾。框高 22.7 厘米，寬 15.3 厘米。目録及《青未了》卷端皆題“小寒山陳函煇木叔甫纂”。前有黄光若序，目録後有崇禎七年（1634）陳函煇自序詩。

陳函煇（1590—1646），原名煒，字木叔，又字木椒，號寒山，浙江臨海人。崇禎七年進士，授靖江知縣，爲御史左光先劾罷。北都陷，倡義勤王，後歸魯王，擢升爲禮部右侍郎。從王航海，已而相失，哭入雲峰山，作絶命詞十章，投水死，一説自經于雲峰山寺。撰有《小寒山子集》《選刻小寒山詩集》《選寒枝集》《寒山詩合選》等。《明史》卷二百七十六有傳（附余煌後），《海東逸史》卷五、《［康熙］臨海縣志》卷七有傳。

是集全十四卷，今僅殘剩一卷，題“青未了”。卷首目録總題《九青百韵》，然卷内所收實不止此數。集分小類，每類下自有類序。卷端有小序《引青》，述此卷收詩宗旨。其下《初青》詩三首、《韵青詩》二十四首、《池青》詩十五首、《寓青》詩十首、《燕青》詩十五首、《榜青》詩二十五首、《還青》詩四十首，又附黄若木唱和詩兩首，計一百三十四首。另有《餘青》若干首，已佚，未知確數。集中所録，皆陳氏崇禎六年（1633）赴京應春闈及崇禎七年登第還鄉前後與友人酬唱吟咏之作。據中國國家圖書館所藏全本，可知《青未了》爲《小寒山子集》之第四卷，其餘各卷依次爲：卷一《客椒自删》，卷二《客椒再删》，卷三《山椒戲筆》，卷五《客還草》，卷六《瞿存》，卷七《題紅》，卷八《年評社集》，卷九《率豆社集》，卷十《家山游》，卷十一《香奩限韵》，卷十二《删社和草》，卷十三至十四《客心草》。

黄光若序云：“杜少陵少年詩即有‘齊魯青未了’之句，繇今玩味此言，即謂少陵至今在可耳。吾友小寒山子欲以青之一字，遥締泰山丈人。今即百餘首乎？余知山靈之不以青竭子也。赤城松柏，可移作日觀五大夫，青有了乎？其亦問諸少陵吾師乎？又不必沾沾錢仲文故事矣。”

陳函煇自序詩題作《九青分韵詩予自入都至南還已百餘首矣懶于再作序并題百韵紀之》，云：“憶昔途多阮，相看泪每邢。聯檣盟志業，作客嘆伶仃。既涉淮南渡，偕來濟北亭。”又云：“霰集初馳檄，冰堅已凍舲。其時修半刺，竟往謁居停。小邑傾高蓋，疏林息倦翎。頗多賢達士，欣接往來軿。”又云：“予省沾恩詔，辭歸戀掖庭。遥瞻雲舍彩，漸杳璧墀玎。七夕離燕邸，雙星渡鵲軨。”又有“作椽輸三語，評棋賞九齡。天顔違玉陛，日影憶花瓴。近報驚烽燧，沿邊犯犬纛”等句。

陳氏于小序《引青》中釋此集宗旨，云：“舟過齊魯間，同社郭彦深偶拈九青韵見贈，訂以社課之外，郵筒往還，不可無此君。時同行者十三人，而始終酬和不輟者，予與彦深兩人而已。前三首是朱君開發端，故以青字入聯中。廿四首專與彦深簡答，故以青字束尾。五韵皆分韵也。自繫纜南池，同諸君豪飲達旦，次日即有詩戒酒誥。予并不敢約彦深，因于興之所到，私自成篇，亦不再限韵脚，止取青字爲篇首，以不忘江上數峰青之意云爾。其籤名曰‘青未了’，取之子美《望岳》，亦以予適行魯道中，知此生幾賦‘青青河畔草’也。”

陳函煇詩文明末迭經編輯刊刻，流傳較廣，然入清後遭禁毀，入《四庫禁毀書目》，故傳世者皆流傳不廣。《小寒山子集》今有《四庫禁毀書叢刊》本，據中國國家圖書館藏全本影印，較爲通行。

《四庫全書總目》未收。《中國古籍善本書目》（集部一〇五二六條）、《中國古籍總目》（集 20211845 條）著録。除天一閣外，中國國家圖書館亦有入藏。

鈐印：“一字得禍”“香句賞心”“李桐”“朱别宥收藏記”。

（屠）

期期草

明崇禎刻本　善 4043

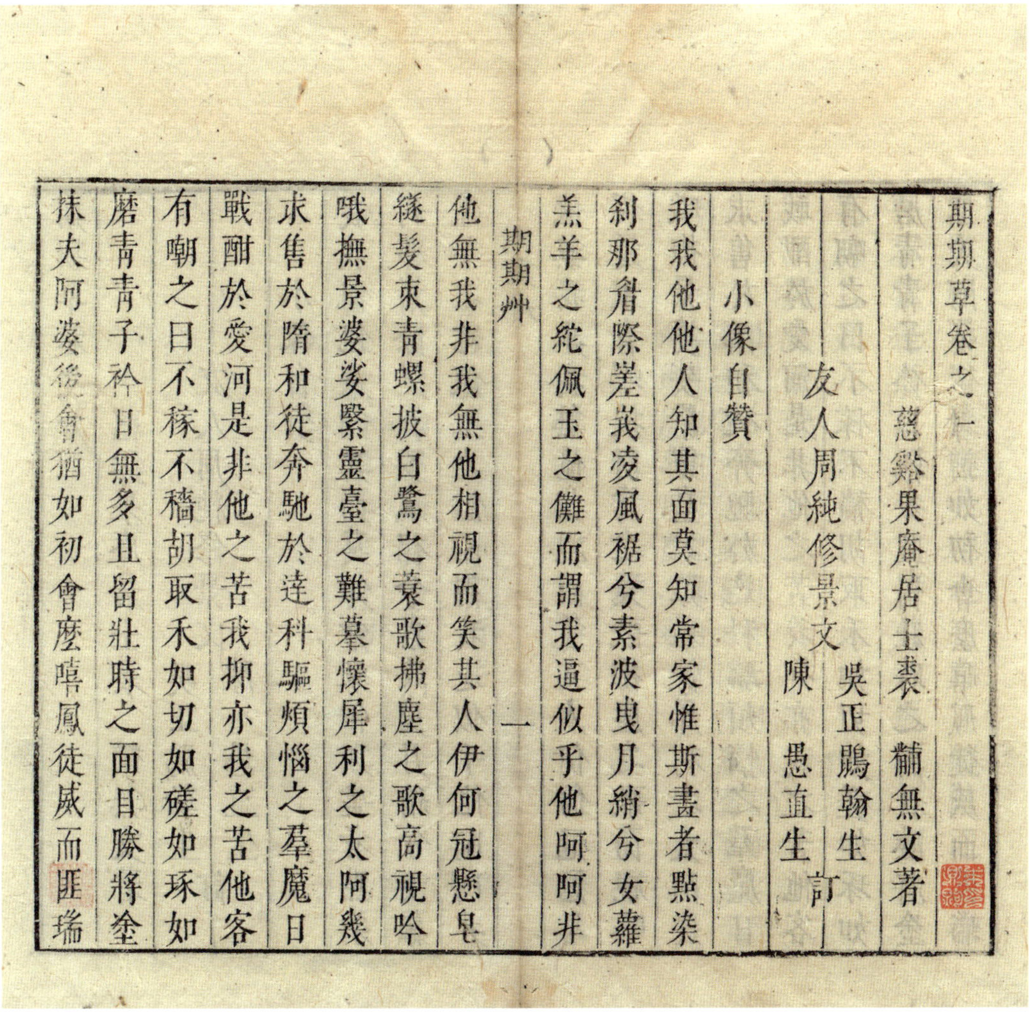

《期期草》卷一卷端

《期期草》四卷，明裘黼撰。明崇禎刻本。一册。半葉八行，行十八字，四周單邊，白口，無魚尾。框高 27.3 厘米，寬 12.4 厘米。卷一卷端題“慈溪果庵居士裘黼無文著，友人周純修景文、吴正鷴翰生、陳愚直生訂”。前有陳繼儒題詞、董其昌序、仇維禎序及崇禎三年（1630）裘黼自序。

裘黼（生卒年不詳），字無文，一字五雲，號果庵，浙江慈溪人。幼年從其父出仕廣東欽州，遂寄籍。後歸里，屢試不第，游歷京師、湖湘、川蜀等地，見知于當代名公大臣。後以恩貢入仕，曾奉命出使靖藩。擅詩能文，尤以詩爲時人所推重。撰有《期期草》《珠官草》《錦官草》《清歗集》等。生平具見是集卷首仇維禎序。《［光緒］慈溪縣志》卷四十七著録其著作。

集以“期期”爲名，其自序釋之曰：“顔之曰期期者，自□如漢廷柱史，忠憤勃塞，充盈天地，止期期數語盡之矣。嘻，詩之難言，豈亦自知其不可，抑亦尚有所期焉。”

是集凡四卷，所收皆爲詩，諸題雜陳，似按吟咏時間編次。據卷首目録，卷一收三十七首，卷二收五十六首，卷三收六十首，卷四收四十八首，計二百一首。此本僅存卷一至二，卷三至四已佚去。

陳繼儒題詞云：“客有從都門來者，惠予《箴身》一編。披閲未竟，而想見其玄衷，恍對古人，既知有裘果庵矣。嗣把吴大司成手，示以北雍課萩，爲長松，爲利錐，似亦無出其右者……間得歌詩而訂之，練古超今，無鄰絶配，至渾金璞玉處，端是盛唐時第一流品。”

董其昌序云：“合觀三作，則無文之調諧金石，思出風雲，無庸贅矣。而湖海豪氣，正如杜牧之所謂‘罔有顧忌，知無不言’者。予始以無文爲夢中索筆人，而今惟恐其不屑受焉。”

仇維禎序云：“其著作甚廣，在粤曰《珠官草》，在蜀曰《錦官草》。兹《期期草》，偶指存笥者耳。總之，詩不足以盡果庵才，《期期草》不足以盡果庵詩也。”

外封有朱鼎煦題記，云：“果庵集，即期期草，慈溪裘黼著，崇禎刊本，四卷，蕭山朱氏別宥齋藏。”卷内葉眉偶有佚名批點。

《四庫全書總目》未收。《中國古籍善本書目》（集部一〇四五六條）、《中國古籍總目》（集 20211938 條）著録。是書流傳絶少，除天一閣外，未見其他機構入藏。

鈐印：“朱鼎煦印”。

（屠）

孫璧聯先生文集、羽聖氏偶肰吟

清稿本　善 4044

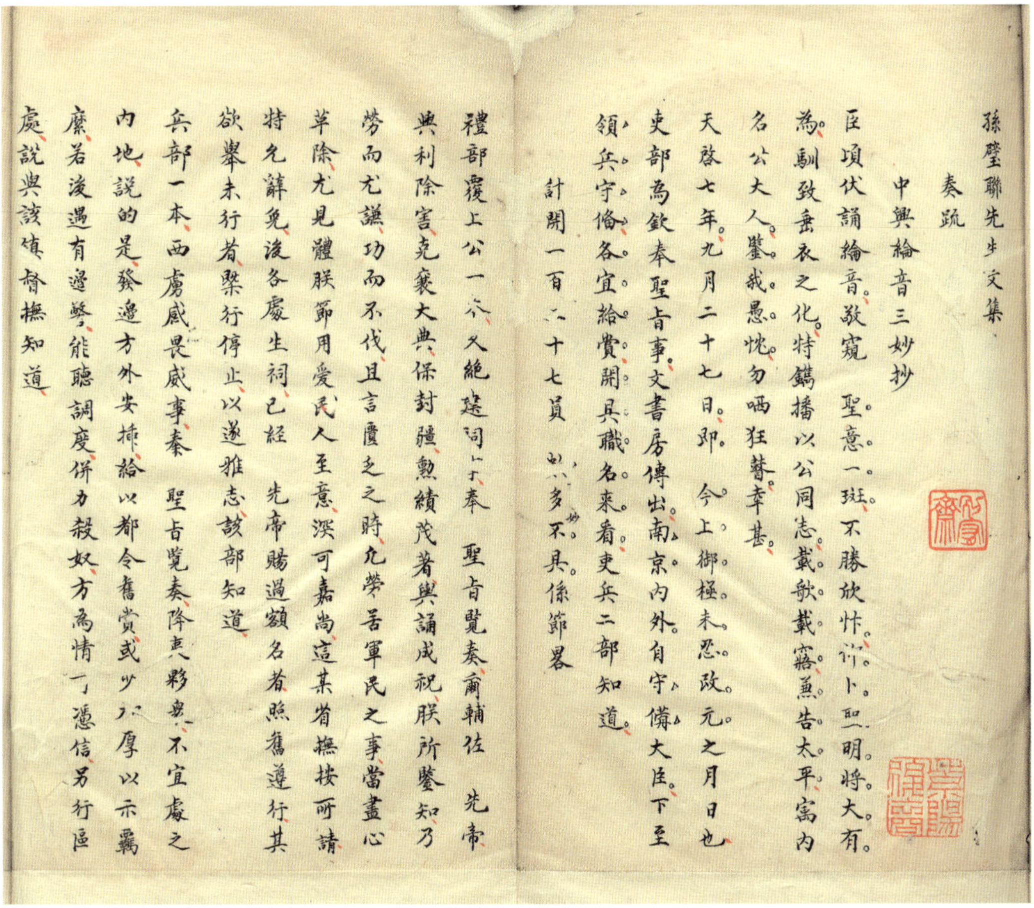

《孫璧聯先生文集》卷端

《孫璧聯先生文集》不分卷附《羽聖氏偶肰吟》不分卷，明孫轂撰。清稿本。兩書合訂爲一種，六册。半葉十行，行二十四字，無版框欄綫，白口。開本高 28.6 厘米，寬 17.9 厘米。前有崇禎十四年（1641）吴麟趾《哲謂編》序。

孫轂（生卒年不詳），字子雙，號璧聯，又號羽聖，湖廣華容人。明萬曆至清初人，少時與兄穀、弟慤有三珠之譽，然終不第，以國學生終老，生平事迹不彰。據此二集觀之，似曾宦游粤桂間，南明潞王監國時曾上《中興十策疏》。有文名，嘗雜采舊文，輯古逸書析爲四部，統稱《古微書》。撰有《孫璧聯先生文集》《羽聖氏偶朕吟》等。《明詩紀事》庚籤卷三十、《［乾隆］華容縣志》卷八有傳。

《孫璧聯先生文集》集不分卷，以類相次。然考諸内文，《上全浙總理軍門東溪陳公之全越民啓》前題"救時紀略"，《節録順天試録後序》前題"孫璧聯先生文序引跋卷"，《賀兩廣張湛虚午節啓》前題"孫璧聯先生啓箋卷之"，則本亦嘗分卷也，或以未編定故，尚未明析之。卷前目録載奏疏六篇、封事三篇、序九篇、引六篇、檄示十三篇、啓八十九篇、記十一篇、賦七篇。其中卷首吴麟趾序略有殘損，卷内記、賦兩類已缺。

吴麟趾序云："孫君璧聯積學淵富五車，二酉莫罄形容。而其爲人又瀟灑曠逸，迥乎平流。今年夏，余幸與周旋于湞江署中，見其長才，泛應詩文傳記之屬，揮筆立就，毛錐直可稱如意君。昔人所云'上馬討賊，下馬作露布'，應無過是。余心竊羡焉，偶有遠省州，就而正之。孫君亦于亂紙中簡《哲謂編》一帙示余。日注詩記，名言纍纍，略一披閲，便如入山陰道上。且謂余曰，客途遣興，散佚良多，僅存巵言一二，欲廢弃之久矣，偶閲佳句，聊復質之……孫君乃慨然有志，思壽之梓，屬余爲數言，以□（原已殘損）其首。"

吴麟趾序雖署崇禎十四年，然考内文，有《上監國潞藩》疏，又有弘光元年（1645）《代題山西殉難吴大尹尹應恤疏》《上北帥勸止打糧》及署"乙酉二年（1645）"之《上全浙總理軍門東溪陳公之全越民啓》等，皆作于明亡之後。故此集當編于清初，非《哲謂編》明甚。

《羽聖氏偶朕吟》爲詩集，附《文集》後，亦不分卷。前無目次序跋，卷内前後分爲兩部分。第一部分以體編次：首古樂府，次五言絶句，次五言古詩，次五言律詩，次五言排律，次七言古詩，次七言絶句，又次七言律詩。第二部分題作"粤游日注内題璧聯先生稿"，雜收各體詩詞約一百七十首。

此二種皆經傳增湘寓目。《藏園群書經眼録》分别著録，一作"孫璧聯先生文集不分卷"，云："明季錢塘孫𣪊撰，稿本，分奏疏、封事、序、引、檄、示、

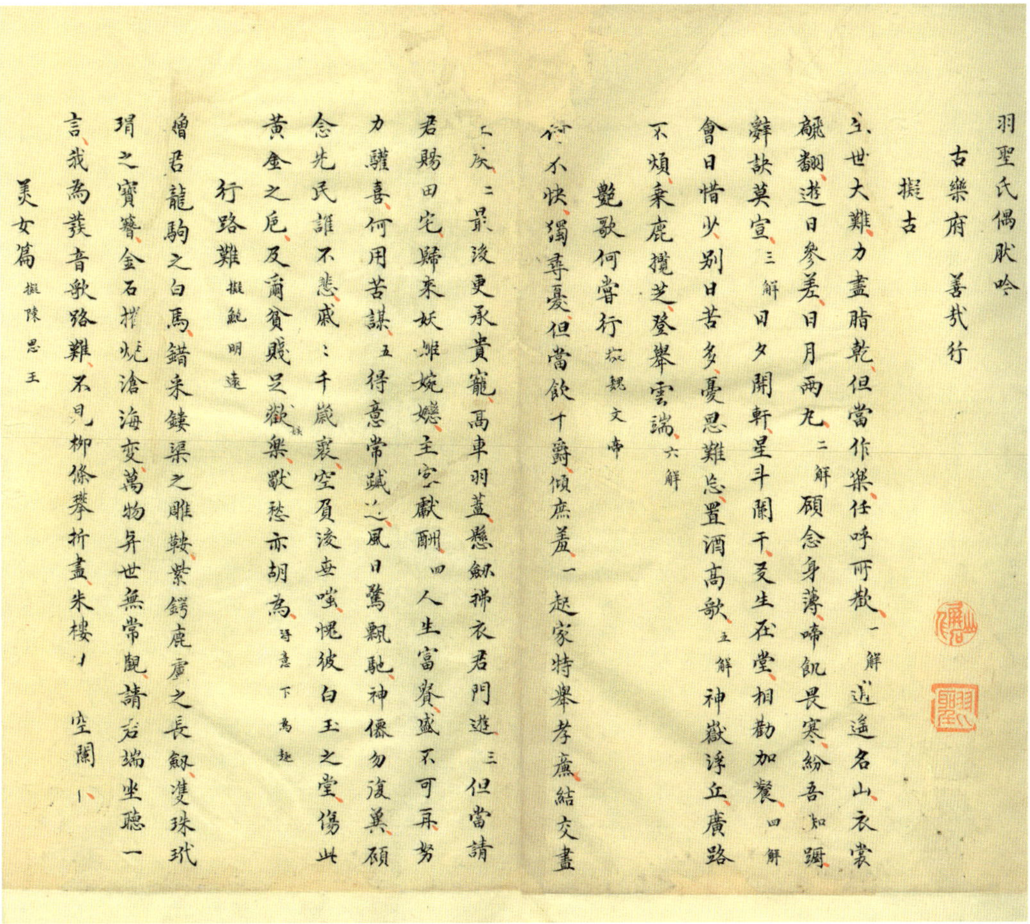
羽聖氏偶肰吟

古樂府　善哉行

擬古

生、世大難力盡脂乾但當作樂任呼所歡 一解 逍遙名山衣裳飄颻遊日參差日月兩丸 二解 顧念身薄啼飢畏寒紛吾知踊辭訣莫宣 三解 日夕開軒星斗闌干爰生在堂相勸加餐 四解 會日惜少別日苦多憂思難忘置酒高歌 五解 神嶽浮丘廣路不煩乘鹿攬芝登舉雲端 六解

豔歌何嘗行 擬魏文帝

何不快獨尋憂但當飲十爵傾庶羞 一 起家特舉孝廉結交盡公侯 二 最後更承貴寵高車羽蓋懸紱拂衣君門遊 三 但當請君賜田宅歸來妖姬婉孌主空獻酬 四 人生富貴盛不可再努力驩喜何用苦謀 五 得意常蹴之風日驚飄馳神儵忽復冀顧念先民誰不悲戚戚千歲衰空負後無嗤愧彼白玉之堂傷此黃金之厄及爾貧賤足歡樂歡愁亦胡為 詩意下為趣

行路難 擬鮑明遠

贈君龍駒之白馬錯采鏤渠之雕鞍紫錫鹿盧之長劍雙珠玳瑁之寶簪金石摧燒滄海變萬物异世無常觀請君端坐聽一言我為撰音歌路難不見柳條攀折盡朱樓一空闌一

美女篇 擬陳思王

《羽聖氏偶肰吟》卷端

啓、記、賦各類（缺記、賦各篇）。前有崇禎辛巳吴麟趾序，序作于英州官署，孫在吴幕中也。序中稱《哲謂篇》，當是其原書之名。”一作“羽聖氏偶然吟”，云：“羽聖氏偶然吟不分卷，明孫轂撰。稿本。上册分體，下册標各集名如下：偶然雜咏（霞骨先生稿），粤游日注（内題璧聯先生稿），卷首有‘屏石山人’‘羽聖’兩印。集中皆流連風景拉雜酬應之作，文筆至爲冗闒，詩亦淺陋。惟中有《上監國潞藩》《上貝勒王》《復陳大將軍》等書，與時事略有關係，蓋其人亦宦游桂粤間者。從蟫隱廬取閲，記其大略如右。沅叔記。（己未）。”所言皆與此書相符。是可知此書爲民國間上海蟫隱廬書肆售出，後由朱鼎煦購入，

輾轉歸天一閣。惟傅氏稱《羽聖氏偶然吟》分上、下兩册，下册有《偶然雜咏》《粤游日注》兩集，今此書所分册數既與傅氏所言不合，且《偶然雜咏》亦已佚去，當是傅氏寓目後别有變故也。

孫瑴另有《古微書》三十六卷，《四庫全書》收録，入經部五經總義類，爲其所輯讖緯逸書之一。《四庫全書總目》謂“其采摭編綴，使學者生于千百年後，猶見東京以上之遺文，以資考證，其功亦不可没”。

《四庫全書總目》未收。《中國古籍善本書目》（集部一〇四三九條）著録，題作“孫璧聯先生文集不分卷”清抄本一種，誤，當更爲清稿本，且以分别著録爲宜。《中國古籍總目》（集20211975條）踵襲《善目》之誤，亦著録成清抄本。此兩種流傳極罕，除天一閣外，未見其他機構入藏，亦未見其他相關稿本、抄本或刻本傳世。

鈐印：“屏石山人”“羽聖”“朱鼎煦”“紫陽後裔”“别宥齋”。

（屠）

小青傳、小青焚餘

明崇禎抄本　善 4021

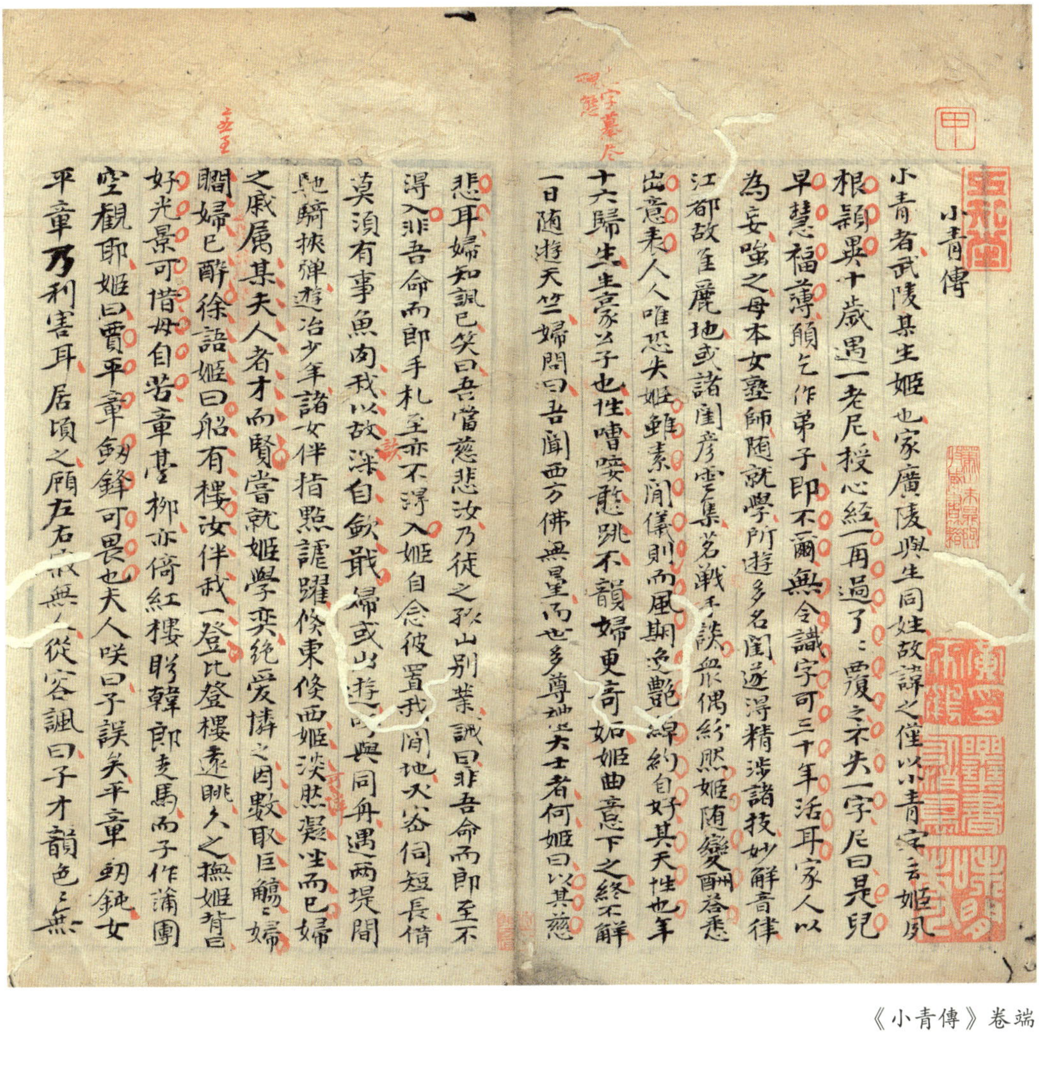
小青傳
小青者武陵某生姬也家廣陵與生同姓故諱之僅以小青字云姬夙
根穎異十歲遇一老尼授心經一再過了了覆之不失一字尼曰是兒
早慧福薄願乞作弟子即不爾無令識字可三十年活耳家人以
為妄嗤之母本女塾師隨就學所遊多名閨遂得精涉諸技妙解音律
江都故佳麗地或諸閨彥雲集茗戰手談角偶紛然姬隨變酬答悉
出意表人人唯恐失姬雖素閑儀則而風期逸艷綽約自好其天性也年
十六歸生生豪公子也性嘈唼憨跳不韻婦更奇妒姬曲意下之終不解
一日隨遊天竺婦問曰吾聞西方佛無量而世多尊禮大士者何姬曰以其慈
悲耳婦知諷己笑曰吾當慈悲汝乃徙之孤山別業誡曰非吾命而郎至不
得入非吾命而郎手札至亦不得入姬自念彼置我閒地必將伺短長借
莫須有事魚肉我以故深自斂戢婦或出遊呼與同舟遇兩堤間
馳騎挾彈遊冶少年諸女伴指點譁躍倏東倏西姬淡然凝坐而已婦
之戚屬某夫人者才而賢嘗就姬學奕絕愛憐之因數取巨觴觴婦
瞯婦已酣徐語姬曰船有樓汝伴我一登比登樓遠眺久之撫姬背
好光景可惜毋自苦章臺柳亦倚紅樓盼韓郎走馬而子作蒲團
空觀耶姬曰賈平章劍鋒可畏也夫人咲曰子誤矣平章劍鈍女
平章乃利害耳居頃之顧左右寂無人從容諷曰子才韻色色無

《小青傳》卷端

《小青傳》一卷，題明戔戔居士撰；附《小青焚餘》一卷。明崇禎四年（1631）黃來鶴抄本。一册。半葉九行，行二十七字，四周單邊，白口，無魚尾。框高 18.9 厘米，寬 11.5 厘米。封面題“黃來鶴手鈔”。卷末題“萬曆壬子秋仲戔戔居士書于西湖之水明樓”。《小青焚餘》卷端題“含秋亭主人評閲”，末署“崇禎四年夏五月念七日霄賓老人手録，時年七十有六”。

戔戔居士（生卒年不詳），明末士人，姓名無考，或云姓譚，或云姓鍾。錢謙益《列朝詩集小傳》閏集《羽素蘭傳》云：“又有所謂小青者，本無其人，邑子譚生造傳及詩，與朋儕爲戲，曰：‘小青者，離情字正書心旁似小字也。’或言姓鍾，合之成鍾情字也。”

全本共八葉。葉一至四爲《小青傳》，録傳一篇，附黄來鶴跋一則。葉四至八爲《小青焚餘》，録詩詞十二首、書一首。

小青故事，自萬曆四十年（1612）即開始流傳。其最早見于文字者，有支如增作《小青傳》，又有戔戔居士之《小青傳》。其後風靡于士林，改編增删，傳寫紛紛，故傳本頗多。然小青身世始終不詳。或云名玄玄，萬曆二十三年（1595）生于廣陵，三十八年（1610）爲武林某生妾，四十年卒。或云姓馮，爲馮夢禎子雲將妾室。又或云姓鍾。然亦有不少人疑純屬杜撰。是終無定論也。

是集由黄來鶴手抄。來鶴字霄賓，號麟野道人，南直隸華亭人。生于嘉靖三十五年（1556），以書法見稱。其在傳末跋文中云：“此傳得最確，出最先，據事直書，字字凄惋。嗣後名公傳著紛紛，大約本此。余録之，存其始也。其餘名作，如傳，如詩，及小青逸事行，遍搜彙集，如騷選之類刻云。”

現存小青故事各傳本中，較早的另有崇禎十七年（1644）刻本，題作《小青集》，傳附集前，卷前録平原居士序及崇禎十七年空如主人序，有小青遺像一幀，集後刻《小青閲稿》一卷，僅中國國家圖書館有藏；又明末刻心遠堂印《緑窗女史》叢書本，其卷十二收《小青傳》，然有傳無集，首都圖書館、北京大學圖書館、上海圖書館等機構皆有入藏；又一種爲明末清初立本堂刻《情史類略》二十四卷本，其卷十四録《小青傳》，有傳亦有集，然集中詩文經編者打亂散入傳中，未能獨立成篇。此本後世迭經刻印，最爲通行。天一閣研究人員周慧惠嘗以此三本校黄來鶴抄本，發現异文不下16處。如：“茗戰手談”，“情史”本誤作“茗戰手語”；“無此情語也”，諸本皆作“情話”；末署“萬曆壬子秋仲戔戔居士書于西湖之水明樓”，諸本或刊落時間，或刊落地點，或并時地名姓一并刊落。要之，當以此黄來鶴抄本爲最先、最善，最可見小青事迹之首尾也。

《四庫全書總目》未收。《中國古籍善本書目》（集部一〇七七七條）、《中國古籍總目》（集 20212093 條）著録。除天一閣外，未見其他機構入藏。

鈐印："黄來鶴印""霄賓氏""味閑老人""五知道人""五知堂""樂琴書以消憂""深古長日""游思竹素""蕭山朱鼎煦收藏書籍""别宥齋""甲"。

（屠）

七録齋論略、續刻、別集

明崇禎刻本　善 4030

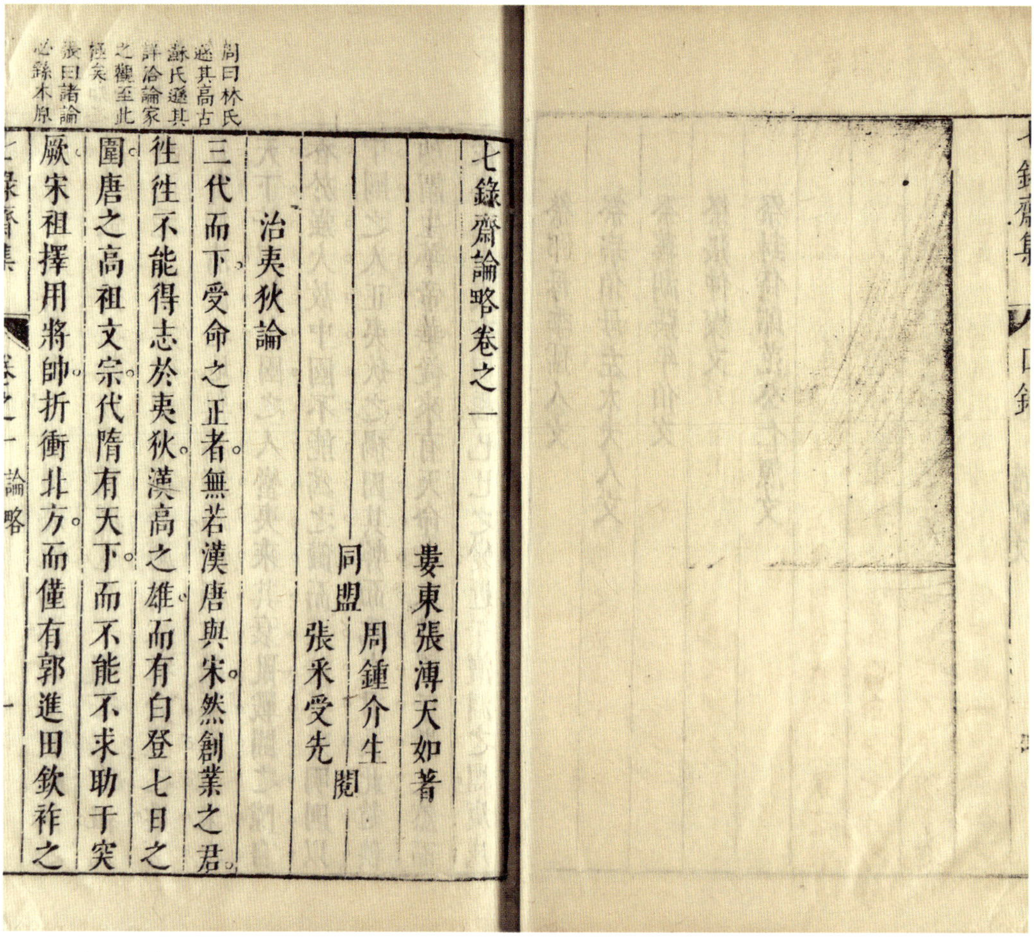

《七録齋論略》卷一卷端

《七録齋論略》二卷《續刻》六卷《别集》二卷，明張溥撰。明崇禎刻本。六册。半葉九行，行二十字，四周單邊，白口，單黑魚尾，天頭間鎸評語。框高 20.4 厘米，寬 14.1 厘米。《論略》卷端題“婁東張溥天如著，同盟周鍾介生、張采受先閲”，前有張采題詞。《别集》卷一卷端題“婁東張溥著，門人呂雲孚挍"；卷二卷端題"婁東張溥天如著，門人陳許廷靈茂較"。

張溥（1602—1641），初字乾度，後字天如，號西銘，私謚仁學先生，南直隸太倉人。崇禎四年（1631）進士，選翰林院庶吉士，旋告假歸，不復出。與同里張采齊名，號"婁東二張"，共同倡立復社，以紹繼東林爲號召，聲震曼衍，幾遍天下，然亦爲當政所惡，遭人攻訐，事牽黨争，至溥卒後尚未休。溥才學淹貫，詩文敏捷，著述極富，博及四部，崇禎末年詔徵遺書，有司先後録上三千餘卷。撰有《七録齋論略》《春秋三書》《詩經注疏大全合纂》《皇明經濟書》等。《明史》卷二百八十八、《明史稿》列傳卷一百六十四、《［民國］太倉州志》卷十九有傳。

是書所收皆張溥文，《論略》二卷，《續刻》六卷，目次皆統一列于卷首。《論略》目録僅題卷之一，而正文實分二卷，《續刻》目録不分卷次，而實分六卷。又《論略》卷一至二卷端題"七録齋論略"，版心鎸"七録齋"或"七録齋集"，《續刻》目録題"張太史七録齋續刻"，而集内卷一至六則皆無卷端題名，僅于版心鎸"七録齋集"及卷次、文類、篇題等。觀此刻前後多有不相吻合處，且篇末多有空白，可知編纂頗爲倉促，當是各篇分頭刻竣，彙而成集者。《別集》二卷，前有目録，卷端及版心鎸"七録齋別集"，各篇文末亦多有空白。

七録齋爲溥讀書之堂號。《明史》本傳云："溥幼嗜學，所讀書必手鈔，鈔已朗誦一過，即焚之，又鈔，如是者六七始已。"故以是名集。首《論略》二卷，卷一以論居多，卷二兼及經史、館閣試策等。次《續刻》六卷，卷一至四序，卷五記、啓、題詞、引，卷六墓志銘、祭文。又次《別集》二卷，雜收各類序、題詞、像贊、小引等，而以壽序居多。

張采題詞云："乃解裝出所著詩文，閱其當篇小目，宜有千餘紙。奴子疏蠢，亡去稿一匣，兩人惋惜彌久。即所存諸論、議、策、説并館閣試文，小加點次，名曰《論略》行世，餘皆引端未究。要此萬世之業，非一時之觀覽也。"觀《論略》所論，多一時之急務，如備邊、女真、治河、宗室、馬政、備倭、錢糧等。然其論女真但言順而撫之，論宗室則言天子親親施仁，論賦役則言法無良弊惟在得人，迂闊無實，不足爲訓，可概見明季士人論政之習。

張溥文名盛于當時，天啓、崇禎間其詩文屢經刊刻，其集存世者亦多。據《中國古籍總目》，有崇禎九年（1636）刻本“七録齋詩文合集十六卷”、明刻本“七録齋文集近稿四卷”、崇禎十五年（1642）張氏刻本“七録齋近集十六卷”，又有崇禎刻本“七録齋集六卷論略一卷”等，散見國内外各收藏機構。

《四庫全書總目》未收。《中國古籍善本書目》（集部一〇四九五條）、《中國古籍總目》（集20212353條）著録。此刻流傳極罕，除天一閣外，僅見日本尊經閣文庫有藏。

鈐印：“朱别宥收藏記”。

（屠）

盟雞齋

明刻本　善 3978

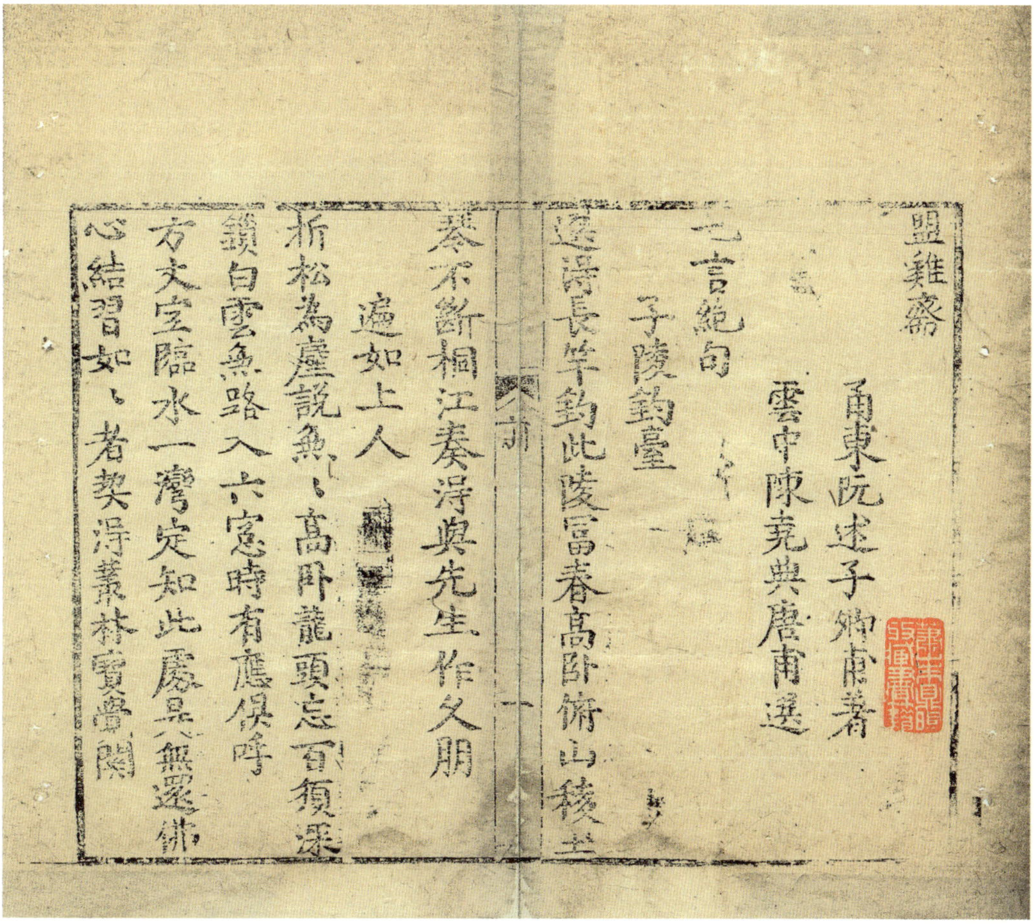
盟雞齋
甬東阮述子卿甫著
雲中陳堯典唐甫選
七言絶句
子陵釣臺
還淂長竿釣此陵富春高卧俯山稜
琴不斷桐江奏淂與先生作久朋
過如上人
折松為塵說魚魚高卧龍頭忘百須深
鎖白雲無路入六窗時有應呼
方丈室臨水一灣定知此處是無還術
心結習如如者契淂叢林寶常閑

《盟雞齋》卷一卷端

《盟雞齋》三卷，明阮述撰。明刻本。二册。半葉六行，行十五字，四周單邊，上下黑口，單黑魚尾，無界格。框高 28.7 厘米，寬 16.8 厘米。卷一卷端題“甬東阮述子卿甫著，雲中陳堯典唐甫選”；卷三卷端題“甬東阮述子卿甫著，烏傷沈汝愚省私選”。前有王一乾序、萬曆四十年（1612）郭子章序、萬曆四十三年（1615）沈汝愚序。

阮述（生卒年不詳），字復初，號子卿，浙江鄞縣人。據集前郭子章序言，大致爲萬曆間人，年少頗有文名，生平事迹不顯。撰有《盟雞齋》《問舌齋草》等。

此集爲後人編選阮述所著絶句律詩而成。内葉版心分鎸“前”“後”及頁碼者，爲陳堯典編選，版心無鎸字者爲沈汝愚編選。“前”卷七言絶句七十首，“後”卷七言絶句一百二首，“版心無字”卷七言律詩九十二首。王序前有缺頁。

沈汝愚序云：“余反覆是集，嘖嘖賞曰：‘吾鄉四明，才藪也。’夏、賀、黄、趙諸君子標幟于前，科甲俊髦鵲起于後。復初挺生其間……竟不能博一第，以齊班鵷鷺，致伍鶵鶩，正古人所謂‘窮愁好賦詩’也。因之，大殫精構思，寫難狀之景于目前，含不盡之趣于言外，談藝藝精，裁詩詩絶。”

《四庫全書總目》未收。《中國古籍善本書目》（集部一〇一八一條）、《中國古籍總目》（集 20212741 條）著録，皆題作“盟雞齋詩集不分卷”。除天一閣外，未見其他機構入藏。除此本外，天一閣尚有抄本三卷入藏，前有《盟雞齋叙》，然無王、郭二序。

鈐印：“蕭山朱鼎煦收藏書籍”“别宥齋”。

（王）

杜曲集

明崇禎刻本　善 4037

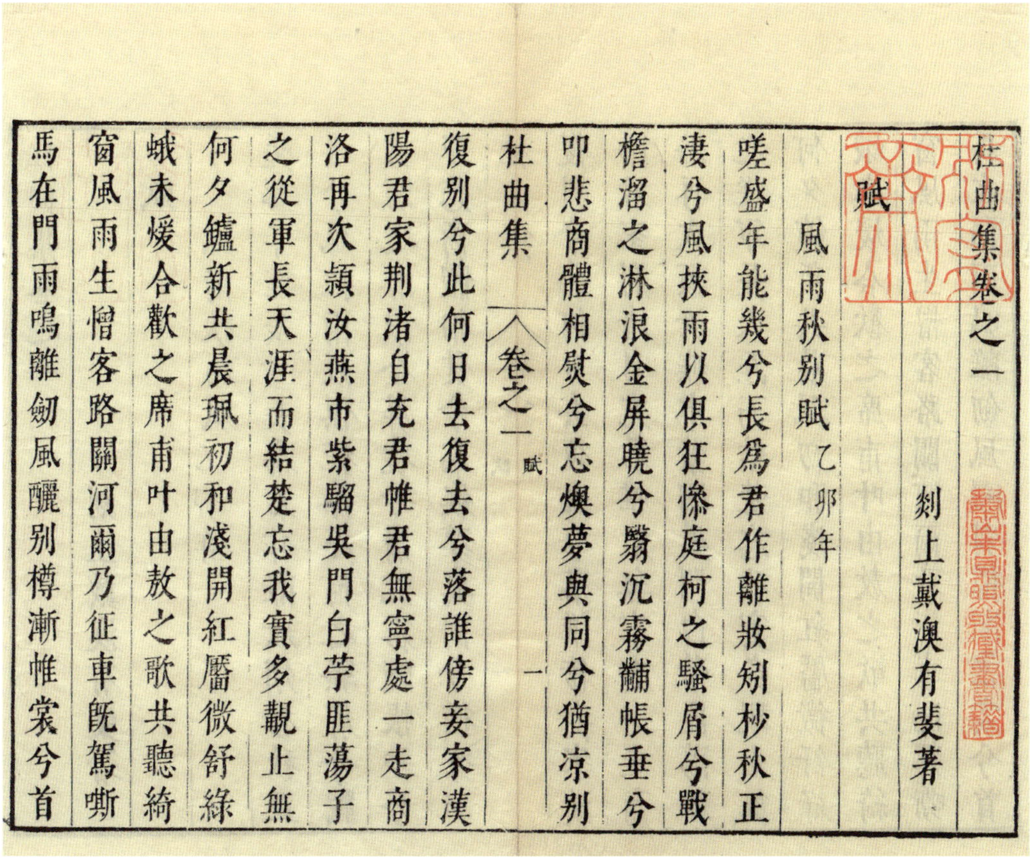
杜曲集卷之一
賦　剡上戴澳有斐著
風雨秋別賦　乙卯年
嗟盛年能幾兮長爲君作離妝矧杪秋正
淒兮風挾雨以俱狂慘庭柯之騷屑兮戰
檐溜之淋浪金屏曉兮翳沉霧黼帳垂兮
叩悲商體相慰兮忘燠夢輿同兮猶凉別
杜曲集　卷之一　賦　一
復別兮此何日去復去兮落誰傍妾家漢
陽君家荆渚自充君帷君無寧處一走商
洛再次潁汝燕市紫騮吳門白苧匪蕩子
之從軍長天涯而結楚忘我實多覯止無
何夕鑪新共晨珮初和淺開紅靨微舒綠
蛾未煖合歡之席甫叶由敖之歌共聽綺
窗風雨生憎客路關河爾乃征車既駕嘶
馬在門雨鳴離劒風釃別樽漸帷裳兮首

《杜曲集》卷一卷端

《杜曲集》十一卷，明戴澳撰。明崇禎刻本。五册。半葉八行，行十六字，四周單邊，白口，單白魚尾。框高 21.2 厘米，寬 14.9 厘米。卷一卷端題“剡上戴澳有斐著”。前有崇禎七年（1634）韓敬序、崇禎八年（1635）黄允交序、評語及評較姓氏表。

戴澳（約 1578—約 1644），字有斐，號斐君，浙江奉化人。萬曆四十一年（1613）進士，授虞衡主事，以稽勛郎中假歸，崇禎初復出，纍遷順天府丞，陳言星變獲譴歸里，年餘憂時而卒。撰有《杜曲集》《豐干集》等。《［光緒］奉化縣志》卷二十四有傳。

是集凡十一卷，編排頗爲有序，大抵先以文類相次，類内又以年相次。卷首有總目，卷一賦、四言、五言、七言古詩，卷二長短句、五言律詩，卷三七言律詩、五言排律、五言絶句、六言絶句，卷四七言絶句、雜體、騷體、詩餘，卷五歷任封司、功司、選司之時往來文書（前有小題《焚餘草》），卷六啓、書、婚書，卷七序、壽序，卷八記、紀游，卷九紀游、贊、銘。此本佚去最後一册，缺卷十至十一。據《明别集叢刊·第五輯》所收全本目録，卷十題、跋、引、墓疏[1]，卷十一碑文、祭文、傳、行狀、墓志銘、塔銘、墓表。

韓敬序曰："沈伯子英多授予《杜曲集》一卷，蓋文部戴公所著也……公料簡精嚴，冷汰遒勁，雖身繫白圭振鷺之班，而神酌金砂野鷗之嶼，烟火蕩盡，清機自流，坎險無關，坦步愈出。毫端之正始，亦即其朝端之正色者而已。"

黄允交序云："乙亥春，斐君先生招入四明雪竇山，歷探名迹。既返芳洲，出囊中藏草，手自裁削，屬允交評定焉……得叙引、傳記、碑志、疏跋、銘贊、雜文若干首，奏記、書牘若干首，賦若干首，四五七言古、近體、排律、絶句、雜詩若干首，詩餘若干首。遠不摹古，近不隨人，象徹現前，思抽當下，習氣一滌，景意遂親。故鴻簡殊裁，穠纖殊度，境隨夷峻，悰或恬凄，而一往蕭蕭秩秩，驂霞飲瀣之天然，落筆便見。"

是書清初遭禁毁，今較易見的通行本爲《四庫禁毁書叢刊》本、《明别集叢刊》本。

《四庫全書總目》未收。《中國古籍善本書目》（集部九八五〇條）、《中國古籍總目》（集 20212762 條）著録。除天一閣外，中國國家圖書館、中國科學院文獻情報中心、上海圖書館、復旦大學圖書館、南京圖書館及日本尊經閣文庫等多家機構亦有入藏。

鈐印："蕭山朱鼎煦收藏書籍""别宥齋"。

（屠）

［1］然據卷十内文，"墓疏"實爲"募疏"，當是手民之誤。

補陀詩

明崇禎刻本　善 4045

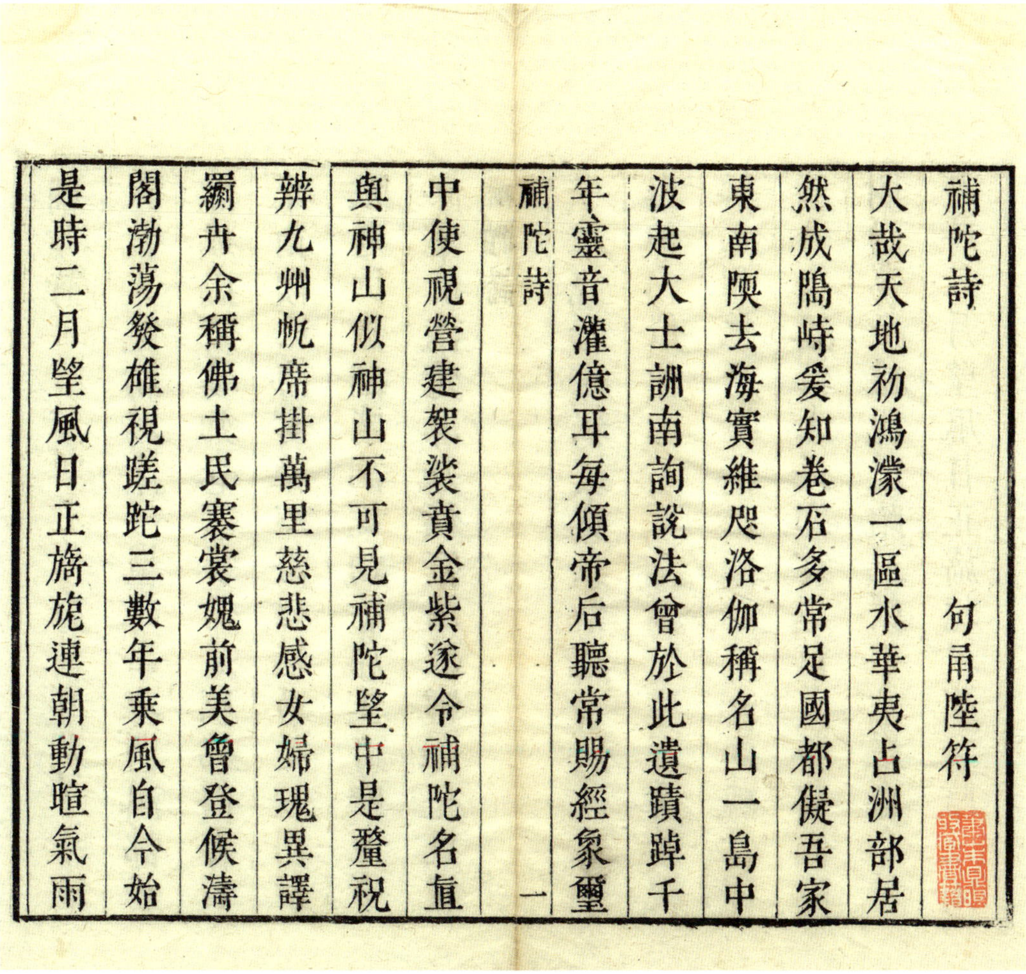

補陀詩　句甬陸符
大哉天地初鴻濛一區水華夷占洲部居
然成隝峙爰知卷石多常足國都儗吾家
東南陝去海實維𡰥洛伽稱名山一島中
波起大士訓南詢說法會於此遺蹟踔千
年靈音濩億耳每傾帝后聽常賜經象璽
補陀詩　一
中使覗營建袈裟賁金紫遂令補陀名亘
與神山似神山不可見補陀望中是鼇祝
辨九州帆席掛萬里慈悲感女婦瑰異譯
罽冉余稱佛土民褰裳媿前美曾登候濤
閣渤蕩發雄視蹉跎三數年秉風自令始
是時二月望風日正旖旎連朝動暄氣雨

《補陀詩》卷端

《補陀詩》一卷，明陸符撰。明崇禎刻本。一册。半葉六行，行十六字，左右雙邊，白口，無魚尾。框高 19.3 厘米，寬 12.6 厘米。卷端題“句甬陸符”。前有崇禎四年（1631）錢謙益題辭、范汝梓題辭、王志慶題辭、崇禎五年（1632）

萬泰題辭。

陸符（1597—1646），字文虎，浙江鄞縣人。崇禎十五年（1642）舉人，魯王監國時賜進士出身，授行人司行人。後清查衛所錢糧，以嚴核遭千户馮如斗所刺，辭歸養病，未幾卒。擅詩能文，聲名著于當時。撰有《補陀詩》《環堵稿》等。事迹具見黄宗羲所撰墓志銘，載《南雷文定前集》卷六，《復社姓氏傳略》卷五有傳。

補陀，即今普陀。此集卷首四篇題辭，計六葉。卷中僅收五言古體長詩《補陀詩》一首，全詩八葉，計一千四百五十字，以咏景紀游，狀補陀形勢之險、景物之勝、人文之薈萃。

錢謙益題辭云:“今年四明陸文虎以《補陀詩》見示，其鋪張排比取法南山，而氣韵闓爽則又似樂天《悟真寺》詩，吾目中不見此久矣。”

范汝梓題辭云：“陸文虎，四明才士也……一日持其所作《補陀》五言古詩示余。余誦讀數過，鯨濤之怒漭，鰲極之嵓嵲，鷲刹之波泐，螺礁之巇嶮，歷歷入眼，而奇思怪句，雨集雲來。此其胸中腕下，非别有一段清真深雋之趣，何辭瀾四飛若此？”

王志慶題辭云：“友人陸文虎示余《補陀詩》，山海之奇與胸懷筆墨相發，壯哉邈乎！退之之賦南山，何以過焉？然余知文虎非好奇而爲此也，不過以理形其象而已。”

萬泰題辭云：“歲乙丑，余與文虎爲補陀游。歸，以海觀問者，文虎出五言大篇應之……今距昔游且八年，海潮已復舊觀，而住持昱光益有增創。文虎嘗欲續游，作《後補陀詩》，以足其盛，當亦大士圓通觀中伫聞而願繼者。余將奉硯削以從其後矣。”

《四庫全書總目》未收。《中國古籍善本書目》（集部一〇六三八條）、《中國古籍總目》（集 20212861 條）著録。除天一閣外，未見其他機構入藏。

鈐印：“蕭山朱鼎煦收藏書籍”“别宥齋”。

（屠）

玄超堂藏藁

清順治康熙間刻本　善 4036

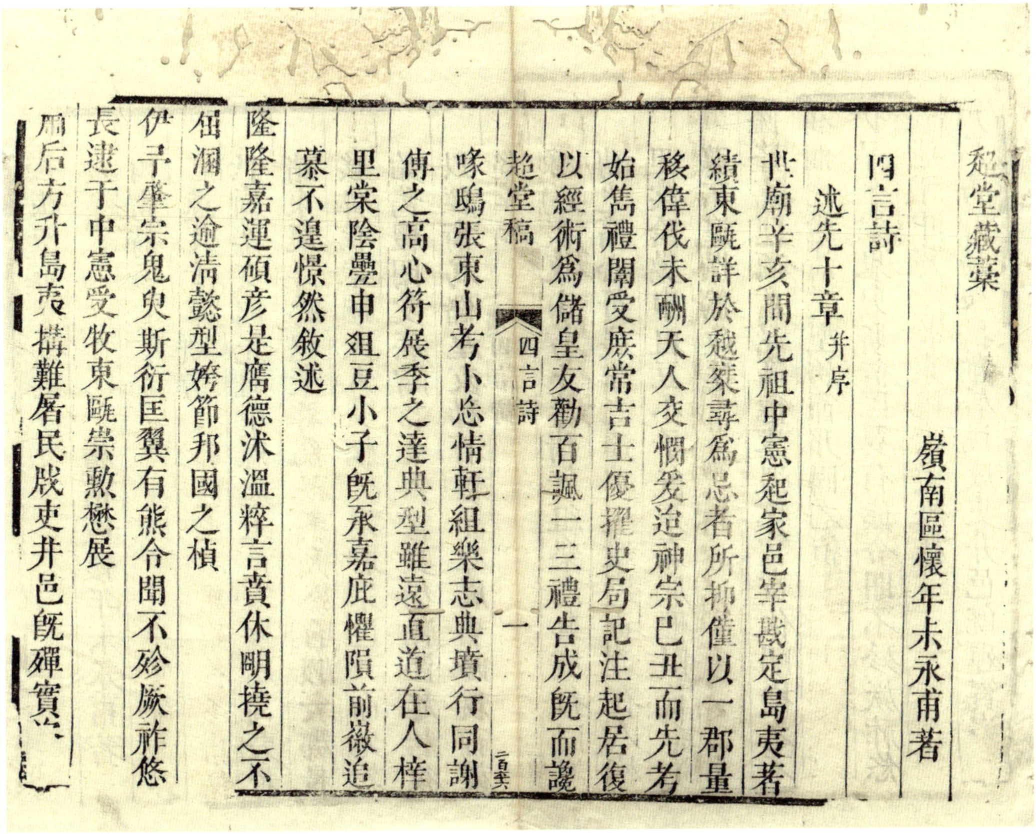
超堂藏藁
嶺南區懷年尗永甫著
四言詩
述先十章 并序
世廟辛亥間先祖中憲起家邑宰識定島夷著
績東甌詳於越藁壽爲忌者所抑僅以一郡量
移偉伐未酬天人交惘爰迨神宗己丑而先考
始雋禮闈受庶常吉士優擢史局記注起居復
以經術爲儲皇友勸百諷一三禮告成既而讒
超堂稿　四言詩　一
喙鴟張東山考卜怠情軒組樂志典墳行同謝
傅之高心符展季之達典型雖遠直道在人梓
里棠陰壘申俎豆小子既承嘉庇懼隕前徽追
慕不遑慄然敘述
隆隆嘉運碩彥是膺德沭溫粹言賁休明撓之不
爼㵎之逾淸懿型嫮節邦國之楨
伊予肇宗鬼臾斯衍匡翼有熊令聞不殄厥祚悠
長逮于中憲受牧東甌崇勲懋展
爾后方升島夷搆難屠民戕吏井邑既殫實

《玄超堂藏藁》卷端

《玄超堂藏藁》一卷，明區懷年撰。清順治康熙間刻本。一册。半葉九行，行十九字，四周單邊，白口，單黑魚尾。框高 18.9 厘米，寬 13.5 厘米。卷端題“嶺南區懷年叔永甫著”。前有崇禎十年（1637）陳子壯序。

區懷年（生卒年不詳），字叔永，晚號天童先生，廣東高明人。父大相，萬曆十七年（1589）進士，纍官至中允，能詩，有《海目先生集》。兄懷瑞，亦以詩名。懷年以拔貢應恩選，歷太學考通判，崇禎九年（1636）入都候選，尋以内艱回籍，明亡後不復出。自少聰穎，能詩擅書，尤以詩見稱，嘗與兄懷瑞、陳子壯、黎遂球等組南園詩社，號“南園十二子”。撰有《玄超堂藏藁》《楚鄉亭稿》《石洞游稿》《一嘯集》《燕邸旅言》等。《勝朝粤東遺民録》卷三有傳（附區懷瑞後），《［道光］肇慶府志》卷十八有傳。

是集雜收各體詩賦，以類相次，各類分别標葉次。首四言附風雅雜體，次五言排律，次五言絶句，次六言絶句，次七言古體，次五言律詩（此類第九葉後佚去，《訪李子長墓》僅有題無詩），次賦，次論，次序一篇，次記，又七言律詩。

陳子壯序曰：“仲子卓然有宫允風，凡所脱稿，人争艷慕，謂知仲子之能世其詩也。雖疑出新冶，而古色陸離，要不謬乎建安、開元間，豈如近世草草之韵，群妄競趨而詫以爲高哉？……及取客中諸篇什而竟讀之，則矯然風氣日上，所謂駕唐軼漢，非兹其誰？”

是本卷端、版心“玄”字皆鏟去，惟正文第九葉版心尚保留，卷内避“玄”字諱，且七言律葉二十有《戊戌早春》一首，戊戌爲清順治十五年（1658），是可知此本刊刻當始于順治年間，而刻竣刷印當在康熙改元後也。

《四庫全書總目》未收。《中國古籍善本書目》（集部一〇七〇二條）、《中國古籍總目》（集 20212869 條）著録。除天一閣外，僅見廣東省立中山圖書館有藏。

（屠）

蜀使漫草

明崇禎刻本　善 4046

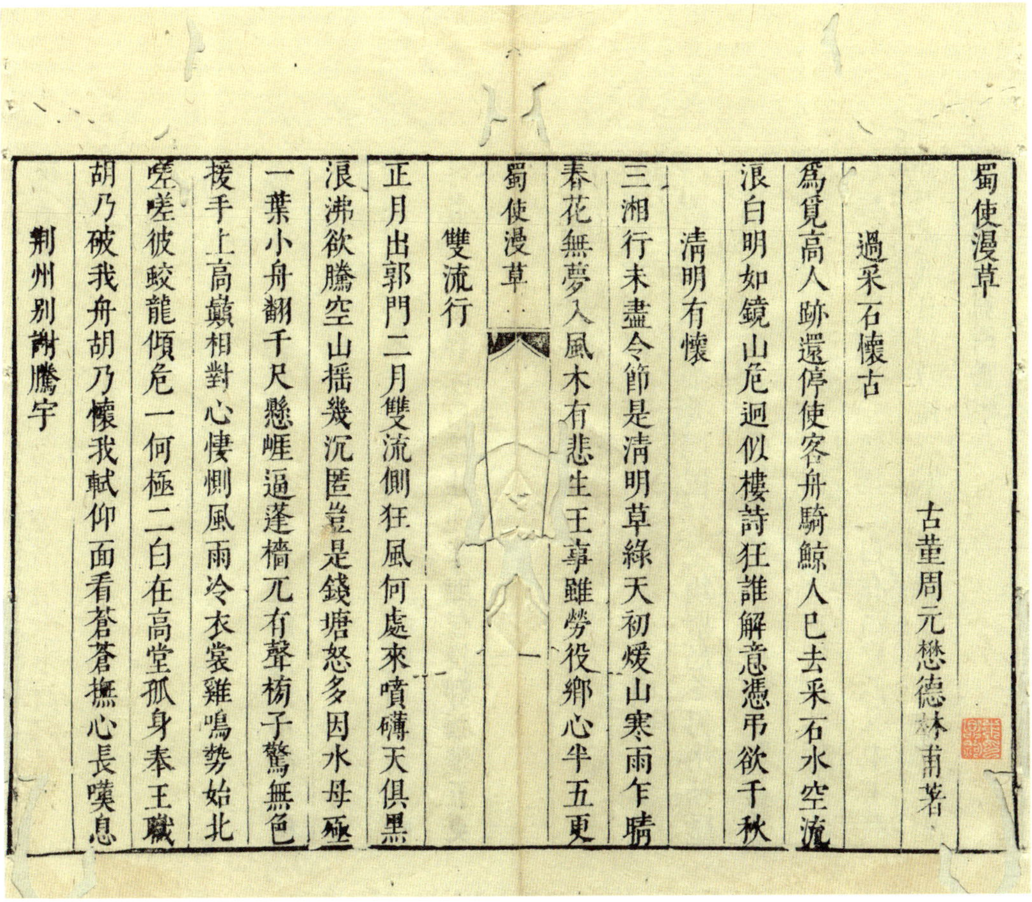
蜀使漫草

古董周元懋德林甫著

過采石懷古

爲覓高人跡還停使客舟騎鯨人已去采石水空流

浪白明如鏡山危迥似樓詩狂誰解意憑弔欲千秋

清明有懷

三湘行未盡令節是清明草綠天初煖山寒雨乍晴

春花無夢入風木有悲生王事雖勞役鄉心半五更

蜀使漫草　一

雙流行

正月出郭門二月雙流側狂風何處來噴礴天俱黑

浪沸欲騰空山摇幾沉匿豈是錢塘怒多因水母亟

一葉小舟翻千尺懸崕逼蓬檣兀有聲栯子驚無色

援手上高巔相對心悽惻風雨冷衣裳雞鳴勢始北

嗟嗟彼蛟龍傾危一何極二白在高堂孤身奉王職

胡乃破我舟胡乃懐我軾仰面看蒼蒼撫心長嘆息

荆州别謝騰宇

《蜀使漫草》卷端

《蜀使漫草》一卷，明周元懋撰。明崇禎刻本。一册。半葉八行，行二十字，四周單邊，白口，單黑魚尾。框高 19.4 厘米，寬 13.7 厘米。卷端題“古董周元懋德林甫著”。前有崇禎十二年（1639）廖大亨序、崇禎十二年江之湘序。

周元懋（1611—1650），字德林，一字柱礎，浙江鄞縣人。天啓初年禮部尚書應賓之從子，以應賓蔭入仕，纍官南京右軍都事、屯部郎中，出知貴州，調思南，以丁内艱而未赴。南明魯王監國，錢肅樂屢召之，不赴，然破家輸餉弗少吝。清順治三年（1646）六月，清軍渡江，元懋赴水自沉，以救未亡，乃削髮入山。性善飲，自是縱飲無度，積飲成病，年四十嘔血早卒。撰有《蜀使漫草》。《小腆紀傳》卷五十七、《明遺民録》卷四十有傳（作“周思南”）。

是集爲崇禎十一年（1638）元懋至蜀督逋前後所作。集中所咏，以旅次感懷、居蜀酬應爲主，大略依旅次吟咏編排，不分體裁，收詩八十餘首。集内有《催逋當事者以京邊緊急爲諉志感》一題，略可見當時賦役事。末附刻悼亡妻之《哀詩》十首，小序云：“不佞督逋蜀中十有八月，艱危之狀不堪筆述。迨星槎南返，而琴瑟又中斷矣。嗟乎！莫非王事，而予獨罹此危且戚耶？空閨夜月，兒女悲啼，静地一思，奄焉欲絶！”蓋以是將悼亡詩附刻集中也。

卷首兩序版心皆有殘損。廖大亨序云：“青蓮一絶千古，爲眉山吐氣，杜陵兩川諸刻，所登大雅堂者，亦何嘗千之百之。善知味者一臠九鼎，吾頷讀柱礎詩者作如是觀。”又云：“蜀，用武國也，翰墨踐疆場，識者憂焉。上馬殺賊，下馬作露布，柱礎饒爲之。使事竣，行將領益州牧，不但以風雅著，而且以功名顯。”

江之湘序云：“柱礎周大人，越之奇偉人也。其爲人胸次廣遠，朗朗如日月入懷……客春，復以上命西使巴蜀，風景涉歷，萬里波濤，目之所攝，往往不同，而詩亦屢變……然則大人之詩，不盡成于蜀，而要以使蜀成，將與青蓮、少陵輩相唱和，如鐵堂石櫃等體，令世世歌咏不衰。”

此本封面有朱鼎煦題簽，云：“古堇周元懋蜀使漫草，崇禎刊。四明陸文虎補陀詩，明刊，黄皮紙。上二種皆罕見。補陀詩不知山志著録否？香句。”卷末有佚名跋。

《四庫全書總目》未收。《中國古籍善本書目》（集部一〇七五八條）、《中國古籍總目》（集 20212931 條）著録。除天一閣外，未見其他機構入藏。

鈐印：“蕭山朱鼎煦收藏書籍”“朱鼎煦印”“别宥齋”等。

（屠）

韻竹軒和韻麗絕

明萬曆刻本　善 3974

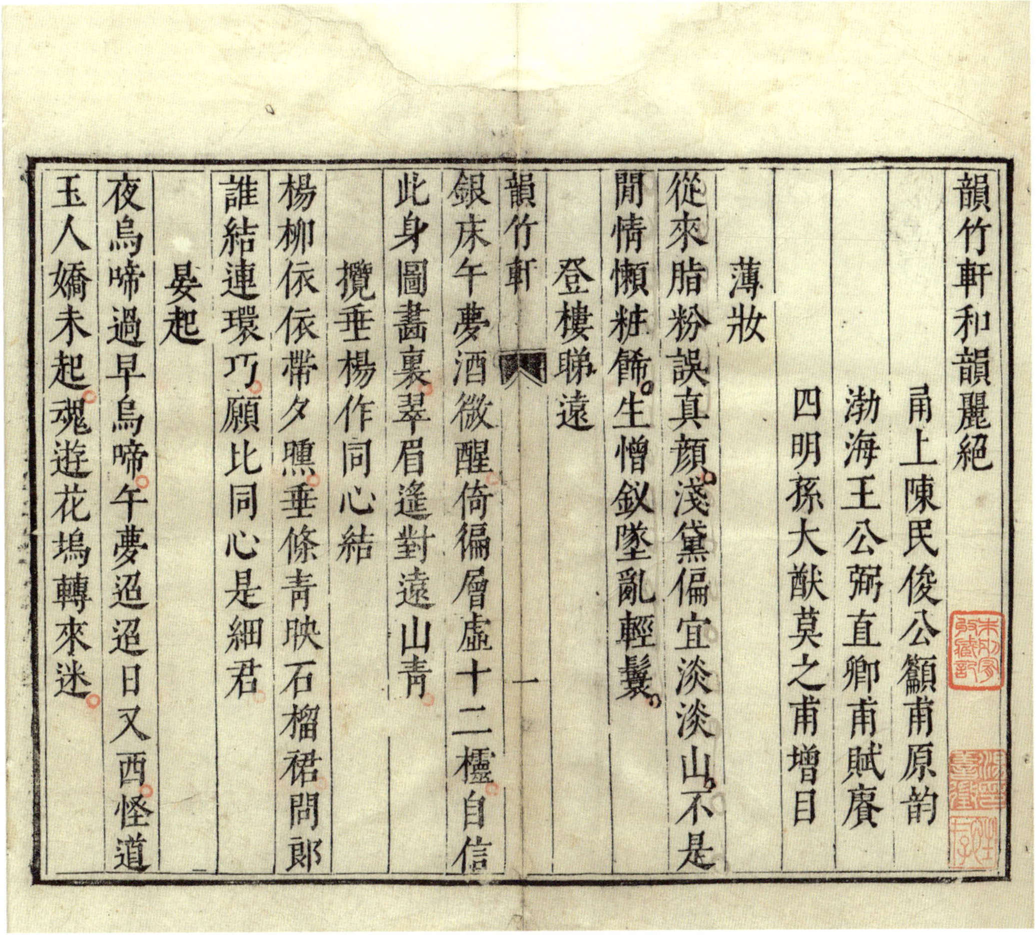

韻竹軒和韻麗絕
甬上陳民俊公籲甫原韵
渤海王公弼直卿甫賦賡
四明孫大猷莫之甫增目

薄妝
從來脂粉誤真顔淺黛偏宜淡淡山不是
閒情懶粧飾生憎釵墜亂輕鬟
登樓睇遠
銀床午夢酒微醒倚徧層虛十二欄自信
此身圖畫裏翠眉遙對遠山青
攬垂楊作同心結
楊柳依依帶夕曛垂條青映石榴裙問郎
誰結連環巧願比同心是細君
晏起
夜烏啼過早烏啼午夢迢迢日又西怪道
玉人嬌未起魂遊花塢轉來迷

韻竹軒　一

《韻竹軒和韻麗絕》卷端

《韻竹軒和韻麗絕》不分卷，明陳民俊、明王公弼、明孫大猷撰。明萬曆四十六年（1618）韻竹軒刻本。一册。半葉八行，行十六字，四周雙邊，白口，單黑魚尾。框高 19.3 厘米，寬 13.1 厘米。卷端題“甬上陳民俊公籲甫原韵，渤海王公弼直卿甫賦賡，四明孫大猷莫之甫增目”。前有陳民俊引、萬曆四十六年高體信小引。

陳民俊（生卒年不詳），字公籲，浙江鄞縣人。本爲諸生，恃才豪放，爲忌者所中，以行黜落，遂弃家入長安，中武進士，官至陝西都司，復以事罷歸。撰有《木皁集》《寶尊集》等。《［乾隆］鄞縣志》卷二十二有傳。

王公弼（生卒年不詳），字直卿，號梅和，北直隸渤海人。萬曆四十四年（1616）進士，曾任山東東昌憲副。入清官至户部左侍郎。爲人和易，以孝稱。撰有《蓼窗詩稿》等。《［光緒］重修天津府志》卷四十二有傳。

孫大猷（生卒年不詳），字莫之，浙江四明人。事迹不彰，據明姚思虞《同王直卿起部孫莫之涂青來兩山人謁盤古祠》詩，疑大猷爲王公弼幕府中人。

是集乃陳民俊原韵并王公弼唱和詩作編纂而成。陳民俊《和麗絶引》云："予草創《麗絶》百一首，終歲作輟，爲方諸生嚴督，周旬而卒業，乃持正王司空。未匝月，而司空氏儼然依韵屬和，猶復賈其餘勇，增咏數題。"

高體信《小引》云："《麗絶》百一，目自會稽伯良王公，賦自司隸公籲陳公，余從我司空公齋中讀之。才情之艷都，韵致之嫵媚，摹情寫照，樆藻敷華，詩家妙趣，已悉備之。然分目甚奥，占韵甚險，雖無意爲調高，而和者寥寥寡矣。間客和之，往往混于目，窘于韵，不數十篇，每爲閣筆。余亦嗒然，私謂天下有情人不作無情語，四明公籲乃吐此婉娩旖旎之詞，令觀之者一咀咏，一顛頷，一醉心耶？都下誠多苦吟，是帙也當稱絶唱。未逾月，我司空公所和《麗絶》裒然成帙矣，且爲之廣其目，凡若干首。"

《四庫全書總目》未收。《中國古籍善本書目》《中國古籍總目》皆未著録。除天一閣外，未見其他機構入藏。

鈐印："蕭山朱鼎煦收藏書籍""楊光之印""孝和""別宥齋""朱別宥收藏記""湯善徵印""性存"。

（王）

霜林寤歌

清初刻本　善 3985

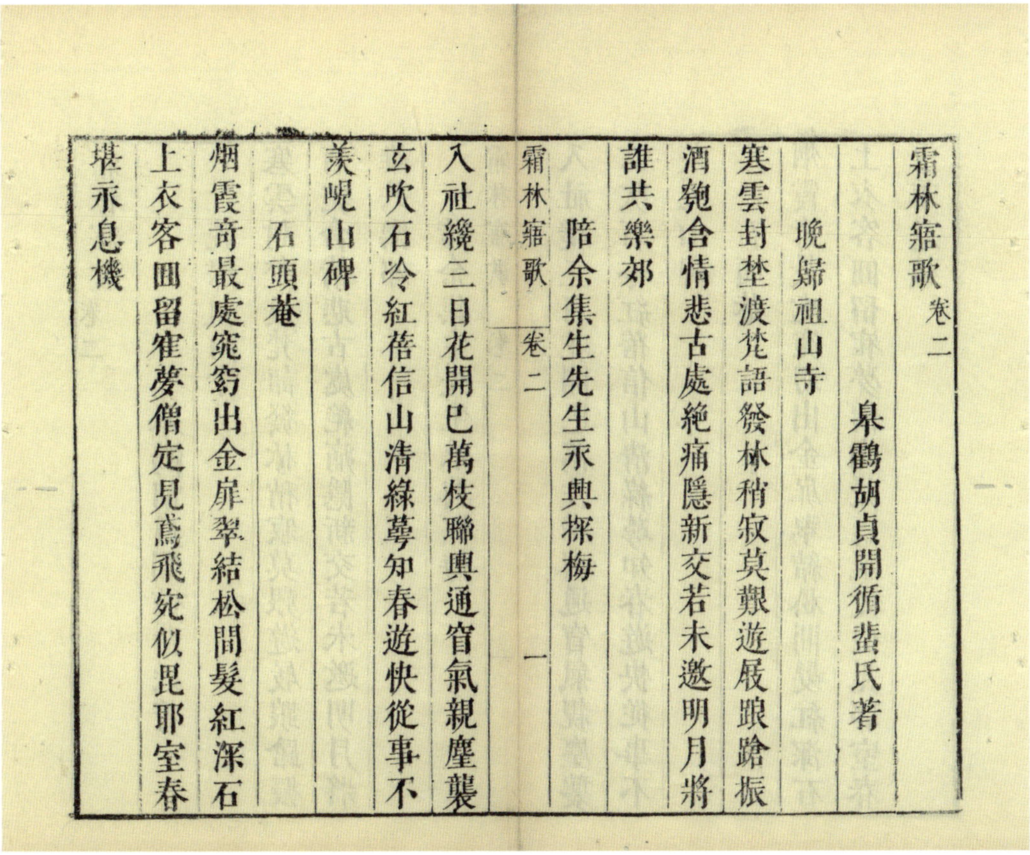
霜林寤歌　卷二
臯鶴胡貞開循蜚氏著
晚歸祖山寺
寒雲封塔渡梵語發林稍寂莫艱遊屐踉蹌振
酒貌含情悲古處絶痛隱新交若未邀明月將
誰共樂郊
陪余集生先生永興探梅
霜林寤歌　卷二　一
入社纔三日花開已萬枝聯輿通窅氣親塵襲
玄吹石冷紅蓓信山清綠蕚知春遊快從事不
羨峴山碑
石頭菴
烟霞竒最處窕窔出金扉翠結松間髮紅深石
上衣客囬留霍蔓僧定見鳶飛宛似毘耶室春
堪永息機

《霜林寤歌》卷二卷端

《霜林寤歌》五卷，明胡貞開撰。清初刻本。一册。半葉七行，行十八字，四周單邊，白口，無魚尾。框高 20.3 厘米，寬 13.0 厘米。卷二卷端題“臯鶴胡貞開循蜚氏著”。

胡貞開（生卒年不詳），字循蜚，號瑟庵，又號臯鶴，別號耳空居士，浙江仁和人。崇禎十二年（1639）舉人。鼎革後自甘放廢，後以薦起，官至湖廣推官，未幾罷歸，築米山堂，隱居西湖。工詩能文，善山水，尤長畫石，每幀必自爲題識。撰有《霜林寤歌》。《［乾隆］湖州府志》卷二十五、《［光緒］歸安縣志》卷四十一有傳。

此貞闓所著詩集，凡五卷，收詩三百餘首。目次第一葉及首卷第一至三葉已佚去。首卷今存詩六十六首，卷二收詩七十二首，卷三收詩七十四首，卷四收詩六十五首，卷五存詩六十七首（《不孤林隨筆十二首》之第十首以下已佚去）。

歌者，咏也，在樂爲歌，在辭爲詩，此命集之意。集中以咏懷紀游爲主，然亦偶及時事，如卷二《家君之任北雍同仲季連舸送自秀州乘月進平望》《屠禹若以明經拔雋留燕中爲寇獗未歸寄念》等。卷四《老馬産龍媒歌》有句“群空冀北三萬乘，貳師不愁無可勝。倘進明堂天馬歌，改元鑄鼎應相多”，卷五《不孤林隨筆十二首》小序則云“余少負長林之志，柰情事改遷，雙螺且禿，因思璧遺滈池，秦人避地，豈真消摇撰物懷乎？祖龍殄，吾族奚歸？一片桃花淺水，聊寄孤清”。隱有故國之思，應爲明清易代後所作，然書中又不避清諱，故此本向著録爲明末清初刻本，而揆諸詩意似以清初刻本較爲可能。

此本罕有流傳，不見于清代諸家書目。《四庫全書總目》未收。《中國古籍善本書目》《中國古籍總目》皆未著録。除天一閣外，未見其他機構入藏。

（屠）

皇明蕭山詩集

明正德刻本　善 4759

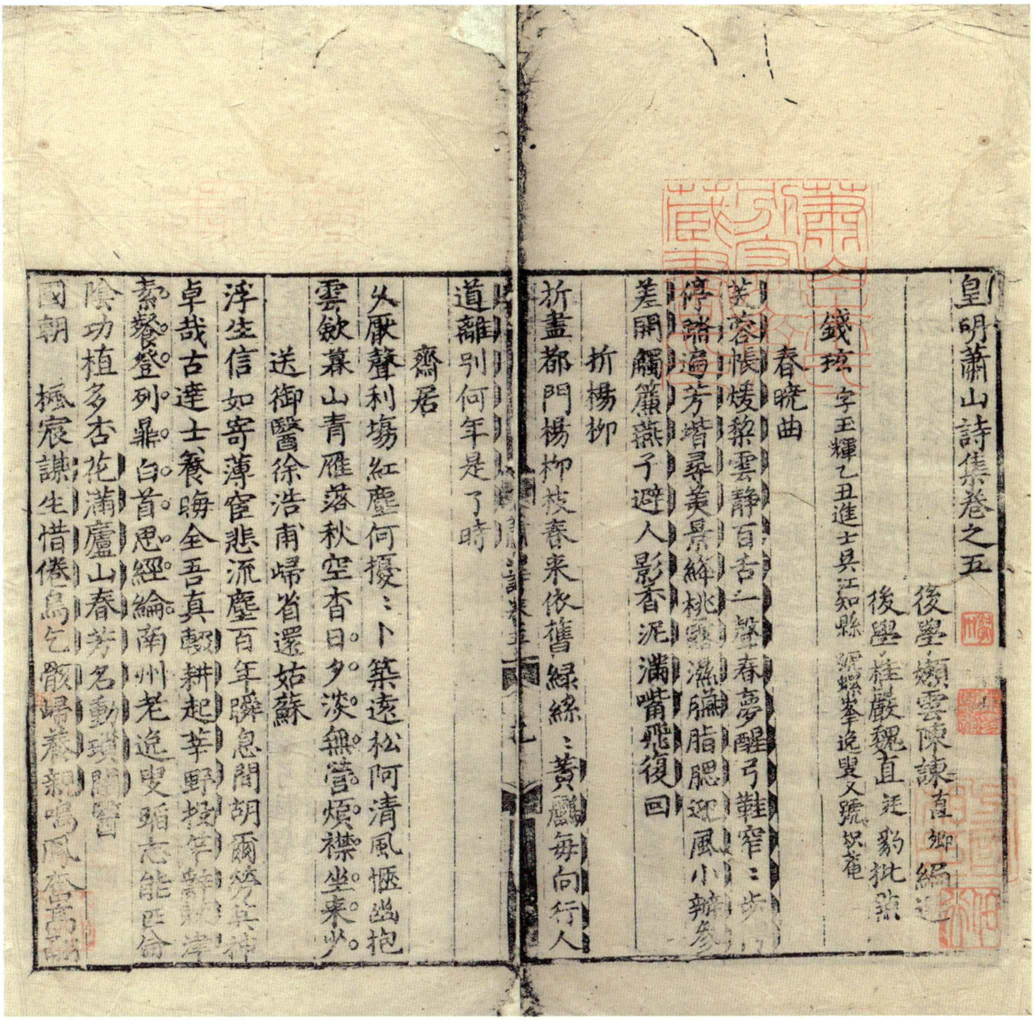

皇明蕭山詩集卷之五
後學賴雲陳謙直卿編選
後學桂巖魏直廷豹批點
錢琥 字王輝乙丑進士吳江知縣 號螺峯逸叟又號拙菴
春曉曲
芙蓉帳煖綵雲靜百舌一聲春夢醒弓鞋窄窄步
停躇過芳堦尋美景絳桃露濕臙脂腮迎風小瓣參
差開觸簾燕子避人影香泥滿觜飛復回
折楊柳
折盡都門楊柳枝春來依舊綠絲絲黃鸝每向行人
道離別何年是了時
齋居
久厭聲利場紅塵何擾擾卜築遠松阿清風愜幽抱
雲斂暮山青雁落秋空杳日夕淡無營煩襟坐來少
送御醫徐浩甫歸省還姑蘇
浮生信如寄薄宦悲流塵百年瞬息間胡爾勞其神
卓哉古達士養晦全吾真躬耕起莘野投竿辭渭濱
素餐登列鼎白首思經綸南州老逸叟韜志能匹倫
陰功植多杏花滿廬山春芳名動瑣闥習
國朝 極宸謙生借倦鳥乞骸歸養親鳴鳳登高崗

《皇明蕭山詩集》卷五卷端

《皇明蕭山詩集》六卷，明陳謙編選，明魏直批點。明正德刻本。一册。半葉十行，行二十字，四周單邊，上下黑口，三黑魚尾。框高 17.1 厘米，寬

12.2 厘米。卷五卷端題“後學嬾雲陳諫直卿編選，後學桂巖魏直廷豹批點”。後有正德十一年（1516）童顯章跋。

陳諫（生卒年不詳），字直卿，號嬾雲，浙江蕭山人。生平事迹不顯。據集中可知，世居蕭山唐里，與里人陸禎、陳采等交好。

魏直（生卒年不詳），字廷豹，號桂巖，浙江蕭山人。能詩，以醫術聞吴越間，治痘疹奇驗，撰有《博愛心鑑》，行于世，凡小兒醫必誦讀之。《［康熙］蕭山縣志》卷十九有傳。

是集六卷，大體依撰者先後編次，先略舉字號生平，其下以人繫詩，不分詩體。今存卷五至六，所收多時人之作。撰者除個別及第出仕外，多爲蕭山一地郡庠生及僧人，蓋陳、魏二人友朋輩也。卷五收錢玹、任鑑、趙鐸、田惟禎、傅積、翁文、張維翰、陸禎、徐景輝、張士玉、朱諫、楊理、王鏞、陳坦、陳采、趙鎧、屠璉、王福、楊涇、徐寓、僧庭桂、僧法相諸人詩，篇次多寡不等。卷六收田惟祐、史和、汪桂、丁潭、陳譒、童珊、祝暐、沃軏、葉琥、任淵、陳諮、陳鋭、鄭賢、朱孔毓、徐宰、郁玨、沃詔、陳爵、周霈、沈檣、沈致中、釋天福諸人詩，亦多寡不等。

童顯章跋云：“吾邑先達暨諸後學，或騷或頌，或歌或謠，或詞或律或絶，率多感寓，有關世教不少……一日，唐里陳直卿氏過予池隱，告曰：幸我安福平山伍侯以名進士來牧于兹，振起士類，翕成節孝之風，欲輯闔邑名詩，以行于世。時哉，弗可失也。予不覺爲之豁然。直卿乃不憚跋涉，遠近廣詢博采，靡拘世系，惟取善鳴者編集考正，弗吝所費，鳩工鋟梓，不數月而成。蒙伍侯序其首簡，予忝昔典風教，獨何忍默？”

《四庫全書總目》未收。《中國古籍善本書目》《中國古籍總目》皆未著録。除天一閣外，未見其他機構入藏。

鈐印：“伯北”“方國相印”“朱鼎煦印”“別宥齋”“蕭山朱氏別宥齋藏書印”“蕭山朱鼎煦收藏書籍”。

（屠）

吴中二集

明嘉靖刻本　善 4753

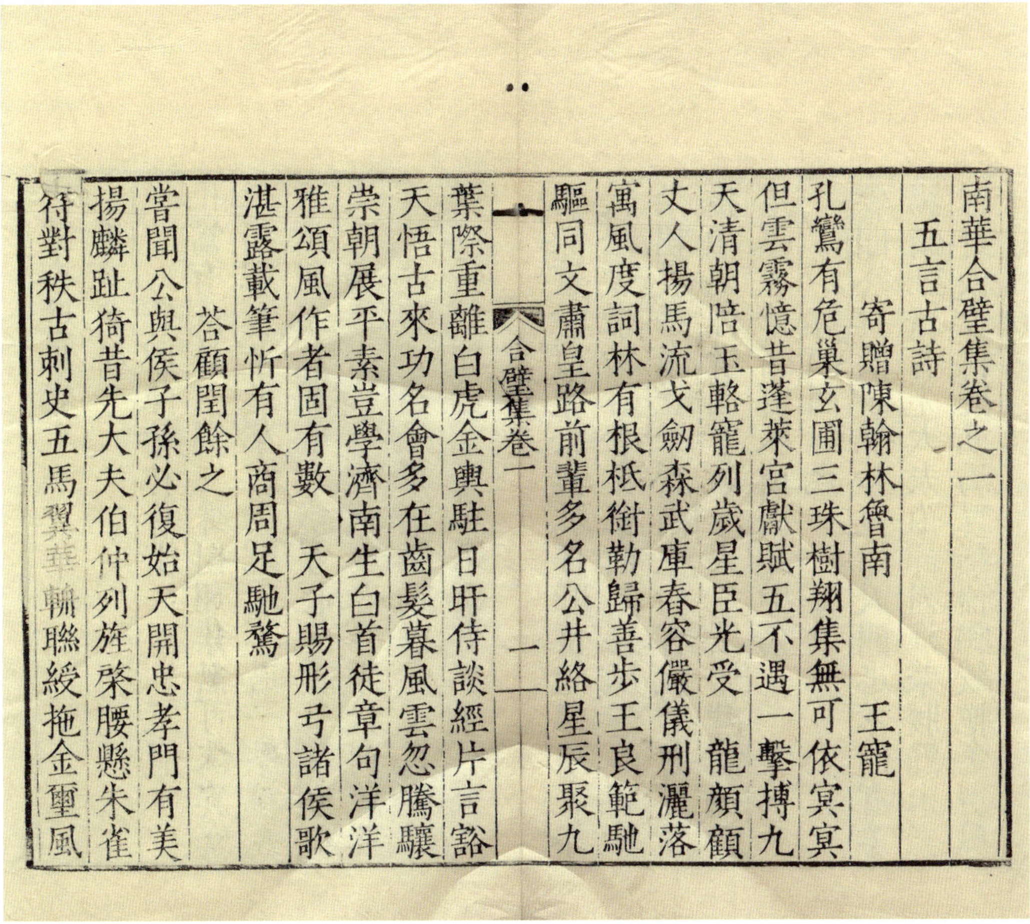
南華合璧集卷之一
五言古詩
寄贈陳翰林魯南　王寵
孔鸞有危巢玄圃三珠樹翔集無可依冥冥
但雲霧憶昔蓬萊宮獻賦五不遇一擊搏九
天清朝陪玉輅寵列歲星臣光受　龍顏顧
丈人揚馬流戈劒森武庫春容儼儀刑灑落
寓風度詞林有根柢銜勒歸善步王良範馳
驅同文肅皇路前輩多名公井絡星辰聚九

合璧集卷一　一

葉際重離白虎金輿駐日旰侍談經片言谿
天悟古來功名會多在齒髮暮風雲忽騰驤
崇朝展平素豈學濟南生白首徒章句洋洋
雅頌風作者固有數　天子賜彤弓諸侯歌
湛露載筆忻有人商周足馳騖
荅顧閏餘之
嘗聞公與侯子孫必復始天開忠孝門有美
揚麟趾猗昔先大夫伯仲列旌棨腰懸朱雀
符對秩古刺史五馬翼華轓聯綬拖金璽風

《南華合璧集》卷一卷端

《吴中二集》九卷，明黄魯曾輯。明嘉靖刻本。五册。半葉九行，行十七字，左右雙邊，白口，單黑魚尾。框高 18.7 厘米，寬 13.2 厘米。前有黄魯曾總序。

黄魯曾（1487—1561），字得之，一字德之，號中南山人，南直隸吴縣人。正德十一年（1516）舉于鄉，後纍試不第，終老于公車。嚴嵩聞其才，欲招致之，不就。爲人狀貌雄偉，好藏書，于學無所不窺，與弟省曾皆名于時。省曾北面事李夢陽，而魯曾則詞必己出，不欲寄人籬下。其詩後多散佚。撰有《南華合璧集》《續吴中往哲記》等，另編有《吴中二集》《漢唐三傳》《編選四家宫詞》《太平樂府》等。《列朝詩集小傳》丁集、《［康熙］吴縣志》卷四十九有傳。

此本名“二集”，蓋合《南華合璧集》與《王蔡青藍集》而言。《南華合璧集》，録王寵、黄魯曾二人詩，計五卷；《王蔡青藍集》，録王守、蔡羽詩，計四卷。四子皆吴中人，故名《吴中二集》。

王寵（1494—1533），字履仁，後更字履吉，號雅宜山人，南直隸吴縣人。少與其兄守同學于蔡羽門下，既而讀書石湖之上二十年，非省侍不入城市。八試不第，以諸生貢入太學，年四十而卒。與文徵明、唐寅等相善。擅書法，行書妙得晋法，于書無所不讀，通經，亦工詩，死後數十年其名大顯于世。撰有《雅宜集》。《明史》卷二百八十七有傳（附文徵明後），《列朝詩集小傳》丙集、《［康熙］吴縣志》卷四十九有傳。

王守（1492—1550），字履約，號涵峰山人，寵之兄。嘉靖五年（1526）進士，纍官至南京右副都御史。少與其弟俱工藝文筆札，而名不如弟。《國朝列卿紀》卷九十四、《皇明詞林人物考》卷九、《［康熙］吴縣志》卷四十九有傳。

蔡羽（？—1541），字九逵，自號林屋山人，南直隸吴縣人。由國子生授南京翰林院孔目。自負甚高，文法先秦、兩漢。或謂其詩似李賀，羽曰：“吾詩求出魏、晋上，今乃爲李賀邪！”撰有《林屋》《南館》二集。《明史》卷二百八十七有傳（附文徵明後），《［康熙］吴縣志》卷四十九有傳。

《南華合璧集》五卷，以體爲次，每體皆先録王寵詩，後録黄魯曾詩。卷一五言古詩，收寵詩四十九首、魯曾詩二十八首；卷二七言古詩，收寵詩二十五首、魯曾詩十首；卷三五言律詩及五言排律，其中五言律詩收寵詩八十首、魯曾詩一百十二首，五言排律收寵詩三首、魯曾詩三首；卷四七言律詩，收寵詩二十六首、魯曾詩五十八首；卷五當爲五七言絶句，惜今已佚。

《王蔡青藍集》亦以體爲次，每體先録王守詩，次録蔡羽詩。卷一先五言古詩，收守詩五首、羽詩三十七首，次七言古詩，收守詩一首、羽詩十首；

卷二五言律詩，收守詩四十七首、羽詩八十四首；卷三七言律詩，收守詩九首、羽詩四十三首；卷四先五言排律，收守詩七首、羽詩三首，次五言絶句，收守詩四首、羽詩十八首，又次七言絶句，收守詩二十四首、羽詩三十九首。

黄魯曾序云："唯林屋山人蔡羽爲魯曾前俊，博達秦漢文賦，而加有巧思逸致，所以詩篇華溢海内。惜其竟困頓棘試，不以科甲超軼士群。晚遇霍渭崖先生，爲知音焉。吁，斯時智既髦矣，其詩以其人非臺閣部寺之班，絶不閲而評之。天下士大夫，奚爲然乎？奚爲然乎？魯曾是以精選慎鋟諸梓，與王氏守、寵二子之言并傳之。末附鄙詞，非宋儒所謂推援，亦非文中子之所妄擬類也。命之曰《吴中二集》，所以表吴人之可進于古之作者焉耳。"

《四庫全書總目》收録内府藏本《南華合璧集》五卷，入集部總集類存目。提要云："是編選王寵之詩而附以己作，合爲一集。寵所著《雅宜集》，深爲顧璘等所推。朱彝尊《静志居詩話》則謂寵亦中材，譽過其實。魯曾詩更不逮寵，殆欲藉寵以行，故有是刻。自序謂執是編請正于友生，適諷蒙莊之詞，遂命曰《南華合璧集》，其立名尤無所取義矣。"案：今《吴中二集》卷首黄氏自序中無此語，且觀其"魯曾是以精選慎鋟諸梓，與王氏守、寵二子之言并傳之，末附鄙詞"語，《南華合璧集》當曾先于此單獨刊刻行世，而後方編選王守、蔡羽詩爲《王蔡青藍集》，合二者爲《吴中二子集》，復鋟諸梓。館臣猜測魯曾欲藉寵取名，今其序中所言"非宋儒所謂推援，亦非文中子之所妄擬類"，當有所而發，豈時人亦有所譏也？今《南華合璧集》單刻本未見傳世，此合刻本亦足可寶也。

《中國古籍善本書目》未著録。《中國古籍總目》著録（集60344470條）。除天一閣外，未見其他機構入藏。

（屠）

高子全書

明崇禎刻清乾隆重修本　善 4008

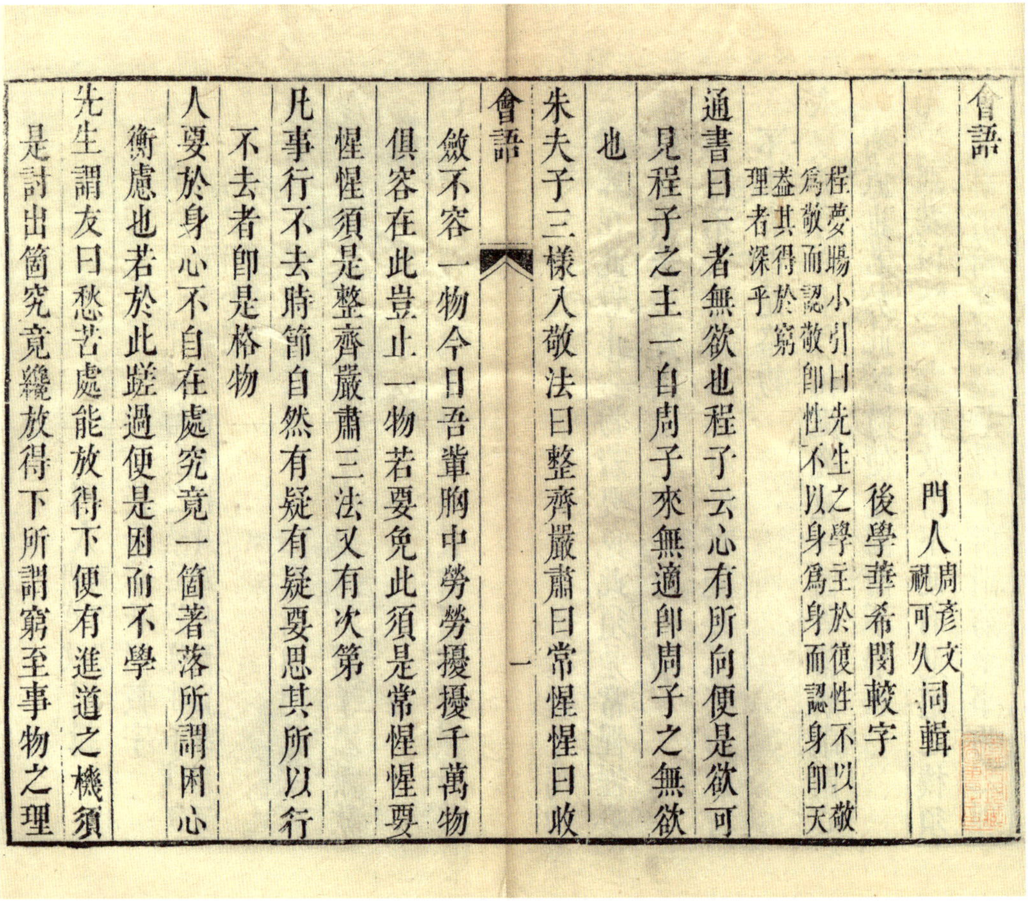
會語
門人周彥文 祝可久同輯
後學華希閔較字
程夢暘小引曰先生之學主於復性不以敬爲敬而認敬即性不以身爲身而認身即天蓋其得於窮理者深乎
通書曰一者無欲也程子云心有所向便是欲可
見程子之主一即周子之無欲
也
朱夫子三樣入敬法曰整齊嚴肅曰常惺惺曰收
會語　一
斂不容一物今日吾輩胸中勞勞擾擾千萬物
俱容在此豈止一物若要免此須是常惺惺要
惺惺須是整齊嚴肅三法又有次第
凡事行不去時節自然有疑有疑要思其所以行
不去者即是格物
人要於身心不自在處究竟一箇著落所謂困心
衡慮也若於此蹉過便是困而不學
先生謂友曰愁苦處能放得下便有進道之機須
是討出箇究竟纔放得下所謂窮至事物之理

《東林書院會語》卷端

《高子全書》八種五十一卷，明高攀龍撰。明崇禎刻清乾隆七年（1742）華希閔劍光閣重修本。六册。半葉九行，行十九字，四周單邊，白口，單黑魚尾。框高 21.6 厘米，寬 14.2 厘米。《會語》卷端題“門人周彥文、祝可久同輯，後學華希閔較字”；《高子文集》卷端題“後學華希閔豫原校”等。

高攀龍生平參見“高子遺書”條。

是書爲高氏著述之合集，據《中國古籍善本書目》著録凡八種五十一卷，計：“周易孔義三卷”“春秋孔義十二卷”“四書講義一卷”“東林書院會語一卷”“程子節録四卷文集抄一卷”“朱子節要十四卷”“就正録一卷”“高子文集六卷詩集八卷”。此本佚去大半，僅存“東林書院會語一卷”“高子文集六卷詩集八卷”兩種，凡十五卷。

《東林書院會語》，卷端及版心皆題作《會語》，收高攀龍主講東林書院時師生論學語録一百條。卷首有小序論高攀龍治學宗旨云：“程夢陽小引曰：‘先生之學主于復性，不以敬爲敬，而認敬即性，不以身爲身，而認身即天，蓋其得于窮理者深乎！’”

《高子文集》六卷《詩集》八卷，《文集》：卷一奏疏、議、揭、問；卷二序；卷三記；卷四分上、下卷，卷上碑、傳志銘、表、祭文，卷下行狀；卷五亦分上、下卷，所收皆爲書；卷六雜著。《詩集》卷端分體繫詩，版心標卷次，計：卷一四言古詩，卷二五言古，卷三六言詩，卷四七言古詩，卷五五言律詩，卷六七言律詩，卷七五言絶句，卷八七言絶句。按，《詩集》版心卷次葉次多有誤刻，如卷六葉二誤刻爲卷五葉二，卷七葉七至八誤刻爲卷四葉七至八。

是書《中國古籍善本書目》著録兩種：一題“高子全書七種四十卷”，崇禎刻清華希閔劍光閣重修本；一題“高子全書八種五十一卷”，清乾隆七年華希閔劍光閣刻本。兩者相較，前者少“高子文集六卷詩集八卷”一種，而《就正録》著録爲四卷，較後者多三卷。然據《高子文集》卷一可知，是刻避明諱、清諱皆不謹嚴，且有明顯剜改“虜”“奴”等字痕迹，又行款字體全然爲明末刻本風格，可知斷非華希閔乾隆間重刻，當是華氏據原版片修補剜改而成。是《中國古籍善本書目》著録有誤，此“高子全書八種五十一卷”當亦爲崇禎刻清華希閔劍光閣重修本。

是刻“校”避諱作“較”，“玄”避諱缺末筆，然亦有不避。不避“弘”字、“曆”字。《高子文集》卷五天頭有沈梧批跋。

《四庫全書總目》收録高氏《高子遺書》《春秋孔義》《二程節録》等

數種，蓋書中所收大半已著録矣。《中國古籍善本書目》（叢部三八八條）、《中國古籍總目》（叢 20501179 條）著録。除天一閣外，中國國家圖書館、南開大學圖書館、吉林大學圖書館、甘肅省圖書館、山東師範大學圖書館等多家機構亦有入藏。

鈐印："沈梧之印""旭庭收藏""霝門珍藏圖書之印"。

（屠）

竹嬾畫媵、續畫媵

明天啓崇禎間刻本　朱 7558

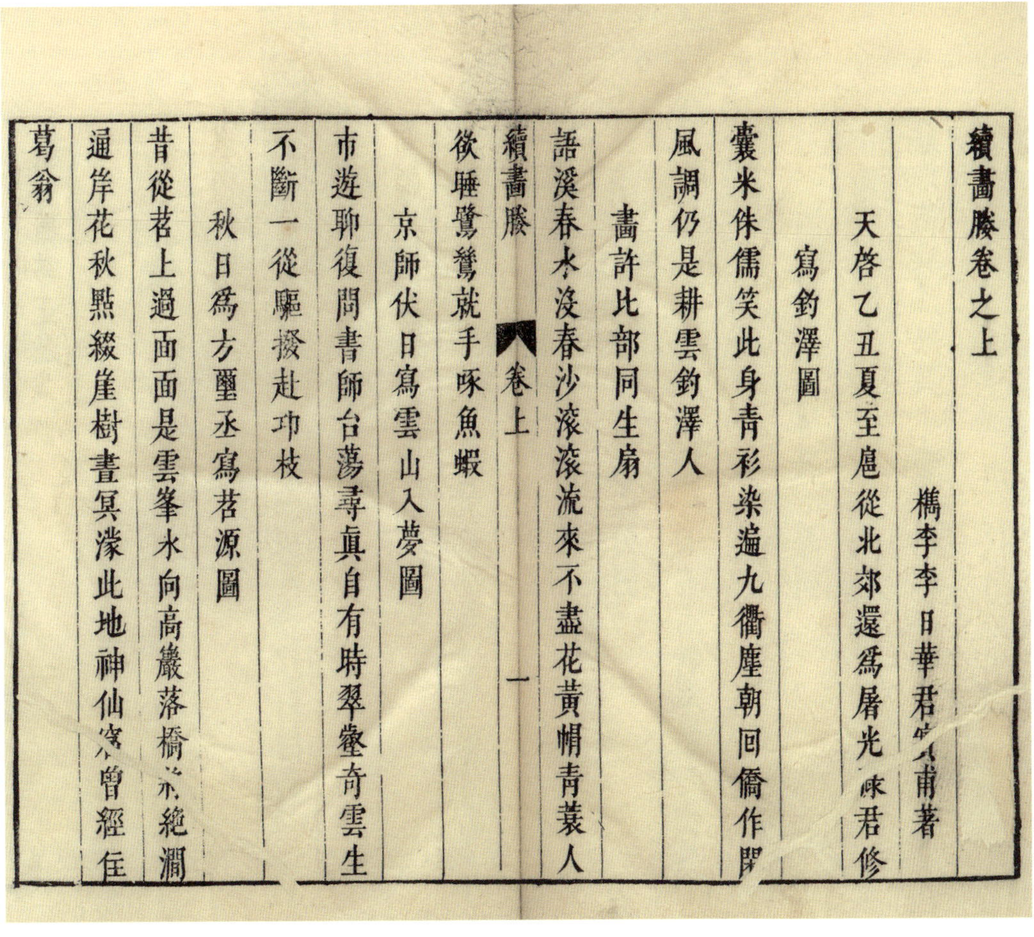

續畫媵卷之上

檇李李日華君實甫著

天啓乙丑夏至扈從北郊還爲屠光祿君修

寫釣澤圖

囊米侏儒笑此身青衫染遍九衢塵朝回倚作閑

風調仍是耕雲釣澤人

畫許比部同生扇

語溪春水沒春沙滚滚流來不盡花黄帽青蓑人

續畫媵　卷上　一

欲睡鷺鷥就手啄魚蝦

京師伏日寫雲山入夢圖

市遊聊復問書師台蕩尋真自有時翠壑奇雲生

不斷一從驅撥赴邛枝

秋日爲方璽丞寫茗源圖

昔從茗上過面面是雲峯水向高巖落橋[illegible]絕澗

通岸花秋點綴崖樹畫㝠濛此地神仙客曾經住

葛翁

《續畫媵》卷端

《竹嬾畫媵》一卷《續畫媵》一卷，明李日華撰。明天啓崇禎間刻《李竹嬾先生説部》零本。二册。半葉八行，行十九字，四周單邊，白口，單黑魚尾。框高 20.8 厘米，寬 13.5 厘米。《續畫媵》卷端題“檇李李日華君實甫著”。

李日華（1565—1635），字君實，一字九疑，號竹嬾，浙江嘉興人。萬曆二十年（1592）進士，授九江推官，纍遷南京禮部主事。後辭歸奉養，鄉居二十餘年。崇禎初陳言佐新政，晋太僕寺少卿。性恬淡和易，能書畫，善賞鑒，與董其昌、王惟儉齊名。撰有《竹嬾畫媵》《恬致堂集》《味水軒日記》等，曾與修《［崇禎］嘉興縣志》。《明史》卷二百八十八有傳（附王惟儉後），《［崇禎］嘉興縣志》卷十四有傳。

是書僅存《續畫媵》一卷，爲《竹嬾畫媵》續筆之作，所收皆李氏題畫之詩文題詞。媵者，以其副于畫也。卷中所收大致以年月爲序，始天啓五年（1625）夏，終崇禎六年（1633），其晚年題畫文字，當盡在此矣。卷末附各類對聯63副，有題贈之作，如贈書賈之“行藏半似銜書鶴，生計甘爲食字魚”，又有門聯如“青雲通輦路，黄鳥占喬枝”，與畫作無關，當因近于題詞而雜收之。

《李竹嬾先生説部》收書八種二十五卷：“六研齋筆記四卷二筆四卷三筆四卷”“紫桃軒雜綴三卷又綴三卷”“竹嬾畫媵一卷續畫媵一卷”“禮白嶽記一卷”“墨君題語一卷（明江元祚輯）”“薊旋録一卷”“璽召録一卷”“篷櫳夜話一卷”。是書爲零本，分上、下卷，計二册，前後皆無序跋。

天一閣另有零本一種，爲“紫桃軒雜綴三卷又綴三卷”，存“又綴三卷”。

《四庫全書總目》著録“竹嬾畫媵一卷續畫媵一卷”，入子部藝術類存目。《中國古籍善本書目》（叢部三八九條）著録，題作“李竹嬾先生説部八種二十五卷”，本書爲此叢書之第三種。《中國古籍總目》（叢20501181條）著録，題作“李竹嬾先生説部全書八種”，本書爲叢書之第五種。除天一閣外，上海圖書館、復旦大學圖書館、天津圖書館、南京大學圖書館及日本静嘉堂文庫、美國哈佛大學哈佛燕京圖書館等多家機構亦有入藏。

（屠）

天一閣藏明人文集善本簡目

A

艾南英

善 4049　艾天傭集七卷　（明）艾南英撰　清郢雪書林刻本　二册

善 4048　天傭子文集一卷續集一卷　（明）艾南英撰　明崇禎刻本　六册

B

貝　瓊

善 3658　清江貝先生集三卷續集一卷　（明）貝瓊撰　明萬曆三年李詩刻本　三册　存三卷：二至三、續集一卷

邊　貢

善 5041　邊華泉集八卷　（明）邊貢撰　（明）劉天民輯　明嘉靖十七年司馬魯瞻刻本　一册　存三卷：三至五

善 3767　邊華泉集八卷集稿六卷　（明）邊貢撰　明刻本　三册　存七卷：邊華泉集一至二、五至六，集稿四至六

善 3766　華泉詩集八卷　（明）邊貢撰　明嘉靖十七年蘇祐刻本　一册　存五卷：四至八

C

蔡汝楠

馮善 2303　白石山人詩選後編一卷　（明）蔡汝楠撰　（明）楊慎選　明嘉靖間胡定刻本　一册

善 3859　自知堂集二十四卷　（明）蔡汝楠撰　明嘉靖四十三年衡陽朱炳如刻本　九册　存二十二卷：一至五、八至二十四

陳　棐

善 3735　陳文岡先生文集二十卷　（明）陳棐撰　明萬曆刻本　八册

陳函煇

善 4050　小寒山子集十四卷　（明）陳函煇撰　明崇禎刻本　一册　存一卷：青未了一卷

陳宏已

善 4039　三溪集□□卷　（明）陳宏已撰　明崇禎刻本（民國朱鼎煦批）　一册

存二卷：一至二

陳洪綬

善 4057　寶綸堂集十卷拾遺一卷　（明）陳洪綬撰　清光緒十四年董氏取斯堂木活字印本　七册

陳繼儒

善 4028　陳眉公集十七卷　（明）陳繼儒撰　明萬曆四十三年史辰伯刻本　四册　存十五卷：一至二、五至十七

陳　諫

善 4759　皇明蕭山詩集六卷　（明）陳諫編選　（明）魏直批點　明正德刻本　一册　存二卷：五至六

陳　鈞

善 3642　滄浪子退軒集七卷　（明）陳鈞撰　清抄本　一册

陳良謨

善 3903　陳恭潔公遺集一卷　（明）陳良謨撰　清周大輔鴿峰草堂抄本　一册

陳懋仁

善 1982　陳懋仁雜著□□種　（明）陳懋仁撰　明崇禎刻本　一册　存一種二卷：泉南雜誌二卷

陳民俊

善 3974　韻竹軒和韻麗絶不分卷　（明）陳民俊　（明）王公弼　（明）孫大猷撰　明萬曆四十六年韻竹軒刻本　一册

陳仁錫

善 4025　陳太史無夢園初集三十四卷　（明）陳仁錫撰　明崇禎六年張一鳴刻本　四十册

善 4026　陳太史無夢園初集三十四卷　（明）陳仁錫撰　明崇禎六年張一鳴刻本　一册　存二卷：勞集一至二

善 4708　明文奇賞四十卷　（明）陳仁錫輯　明天啓三年刻本　二十册

善 4709　明文奇賞四十卷　（明）陳仁錫輯　明天啓三年刻本　二十册　存三十九卷：一至七、九至四十

陳汝元

善 4938　金蓮記二卷　（明）陳汝元撰　明萬曆三十四年陳氏函三館刻本（民國朱鼎煦跋）　二册

陳　深

善 4763　秭歸外志八卷　（明）陳深輯　明刻本　三册　存七卷：一、三至八

陳　束

馮善 2295　陳后岡文集一卷詩集一卷　（明）陳束撰　明萬曆十九年林可成刻二十二年陳復言重修本（清童會跋）　二册

陳　霆

善 3713　水南集詩詞八卷　（明）陳霆撰　清得古齋抄本　三册　存六卷：三至八

陳獻章

善 3831　白沙先生詩教解十卷　（明）陳獻章撰　（明）湛若水輯解　明隆慶元年李尚刻本　一册

善 3704　白沙子全集十卷古詩教解二卷首一卷末一卷　（明）陳獻章撰　（明）湛若水輯解　清乾隆三十六年陳氏碧玉樓刻本　八册　存十卷：一至五、八至十，首一卷，末一卷

陳于廷

善 4024　定軒存稿十六卷　（明）陳于廷撰　（明）陳貞慧編　明崇禎刻本　六册

陳子龍

善 4726　皇明詩選十三卷　（明）陳子龍等撰　明崇禎十六年刻本　十二册

陳子壯

善 3091　陳太史昭代經濟言十四卷（明）陳子壯輯　明天啓刻本　四册

程本立

善 3680　巽隱程先生詩集二卷文集二卷（明）程本立撰　清康熙五十八年金檀燕翼堂刻本　一册　存二卷：詩集二卷

程　旦

善 4703　皇明詩抄十卷　（明）程旦輯　明刻本　一册　存五卷：一至五

程敏政

善 4707　皇明文衡一百卷目録二卷（明）程敏政輯　明嘉靖六年范震、李文會刻本　二十册

善 3716　篁墩程先生文粹二十五卷（明）程敏政撰　（明）程曾　（明）戴銑輯　明正德元年張九逵刻本　一册　存三卷：一至三

善 3715　篁墩程先生文集九十三卷拾遺一卷　（明）程敏政撰　明正德二年何歆刻本　一册　存六卷：六至十一

程文德

善 3881　程松谿先生文集十卷　（明）程文德撰　明隆慶元年刻本（民國朱鼎煦跋）　一册　存三卷：三至五

程一極

善 3792　程會父青山草四卷　（明）程一極撰　明萬曆刻本　一册　存一卷：一

崔　銑

善 3769　洹詞十二卷　（明）崔銑撰　明趙府味經堂刻本　三册　存六卷：三至四、九至十二

D

戴　澳

善 4037　杜曲集十一卷　（明）戴澳撰　明崇禎刻本　五册　存九卷：一至九

戴　鱀

馮善 2281　戴中丞遺集八卷　（明）戴鱀撰　**附録一卷**　（明）張時徹撰　明嘉靖三十九年明州戴士充刻本（卷三至八、附録配民國馮貞群抄本）（民國馮貞群跋）三册

丁繼嗣

善 4015　蒼虬舘草六卷　（明）丁繼嗣撰　明萬曆刻本（民國朱鼎煦跋）　一册

存二卷：中集、下集

董光宏

善 3979　秋水閣墨副十卷　（明）董光宏撰　明刻本（卷七至八補清抄本）　六册

董　沛

善 4782　甬上明詩略一卷　（清）董沛輯　稿本　一册

F

范　欽

善 3799　天一閣集三十二卷　（明）范欽撰　明萬曆十九年范氏家刻本（卷四至六補清抄本，卷七補當代複印本）　九册

善 3800　天一閣集三十二卷　（明）范欽撰　明萬曆十九年范氏家刻本　六册

范汝植

善 4000　使秦吟畧一卷　（明）范汝植撰　明崇禎刻本　一册

善 4001　雁字十詠一卷　（明）范汝植撰　明崇禎刻本　一册

范汝梓

善 3999　落迦山房集□□卷　（明）范汝梓撰　明刻本　一册　存一卷：奏疏書一

方孝孺

馮善 2261　方正學先生遜志齋集二十四卷外紀二卷　（明）方孝孺撰　明萬曆四十年丁賓等刻本（卷二十一至二十四配清康熙三十七年刻本）　十六册

善 3678　遜志齋集二十四卷　（明）方孝孺撰　**附録一卷**　明嘉靖四十年王可大刻本　二册　存五卷：十八至二十二

費　宏

善 3797　太保費文憲公摘稿二十卷　（明）費宏撰　明嘉靖三十四年吴遵之刻本　十册　存十卷：一至十

馮從吾

善 4014　馮少墟集十八卷　（明）馮從吾撰　明萬曆四十七年劉必達刻本　七册　存十一卷：一至三、七至十三、十八

馮京第

馮善 2370　馮侍郎遺書八卷附録二卷　（明）馮京第撰　馮貞群編　稿本　一册

馮善 2716　鞠小正臆述一卷青村吟一卷白龍吟一卷　（明）馮京第撰　清抄本　一册

馮元颺

馮善 2324　聟仙詩集一卷　（明）馮元颺撰　清抄本　一册

馮元仲

善 4038　天益山堂遺集十卷續刻一卷　（明）馮元仲撰　清乾隆八年馮廷楷刻本　二册

傅汝舟

善 3967　傅遠度集□□種□□卷　（明）傅汝舟撰　明刻本　一册　存一種二卷：步天集二卷

G

高攀龍

善 4008　**高子全書八種五十一卷**　（明）高攀龍撰　明崇禎刻清乾隆七年華希閔劍光閣重修本　六册　存二種十五卷：東林書院會語一卷、高子文集六卷詩集八卷

善 4009　**高子遺書十二卷**　（明）高攀龍撰　（明）陳龍正訂次　**附録一卷**　（明）陳龍正審定　明崇禎五年錢士升、陳龍正等刻本　十册

善 4010　**高子遺書十二卷**　（明）高攀龍撰　（明）陳龍正訂次　**附録一卷**　（明）陳龍正審定　清康熙二十八年高氏家刻本　四册　存六卷：一至四、十至十一

高　啓

善 3660　**青邱高季迪先生詩集十八卷遺詩一卷扣舷集一卷鳧藻集五卷附録一卷年譜一卷**　（明）高啓撰　（清）金檀輯注　清雍正六年至七年金氏文瑞樓刻乾隆印本　八册

善 3661　**青邱高季迪先生詩集十八卷遺詩一卷扣舷集一卷鳧藻集五卷附録一卷年譜一卷**　（明）高啓撰　（清）金檀輯注　清雍正六年至七年金氏文瑞樓刻本　八册

孤山放鶴人

善 4954　**眉樓載花船傳奇二卷**　（明）孤山放鶴人填詞　（明）河泛槎客評閲　清抄本　一册

顧存仁

善 3904　**東白草堂集四卷**　（明）顧存仁撰　明隆慶元年刻本　一册　存一卷：三

顧大典

善 3932　**清音閣集十卷**　（明）顧大典撰　明萬曆刻本　一册　存一卷：六

顧鼎臣

善 3768　**顧文康公文草十卷詩草六卷續稿六卷三集四卷**　（明）顧鼎臣撰　**首一卷**　明崇禎十三年昆山顧氏桂雲堂刻十六年至清順治二年續刻本　七册　存二十三卷：文草十卷、詩草六卷、續稿六卷、首一卷

顧　璘

善 5036　**浮湘藁四卷**　（明）顧璘撰　明刻本　一册　存一卷：一

善 3779　**息園存藁十四卷又九卷**　（明）顧璘撰　明刻本　四册　存十卷：三至十、十三至十四

顧起經

善 3851　**九霞山人集十二卷**　（明）顧起經撰　明萬曆七年顧祖美刻本　一册　存三卷：一至三

善 3852　**九霞山人集十二卷**　（明）顧起經撰　明萬曆七年顧祖美刻本　三册　存九卷：一至九

顧起綸

善 3993　**玄言齋集二卷**　（明）顧起綸撰　（明）王問評選　明嘉靖三十二年勾吴何甫奇字館刻本　二册

顧　懿

善 3673　**充然子詩文集六卷**　（明）顧

慤撰　清抄本　一册

管時敏

善 3653　蚓竅集十卷　（明）管時敏撰　（明）丁鶴年評　**全菴記一卷**　（明）周子冶撰　明永樂元年楚藩刻本　一册　存一卷：五

歸有光

馮善 2287　歸先生文集三十二卷附録一卷　（明）歸有光撰　明萬曆四年翁良瑜雨金堂刻重修本　四册　存二十二卷：一至三、十二至三十

善 3900　歸震川集不分卷　（明）歸有光撰　清抄本（民國朱鼎煦跋）　一册

馮善 2289　震川先生集三十卷別集十卷　（明）歸有光撰　清康熙十年至十四年歸莊、歸玠等刻本（民國馮貞群批校）　十二册

善 3898　震川先生集三十卷別集十卷附録一卷　（明）歸有光撰　清康熙十年至十四年歸莊、歸玠等刻本　二十册

善 3899　震川先生集三十卷別集十卷附録一卷　（明）歸有光撰　清康熙十年至十四年歸莊、歸玠等刻本　十二册　存三十九卷：震川先生集二至三十、別集十卷

善 3897　震川先生集三十卷別集十卷附録一卷補編一卷　（明）歸有光撰　清康熙十年至十四年歸莊、歸玠等刻本　八册　存四十卷：震川先生集三十卷、別集十卷

郭　勛

善 4906　雍熙樂府二十卷　（明）郭勛輯　明嘉靖四十五年荆聚刻本　十九册　存十九卷：二至二十

郭　鈺

善 4804　郭氏聯珠集二十二卷　（明）郭鈺述　（明）郭登輯　明成化八年刻本　四册

郭子章

善 4865　豫章詩話六卷　（明）郭子章撰　明萬曆三十年吴獻台刻本　四册

H

海　瑞

善 3915　海忠介公文集十卷　（明）海瑞撰　（明）鄒元標閲　（明）温可貞彙編　明萬曆四十六年同安蔡鍾有刻本　一册　存二卷：四至五

善 3916　海忠介先生備忘集十卷　（明）海瑞撰　明萬曆三十年刻清康熙補修本　九册　存九卷：一、三至十

韓邦靖

善 3741　韓五泉詩集四卷附録二卷　（明）韓邦靖撰　明嘉靖十九年樊得仁刻本　二册　存一卷：附録一

韓　敬

善 3984　歷科程墨文室二卷　（明）韓敬輯　明何邦瑞刻本　四册

郝　敬

馮善 3461　山草堂集二十八種一百五十三

卷　（明）郝敬撰　明萬曆崇禎間郝洪範刻本　一册　存一種二卷：史漢愚按七至八

何景明

善 3730　大復集三十七卷　（明）何景明撰　**附録一卷**　明嘉靖三十四年袁璨刻本　十一册　存三十三卷：一至三十三

善 3728　何大復先生集三十八卷　（明）何景明撰　**附録一卷**　明萬曆五年陳堂、胡秉性刻本　八册

善 3729　何大復先生集三十八卷　（明）何景明撰　**附録一卷**　明萬曆五年陳堂、胡秉性刻本（卷四至十以明抄本配補）十六册

何喬新

善 3696　椒丘文集三十四卷外集一卷（明）何喬新撰　明嘉靖元年余謩刻本（民國馮貞群跋）　一册　存五卷：十六至二十

何喬遠

善 4706　皇明文徵七十四卷　（明）何喬遠輯　明崇禎四年何喬遠刻本　二十册　存六十一卷：一至十、十九至五十、五十四至五十九、六十二至七十四

賀　欽

善 3705　醫閭先生集九卷　（明）賀欽撰　明嘉靖九年陰成文刻本　二册　存四卷：四至七

侯一元

馮善 2297　二谷山人近稿十卷　（明）侯一元撰　明嘉靖刻本（民國馮貞群跋）六册　存六卷：一至六

胡應麟

善 2685、善 4864　少室山房全稿一百八十九卷　（明）胡應麟撰　（明）江湛編　明萬曆四十六年江湛然刻本　十二册　存十三種六十八卷：經籍會通四卷、史書佔嗶六卷、九流緒論三卷、四部正譌三卷、三墳補逸二卷、二酉綴遺三卷、華陽博議二卷、莊嶽委談二卷、玉壺遐覽四卷、雙樹幻鈔三卷、丹鉛新録八卷、藝林學山八卷、詩藪内編六卷外編六卷續編二卷雜編六卷

胡貞開

善 3985　霜林寤歌五卷　（明）胡貞開撰　清初刻本　一册

華　愛

善 3708　石匋先生遺藁六卷　（明）華愛撰　明抄本　二册　存五卷：一至三、五至六

華守方

善 4805　華氏傳芳集□□卷　（明）華守方輯　明成化十七年刻本　四册　存十一卷：一至十一

華　夏

馮善 2329　過宜言一卷　（明）華夏撰民國抄本　一册

皇甫汸

馮善 2284　皇甫司勳集六十卷　（明）皇甫汸撰　明萬曆刻本　一册　存七卷：

二十一至二十七

善 3911　皇甫司勳集六十卷　（明）皇甫汸撰　明刻本　一册　存三卷：三十一至三十三

善 3910　嶽遊漫稿一卷　（明）皇甫汸撰　**附一卷**　明黄極、王廷卿刻本　一册

黄克纘

善 4034　數馬集五十一卷　（明）黄克纘撰　明天啓刻本　二册　存六卷：三十六至三十八、四十九至五十一

黄魯曾

善 4753　吴中二集九卷　（明）黄魯曾輯　明嘉靖刻本　五册　存八卷：南華合璧集一至四、王蔡青藍集四卷

黄　騏

善 4807　世綸堂詩集六卷　（明）黄騏（明）黄宗智等撰　明萬曆三年黄氏刻本　一册

黄汝亨

善 4007　寓林集三十二卷詩集六卷　（明）黄汝亨撰　明天啓四年吴敬、吴芝等刻本　十八册　存三十二卷：寓林集三十二卷

黄宗羲

善 4711　明文案□□卷　（清）黄宗羲輯　稿本（民國朱鼎煦批，張宗祥跋）　四十三册　存一百八十八卷：一至三十七、四十二至一百十四、一百十九至一百三十一、一百三十六至一百四十七、一百五十一至二百三

善 4710　明文海四百八十二卷目録三卷　（清）黄宗羲輯　稿本　七册　存二十三卷：十九至二十二、三十八至四十二、五十一至五十四、一百十四至一百十八、一百二十二至一百二十六

善 4713　明文授讀六十二卷　（清）黄宗羲輯　清康熙三十八年四明張錫琨味芹堂刻本　三十二册　存四十七卷：一至三、七至九、十二至十三、十五至四十二、四十六至四十九、五十二至五十四、五十九至六十二

黄　佐

善 3839　泰泉集六十卷　（明）黄佐撰　明萬曆元年黄在中、黄在素等刻本　十六册

惠　隆

善 3997　北屏詩稿二卷　（明）惠隆撰　明刻本　一册　存一卷：上

J

季子允

善 5035　希壽録不分卷　（明）季子允輯　明萬曆自刻本　一册

寄傲生

善 3785　餘餘編六卷　（明）寄傲生撰　清抄本（民國朱鼎煦跋）　一册

戔戔居士

善 4021　小青傳一卷　題（明）戔戔居士撰　**附小青焚餘一卷**　明崇禎四年黄來

鶴抄本　一册

江東之

善 3937　瑞陽阿集十卷　（明）江東之撰　清乾隆八年歙縣江氏宗祠刻本　四册

江　暉

善 3710　亶爰集二卷亶爰子詩集二卷外集一卷附録一卷　（明）江暉撰　明萬曆刻本　一册　存二卷：詩集二卷

姜　南

善 4866　蓉塘詩話二十卷　（明）姜南撰　明嘉靖二十二年刻本　四册

蔣　氏

善 3995　節婦蔣氏存稿一卷　（明）蔣氏撰　明萬曆六年刻本　一册

蔣　孝

善 4976　舊編南九宫譜十卷附十三調南曲音節譜　（明）蔣孝輯　明三徑草堂刻本　一册

蔣　信

善 3879　蔣道林先生文粹六卷　（明）蔣信撰　明萬曆刻本　四册　存四卷：一至四

金　鑾

善 3700　徙倚軒詩集二卷　（明）金鑾撰　明刻本　一册　存一卷：下

靳學顔

善 3840　靳兩城先生集二十卷　（明）靳學顔撰　明萬曆十七年刻本　四册

K

鄺　露

善 4059　嶠雅二卷　（明）鄺露撰　清初南海鄺氏海雪堂刻本　二册

L

來集之

善 4932　兩紗二卷附一卷秋風三疊三卷　（明）來集之撰　清初來氏倘湖小築刻本　一册　存二卷：女紅紗塗抹試官一卷、秃碧紗炎凉秀士一卷

來三聘

善 3986　希庵公詩稿不分卷　（清）來三聘撰　清抄本　一册

李東陽

善 3695　懷麓堂詩藁二十卷文藁三十卷詩後藁十卷文後藁三十卷南行藁一卷北上録一卷講讀録一卷東祀録三卷集句録一卷集句後録一卷哭子録一卷求退録三卷　（明）李東陽撰　明正德十一年熊桂刻本　二册　存六卷：文藁二十二至二十五、南行藁一卷、北上録一卷

李開先

善 3883　李中麓閒居集十二卷　（明）李開先撰　明嘉靖隆慶間刻本　三册　存六卷：四言古詩一卷、五言古詩一卷、七言古詩一卷、雜體一卷、五言律詩一卷、

七言律詩一卷

善 3884　李中麓閒居集十二卷　（明）李開先撰　明嘉靖隆慶間刻本　四册

李　濂

善 4745　科場漫筆三卷　（明）李濂撰　明嘉靖五年刻本　一册

李夢陽

善 3762　空同集六十三卷　（明）李夢陽撰　明嘉靖十一年曹嘉刻本（卷六十一至六十三補配明隆慶二年克勤齋刻本）　二十册

善 3763　空同集六十四卷　（明）李夢陽撰　明萬曆二十九年東明李思孝京兆刻本　十七册

善 3765　空同精華集三卷　（明）李夢陽撰　（明）豐坊輯　明嘉靖四十四年屠本畯刻本　二册

善 3761　空同先生集六十三卷　（明）李夢陽撰　明嘉靖刻本　十册　存五十三卷：六至十八、二十四至六十三

善 3764　空同先生集六十三卷　（明）李夢陽撰　明萬曆七年思山堂徐應瑞刻本　九册　存三十四卷：二十七至二十九、三十三至六十三

李　敏

善 3857　李山人詩一卷　（明）李敏撰　明嘉靖十八年刻本　一册

李　默

善 3807　羣玉樓稿七卷困亨别稿一卷　（明）李默撰　**附録一卷**　明萬曆刻本　四册　存四卷：一、三至五

李攀龍

善 3888　滄溟先生集三十卷　（明）李攀龍撰　**附録一卷**　明隆慶六年刻本　八册

善 3890　滄溟先生集三十卷　（明）李攀龍撰　**附録一卷**　明隆慶六年刻本　八册　存十七卷：九至十、十五至二十、二十三至三十，附録一卷

善 3891　滄溟先生集三十卷　（明）李攀龍撰　**附録一卷**　明刻本　五册　存八卷：一至二、七至八、十一至十二、十四至十五

善 3892　滄溟先生集三十卷　（明）李攀龍撰　**附録一卷**　明萬曆三年胡來貢刻本　二册　存五卷：一、二十五至二十八

馮善 2299　滄溟先生集三十卷　（明）李攀龍撰　**附録一卷**　明隆慶六年刻本　十册

善 3894　擬古樂府二卷　（明）李攀龍撰　明刻本　一册

馮善 2300　新鍥會元湯先生批評滄溟文選評林五卷　（明）李攀龍撰　（明）湯賓尹評　明書林詹霖宇刻本　四册

李日華

朱 7558　李竹嬾先生説部八種二十五卷　（明）李日華撰　明天啓至崇禎間刻本　二册　存一種一卷：續畫賸一卷

李士允

善 3709　山藏集□□卷　（明）李士允撰　明刻本　一册　存二卷：一至二

李廷機

善 4739　新刻翰林評選註釋程策會要五卷　（明）李廷機輯　（明）葉向高注　明萬曆柳塘書院刻本　一册

李維楨

善 4012　大泌山房集一百三十四卷目録二卷　（明）李維楨撰　明萬曆三十九年金陵刻本　十八册　存七十三卷：二十三至四十七、七十至一百十七

李吴滋

善 4746　新鐫午未註釋二三場程論玉轂集不分卷　（明）李吴滋輯　明末閶門書林夏振宇刻本　二册

李先芳

善 3908　東岱山房詩録江右稿二卷（明）李先芳撰　明嘉靖刻本　二册　存一卷：下

善 3909　李氏山房詩選三卷　（明）李先芳撰　（明）皇甫汸選　明刻本　二册

李循義

善 3902　珠玉遺稿二卷　（明）李循義撰　（明）田汝成　（明）桂茂枝注　**附録二卷**　明萬曆九年刻本　一册

李　寅

善 4076　暘谷空音三卷　（明）李寅撰　明刻本　三册　存二卷：上卷之一至三、中卷之一至八

李允殖

善 4742　新刊靜山策論膚見十卷　（明）李允殖撰　明三衢童應奎刻本　一册　存二卷：四、十

李　贄

善 3942　李氏文集二十卷　（明）李贄撰　明刻本　四册

李自榮

善 4719　岳石帆先生鑒定四六宙函三十卷　（明）李自榮輯　（明）王世茂注　明天啓五年蔣時機刻本　八册

梁　潛

善 3672　泊菴集十六卷　（明）梁潛撰　明正統九年刻本　五册　存十四卷：一至二、五至十六

林　鶚

善 3714　畏齋存藁二卷　（明）林鶚撰　明萬曆五年林元棟刻本　一册

林　魁

善 3702　白石野稿六卷　（明）林魁撰　明刻本　一册　存三卷：二至四

林養心

善 3991　隨鷗草一卷　（明）林養心撰　明末刻本　一册

劉定之

善 3691　呆齋存稿二十四卷續稿四卷（明）劉定之撰　明成化刻本　一册　存六卷：十一至十六

劉　基

馮善 2246　誠意伯劉先生文集二十卷（明）劉基撰　明正德十四年林富刻本　七册　存十六卷：一至六、九至十八

善 3635　誠意伯劉先生文集二十卷　（明）劉基撰　明刻本　一册　存一卷：二

善 3637　誠意伯劉先生文集二十卷　（明）劉基撰　明刻本　三册　存四卷：犁眉公集十九至二十、翊運録一卷、補遺一卷

善 3639　劉文成公全集十二卷　（明）劉基撰　（明）鍾惺評輯　明末刻本　三册

善 3640　劉文成公全集十二卷　（明）劉基撰　（明）鍾惺評輯　明末刻本　四册　存十卷：一至十

善 2665　太師誠意伯劉文成公集二十卷　（明）劉基撰　明隆慶六年謝廷傑、陳烈刻本　二册　存二卷：二至三

善 3638　太師誠意伯劉文成公集二十卷　（明）劉基撰　明隆慶六年謝廷傑、陳烈刻本　十七册　存十八卷：一、四至二十

善 3634　太師誠意伯劉文成公集十八卷　（明）劉基撰　明嘉靖三十五年樊獻科、于德昌刻本　七册　存十六卷：一至十六

劉　崧

善 3648　劉職方詩八卷　（明）劉崧撰　明刻本　一册

劉永之

善 3643　劉仲脩先生詩集六卷文集二卷　（明）劉永之撰　清抄本　一册

劉　廌

善 3689　盤谷集五卷　（明）劉廌撰　清道光四年沈復燦抄本（清沈復燦跋）　二册

盧純學

善 4729　明詩正聲六十卷　（明）盧純學輯　明萬曆十九年廣陵江一夔刻本　二册　存十二卷：一至十二

盧　柟

善 3877　蠛蠓集五卷　（明）盧柟撰　明嘉靖刻本　二册　存四卷：一至四

魯　鐸

善 3759　魯文恪公文集十卷　（明）魯鐸撰　明隆慶元年方梁刻本　四册

陸　寶

善 4042　辟塵集四卷小物二卷四課四卷雙素影二卷附録一卷潞草一卷舲草一卷台宕遊一卷再來草一卷三全韻三卷　（明）陸寶撰　明崇禎刻本　一册　存四卷：四課四卷

陸　采

善 3907　天池山人小藁五種五卷　（明）陸采撰　明嘉靖刻本　一册

陸　粲

善 3805　陸子餘集八卷附録一卷　（明）陸粲撰　明嘉靖四十三年陸延枝刻本（卷三補清抄本）　五册

陸　符

善 4045　補陀詩一卷　（明）陸符撰　明崇禎刻本　一册

陸　深

善 2682　儼山文集一百卷目録二卷外集

四十卷續集十卷　（明）陸深撰　明嘉靖二十四年陸楫刻本　八册　存四十卷：外集四十卷

善 3778　儼山文集一百卷目録二卷外集四十卷續集十卷　（明）陸深撰　明嘉靖二十五年至三十年陸楫刻本（目録以清抄本配補）　十册　存七十一卷：七至三十、三十七至六十一、六十七至八十一、八十六至九十，目録二卷

陸　釴

善 3693　少石集十三卷　（明）陸釴撰　明刻本　二册　存七卷：四至七、十一至十三

吕　兑

善 3994　吕季子甬東襆咏一卷　（明）吕兑撰　明萬曆十二年姚江吕氏刻本　一册

吕　坤

善 2479　吕新吾全集二十二種　（明）吕坤撰　明萬曆間刻清同治光緒間修補印本　一册　存一種一卷：疹科一卷

羅洪先

馮善 2286　念菴羅先生集十三卷　（明）羅洪先撰　明嘉靖四十二年劉玠刻本（佚名跋）　八册

善 3836　念菴羅先生集十三卷　（明）羅洪先撰　明嘉靖四十二年甄津刻本　二册　存七卷：一至三、八至十一

善 3837　念菴羅先生文集八卷外集十五卷别集四卷　（明）羅洪先撰　明刻本　一册　存一卷：九

羅　倫

善 3698　一峰先生文集十四卷　（明）羅倫撰　明嘉靖二十八年張言刻本　四册

羅　玘

善 3724　翰林羅圭峯先生文集十八卷續集十五卷　（明）羅玘撰　明嘉靖五年陳洪謨、佘載仕刻本　八册　存三十二卷：文集十八卷、續集一至十四

善 3725　羅圭峯先生文選不分卷　（明）羅玘撰　清抄本（民國朱鼎煦跋）　一册

M

馬　廉

善 4712　黄梨洲先生明文案目録不分卷目録補不分卷　馬廉撰　稿本（民國朱鼎煦批并跋）　十二册

馬斯臧

善 3973　淮南集六卷　（明）馬斯臧撰　明萬曆四十年刻本　六册

毛　晋

善 4732　明僧弘秀集十三卷　（明）毛晋輯　清抄本　一册　存一卷：東皋録上

茅　坤

馮善 2298　白華樓藏稿十一卷續稿十五卷吟稿十卷　（明）茅坤撰　明萬曆刻本　六册　存十一卷：藏稿十一卷

善 3938　白華樓藏稿十一卷續稿十五卷吟稿十卷　（明）茅坤撰　明萬曆刻本

一册　存二卷：藏稿五至六

善 3940　茅鹿門先生文集三十六卷　（明）茅坤撰　明萬曆十六年刻本（民國朱鼎煦跋）　十册　存三十一卷：一至九、十五至三十六

善 3941　茅鹿門先生文集三十六卷　（明）茅坤撰　明萬曆刻本　七册　存十二卷：一至七、二十三至二十七

茅　瓚

善 3843　茅見滄策學拔萃不分卷　（明）茅瓚撰　明抄本　一册

繆昌期

善 4011　從野堂存稿八卷　（明）繆昌期撰　明崇禎十年繆虛白刻本　四册　存五卷：二至五、八

莫　旦

善 1977　大明一統賦補四卷　（明）莫旦撰　明刻本　二册

善 1976　大明一統賦三卷　（明）莫旦撰　明嘉靖十六年司馬泰刻本　三册

沐　璘

善 3998　繼軒集十二卷　（明）沐璘撰　明刻本　一册　存五卷：一至五

N

倪元璐

善 4031　鴻寶應本十七卷　（明）倪元璐撰　明崇禎刻本　六册

O

區懷年

善 4036　玄超堂藏藁一卷　（明）區懷年撰　清順治康熙間刻本　一册

歐陽德

善 3806　歐陽南野先生文選四卷　（明）歐陽德撰　（明）王畿　（明）李春芳輯　明嘉靖刻本　一册　存一卷：四

歐陽雲

善 3930　碧谿賦二卷　（明）歐陽雲撰　明嘉靖二十六年陳德文刻本　二册

Q

錢孺穀

善 4787　小瀛洲十老社詩六卷　（明）錢孺穀　（明）鍾祖述輯　**瀛洲社十老小傳一卷**　（明）錢孺穀撰　清乾隆三十五年刻本　二册　存三卷：一至二、瀛洲社十老小傳一卷

錢肅樂

馮善 2342　重編錢止亭先生集不分卷　（明）錢肅樂撰　馮貞群　張美翊輯　稿本　一册

善 4052　南征集十卷附詩歌一卷　（明）錢肅樂撰　**錢忠節公事蹟録一卷**　清徐時棟抄本（清徐時棟跋）　二册　存四卷：文、詩、詩餘，事蹟録一卷

馮善 2341　**錢忠介公遺集九卷附録六卷年譜一卷首一卷**　（明）錢肅樂撰　馮貞群輯　稿本　四册

錢　瓚

善 3791　**括庵先生詩集一卷**　（明）錢瓚撰　明隆慶三年錢龍淇刻本（民國朱鼎煦跋）　一册

喬世寧

善 3850　**丘隅集十九卷**　（明）喬世寧撰　明嘉靖四十二年刻本　六册

丘　濬

善 3694　**瓊臺會稿十二卷**　（明）丘濬撰　明萬曆八年劉倬、馬千乘刻本　四册　存十卷：一至十

丘兆麟

善 3990　**玉書庭全集三十二卷**　（明）丘兆麟撰　明崇禎丘子旦、丘子晝等刻本　二册　存二卷：三、十一

裘　黼

善 4043　**期期草四卷**　（明）裘黼撰　明崇禎刻本（民國朱鼎煦跋）　一册

瞿　佑

善 4858　**歸田詩話三卷**　（明）瞿佑撰　明成化刻本　一册

R

饒與齡

善 4040　**寘印詩草一卷**　（明）饒與齡撰　清初刻本　二册

阮大鋮

善 4047　**和簫集不分卷**　（明）阮大鋮撰　明萬曆刻本　一册

善 4956　**懷遠堂批點燕子箋二卷**　（明）阮大鋮撰　清初刻本　二册

阮　述

善 3978　**盟雞齋三卷**　（明）阮述撰　明刻本　二册

S

單　復

善 4860　**讀杜詩愚得十八卷**　（明）單復撰　明刻本（民國朱鼎煦跋）　一册　存二卷：十一至十二

邵　寶

善 3742　**泉齋勿藥集十四卷**　（明）邵寶撰　明刻本　三册　存十卷：一至十

善 3733　**容春堂前集二十卷後集十四卷續集十八卷别集九卷**　（明）邵寶撰　明正德嘉靖間刻本　四册　存二十三卷：後集十四卷、别集九卷

申時行

善 3966　**象村稿二十卷目録一卷和陶詩一卷求正録三卷先天窺管一卷**　（明）申時行撰　明崇禎刻本　六册　存二十一卷：象村稿六至二十、目録一卷、和陶詩一卷、求正録三卷、先天窺管一卷

沈寵綏

善 4979　度曲須知二卷絃索辨訛二卷　（明）沈寵綏撰　明崇禎十二年松陵沈寵綏刻清順治六年沈標重修本　一册　存二卷：度曲須知二卷

沈德潛

善 4727　明詩别裁集十二卷　（清）沈德潛　（清）周準輯　清乾隆四年刻本　四册

沈　堇

善 3863　棲霞山人漫稿三卷　（明）沈堇撰　明刻本　二册

沈　愷

善 3849　環溪雜集□□卷　（明）沈愷撰　明刻本　一册　存一卷：九

沈　鍊

善 3808　青霞文集九卷　（明）沈鍊撰　**附褒忠録一卷**　明隆慶萬曆間刻本　二册

沈明臣

善 3871　豐對樓詩選四十三卷　（明）沈明臣撰　（明）沈九疇輯　明萬曆二十四年陳大科、陳堯佐刻本　十二册

善 3872　豐對樓詩選四十三卷　（明）沈明臣撰　（明）沈九疇輯　明萬曆二十四年陳大科、陳堯佐刻本　九册　存三十二卷：一至三、八至二十二、二十七至三十六、四十至四十三

善 3870　青溪集一卷　（明）沈明臣撰　明萬曆刻本　一册

善 3873　沈嘉則詩選十卷　（明）沈明臣撰　（明）沈九疇輯　明萬曆六年刻本　三册　存八卷：三至十

善 3874　沈嘉則詩選十卷　（明）沈明臣撰　（明）沈九疇輯　明萬曆六年刻本　一册　存五卷：六至十

善 3875　沈嘉則詩選四卷　（明）沈明臣撰　（明）沈九疇輯　清自適齋抄本（清陳勱跋）　一册

馮善 2306　沈句章詩選不分卷　（明）沈明臣撰　清抄本　一册

沈士偁

善 4725　皇明詩選前集□□卷　（明）沈士偁輯　明抄本　一册　存八卷：八至十五

沈一貫

馮善 2313　喙鳴文集二十一卷詩集十八卷敬事草十九卷　（明）沈一貫撰　明刻本　四册　存十卷：文集一至二、十六、十八至二十一，詩集十六至十八

善 3945　喙鳴文集二十一卷詩集十八卷敬事草十九卷　（明）沈一貫撰　明刻本　九册　存十七卷：文集三至四、七至十四，詩集十至十二，敬事草六至八、十

沈　周

善 3726　石田先生集十一卷　（明）沈周撰　明萬曆四十三年陳仁錫刻本　四册　存十卷：一至十

釋居頂

善 3931　圓菴集十卷附録一卷　（明）

釋居頂撰　明刻本　一册　存五卷：七至十、附録一卷

舒　芬

善 3745　舒梓溪先生集二十卷　（明）舒芬撰　明萬曆四年漆彬刻本　四册　存九卷：一至二、五至九、十三、十五

善 3743　梓溪文鈔外集十卷内集八卷　（明）舒芬撰　（明）舒琛　（明）舒瑮輯　明萬曆四十八年舒瑮刻本（清徐時棟跋）　八册

善 3744　梓溪文鈔外集十卷内集八卷　（明）舒芬撰　（明）舒琛　（明）舒瑮輯　明萬曆四十八年舒瑮刻本　十二册

宋　濂

善 3633　宋學士全集二十六卷附録一卷　（明）宋濂撰　清康熙四十八年彭始摶刻本　十三册

善 3628　宋學士文集七十五卷　（明）宋濂撰　明正德九年張縉刻嘉靖重修本　十二册

善 3629　宋學士文集七十五卷　（明）宋濂撰　明正德九年張縉刻本　八册　存六十卷：一至五、十一至三十、三十二至四十、四十五至七十

善 3630　宋學士文集七十五卷　（明）宋濂撰　明正德九年張縉刻本　九册　存四十五卷：一至四十、四十六至五十

善 3632　新刊宋學士全集三十三卷　（明）宋濂撰　明嘉靖三十年韓叔陽刻本　四册　存四卷：十九至二十、三十一至三十二

孫　瑴

善 4044　孫璧聯先生文集不分卷附羽聖氏偶肰吟不分卷　（明）孫瑴撰　清稿本　六册

孫　宜

善 3848　洞庭集五十三卷　（明）孫宜撰　明嘉靖二十八年至二十九年孫斯億刻本　十四册　存四十七卷：三至四十一、四十六至五十三

孫　作

善 3659　滄螺集六卷　（明）孫作撰　清抄本　一册

T

譚元春

善 4020　鵠灣集□□卷　（明）譚元春撰　明刻本　三册　存十一卷：四至十四

湯賓尹

善 3981　睡庵稿二十五卷　（明）湯賓尹撰　明萬曆三十九年刻本　六册

善 3982　睡菴文稿初刻四卷二刻六卷三刻四卷　（明）湯賓尹撰　明萬曆李曙寰先月樓刻本　三册　存六卷：二刻六卷

善 3983　湯嘉賓睡菴集六卷　（明）湯賓尹撰　明末半埜商氏刻本　六册

湯顯祖

善 3972　刻沈何山先生點正玉茗堂尺牘二卷　（明）湯顯祖撰　（明）沈演點正

明萬曆刻本　一册　存一卷：上

善 4940　牡丹亭還魂記二卷　（明）湯顯祖撰　明萬曆刻本　二册

善 4941　牡丹亭還魂記二卷　（明）湯顯祖編　（明）沈際飛評點　明刻玉茗堂傳奇本　二册

善 4946　湯義仍先生南柯夢記二卷　（明）湯顯祖撰　明末刻玉茗堂四種傳奇本（佚名批）　一册

善 4942　玉茗堂還魂記二卷　（明）湯顯祖撰　清乾隆五十年冰絲館刻本（民國孫家溎跋）　二册

善 3970　玉茗堂集選二十四卷　（明）湯顯祖撰　（明）帥機等選　明刻本　二册　存四卷：二十一至二十四

馮善 2316　玉茗堂集選十五卷　（明）湯顯祖撰　（明）帥機等選　明萬曆三十四年周如溟刻本　二册

善 3968　玉茗堂全集四十六卷　（明）湯顯祖撰　明天啓刻本　三十七册

善 4947　紫釵記二卷　（明）湯顯祖撰　（明）臧懋循訂　明萬曆刻本　一册　存一卷：上

唐順之

善 3833　重刊校正唐荆川先生文集十二卷　（明）唐順之撰　明嘉靖三十四年金陵薛氏刻本　九册　存九卷：四至十二

馮善 2292　重刊校正唐荊川先生文集十二卷　（明）唐順之撰　明嘉靖三十二年葉氏寶山堂刻本　八册

善 3834　重刊荊川先生文集十七卷外集三卷　（明）唐順之撰　**附録一卷**　明刻本　二册　存四卷：七、十、十四、十九

唐　寅

善 3739　袁中郎先生批評唐伯虎彙集四卷　（明）唐寅撰　（明）袁宏道評　**唐六如先生畫譜三卷**　（明）唐寅輯　**外集一卷傳贊一卷**　（明）祝允明輯　**紀事一卷**　（明）祝允明撰　明萬曆刻本　二册　存七卷：彙集四卷、外集一卷、傳贊一卷、紀事一卷

陶　安

善 3649　陶學士先生文集二十卷　（明）陶安撰　**陶學士先生事迹一卷**　（明）費宏撰　明弘治十三年嘉興項經刻遞修本　四册　存十三卷：一至八、十二至十五，事迹一卷

善 3650　陶學士先生文集二十卷　（明）陶安撰　**陶學士先生事迹一卷**　（明）費宏撰　明弘治十三年嘉興項經刻本　六册

善 3651　陶學士先生文集二十卷　（明）陶安撰　明弘治十三年嘉興項經刻遞修本　六册

陶　銓

善 4806　陶氏世吟草七卷　（明）陶銓等撰　明隆慶四年孫科刻本　一册

陶望齡

善 3975　歇菴集十六卷　（明）陶望齡撰　明萬曆三十九年王應遴刻本　十六册

善 3976　歇菴集十六卷　（明）陶望齡

撰　明萬曆三十九年王應遴刻本　三册　存六卷：七至八、十一至十四

陶　振

善 4289　雲間清嘯集一卷　（明）陶振撰　清金星軺文瑞樓抄本　一册

陶　治

善 4721　孝感瑞芝録三卷　（明）陶治輯　明嘉靖刻本　一册

童承叙

善 3712　内方文集不分卷　（明）童承叙撰　明抄本　二册

屠　隆

馮善 2317　白榆集二十卷　（明）屠隆撰　明刻本　五册　存十一卷：一至三、六至七、十五至二十

善 3948　白榆集二十卷　（明）屠隆撰　明刻本　二册　存八卷：一至八

善 3947 甲　白榆集二十卷詩集八卷　（明）屠隆撰　明刻本　一册　存十三卷：文集四至十、十五至二十

善 3947 乙　白榆集二十卷詩集八卷　（明）屠隆撰　明刻本　一册　存四卷：文集五至八

善 3949　栖真館集三十一卷　（明）屠隆撰　（明）吕胤基輯　明萬曆十八年姚江吕氏栖真館刻本（卷十葉十爲抄配）　五册　存二十五卷：一至十七、二十四至三十一

善 3950　栖真館集三十一卷　（明）屠隆撰　（明）吕胤基輯　明刻本　四册　存二十七卷：一至五、七至十六、二十至三十一

善 3953　由拳集二十三卷　（明）屠隆撰　明萬曆八年馮夢禎刻本　十册

屠應埈

善 3856　合刻屠氏家藏二集十二卷　（明）屠應埈等撰　明刻本　三册　存一種三卷：太史屠漸山文集一至三

善 3854　屠漸山蘭暉堂十二卷　（明）屠應埈撰　明嘉靖三十一年屠仲律刻本　四册

善 3855　屠漸山蘭暉堂十二卷　（明）屠應埈撰　明嘉靖三十一年屠仲律刻本　一册　存四卷：五至八

W

萬　表

善 1548　皇明經濟文録四十一卷　（明）萬表輯　明嘉靖三十三年曲入繩、游居敬刻本　二十七册　存三十一卷：一至十三、十五至十六、二十至二十二、二十七至二十八、三十至四十

善 1549　皇明經濟文録四十一卷　（明）萬表輯　明嘉靖三十三年曲入繩、游居敬刻本　九册　存十二卷：八至九、十七至十九、二十五至二十八、三十三、三十八、四十

萬士和

善 3844　萬文恭公摘集十二卷　（明）

萬士和撰　明萬曆二十年萬春素履齋刻本（民國朱鼎煦跋）　二册　存四卷：一至四

汪伯機

善 3737　汪伯機詩不分卷　（明）汪伯機撰　明刻本（民國朱鼎煦跋）　一册（與善 3736《拗齋詩選》合訂爲一册）

汪道昆

善 3880　太函集一百二十卷目録六卷　（明）汪道昆撰　明萬曆刻本　一册　存三卷：九十三至九十五

汪廣洋

善 3646　淮南汪廣洋朝宗先生鳳池吟藁八卷　（明）汪廣洋撰　明刻本　一册　存七卷：一至二、四至八

善 3647　汪右丞詩集五卷　（明）汪廣洋撰　清抄本　四册　存四卷：二至五

汪　敬

善 1981　祁閶雜詠一卷　（明）汪敬撰　**續一卷**　（明）汪璪撰　明正德元年汪衍刻本　一册

善 3717　祁閶雜詠一卷　（明）汪敬撰　**續一卷**　（明）汪璪撰　明正德元年汪衍刻本　一册

善 3718　祁閶雜詠一卷　（明）汪敬撰　**續一卷**　（明）汪璪撰　明正德元年汪衍刻本　一册

汪懋孝

善 3794　汪虞卿詩一卷　（明）汪懋孝撰　明萬曆刻本　一册

汪　坦

馮善 2296　石盂集十四卷　（明）汪坦撰　清徐氏烟嶼樓抄本　二册

汪　鏜

善 3878　餘清堂定稿三十二卷　（明）汪鏜撰　明刻本　一册　存五卷：二十四至二十八

王　鏊

善 3720　王文恪公集三十六卷　（明）王鏊撰　**鵑音一卷白社詩草一卷**　（明）王禹聲撰　**名公筆記一卷**　明萬曆王氏三槐堂刻本　一册　存五卷：三至七

善 3721　王文恪公集三十六卷　（明）王鏊撰　**鵑音一卷白社詩草一卷**　（明）王禹聲撰　**名公筆記一卷**　明萬曆王氏三槐堂刻本　十册　存三十七卷：王文恪公集三十六卷、名公筆記一卷

善 3722　王文恪公集三十六卷　（明）王鏊撰　**鵑音一卷白社詩草一卷**　（明）王禹聲撰　**名公筆記一卷**　明萬曆王氏三槐堂刻本　十册　存三十八卷：王文恪公集三十六卷、鵑音一卷、白社詩草一卷

善 3719　震澤先生集三十六卷　（明）王鏊撰　明嘉靖刻本　四册　存十八卷：十四至十九、二十五至三十六

王崇慶

善 3731　端溪先生集八卷　（明）王崇慶撰　明嘉靖三十一年張蘊刻本　五册

王　衡

善 3954　緱山先生集二十七卷　（明）王衡撰　明萬曆四十四年書林唐振吾刻本

四册　存十九卷：三至十六、二十二至二十六

善 3955　緱山先生集二十七卷　（明）王衡撰　明萬曆刻本　十二册

善 3956　緱山先生集二十七卷　（明）王衡撰　明萬曆刻本　十册

善 3957　緱山先生集二十七卷　（明）王衡撰　明萬曆四十四年書林唐振吾刻本　六册

王　淮

善 3736　拗齋詩選不分卷　（明）王淮撰　（明）羅廩選　明刻本（民國朱鼎煦跋）　一册（與善 3737《汪伯機詩》合訂爲一册）

王　畿

善 3913　龍谿王先生全集二十卷　（明）王畿撰　明萬曆十五年蕭良榦刻本　十册

王驥德

善 4978　曲律四卷　（明）王驥德撰　明刻本（民國朱鼎煦跋）　一册　存二卷：一至二

王九思

善 3783　渼陂集十六卷續集三卷　（明）王九思撰　明嘉靖十二年王獻等刻二十五年翁萬達續刻本　六册　存十八卷：渼陂集十六卷，續集上、中

善 3784　渼陂集十六卷續集三卷　（明）王九思撰　明嘉靖間刻本　一册　存二卷：十三至十四

王慎中

善 3827　玩芳堂摘稿四卷　（明）王慎中撰　明嘉靖二十九年蔡克廉刻本　一册　存一卷：三

善 3822　王遵巖家居集七卷　（明）王慎中撰　明嘉靖三十一年句吴書院刻本（清楊泰亨跋）　四册

馮善 2293　遵巖先生文集四十一卷　（明）王慎中撰　明嘉靖四十五年劉溱刻本（佚名批校）　十一册　存三十二卷：一至十五、二十至二十六、二十九至三十八

善 3823　遵巖先生文集四十一卷　（明）王慎中撰　明隆慶五年邵廉刻本　六册　存八卷：一至八

善 3824　遵巖先生文集四十一卷　（明）王慎中撰　明刻本　一册　存二卷：一至二

王世懋

善 3921　紀遊稿二卷　（明）王世懋撰　明萬曆刻本　一册

王世貞

善 3920　擬古詩一卷　（明）王世貞撰　明徐中行刻本　一册

善 3919　入楚稿一卷入晋稿一卷入浙稿二卷入魏稿二卷　（明）王世貞撰　明刻本　四册

善 4871　新刻增補藝苑巵言十六卷　（明）王世貞撰　明刻本　一册　存二卷：十三至十四

善 4872　新刻增補藝苑巵言十六卷　（明）王世貞撰　明刻本　一册　存四卷：五至八

善 3917　弇州山人四部稿一百七十四卷目録十二卷　（明）王世貞撰　明萬曆五年刻十四年增刻本　三十二册

善 3918　弇州山人四部稿一百七十四卷目録十二卷　（明）王世貞撰　明萬曆五年刻十四年增刻本　二十四册　存九十七卷：五十九至一百五十五

王守仁

馮善 2273　河東重刻陽明先生文録五卷外集九卷别録十卷　（明）王守仁撰　明嘉靖三十二年宋儀望刻本（清顧棡跋）　二十册

善 3746　王文成公全書三十八卷　（明）王守仁撰　明隆慶六年謝廷傑刻本　二十六册　存三十二卷：一至十四、二十一至三十八

善 3747　王文成公全書三十八卷　（明）王守仁撰　明隆慶六年謝廷傑刻本　二册　存五卷：二十二至二十四、二十六至二十七

善 3748　王文成公全書三十八卷　（明）王守仁撰　明隆慶六年謝廷傑刻本　一册　存一卷：卷首

善 3757　新刊精選陽明先生文粹六卷　（明）王守仁撰　（明）查鐸輯　明嘉靖四十五年涇川查氏里仁堂刻唐龍泉印本　六册

善 3756　陽明先生文集十六卷目録二卷　（明）王守仁撰　（清）王貽樂輯　**年譜二卷**　（明）李贄撰　清康熙二十四年刻本　一册　存四卷：目録二卷、年譜二卷

善 3749　陽明先生文録五卷外集九卷别録十卷　（明）王守仁撰　明嘉靖十四年聞人詮刻本　九册　存十四卷：文録五卷、外集九卷

善 3750　陽明先生文録五卷外集九卷别録十卷　（明）王守仁撰　明刻本　一册　存一卷：文録二

善 3751　陽明先生文録五卷外集九卷别録十卷　（明）王守仁撰　明嘉靖胡宗憲刻本　一册　存二卷：外集一至二

善 3753　陽明先生文録五卷外集九卷别録十卷　（明）王守仁撰　明嘉靖十四年聞人詮刻本　十九册

善 3754　陽明先生文録五卷外集九卷别録十卷　（明）王守仁撰　明嘉靖十四年聞人詮刻本　九册　存十一卷：外集七至九，别録二至三、五至十

善 3755　陽明先生文録五卷外集九卷别録十卷　（明）王守仁撰　明嘉靖十四年聞人詮刻本　一册　存一卷：别録一

善 3758　陽明先生宗印録一卷　（明）王守仁撰　清抄本　一册

王思任

善 4035　王季重先生集九種九卷　（明）王思任撰　明末清輝閣刻本　四册　存六種六卷：游廬山記一卷、王季重廬游雜詠一卷、律陶一卷、王季重歷遊記一卷、雜序一卷、王季重時文敘一卷

王嗣奭

善 4017　夷困文編六卷　（明）王嗣奭撰　明崇禎十五年王嗣奭自刻本（明王嗣奭批校）　二册

王廷陳

善 3711　夢澤集十七卷　（明）王廷陳撰　明嘉靖三十年王氏刻藍印本　二册　存六卷：一至三、八至十

王廷相

善 1582　王浚川所著書九種八十三卷　（明）王廷相撰　明嘉靖隆慶間刻本　三册　存一種六卷：浚川奏議集五至十

善 1583　王浚川所著書九種八十三卷　（明）王廷相撰　明嘉靖隆慶間刻本　二册　存一種六卷：浚川奏議集五至十

善 3772、善 3774　王浚川所著書九種八十三卷　（明）王廷相撰　明嘉靖隆慶間刻本　二十八册

善 3771　王氏家藏集□種□□卷　（明）王廷相撰　明嘉靖刻本（王氏家藏集卷十一至十四爲抄配）　十六册　存四種六十卷：王氏家藏集一至五、十一至四十一，慎言十三卷，雅述二卷，内臺集九卷

善 3773　王氏家藏集五種六十五卷（明）王廷相撰　明嘉靖刻本　一册　存一種三卷：王氏家藏集九至十一

王　行

善 3668　半軒集十二卷補遺一卷方外補遺一卷校字二卷　（明）王行撰　清抄本　三册　存十二卷：四至十二、補遺一卷、方外補遺一卷、校字一

善 3666　王半軒先生文集六卷　（明）王行撰　清初抄本（民國孫家溎批并跋）　一册

善 3667　王半軒先生文集六卷　（明）王行撰　清抄本　一册

王　褘

善 3654　王忠文公集二十五卷　（明）王褘撰　清康熙三十年王廷曾刻本　八册

王應鵬

馮善 2282　定齋先生詩集二卷　（明）王應鵬撰　清徐氏烟嶼樓抄本　一册

王永熙

善 2671　震澤先生别集四種　（明）王永熙編　明萬曆中震澤王氏刻本　二册　存一種二卷：震澤長語二卷

王用章

善 4868　詩法源流三卷　（明）王用章輯　（明）傅若川等編　明嘉靖刻本　二册

善 4869　詩法源流三卷　（明）王用章輯　（明）傅若川等編　明嘉靖刻本　一册

王穉登

善 3964　王百穀集二十一種四十二卷（明）王穉登撰　明萬曆四十七年葉應祖刻本　七册　存五種九卷：燕市集二卷、荊溪疏二卷、國朝吴郡丹青志一卷、竹箭編二卷、明月篇二卷

王　孜

善 3740　振衣亭稿□□卷　（明）王孜撰　明嘉靖間刻本　一册　存四卷：五言近體一卷、五言排律一卷、五言絶句一卷、七言絶句一卷

危　素

善 3657　說學齋藁十三卷　（明）危素撰　清抄本　六册

魏　畊

善 4106　息賢堂詩集不分卷　（明）魏畊撰　清抄本　二册

魏　校

善 3770　莊渠先生遺書十六卷　（明）魏校撰　明嘉靖四十年王道行、張焯刻本　三册　存四卷：三至六

温　璜

善 4054　溫寶忠先生遺稿不分卷　（明）温璜撰　清抄本　一册

文徵明

善 3821　甫田集三十六卷　（明）文徵明撰　明嘉靖刻清修本　六册

善 3820　甫田集四卷　（明）文徵明撰　明刻本　四册

烏斯道

馮善 2258　春草齋詩集五卷文集六卷　（明）烏斯道撰　**附名公賛春草集歌詠一卷**　（明）烏獻明輯　明崇禎二年蕭基刻本　二册　存七卷：春草齋文集六卷、附名公讚春草集歌詠一卷

善 3662　春草齋文集十卷　（明）烏斯道撰　明抄本　二册　存四卷：一至二、六至七

善 3665　春草齋文集選六卷詩集選一卷附録一卷　（明）烏斯道撰　（清）熊伯龍輯　（清）黄敬修評　清康熙烏震刻本　一册

吴　炳

善 4952　粲花齋新樂府四種八卷　（明）吴炳編　明末兩衡堂刻本　二册　存二卷：緑牡丹傳奇二卷

善 4953　情郵傳奇二卷　（明）吴炳撰　明崇禎刻本　一册

吴伯通

善 3703　石谷達意稿三十四卷　（明）吴伯通撰　明正德十一年汪城刻本　三册　存十七卷：七至十二、十九至二十九

吴國倫

善 3847　甔甀洞藁文類二十卷詩集六卷續稿文部十五卷詩部十二卷目録二卷　（明）吴國倫撰　明萬曆刻本　十二册　存二十八卷：文類二十卷、詩集六卷、目録二卷

善 3845　甔甀洞藁五十四卷目録二卷　（明）吴國倫撰　明萬曆刻本　六册　存十八卷：七至九、十三至二十一、二十五至二十七、三十一至三十三

善 3846　甔甀洞藁五十四卷目録二卷　（明）吴國倫撰　明萬曆刻本　六册　存二十四卷：十三至二十一、二十八至三十、三十七至三十九、四十六至五十四

吴　訥

善 3690　思菴先生文粹十一卷　（明）吴訥撰　清抄本（清袁培俊跋）　六册

吴統持

善 4075　卍齋詩選二卷　（明）吴統持

撰　（明）鍾啓選　清初刻本　一册

吴與弼

善 3697　康齋先生文集十二卷附録一卷　（明）吴與弼撰　明嘉靖五年林維德刻本　一册　存四卷：二至五

吴鐘巒

善 4056　吴巒雉先生殘集二卷　（明）吴鐘巒撰　清乾隆間錢濬恭抄本（清周大輔跋）　一册

X

夏良勝

善 3790　東洲初稿十四卷　（明）夏良勝撰　明正德嘉靖間刻本　二册　存四卷：一至四

夏　言

善 5042　桂洲詩集二十四卷　（明）夏言撰　明嘉靖二十五年曹忭、楊九澤刻本　三册　存八卷：十七至二十四

善 3780　夏桂洲先生文集十八卷　（明）夏言撰　**年譜一卷**　明崇禎十一年吴一璘刻清康熙間印本　十四册

善 3781　夏桂洲先生文集十八卷　（明）夏言撰　**年譜一卷**　明崇禎十一年吴一璘刻本　十二册

蕭士瑋

善 4600　春浮園集八種十四卷　（明）蕭士瑋撰　清康熙刻本　四册　存一種四卷：牘雋四卷

解　縉

善 3676　解學士文集十卷　（明）解縉撰　明嘉靖四十一年刻本　十册

謝東山

善 4731　皇明近體詩抄二十九卷　（明）謝東山輯　明刻本　四册　存二十卷：六至十、十五至二十九

善 4733　皇明近體詩抄二十九卷　（明）謝東山輯　明刻本　二册　存四卷：五至六、二十五至二十六

謝　鐸

善 3706　桃溪淨稿八十四卷　（明）謝鐸撰　明刻本　三册　存三十九卷：一至三十九

謝三賓

善 4018　嘉定四先生集八十七卷　（明）謝三賓編　明崇禎刻本　四册　存一種十二卷：檀園集十二卷

善 4019　嘉定四先生集八十七卷　（明）謝三賓編　明崇禎間刻清康熙二十八年陸廷燦重修刻本（民國朱鼎煦跋）　四册　存一種六卷：檀園集一至六

謝泰宗

善 4088　天愚先生詩集六卷文集八卷詩鈔八卷文鈔八卷别集四卷　（明）謝泰宗撰　清康熙五十五年致遠堂刻本　三册　存十八卷：天愚先生詩集六卷、文集八卷、别集四卷

謝　榛

善 3906　四溟山人全集二十四卷　（明）謝榛撰　明萬曆二十四年趙府冰玉堂刻本　一册　存二卷：三、五

邢　侗

善 3965　來禽館集二十九卷　（明）邢侗撰　明萬曆四十六年刻清康熙十九年鄭雍重修本　十二册

熊　卓

善 3701　熊士選集一卷　（明）熊卓撰　**附録一卷**　明嘉靖二十二年范欽刻本　一册

徐　泰

善 4723　皇明風雅四十卷詩人名氏一卷（明）徐泰輯　明刻本　五册　存二十五卷：六至二十、二十六至三十五

善 4724　皇明風雅四十卷詩人名氏一卷（明）徐泰輯　明嘉靖刻本　二册　存十卷：十六至二十五

徐　渭

善 4931　四聲猿四卷　（明）徐渭撰　明延閣刻本　一册

善 3923　徐文長文集三十卷　（明）徐渭撰　（明）袁宏道評點　明刻本（民國朱鼎煦跋）　三册　存十七卷：一至五、十九至三十

善 3924　徐文長文集三十卷　（明）徐渭撰　（明）袁宏道評點　明刻本（民國朱鼎煦跋）　五册　存十六卷：十至十三、十九至三十

善 3922　徐文長文集三十卷四聲猿一卷（明）徐渭撰　（明）袁宏道評點　明萬曆四十二年鍾人傑刻本　四册

善 3925　徐文長文集三十卷四聲猿一卷（明）徐渭撰　（明）袁宏道評點　明刻本　六册　存三十卷：一至二十九、四聲猿一卷

善 3926　徐文長文集三十卷四聲猿一卷（明）徐渭撰　（明）袁宏道評點　明萬曆四十二年鍾人傑刻本　七册　存三十卷：徐文長文集三十卷

善 4930　徐文長文集三十卷四聲猿一卷（明）徐渭撰　（明）袁宏道評點　明萬曆四十二年鍾人傑刻本　一册　存一卷：四聲猿一卷

善 3929　徐文長佚草十卷　（明）徐渭撰　清初息耕堂抄本（清張岱跋）　十册

善 3928　徐文長逸稿二十四卷畸譜一卷（明）徐渭撰　明天啓三年山陰張維城刻本　四册　存二十四卷：徐文長逸稿二十四卷

徐學謨

善 0265　徐氏海隅集詩編二十二卷文編四十三卷外編十四卷續三卷　（明）徐學謨撰　明萬曆五年刻四十年重修本　一册　存六卷：外編一至六

善 3933　移虔藁一卷　（明）徐學謨撰　明萬曆三年刻本　一册

善 3934　移虔藁一卷　（明）徐學謨撰　明萬曆三年刻本　一册

善 3935　移虔藁一卷　（明）徐學謨撰

明萬曆三年刻本　一册

徐禎卿

善 3727　徐昌穀全集十六卷　（明）徐禎卿撰　明萬曆四十七年松濤閣刻本　二册

徐中行

善 3853　青蘿館詩六卷　（明）徐中行撰　明萬曆三年游日益刻本　二册

徐宗夔

善 4716　鐫國朝名公翰藻超奇十四卷　（明）徐宗夔輯　明萬曆唐廷仁、周曰校刻本　十册　存十卷：一、五、七至十四

許宗魯

善 3787　少華山人續集十五卷　（明）許宗魯撰　明嘉靖刻本　二册　存六卷：一至六

薛　岡

馮善 2318　天爵堂文集十九卷筆餘三卷　（明）薛岡撰　明崇禎刻本　八册　存十七卷：文集一至四、七至十、十三至十八，筆餘三卷

薛近兖

善 4955　繡襦記四卷　（明）薛近兖撰　明末刻朱墨套印本　二册　存三卷：一至二、四

薛三省

善 3989　天谷山人集十卷　（明）薛三省撰　明崇禎薛千仞、薛士琪刻本　八册

薛　熙

善 4714　明文在一百卷　（清）薛熙輯　清刻本　一册　存七卷：九至十五

薛　瑄

馮善 2266　文清公薛先生文集二十四卷目録一卷　（明）薛瑄撰　明萬曆四十二年薛士弘刻本　十二册

善 3682　文清公薛先生文集二十四卷目録一卷　（明）薛瑄撰　明萬曆四十二年薛士弘刻本　十二册

善 3683　文清公薛先生文集二十四卷目録一卷　（明）薛瑄撰　明萬曆四十二年薛士弘刻本　一册　存一卷：目録一卷

薛應旂

善 4718　新刊舉業明儒論宗八卷　（明）薛應旂輯并批點　明刻本　二册　存二卷：五至六

善 4738　新刊舉業明儒論宗八卷　（明）薛應旂輯并批點　明刻本　二册　存四卷：一至四

Y

嚴　嵩

善 3885　鈐山堂集四十卷　（明）嚴嵩撰　**附録一卷**　明嘉靖刻本　十二册

善 3886　鈐山堂集四十卷　（明）嚴嵩撰　**附録一卷**　明嘉靖刻本　二十册

善 3887　鈐山堂集四十卷　（明）嚴嵩撰　**附録一卷**　明刻本（卷六至十以清抄本配補）　六册　存三十六卷：一至三十、三十五至四十

楊　成

善 4867　詩法五卷　（明）楊成輯　明嘉靖三十一年李陽刻本　一册　存三卷：三至五

楊承鯤

善 3864　西清閣詩草十二卷　（明）楊承鯤撰　明刻本　一册　存一卷：壬午

善 3866　西清閣詩草十二卷碣石編二卷　（明）楊承鯤撰　明刻本　二册　存九卷：詩草戊寅、己卯、庚辰、辛巳、壬午、癸未、甲申、乙酉、丙戌

楊東明

善 4006　山居功課十卷　（明）楊東明撰　明萬曆范炳刻本（民國朱鼎煦跋）　四册　存九卷：一至五、七至十

楊　基

馮 2250　重刻楊孟載眉菴集十二卷補遺一卷　（明）楊基撰　明萬曆三十七年汪汝淳刻明初四家詩本　二册

楊　爵

善 3782　楊忠介公集十三卷附録五卷　（明）楊爵撰　清順治間楊紹武刻重修本　六册

楊　榮

善 3996　和唐詩正音四卷　（明）楊榮撰　明成化刻本　一册　存一卷：四

楊　慎

善 4730　皇明詩抄十卷目録二卷　（明）楊慎輯　明嘉靖三十七年陳仕賢刻本　一册　存六卷：一至五、目録一

馮善 2280　李卓吾先生讀升菴集二十卷　（明）楊慎撰　（明）李贄輯并評　明刻本　二册

善 3817　李卓吾先生讀升菴集二十卷　（明）楊慎撰　（明）李贄輯并評　明刻本（清管廷芬跋）　六册

善 3819　李卓吾先生讀升菴集二十卷　（明）楊慎撰　（明）李贄輯并評　明刻本　三册　存十四卷：一至十四

善 4861　升庵詩話四卷　（明）楊慎撰　明嘉靖刻本　二册

善 4862　升庵詩話四卷　（明）楊慎撰　明嘉靖刻本　二册　存二卷：三至四

善 4907　升菴長短句三卷續集三卷　（明）楊慎撰　明嘉靖十六年李發刻本　一册　存三卷：續集三卷

善 4863　升菴詩話四卷　（明）楊慎撰　明嘉靖刻本（民國秉衡、竹坡跋）　四册

善 3809　升菴詩集九卷文集十二卷　（明）楊慎撰　明嘉靖刻本　一册　存五卷：詩集一至五

善 3810　升菴詩集九卷文集十二卷　（明）楊慎撰　明嘉靖三十六年刻本　六册　存十六卷：詩集九卷、文集一至七

善 3815　升菴外集一百卷　（明）楊慎撰　（明）焦竑編　明萬曆四十五年刻本　八册　存六十二卷：一至九、四十八至一百

善 3814　升菴先生文集八十一卷目録四卷　（明）楊慎撰　明萬曆二十九年王藩臣、蕭如松刻本　十二册

善 3816　升菴楊太史合編七種二十四卷　（明）楊慎撰　（明）卜世昌輯　明刻本　四册　存六種二十卷：賦集一卷、文集十卷、南中集二卷、行戍稿一卷、詩餘集一卷、楊升菴先生詩集補一至五

善 3812、善 3811-2　太史升菴文集八十一卷　（明）楊慎撰　明刻本　二十册　存六十七卷：一至十七、二十三至四十六、四十九至五十九、六十四至六十七、七十一至八十一

善 3811-1　太史升菴文集八十一卷目録二卷　（明）楊慎撰　明萬曆二十四年莊誠刻本　二十八册

善 3813　太史升菴文集八十一卷目録四卷　（明）楊慎撰　明萬曆十年張士佩等刻本　二十三册

馮善 3695　楊升庵詞品四卷　（明）楊慎撰　**王弇州詞評一卷曲藻一卷**　（明）王世貞撰　明刻本　一册　存二卷：詞品三至四

善 4920　楊升菴辭品四卷　（明）楊慎撰　明萬曆四十六年越州周懋宗刻本　一册

楊士奇

善 3688　東里文集二十五卷　（明）楊士奇撰　明萬曆四十六年刻清康熙十七年重修本　八册

善 3687　東里文集二十五卷詩集三卷續編六十二卷别集五卷　（明）楊士奇撰　明嘉靖二十八年黄如桂刻本　七册　存二十六卷：文集七至十九、詩集一、續編四十五至五十六

楊守阯

馮善 2269　碧川文選八卷詩選八卷别録一卷補遺一卷　（明）楊守阯撰　明崇禎四年楊德周刻本　五册　存十六卷：文選八卷、詩選八卷

楊　巍

善 3943　夢山存家詩稿八卷　（明）楊巍撰　明萬曆刻本　二册

善 3944　夢山存家詩稿八卷　（明）楊巍撰　明萬曆三十年楊岑刻本（民國朱鼎煦跋）　四册

楊一清

善 3760　石淙詩稿十九卷　（明）楊一清撰　（明）李夢陽評點　明嘉靖刻本　二册　存四卷：十三至十六

姚　篚

善 3793　百一稿三卷　（明）姚篚撰　清抄本　一册

姚宗文

善 4041　閒居詩一卷　（明）姚宗文撰　明陸寶刻本　一册

葉紹袁

善 4418　午夢堂集二十三卷　（明）葉紹袁輯　明崇禎刻本　一册　存四卷：愁言一卷、補遺一卷、返生香一卷、附集一卷

葉向高

善 4013　蒼霞草二十卷續草二十二卷餘草十四卷　（明）葉向高撰　明末刻本

十四册　存三十三卷：蒼霞草一至十一、十五至十八、二十，續草一至十四、十七至十九

佚　名

善 4741　程策不分卷　（明）佚名輯　明末刻本　一册

善 4744　後場紀年不分卷　（明）佚名輯　明末刻本　一册　存：論、表釋、表

善 4740　精刻卯辰註釋二三場青雲得筏程策二卷　（明）佚名輯　明萬曆刻本　一册　存一卷：一

善 4904　盛世新聲十二卷　（明）佚名輯　明正德十二年刻本　十二册

善 4939　雙盃記□卷　（明）佚名撰　明刻本　一册　存一卷：下

善 4800　棠陰遙祝一卷　（明）佚名輯　明嘉靖十二年刻本　一册

善 4747　新刊四書大題歛華文祖題意備覽六卷　（明）佚名輯　明刻本　二册

于　謙

善 3685　于忠肅公集五卷附録一卷　（明）于謙撰　明隆慶于懋勛刻清修本　一册

余　寅

馮善 2307　農丈人詩集八卷文集二十卷　（明）余寅撰　明萬曆刻本　三册　存六卷：詩集一至四、七至八

余有丁

善 3861　余文敏公文集十五卷　（明）余有丁撰　明萬曆刻本　四册

俞琬綸

善 4002　自娱集十卷詩餘一卷　（明）俞琬綸撰　明萬曆四十六年刻本　六册

郁　采

善 3786　忠節公遺稿三卷　（明）郁采撰　**忠節公傳不分卷**　清抄本　一册

袁　珙

馮善 2256　柳莊先生詩集一卷　（明）袁珙撰　清同治十一年徐氏烟嶼樓抄本（清徐時棟校并跋）　一册

袁宏道

善 3958　袁使君集十四種五十七卷　（明）袁宏道撰　明萬曆三十三年刻本　六册　存十二種三十六卷：錦帆集四卷、解脱集四卷、廣莊一卷、桃源詠一卷、廣陵集一卷、瓶花齋集十卷、華嵩遊草二卷、觴政一卷、破研齋集三卷、瓶史一卷、敝篋集二卷、袁石公遺稿六卷

善 3959　袁使君集十四種五十七卷　（明）袁宏道撰　明萬曆三十三年刻本　一册　存三種九卷：錦帆集四卷、解脱集四卷、廣莊一卷

善 3960、善 3961　袁中郎十集十六卷　（明）袁宏道撰　（明）周應麐編　明周應麐刻本　二册　存五種七卷：廣莊一卷、袁中郎桃源詠一卷、袁中郎廣陵集一卷、袁中郎狂言二卷、袁中郎狂言别集二卷

善 3962　袁中郎十集十六卷　（明）袁宏道撰　（明）周應麐編　明周應麐刻本　一册　存二種四卷：袁中郎狂言二卷、袁中郎狂言别集二卷

袁　凱

善 3677　海叟集四卷　（明）袁凱撰　明萬曆三十七年刻本　一册

袁　煒

善 3869　袁文榮公詩畧二卷　（明）袁煒撰　明萬曆三十三年袁氏家刻本　一册

善 3867　袁文榮公文集八卷詩集八卷　（明）袁煒撰　明萬曆元年馮孜、張德夫刻本　四册　存七卷：文集二至八

善 3868　袁文榮公文集八卷詩畧二卷　（明）袁煒撰　清抄本（清楊泰亨跋）　三册

袁中道

馮善 2320　珂雪垒集選二十四卷　（明）袁中道撰　明天啓二年刻本　十二册

袁忠徹

馮善 2264　符臺外集二卷　（明）袁忠徹撰　清明霞樓抄本（有補抄）（民國馮貞群跋）　二册

Z

湛若水

善 3828　甘泉先生文集内編二十八卷外編十二卷　（明）湛若水撰　明嘉靖十五年火增刻本　二十册

善 3830　甘泉先生文録類選二十一卷　（明）湛若水撰　（明）周孚先輯　明嘉靖刻本　一册　存三卷：八至十

善 3829　泉翁大全集十七種　（明）湛若水撰　（明）洪垣編　明嘉靖十九年朱明書院刻本　一册　存三種三卷：樵語一卷、新論一卷、知新後語一卷

張邦奇

善 3776　張文定公覲光樓集十卷紆玉樓集十卷靡悔軒集十二卷環碧堂集十八卷養心亭集八卷四友亭集二十卷　（明）張邦奇撰　明刻本　五册　存十六卷：紆玉樓集三至八、靡悔軒集三至四、四友亭集八至十五

善 3777　張文定公覲光樓集十卷紆玉樓集十卷靡悔軒集十二卷環碧堂集十八卷養心亭集八卷四友亭集二十卷　（明）張邦奇撰　明刻本　一册　存二卷：養心亭集一至二

善 3775　張文定公文選三十九卷　（明）張邦奇撰　明嘉靖二十九年張時徹刻本　九册　存三十五卷：一至三十二、三十七至三十九

張　潮

善 4797　谿山聯句不分卷　（明）張潮　（明）甘爲霖撰　明嘉靖二十年刻本　一册

張　岱

善 4033　瑯嬛文集不分卷　（明）張岱撰　清沈復燦抄本　四册

張　丁

善 3641　白石山房逸藁二卷附録一卷　（明）張丁撰　清抄本　一册

張　鈇

善 3789　**碧溪詩集十五卷**　（明）張鈇撰　明嘉靖刻本（清顧棡批并跋）　一册　存二卷：五至六

張　含

善 3860　**艱征集不分卷**　（明）張含撰　明藍格抄本（民國朱鼎煦跋）　一册

張煌言

善 4062　**奇零草二卷**　（明）張煌言撰　清徐時棟抄本　二册

善 4063　**奇零草二卷**　（明）張煌言撰　清抄本　二册

善 4064　**張蒼水詩文集不分卷**　（明）張煌言撰　清抄本（佚名批校）　二册

張　吉

善 3732　**古城文集六卷**　（明）張吉撰　清康熙楊棆刻本　一册　存二卷：三至四

張居正

善 3914　**新刻張太岳先生詩文集四十七卷**　（明）張居正撰　明萬曆四十年繡谷唐國達刻清印本　十五册　存四十四卷：一至十七、二十一至四十七

張可大

善 3627　**駛雪齋集一卷**　（明）張可大撰　明末刻本　一册

張　禄

善 4905　**詞林摘艷十卷**　（明）張禄輯　明嘉靖刻本　一册　存二卷：三至四

張　溥

善 4030　**七録齋論略二卷續刻六卷別集二卷**　（明）張溥撰　明崇禎刻本　六册

張　昇

善 3684　**張文僖公和唐詩十卷**　（明）張昇撰　明正德十六年刻本　一册　存五卷：一至五

張時徹

善 4704　**皇明文範六十八卷目録二卷**　（明）張時徹輯　明隆慶刻本　十二册　存二十三卷：四十七至六十八、目録一

善 4705　**皇明文範六十八卷目録二卷**　（明）張時徹輯　明刻本　九册　存二十九卷：三至六、九、十五至二十七、四十七至四十八、五十九至六十三、六十五至六十八

善 3803　**芝園定集五十一卷**　（明）張時徹撰　**諸家評一卷**　（明）楊慎等撰　明嘉靖刻本　三册　存十一卷：一至十、諸家評一卷

善 3804　**芝園定集五十一卷**　（明）張時徹撰　**諸家評一卷**　（明）楊慎等撰　明嘉靖刻本　十六册

善 3802　**芝園集□□卷別集□□卷**　（明）張時徹撰　明嘉靖刻本　十四册　存四十八卷：四至十八、二十三至五十五

張泰階

善 3992　**北征小草十二卷**　（明）張泰階撰　清看雲草堂抄本　一册

張文炎

善 4717　**國朝名公經濟文鈔十卷第一續不分卷**　（明）張文炎輯　明萬曆十五年玉屑齋刻本（闓苑仙吏跋）　二册　存七

卷：一至七

張以寧

善 3655　翠屏集四卷　（明）張以寧撰　明成化十六年張淮刻清乾隆三十九年補刻本　四册

善 3656　翠屏集四卷　（明）張以寧撰　明成化十六年張淮刻清乾隆三十九年補刻本　二册　存二卷：一、三

張宇初

善 3671　峴泉集六卷　（明）張宇初撰　清乾隆十九年張昭麟刻本　五册　存五卷：一至五

張之象

善 3905　叩頭蟲賦一卷　（明）張之象撰　明刻本　一册

張自烈

善 4055　芑山文集三十三卷　（明）張自烈撰　清抄本（佚名批）　一册　存五卷：序一至三、傳記二至三

趙　寬

善 3723　半江趙先生文集十五卷附録一卷　（明）趙寬撰　明嘉靖四十年趙綸家刻本　三册　存十二卷：五至十五、附録一卷

趙用賢

善 3936　松石齋集三十六卷　（明）趙用賢撰　明萬曆四十六年海虞趙琦美等刻本　十二册　存十三卷：一至十三

趙志皋

善 3980　趙文懿公文集四卷　（明）趙志皋撰　**附録一卷**　明崇禎七年趙世溥刻本　二册

鄭善夫

善 3738　鄭少谷先生全集二十四卷首一卷　（明）鄭善夫撰　清乾隆四十二年刻本　十六册

鄭元勛

善 4720　媚幽閣文娱不分卷　（明）鄭元勛輯　明崇禎三年鄭元化刻本　三册

鍾　惺

善 4516　如面談十六卷　（明）鍾惺輯　（明）馮夢龍訂釋　明刻本　七册　存十四卷：一至十一、十四至十六

善 4004　新鐫選註名公四六雲濤十卷　（明）鍾惺選注　（明）陸雲龍增定　明刻本　二册　存六卷：五至十

周　鼎

善 3692　土直集一卷　（明）周鼎撰　清抄本　一册

周是脩

善 3674　芻蕘集六卷　（明）周是脩撰　明萬曆十八年周應鰲刻本　一册　存三卷：一至三

善 3675　芻蕘集六卷　（明）周是脩撰　明萬曆十八年周應鰲刻清康熙三十七年周君鎔重修本　二册　存五卷：一至五

周廷用

善 3788　八厓集七卷　（明）周廷用撰　清乾隆十三年周慶增刻本　一册　存二卷：一至二

周　叙

善 4859　詩學梯航一卷　（明）周叙等輯　明抄本　一册

周元懋

善 4046　蜀使漫草一卷　（明）周元懋撰　明崇禎刻本（民國朱鼎煦跋）　一册

朱長春

善 3841　朱太復文集五十二卷目録五卷（明）朱長春撰　明萬曆刻本　三册　存十四卷：五至十三、目録五卷

朱成鍏

善 3645　怡齋詩集三卷　（明）朱成鍏撰　明嘉靖刻本　一册　存一卷：三

朱奠培

善 4857　松石軒詩評一卷　（明）朱奠培撰　明成化刻本　一册

朱公節

善 3734　東武山人集七卷　（明）朱公節撰　清乾隆二十六年朱繼相西璧堂刻本　二册

朱拱梃

善 3644　樵雲詩集一卷　（明）朱拱梃撰　明嘉靖二十七年刻藍印本　一册

朱既白

善 3795、善 3796　豫章既白詩藁七卷（明）朱既白撰　（明）吴世良編輯　明嘉靖二十九年刻本　三册

朱睦㮮

善 4801　儷德偕壽録四卷　（明）朱睦㮮輯　明嘉靖四十年刻本　一册

朱　權

善 4856　西江詩法一卷　（明）朱權撰　明嘉靖十一年王一忠刻本　一册

朱彝尊

善 4722　明詩綜一百卷　（清）朱彝尊輯　（清）汪森等評　清康熙間刻白蓮涇印本　二十三册　存九十六卷：一至十三、十八至一百

朱有燉

善 4929　誠齋雜劇三十一卷　（明）朱有燉撰　明永樂宣德正統間自刻本　一册　存一卷：新編李亞仙花酒曲江池一卷

莊學魯

善 4016　刻莊子詩畧八卷　（明）莊學魯撰　（明）陳希廉選　明天啓六年刻本（民國朱鼎煦跋）　一册　存三卷：一至三

卓爾堪

善 4736　遺民詩十六卷　（清）卓爾堪輯　**近青堂詩一卷**　（清）卓爾堪撰　清康熙刻本　五册

宗　臣

善 3858　宗先生子相文集十五卷附録一卷　（明）宗臣撰　明刻本　一册　存二卷：五至六

馮善 2309　宗子相集十五卷　（明）宗臣撰　明萬曆刻本　八册